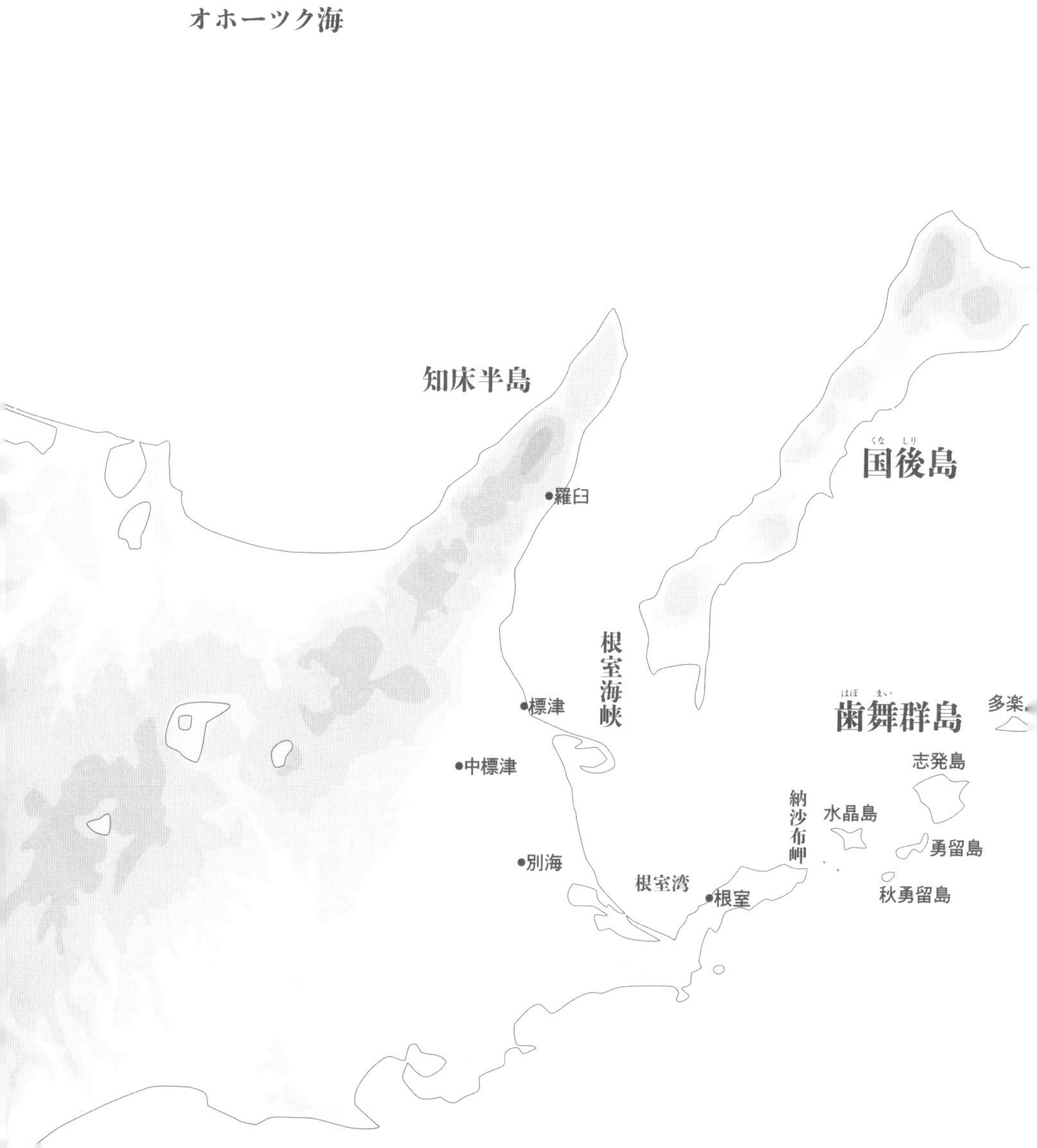
オホーツク海
知床半島
国《くな》後《しり》島
羅臼
根室海峡
標津
中標津
別海
根室湾
根室
納沙布岬
歯《はぼ》舞《まい》群島
多楽
志発島
水晶島
勇留島
秋勇留島

消えた「四島返還」

完全版

安倍×プーチン

北方領土交渉の真相

北海道新聞日ロ取材班編

北海道新聞社

消えた「四島返還」

［完全版］安倍×プーチン　北方領土交渉の真相

目次

文中敬称略。人物の役職、肩書、年齢や政党名、組織名、為替レートなどはいずれも当時のものです。

北海道新聞のニュースサイトでは、北方領土問題や日ロ関係に関する連載や記事を多数公開しています。各ページのQRコードから「#北方領土考」の特集ページにアクセスしてご覧ください。

序章

国会議事堂の裏手に立つ衆院第1議員会館の1212号室。最上階の12階にある事務所は、南隣の首相官邸を見下ろす位置にあった。2021年12月17日午後3時すぎ。北海道新聞日ロ取材班の記者は、歴代最長の通算8年8カ月にわたり、この官邸の主《あるじ》だった元首相安倍晋三と向き合っていた。突然の退陣表明から約1年3カ月。数カ月前から申し込んでいた単独インタビューが始まった。

「政治とカネ」の問題や新型コロナウイルス対策の迷走への批判が強まる中、持病の潰瘍性大腸炎の悪化を理由に首相を退いた安倍。11月には自民党の最大派閥「細田派」（清和政策研究会）を継いで安倍派の会長に就任し、岸田文雄政権の政策決定にも影響力を示し始めていた。

しかし、安倍が首相在任中に力を注いだロシアとの北方領土交渉は、宙に浮いていた。岸田はこの日の参院予算委員会で、日ロ交渉について「安倍首相時代の方針と変わりない」と述べたが、コロナ禍の影響もあり、ロシア大統領プーチンとの直接会談は19年9月の安倍を最後に2年以上途絶えていた。安倍は自らの対ロ外交をどう総括するのか。交渉を追い続けてきた取材班として、安倍の証言を記録に残したかった。

聞きたいことは山ほどあった。念のため、インタビューを申し込んだ際に秘書を通じて10問ほどの質問の要旨は伝えていたが、安倍は何の資料も持たずに現れ、質問に淡々と答え始めた。

インタビューで最も確認したかったのは、18年11月のシンガポールでの日ロ首脳会談で「安倍はプーチンと何を約束したのか」だった。

両首脳はシンガポール会談で、1956年の日ソ共同宣言を基礎に位置付け、交渉を加速させることで合意した。日ソ両国の戦争状態を終結させた同宣言は、平和条約締結後に、歯舞群島、色丹島、

自らの対ロ外交について、北海道新聞の単独インタビューに答える安倍
＝2021年12月17日、衆院第1議員会館（玉田順一撮影）

国後島、択捉島からなる北方四島のうち、歯舞と色丹を日本に引き渡すことを明記しているが、国後、択捉には言及していない。

同宣言を交渉の基礎とすることは、歯舞、色丹の引き渡しとともに、残る国後、択捉両島では共同経済活動や自由な往来を可能にすることを目指す「2島返還」方針への大転換だったが、安倍は国会などでは「日本の基本方針は変わってない」と繰り返し、「四島返還」を断念したことを公には認めていなかった。

ストレートに聞いても、はぐらかされるだろう――。記者は、日ロ交渉に膨大なエネルギーを注いだ理由や特に思い出深い会談から尋ねた。

安倍は通算27回のプーチンとの会談で、最も記憶に残るのは「シンガポール会談と、その後のブエノスアイレス会談だ」と話した。さらに16年12月の東京と山口での会談で、北方四島での共同経済活動の検討開始で合意したことの意義をとうとうと語った。言葉に熱がこもり始めたのを感じた記者は、静かに核心に踏み込んだ。

シンガポール会談で、なぜ日ソ共同宣言を交渉の基礎に位置付けたのか――。

安倍は、同宣言は両国の国会で批准されており「イルクーツク声明でプーチン氏も認めている。ここにまずしっかりと立ち返る中で、問題を解決していこうと判断した」と説明した。

イルクーツク声明は、01年に当時の首相森喜朗とプーチンが署名したもので、日ソ共同宣言の有効性を明記した日ロ両国間の初めての文書だ。だが、声明のポイントは、日ソ共同宣言だけでなく、日ロ首脳間で「四島の帰属問題」の解決をうたった93年の東京宣言も確認したことにある。記者は、イルクーツク声明の署名式に官房副長官として同席した安倍には強い思い入れがあったはずだと指摘し、こう切り込んだ。

「シンガポールで、イルクーツク声明も再確認することはできなかったのか」――。日本が今後も四島返還を目指すなら、新たな合意からイルクーツク声明を外す理由はない。安倍は身を乗り出すと少し早口になり、語気を強めて言った。

「外交において100点を狙って0点になるならば、何の意味もない。『100点を狙いました』というのは言っただけに等しい。それが歴史の正義であったとしてもだ。だから到達点に至れる、ロシアが考慮する可能性のあるものを投げかける必要があると考えた」

国後、択捉両島に一切触れていない日ソ共同宣言を基礎とした交渉の「到達点」が、四島返還を意味していないことは明らかだった。安倍は詳細は明かさなかったが、シンガポールでは「プーチン氏とは相当詰めて話した」とも述べ、公表していない合意があることも示唆した。

40分間余りに及んだインタビューで、安倍はプーチンとの個人的な信頼関係を何度も強調した。「路線を考え直せば、日ロ関係は100％後退する。プーチン氏も認めた日ソ共同宣言しかない」とも断言した。

しかし、その信頼関係は、もろくも崩れ去った。

約2カ月後の22年2月24日、プーチンはウクライナ侵攻という暴挙に踏み切った。岸田政権はプーチン個人も対象に含む対ロ制裁を発動し、ロシアは日本への対抗措置として平和条約締結交渉を拒否すると発表した。

そして22年7月8日、安倍は遊説先の奈良市で凶弾に倒れ、帰らぬ人となった。12年12月の第2次安倍政権の誕生から10年。この間、日ロ間では過去に前例のないペースで首脳会談が行われ、経済、安全保障などさまざまな分野の対話が活発化した。しかし、元島民らが願い続けてきた北方領土問題は未解決のまま残された。

ロシアのウクライナ侵攻は長期化し、日ロ関係は「戦後最悪」とまで語られるようになった。安倍とプーチンは、なぜ歩み寄れなかったのか。日ロ両国の現場で何が起きていたのか。これは激動の10年間を最前線で追い続けてきた北海道新聞日ロ取材班の記録である。

安倍晋三元首相の
インタビュー音声
（抜粋）

第1章

「一気に返還へ」外れた目算

あと20年したら、元島民はいなくなる

歴史的ピンポンはやめよう

私とプーチン大統領の手で

必ずや終止符を打つ

クリールは渡さない

領土問題を解決して平和条約を締結する

平和条約を締結しましょう、

前提条件なしで

Chapter 1 Prologue ［第１章］プロローグ

2月7日の「北方領土の日」を目前に控えた、２０２２年2月5日午後5時4分。北方領土に隣接する北海道東部の根室市で、返還要求運動の先頭に立ってきた元島民がまた1人、この世を去った。国後島出身で元島民らの団体、千島歯舞諸島居住者連盟（千島連盟、札幌）根室支部長の宮谷内《みやうち》亮一。79歳だった。

「あと20年したら、元島民はいなくなる。50年後、１００年後に問題が解決しても、喜ぶ人が誰もいなかったら、本当に意味があったと言えるのか」。北海道新聞の歴代記者たちは早期返還を願う宮谷内の思いを何度も、何年も取材してきたが、喜びの声を伝えることはついにかなわなかった。

戦後75年を経て、日ロ間に未解決のまま残る北方領土問題。18年11月、当時の首相安倍晋三はシンガポールでのロシア大統領プーチンとの会談で、１９５６年の日ソ共同宣言を交渉の基礎に位置付け、「四島返還」から事実上の2島返還へとかじを切った。その後の交渉は停滞が続いていたが、安倍は現首相の岸田文雄に路線継承を迫っていた。

一方、岸田は7日に東京都内で開かれた「北方領土返還要求全国大会」での演説で、日ソ共同宣言には直接触れず「18年以降の首脳間でのやりとり」を引き継ぐという曖昧な表現を繰り返した。官邸筋は「安倍周辺と、安倍路線に否定的な外務省のせめぎ合いが続いている」と解説した。

「安倍さんで動かなかったら、もう動かないだろうな」。シンガポール会談の直前、宮谷内は記者にそう漏らしていた。しかし、安倍の決断とその後の経緯からは、日本の対ロ外交が直面する厳しい現実が浮かび上がる。

宮谷内亮一さんの
「私のなかの歴史」

2分の会見　隠れた「転換」

18年11月14日。東南アジアの都市国家シンガポールの最高気温は31度を超えていた。氷点下のモスクワから飛行機で約10時間かけて現地入りした北海道新聞のモスクワ支局長が、高級ホテル「マンダリン・オリエンタル・シンガポール」のロビーで強めの冷房に肌寒さを感じ始めたころ、待ち構えていた日本の記者団の前に安倍が姿を見せた。

「先ほど、プーチン大統領と日ロ首脳会談を行いました。その中で通訳以外、私と大統領だけで平和条約締結問題について相当突っ込んだ議論を行いました」

表情はやや高揚しているように見えた。

安倍とプーチンは、東南アジア諸国連合（ASEAN）関連首脳会議と東アジアサミット出席のために現地入りしたのに合わせ、第1次安倍政権も含めて通算23回目の首脳会談を行った。

安倍は16年12月の山口県長門でのプーチンとの会談以降、北方四島を巡る協力が進展してきたことを記者団に説明し、ゆっくりと続けた。

「この信頼の積み重ねの上に、領土問題を解決して平和条約を締結する。戦後70年以上残されてきた課題を次の世代に先送りすることなく、私とプーチン大統領の手で必ずや終止符を打つという、その強い意志を大統領と完全に共有しました」

ここまでは従来通りの発言だった。続けて、安倍の声が少しだけ強くなった。

「そして1956年、（日ソ）共同宣言を基礎として、平和条約交渉を加速させる。本日そのことでプーチン大統領と合意いたしました。来年の（大阪での）G20（サミット）において、プーチン大統領をお迎えいたしますが、その前に、年明けにも私がロシアを訪問して日ロ首脳会談を行います。今回の合意の上に私とプーチン大統領のリーダーシップの下、戦後残されてきた懸案、平和条約交渉を仕上げていく決意であります。ありがとうございました」

時間にして、わずか2分。在京メディアの若い記者が「今回も決意の表明だけでしたね」と漏らすのを聞きながら、モスクワ支局長は冷えた体が熱くなっていくのを感じていた。安倍はやはり、このタイミングで勝負に出た――。

歯舞群島、色丹島、国後島、択捉島からなる北方領土の「四島返還」を目指す従来方針を断念し、歯舞、色丹の2島返還を軸とした交渉に大きくかじを切るという、北海道新聞日ロ取材班の「読み」が確信に変わった瞬間だった。

予定より1時間遅れで始まった会談は約1時間半行われ、このうち「テタテ」と呼ばれる首脳2人きりの議論は約40分間だった。通訳を介してのやりとりのため、実質的な議論

プーチンとの会談を終え、記者団の取材に答える安倍（中央）＝2018年11月14日、シンガポール（写真提供：共同通信社）

は20分程度だろうか。平和条約締結後に歯舞、色丹2島を日本に引き渡すことが明記された日ソ共同宣言に基づいて交渉を加速させることを提案したのは、安倍の方だった。

メディアに公開された冒頭のやりとり以外、今も具体的な内容は明らかにされていないシンガポール会談。複数の関係者によると、安倍はプーチンの目を見つめ、こう語りかけた。

「あなたは長門に来た時、歴史的なピンポンはやめようと言った。私もそう思う」

北方四島が「固有の領土」だとして返還を求める日本と、第2次世界大戦の結果、正当に自国領になったと固持するロシア。2年前の日本での首脳会談後の共同記者会見で「領土に関する歴史的なピンポンをやめるべきだ」と訴えていたプーチンは、安倍の言葉にうなずいた。

安倍はシンガポール会談に向け、両国外務省間の通常の事前調整だけでなく、官邸主導の極秘ルートで折衝を進めていた。キーマンとなったのは安倍の「懐刀」の内閣情報官北村滋と、プーチン側近のロシア対外情報局長官ナルイシキン。北村は首脳会談の直前に極秘にモスクワを訪れてナルイシキンと接触し、プーチンが安倍の提案を受け入れるという感触を得ていた。

「この場で担当者に指示しよう」。安倍は会談終盤、交渉を動かすための布石も打った。部屋に呼び込まれたのは、国家安全保障局長の谷内正太郎と外務省事務次官の秋葉剛男、ロシア外相ラブロフと大統領補佐官ウシャコフの4人。首脳同士の合意であることを強調し、事務方への指示を徹底させる狙いだった。外務省間の事前調整で想定されていなかった展開に、対日強硬派のラブロフは、ぶぜんとした表情を隠さなかったという。

四島返還を掲げてきた日本の北方領土交渉が大きく転換された瞬間だった。

用語集
「北方領土コトバ」
（入門編）

語られなかった真意

シンガポールでの日ロ首脳会談後、安倍が記者団に語った発言の最大のポイントは「日ソ共同宣言を基礎として、平和条約交渉を加速させる」という部分だった。

1956年10月に日本とソ連の首脳が調印した日ソ共同宣言の9項には平和条約を締結後に、ソ連が実効支配する北方四島のうち「歯舞群島及び色丹島を日本国に引き渡すことに同意する」と書かれている。一方、国後島と択捉島には一切触れられていない。

日本側は国後、択捉2島の扱いに関する交渉の継続を求めたが、ソ連側は応じなかった。宣言によって両国は国交を回復したものの、領土の画定ができなかったため平和条約は結ばれず、北方領土問題は未解決の状態が続いてきた。

2000年に大統領に就任したプーチンは、日ソ共同宣言が法的に有効だと認めたが、宣言に記述のない国後、択捉両島は「交渉の対象外」との姿勢を示していた。これに対し、日本の歴代政権は、日ロ首脳が両国間に四島がどちらに属するのかという問題（帰属問題）があることを認め、その解決を目指すことを確認した93年の「東京宣言」などを足がかりに、四島返還を目指してきた。

安倍が東京宣言そのものや、この宣言を確認した01年のイルクーツク声明に一切触れず、日ソ共同宣言だけをあえて平和条約交渉の「基礎」としたことは、日本が交渉の軸足を「四島」から「2島」に大転換した可能性を示していた。

国会答弁などで北方領土問題に「終止符を打つ」と何度も繰り返してきた安倍は、シンガポール会談後、平和条約交渉を「仕上げる」という言葉を初めて記者団に口にした。東京で安倍の発言を伝え聞いた官邸筋は「仕上げるという表現は事前に準備したものではなく、首相がとっさに使った言葉。

それだけ会談がうまくいったのだろう」と興奮気味に語った。だが、安倍は記者の質問は一切受け付けず、足早に立ち去った。

会談が終わったのは現地時間の午後8時半ごろ。日本との時差はマイナス1時間で、北海道新聞札幌本社の時計は午後9時半を回っていた。

この時、北海道新聞がシンガポールに派遣した記者はモスクワ支局長と、東京報道センターで政治取材を統括する首相官邸キャップの2人だった。朝刊の締め切り時間が迫る中、安倍の記者団への発言や、官房副長官の野上浩太郎が行った記者ブリーフィング（説明）の内容を、「デスク」と呼ばれる東京の担当部次長に報告しつつ、記事の執筆に追われた。

記事をどう書くか。判断を難しくしたのは、日ソ共同宣言を「基礎」に交渉を加速させるという安倍の決断が具体的に何を指すのか、誰も多くを語らなかったことだ。

安倍はシンガポール会談から約3年後の21年12月、北海道新聞の単独インタビューで、2島返還を軸とした交渉に転換したことを事実上認めたが、野上は現地での記者ブリーフィングで「日本の対ロ交渉方針は変更されたのか」とただしたモスクワ支局長に対し、「四島の帰属の問題を解決して平和条約を締結するという、わが国の一貫した立場に変更はない」と繰り返した。日ソ共同宣言を基礎とした意味についても「交渉内容に関わるため答えは差し控える」と述べただけだった。ロシア側も会談後、共同宣言を基礎に交渉することで合意したことは発表したが、詳細は明らかにしなかった。

取材班は事前の取材で、プーチンが日ソ共同宣言の法的有効性を認めていることを安倍が重視し、領土交渉を2島返還路線に大きく転換しようとしているとの情報を得ていた。

しかし、安倍がこの日の会談の中でどこまで具体的に提案し、プーチンがどう答えたのかは、すぐには分からなかった。日本の対ロ交渉方針が大きく変質したのなら、その事実をしっかりと伝えなければならないが、北方四島の返還を願ってきた元島民たちの思いを考えると、ミスリードは許されない問題だった。

取材班は締め切りぎりぎりまで協議した結果、翌15日の朝刊1面トップに「56年宣言基礎に交渉加速／日ロ首脳会談／国後と択捉扱いに懸念」との記事を掲載した。安倍が日ソ共同宣言に基づく歯舞、色丹の2島の引き渡しを求めつつ、国後、択捉両島については返還ではなく、日ロ両国による共同経済活動や自由な往来を目指す考えをプーチンに伝えた可能性がある――と踏み込んで指摘した。

安倍の方針は「国後、択捉両島の返還断念につながる懸念がある」と強調し、3面の解説記事で「『四島』転換なら説明必要」と、国民への説明を避け、「真意」を語らない安倍政権にくぎを刺した。

安倍とプーチンの「シンガポール合意」は、何を意味するのか。日本メディアの解釈は一様ではなかった。

用語集
「北方領土コトバ」
(歴史編)

割れた報道

安倍がシンガポール会談で日ソ共同宣言を交渉の基礎に位置付けた狙いについて、主要全国紙では、朝日新聞が会談翌日の15日付の朝刊1面トップで「首相『2島先行』軸に／四島一括返還から転換」と報じた。

日本政府が対ロ交渉方針を大転換したという認識は北海道新聞と同じだった。ただ「政権としては四島の返還を求める姿勢は堅持しつつも、歯舞、色丹2島を優先することを軸に進める方針に転換した形だ」と解説し、安倍が最終的には四島返還を目指す「2島先行返還」を念頭に置いているとみていた。

読売新聞や毎日新聞も、歯舞、色丹の2島返還を優先するものの、あくまでも四島返還を目指す日本政府の方針は変わっていないという「見立て」で書かれていた。

会談後の記者ブリーフィングで「四島の帰属の問題を解決して平和条約を締結する」という政府方針に変更はないと断言した官房副長官の野上の説明をそのまま受け止めるなら、日本政府は「四島返還」の旗は降ろしていないようにみえる。

しかし、この発言にはからくりがあった。「四島の帰属問題の解決」という表現は「日本が四島の返還を実現すること」と同じ意味に受け止められることが多いが、「四つの島が日ロのどちらに帰属するかを確認する」との意味も含まれる。つまり交渉の結果、歯舞、色丹2島は日本領、国後、択捉2島はロシア領になったとしても、安倍や周辺は、日本政府の方針に沿っていると説明できるとみていた。北海道新聞は15日付朝刊の解説記事の中で「国後と択捉が返還されなくても、『四島の帰属確認』という基本方針には矛盾しない」という政府関係者の発言も取り上げ、このからくりを指摘した。

「2島先行返還」論が中心となった主要紙の報道を受け、取材班は安倍の方針が「2島先行」ではないことを改めて読者に示す必要があると考えた。15日もシンガポールや東京で関係者への取材を続け、安倍が四島返還を断念する意向をプーチンに伝えたという感触は強まっていた。

だが、日本政府がこの事実を隠したまま、交渉方針が再び揺らぐ可能性も捨てきれない。安倍が国後、択捉2島の返還を事実上諦めたことをどこまで踏み込んで報じるかは、難しい判断だった。取材班はこの日も議論を重ね、翌16日付朝刊1面トップで「2島＋共同経済活動軸／北方領土交渉、首相『四島』から転換／国後、択捉断念も」と報じた。

記事では、官邸筋が「国後、択捉両島の交渉継続を前提とした『2島先行返還』よりも踏み込んだ判断を示さなければ、プーチンは交渉に応じない」と述べたことなどを紹介。安倍が21年9月までの自民党総裁任期中の問題解決に向け、「四島返還」から「2島決着」へかじを切ったことを改めて説明した。

残る国後、択捉2島については、実効支配するロシアとの共同経済活動の実現を通じて日本の主権が一定程度絡む形をつくりつつ、元島民らが故郷に自由に行き来できるようにすることを想定していることも伝えた。国後、択捉両島の返還交渉の継続を前提とはしていない点で、安倍の交渉方針がいわゆる「2島先行返還」論とは根本的に異なることを指摘した。

安倍のシンガポールでの決断は、自民党幹部にも事前に根回しされていなかった。「極めて現実的な対応を考えなければならない」。前外相で自民党政調会長の岸田文雄は15日の派閥会合で、日ソ共同宣言を交渉の基礎とした安倍の判断を支持する考えを表明したが、あくまで「2島先行」であり、四島返還を断念したわけではないと受け止めていた。

自民党内では、2島先行返還についてさえ「国会で議論されたこともない。そんなことを勝手に進めていいのか」(中堅議員)と不満の声が上がり始めていた。安倍が「2島返還プラス共同経済活動」を目指して突き進めば、与野党から批判が噴出するのは必至だった。

安倍は16日、シンガポールから直行したオーストラリアで内外記者会見に臨み、日ソ共同宣言を交渉の基礎に位置付けたことは「四島の帰属問題を解決して平和条約を締結する」という日本政府の従来方針とは「何ら矛盾するものではない」と強調した。

ロシアは歯舞、色丹2島の返還にも難色を示していた。国内の異論を抑えながら、どのような道筋でプーチンとの最終合意にたどり着くつもりなのか。12年の第2次政権発足時から安倍官邸の対ロ外交を追ってきた取材班の記者たちは、安倍がどれだけの確信を持って四島返還断念という「勝負カード」を切ったのか測りかねていた。

無条件の平和条約締結

安倍が事実上の「2島返還」へと大きくかじを切った背景には、プーチンの一つの発言があった。

シンガポール会談の約2カ月前の18年9月12日。安倍はロシア極東の中心都市ウラジオストクで開かれた国際会議「東方経済フォーラム」に出席していた。

ロシア国立極東連邦大学のキャンパスを会場に15年から毎年開かれてきたこのフォーラムは、極東開発を重点政策に掲げるプーチン肝いりのイベントだ。北方領土問題解決の糸口を探りたい安倍は、16年から3年連続でフォーラムに出席し、プーチンとの首脳会談を重ねてきた。

プーチンが北方領土問題で安倍に激しい「くせ球」を投げつけてきたのは、フォーラム2日目の全体会合だった。壇上には安倍、プーチンに加え、中国国家主席の習近平、モンゴル大統領バトトルガ、韓国首相の李洛淵《イナギョン》がパネリストとして座っていた。会場を埋めた各国の企業関係者らの視線が注がれる中、プーチンは安倍にこう呼びかけた。

「平和条約を締結しましょう。今すぐではないが、年末までに。全ての前提条件なしで」

会場からの大きな拍手を確認した上で、プーチンはこう続けた。

「その平和条約を基礎として、友人として、全ての論争になっている問題の解決を継続しよう。それは70年間できなかった全ての問題の解決を容易にすると思う」

壇上の椅子に深く腰掛け、安倍に視線を送りながら語るプーチンの姿は、北海道新聞を含めた各国のメディアが執筆作業などを行っていたプレスルームの大画面にも映し出されていた。発言と同時に、日本とロシアの記者たちにどよめきが広がった。

プーチンが呼びかけた「前提条件なし」の平和条約締結は、日本が最も重視する北方領土問題の棚上げを意味する。「北方四島の帰属問題を解決して平和条約を締結する」という日本の基本方針とは完全に相いれない。プレスルームでプーチンの発言を聞いたモスクワ支局長は「日本政府が提案を受け入れることはできないと分かった上で、安倍に一層の妥協を迫った」と受け止めていた。

ロシアが北方領土問題を棚上げし、経済協力などを先行させようとする姿勢を示したのはこの時が初めてではなかった。プーチン自身が発言に先立ち「今、思い付いた」と述べていたこともあり、本気で年内に平和条約締結を実現しようと考えているとは、到底思えなかった。

安倍は同時通訳を介し、プーチンの「挑発」をリアルタイムで聞いていた。しかし反論どころか、反応すらせず、ただ笑みを浮かべているだけだった。

全体会合の終盤、プーチンは追い打ちをかけるように再びこの問題に言及した。それはロシアの友好国である中国を称賛しつつ、安倍をけん制する巧みなロジックだった。

「驚くことに、ロシアと中国の間には領土紛争があり、私たちはこの問題を40年間も交渉してきた。そして私たちは互いに受け入れられる妥協点を見いだし、この問題を完全に終わらせた。日本ともこのような問題を解決できると期待している」

ロシアと中国の連携は経済、エネルギー、安全保障など多岐に及んでいる。両国の関係の深さは、北方領土という難題を抱える日ロのそれとは比べものにならない。プーチンは領土問題という敏感な問題を解決するためには、日本も中国と同水準の関係をロシアと築くことが必要だと暗に迫り、こう締めくくった。

「私は冗談で前提条件なしで平和条約を結ぼうと言ったのではない。その条約の中に全ての問題の解決を目指すと書き込める。そして、いつかできると確信している」

この2日前の9月10日、フォーラムに先立つ形でウラジオストク入りした安倍はプーチンとの首脳会談に臨み、通訳だけを交えた一対一の議論も行っていた。事前の調整もなく、公開の場で突然プーチンに判断を迫られては、北方領土の返還を目指す日本の首相という立場上、安倍は絶対に首を縦に振ることはできない。もしプーチンが北方領土問題を棚上げした形での平和条約締結を本気で考えていたのなら、この会談で秘密裏に提案したはずだった。

しかし関係者によると、2人は10日の会談で踏み込んだ議論は行っておらず、北方四島での共同経済活動の具体化に向けた工程表（ロードマップ）などで合意しただけだった。

多くの日ロ交渉関係者が、プーチン発言の実現の可能性は乏しいと直感していた。「まともに取り合う必要はない」。政府・与党内で、そんな受け止めが広がる中、安倍の周辺は正反対の動きを強めていく。

会見後の電話

安倍がウラジオストクで、プーチンから「前提条件なし」での平和条約締結を唐突に提案された直後の18年9月12日夕、東京で定例の記者会見に臨んだ官房長官の菅義偉の表情は険しかった。

菅は会見で、平和条約締結について、安倍とプーチンは2日前に行われた首脳会談で「忌憚《きたん》のない意見交換」を行ったと強調しつつ、プーチンから無条件での条約締結の提案があったという話は「承知していない」と否定。日本政府としては「北方四島の帰属の問題を解決して平和条約を締結するという基本方針に変わりはない」と2度、繰り返した。

北方領土問題の事実上の先送りを意味するプーチンの提案。日本政府が否定的な反応を示すのは当然だったが、ロシアでは「日本は大統領の提案を拒否」との速報が瞬く間に流れた。

菅は会見後、プーチンの提案について「いちいち反応することもばからしい。大統領は日本の立場を百も承知で言っている。真意を確認する必要もない」と周囲に漏らしていた。

ところが13日になると、日本政府の受け止めは手のひらを返したように一変する。同日午前の会見で改めてプーチン提案への評価を問われた菅は「平和条約を締結して日ロ関係の発展を加速したいとの強い気持ちの表れではないか」と説明。ウラジオストクから帰国した安倍も公明党代表の山口那津男との会談で、プーチンの提案は「平和条約締結に対する意欲の表れだと捉えている」と前向きに評価した。

たった一夜での「変心」。その裏には、12年の第2次安倍政権発足以降、日ロ関係について安倍や菅と意見交換を重ねてきた新党大地代表の鈴木宗男の助言があった。

12日夕の官房長官会見での菅の発言内容を聞いた鈴木は、慌てて菅に電話を入れ、日本が声高に「四島」を訴えれば、プーチンは交渉にさえ応じなくなると主張。「日ロ交渉を前に進めるため、プーチンの提案をうまく活用していくべきだ」とし、首相と官房長官の発言内容を入念にすり合わせるよう求めた。

菅は13日午後の会見では「昨日も申し上げたけれども」とわざわざ前置きした上で、「政府としては領土問題を解決して、平和条約を締結するというのが基本的な立場だ」と説明。前日に述べた「四島の帰属の問題」という表現は使わず、「領土問題」に言い換えた。

一方、共産党委員長の志位和夫は13日の会見で、安倍がプーチンから「前提条件なし」での平和条約締結を提案された際、「一切の反論もなければ、異論すら述べなかった。外交的大失態だ」と強く批判。与党内にも「安倍対ロ外交は失敗した」と否定的な見方が広がっていた。

しかし、官邸中枢の関心は「プーチンが示した平和条約締結への『意欲』にどう応えるべきか」の一点に集中していった。

安倍は16日のNHK番組で「プーチン大統領は『中国との領土問題は平和条約を先に結んで解決した。自分は必ず問題を解決する』と言っていた」と首脳間のやりとりを明かし、プーチンの提案は中ロの国境画定の経緯を念頭に置いた発言だったと説明。与野党の批判をはねつけるように「11月、12月の首脳会談は重要な会談になっていく」と述べ、交渉進展に前のめりの姿勢を鮮明にした。強気を崩さない安倍と歩調を合わせるように、政府内からは「平和条約の中に領土交渉の継続を明記しておけば、プーチンの提案に応じてもいいのではないか」（官邸筋）との声も漏れ始めていた。

安倍は9月20日の自民党総裁選で連続3選を果たし、最長で21年9月まで首相の座にとどまる権利を手にした。安倍が自らの手で解決すると公言してきた北方領土問題の「タイムリミット」も延長された形となり、安倍周辺では3年以内の最終決着を見据えた対ロ交渉戦略の見直しが急ピッチで進んでいた。

もし安倍とプーチンが北方領土問題の解決で合意しても、平和条約を締結するためには島の引き渡しの時期や方法、ロシア人島民の地位に関する問題など両国間で議論が必要な事項は多岐にわたる。安倍が首相在任中に「目に見える成果」を国民に見せるには、できる限り早く、プーチンの同意を取り付ける必要があった。

安倍は25日、米ニューヨークで開かれた国連総会の一般討論演説で「日ロの平和条約が成ってこそ、北東アジアの平和と繁栄はより確かな礎《いしづえ》を得る」と述べ、ロシアとの平和条約締結に強い意欲を表明。国際社会に対し、プーチンとともに「70年以上動かなかった膠着《こうちゃく》を動かそうとしている」と訴えた。安倍がこれまで6回の国連での一般討論演説の場で、日ロ平和条約締結に言及したのは初めてだった。

自民党総裁選後の内閣改造人事が終わった10月上旬、新たに首相官邸を担当することになった取材班の記者に、安倍側近の一人は意味深にささやいた。

「重要な局面で、担当になりましたね」

約1カ月半後のシンガポールでの日ロ首脳会談に向け、官邸内の調整が本格化していた。

密室の決定

シンガポールでの日ロ首脳会談を約2週間後に控えた18年11月初旬、臨時国会の審議を終えた安倍は、側近たちをひそかに首相公邸に呼び寄せた。集まったのは経済産業省出身で最側近の首相秘書官今井尚哉《たかや》と、警察庁出身の内閣情報官北村らわずか数人。政権を支えてきた官房長官の菅や、国家安全保障局長の谷内、日ロ交渉の実務を担う外務省幹部らも外した極秘の会合だった。

出席者の脳裏にあったのは言うまでもなく、「前提条件なしの平和条約締結」という9月のプーチン提案だった。政権内には「北方領土返還の確約もないまま、平和条約を結ぼうという提案は、誰が何と言おうがのめない。プーチンも日本は応じないと分かっている」(政府高官)と批判的な意見も強かった。一方、新党大地代表の鈴木はプーチンの提案を交渉進展の好機と捉え、交渉の軸足を「四島」から「2島」に転換すべきだと進言していた。

北方四島は1945年(昭和20年)、当時はまだ有効だった日ソ中立条約を無視して侵攻した旧ソ連に不当に占拠された。その後、日本は連合国との終戦処理を定めた51年のサンフランシスコ平和条約で、千島列島を放棄した。旧ソ連はこの条約に署名していないが、当時の日本政府は放棄した千島列島に国後、択捉2島も含まれると国会で説明しており、四島返還の主張は「国際法的に弱い」というのが鈴木の持論だった。

２０００年代初めの森喜朗政権下で、北方四島の段階的な返還を目指す「2島先行返還」を主導した鈴木だったが、その後のロシアの経済的発展などを踏まえ、領土問題でプーチンの妥協を引き出すことは当時に比べ格段に難しくなったとみていた。

「プーチンはもう国後、択捉の協議には応じない。時間を無駄にするだけだ。元島民の願いは、故郷の島に自由に行き来できるようになることだ」。鈴木はこう訴え、返還交渉の対象は日ソ共同宣言に日本への引き渡しが明記された歯舞群島と色丹島に絞り、残る国後、択捉2島では、共同経済活動や自由往来の早期実現に力を入れるべきだと安倍に進言していた。

北方領土問題の解決に道筋を付けることができれば、安倍の名前は間違いなく後世に語り継がれる——。翌年7月に参院選を控え、日ロ交渉の進展を政権浮揚の起爆剤とする思惑もあった今井ら側近たちも鈴木の主張を支持していた。

プーチンは２０００年の就任後、日ソ共同宣言の法的有効性をロシア大統領として初めて認め、その姿勢は一貫してきた。ウラジオストクで「前提条件なしでの平和条約締結」を唐突に提案した際の演説でも、前段で「56年宣言は署名されただけではない。それは日本の国会とソ連の最高会議（国会）で批准された」と述べていた。安倍は、プーチンが日ソ共同宣言なら受け入れると望みをかけていた。

安倍にはある確信があった。プーチンから提案を受けた9月12日夜、安倍はプーチンとともに現地で開かれた柔道大会「嘉納治五郎記念国際柔道大会」に出席。安倍は18歳未満のジュニア選手たちの試合を観戦しながら、プーチンに顔を近づけて「四島の帰属問題を解決して平和条約を締結するのが日本の立場だ。提案は受け入れられない」と伝えた。

安倍周辺によると、プーチンの発言直後に反論しなかったのは「公の場で否定すれば、プーチンの立場がなくなる」という安倍なりの配慮だった。プーチンは安倍の手を上から包み込むように握り、「分かっている」と静かに語った。「プーチンは互いの立場の違いを理解した上で、北方領土問題の解決を強く望んでいる」。安倍はそう受け止めていた。

「これで行くしかない」。安倍は公邸での極秘会合で決断を下した。日ソ共同宣言に基づき、ロシアと平和条約を締結して歯舞、色丹両島の日本への引き渡しを実現する――。残る国後、択捉両島の返還は求めず、両国による共同経済活動や自由な往来を可能にする――という「2島返還プラス共同経済活動」による決着案だった。安倍の決断を受け、今井と北村は数日後、外務省事務方トップの外務次官、秋葉らも加えて再び極秘会合を開き、調整を加速させた。

このころ、永田町では「日ロ交渉は行き詰まっており、シンガポール会談でも大きな進展は望めない」という見方が大勢だった。しかし安倍周辺への接触を続けていた取材班には、安倍が最長で21年9月までの首相在任中の領土問題解決を目指し、シンガポールで「新たな交渉カードを切る」という複数の情報が入り始めていた。モスクワ支局長も、プーチン政権側に「安倍がシンガポールで大きな提案をしてくる」との情報が伝わっていたことをつかんでいた。

安倍が国内の期待感を高めるために発信したブラフなのか。ロシアとの水面下の調整が想像以上に進んでいるのか――。戸惑いを抱えながら、現場で取材を続けた記者が集めた情報から浮かび上がってきたのは、歴代政権が「国是」としてきた四島返還を安倍が断念し、2島返還を軸とした交渉に大きくかじを切るというショッキングな内容だった。

まさかの選択

シンガポールで行われる日ロ首脳会談に向け、両国の政府関係者らへの接触を重ねてきた取材班がたどり着いた結論は、事実なら間違いなく大スクープだった。

記事化に向けた最大の問題は、安倍がシンガポール会談で、実際にどこまで具体的に踏み込むつもりなのか。そしてプーチンがどう応じるのかが「首脳同士が会うまで分からない」（官邸関係者）ことだった。

首脳会談のような大きな外交交渉では、両国の外交当局が事前に調整し、首脳合意の内容を固めていくのが一般的だ。この段階でいち早く情報をキャッチできれば、スクープになり得る。会談前に共同声明などの合意文書の内容が特ダネとして事前に報道されることがあるが、これも外交当局間で声明の文言を事前に詰めているためで、世論の関心を集めるために政府筋が意図的にメディアにリークすることもある。

ただ、主権問題が絡む日ロの北方領土交渉は、両国の外交当局にとっても「首脳にしか判断できない敏感な問題」だった。特に両首脳が通訳のみを介した一対一の会談では、その時の雰囲気や会話の切り出し方によっても、提案内容や結論が変わりかねない。

北方四島を行政区域に含む北海道の地元紙として、楽観的な観測を根拠に書き飛ばせば、故郷の返還を願い、交渉の行方を見守ってきた元島民を一喜一憂させてしまう。取材で積み重ねた情報をどのタイミングで、どこまで記事にするか。東京とモスクワの国際電話のやりとりは数時間に及ぶこともあった。

シンガポールでの首脳会談3日前の11月11日、北海道新聞は朝刊2面に「強まる『2島プラスアルファ』論　領土問題、問われる判断」という見出しの記事を掲載した。ポイントは、官邸内で歯舞、色丹の2島返還を実現し、残る国後、択捉両島については返還を求めない、事実上の「2島決着」が検討されていることを明らかにしたことだった。

記事では、安倍の周辺で日ソ共同宣言に基づいて歯舞、色丹の2島返還を目指すべきだという声が強まっていることを説明し、「(国後、択捉は)共同経済活動を実現して自由に行き来できるようになればいい」と話す政府関係者のコメントを載せた。

その上で、記事ではプーチン政権が四島領有は「第2次世界大戦の結果」であり、こうした認識を日本側が認めることが交渉の大前提だと主張していることを説明。仮に日本が譲歩しても、ロシア側が2島返還に応じる保証はなく、交渉が進展するとは限らないことも指摘した。

歴代の政権は、北方領土が「いまだかつて他国領になったことがない日本固有の領土」だと国民に説明し、四島返還を求めてきた。これまでの日ロ交渉の経緯を踏まえれば、官邸内で浮上していた方針は「まさかの選択」だった。

「日本政府が四島返還を断念するなんて、本当にあり得ると思っているのか」。記事掲載後、取材班には北海道新聞の社内からもそんな声が寄せられた。だが取材班の記者たちは、安倍やその周辺が任期内の「領土交渉の進展」という成果を焦り、2島返還の確証もないまま、ロシアに大きく譲歩するのではないかという見方を強めていた。

北方領土返還要求運動の原点の地・根室市では、安倍政権下での領土交渉の具体的な進展を求める声が高まっていた。

「元島民が元気なうちに領土返還に道筋をつけてほしい。せめて自由に墓参りができる自由往来の仕組みをつくってほしい」。千島連盟根室支部長の宮谷内は10月中旬、根室市内で行われた国民民主

北方領土問題の早期解決を訴える千島連盟根室支部長の宮谷内（左）と副理事長の河田弘登志
＝2018 年 9 月 11 日、根室市（村上辰徳撮影）

党代表の玉木雄一郎との意見交換会で、そう語気を強めた。

「四島返還が大前提だが、返還方法は柔軟に対応してもいい」「『前提条件なし』の平和条約締結というプーチン提案に安易に応じたら、一つの島も返らない可能性がある」――。

元島民たちの意見には温度差もあったが、プーチンと熱心に会談を重ねてきた安倍の首相在任中に問題解決の糸口がつかめなければ、さらなる交渉長期化は避けられないという焦りは共通していた。

しかし「前提条件なし」の平和条約締結というプーチンの提案を、北方領土問題解決への「意欲の表れ」と前向きに捉え、シンガポール会談を日ロ交渉の正念場に位置付けようとする日本側の動きは、ロシア側にとっても「想定外の展開」（外交筋）だった。ロシア政府内では、プーチンの提案は日本とは全く別の解釈で受け止められていた。

読み違えたシグナル

なぜプーチンは18年9月の東方経済フォーラムの全体会合で、唐突に「前提条件なし」の平和条約締結を安倍に提案したのか。ロシア外交当局の「統一的な見解」は「大統領は直前の安倍首相の演説にいら立ち、やり返した」というものだった。

プーチン提案に先立ち、安倍は全体会合で基調演説し、日本は極東開発など8項目の日ロ経済協力プランに基づき、ロシアの都市開発などに貢献していると映像を使って紹介した。

「いかがでしょうか」。映像の上映が終わると、安倍は会場にこう訴えた。

「8項目の協力プランの実現を通じて、ロシア住民の生活の質の向上が皆さまにも実感できるようになるのではないでしょうか。ロシアと日本が力を合わせる時、ロシアの人々は健康になるのだというエビデンス（証拠）です。ロシアの都市は快適になります。ロシアの中小企業はぐっと効率が良くなります。ロシアの地下資源は、日本との協力によってなお一層効率よく世界市場に届きます」

この発言には、安倍政権の対ロ経済戦略の基本的なスタンスが凝縮されていた。それはロシア国民の生活に直結する分野で日ロの経済協力を実現していけば、ロシア世論の対日感情の改善につながり、ひいてはプーチンが北方領土返還を決断しやすい政治環境の整備を後押しすることになる、という考え方だった。

さらに安倍は日ロ間に平和条約が存在していないことが「2国間協力の可能性の開花を阻んでいる」と強調し、プーチンにこう呼びかけた。「プーチン大統領、もう一度ここで、たくさんの聴衆を証人として、私たちの意思を確かめ合おうではありませんか。今やらないで、いつやるのか。われわれがやらないで、他の誰がやるのか、と問いながら、歩んでいきましょう」

安倍は視線をプーチンから再び会場に移し、演説の最後をこう締めくくった。

「平和条約締結に向かう私たちの歩みを、どうかご支援を皆さん、いただきたいと思います。力強い拍手を、聴衆の皆さんに求めたいと思います。ありがとうございました」

大きな拍手を浴びながら、安倍は満足げにプーチンと握手を交わした。

しかし、この安倍の「パフォーマンス」に対するロシア側の評価は辛辣《しんらつ》なものだった。ロシア政府関係者は「あのビデオは、ロシアは自分では何もできない国なので、優秀な日本がいろいろなことを『教えてやる』という内容だった。何より問題なのは、安倍首相が各国の聴衆を巻き込み、2国間の領土問題を国際問題化しようとしたことだ」と不快感を隠さなかった。

実は安倍は前年の17年のフォーラムの演説でも、日本が8項目の経済協力プランを通じ、ロシアの経済発展に貢献していることをアピールしていた。「ウラジーミル」と、プーチンにファーストネームで呼びかけ、「あらゆる困難を乗り越えて、日本とロシア、二つの国がその可能性を大きく開花させる世界を、次の世代の若人たちに残していきましょう」と、平和条約の早期締結を訴えるスタイルも同じだった。

ロシアとの協力に前向きな国の首脳が集まり、経済問題を討議するロシア政府主催の国際フォーラムの場で、最も政治的な問題である領土問題の解決を繰り返し聴衆に訴える安倍の演説は、明らかに「異質」だった。加えて、フォーラムに参加していたプーチン政権や経済界の代表者の多くは、「ロシア住民の生活向上」という日本が掲げる「小さな協力」（ロシア経済関係者）ではなく、北極圏での液化天然ガス（ＬＮＧ）事業などエネルギー開発への大規模投資を日本に求めていた。

日ロ交渉を長く下支えしてきたロシア外交関係者は、当時のプーチンの心情をこう解説した。日本は「北方四島は日本固有の領土であり、ロシアが不法占拠している」という基本的な立場を変えず、ロシア側の主張に歩み寄る気配はない。にもかかわらず、安倍は演説で「平和条約を結ぼう」と何度も何度も繰り返し、聴衆の前で「今やらないで、いつやるのか」とまで迫ってきた。そこまで言うなら「前提条件なしで年内に平和条約を結ぼうじゃないか」と言い返したくもなるだろう、と。

プーチンの平和条約締結の提案は「領土問題という敏感な問題を解決するためには、安全保障や経済など幅広い分野での信頼関係の強化が不可欠だが、日本にその覚悟はあるのかと迫った」ものだった。この関係者は、プーチンが北方領土の引き渡し協議に応じることは「全く考えていない」とも断言した。

プーチンの提案後、大統領府から外交当局に具体化に向けた指示が下りることはなかった。

プーチンの真意

18年10月18日、プーチンはロシア南部ソチで開かれた有識者会議「バルダイ会議」に出席し、東京財団研究員を経て国際協力銀行モスクワ事務所で上席駐在員を務めていた畔蒜泰助《あびるたいすけ》の質問に答える形で、9月の東方経済フォーラムでの平和条約締結提案の意図を説明した。司会者とのやりとりにも、日ロ関係に対するプーチンのスタンスが表れていた。

「どう思いますか。彼は何を聞くでしょう」。畔蒜を質問者に指名した司会者がプーチンにこう水を向けると、プーチンは「分からない。島についてだろうか。面白くないな」と間髪入れずにけん制した。

畔蒜は動じず、質問を始めた。

「あなたは東方経済フォーラムで、安倍首相に『年内に平和条約を締結しよう。全ての前提条件なしで』と提案した。これは平和条約に署名するための十分な信頼関係がわれわれの間にできたということですか。それとも、別の意味があるのですか」。畔蒜は2年前の会議でもプーチンに質問し、平和条約締結には日ロの信頼関係の醸成が不可欠だという認識を引き出していた。

プーチンは日ロ交渉の現状について、両国間の信頼関係強化に取り組んでおり、ロシアは北方領土問題を巡る日本との対話を拒否してはいないと説明。続けて「私たちは安倍首相の要請により、日本国民が歴史的な場所を訪れ、親族の墓参りができるよう、この地域への往来枠組みの簡素化について議論している。私たちは信頼関係に必要な条件を作り出そうとしている」と強調した。これは16年12月の日ロ首脳会談での合意を踏まえ、ロシアが元島民の「北方領土墓参」の手続きの簡素化などを進めてきたことを指していた。

ロシアは日本と真摯《しんし》に向き合ってきた――。こう強調した上で、プーチンは日本の姿勢を厳しく批判した。

「しかし日本は、私たちに制裁を科した。これが信頼醸成につながると思いますか。シリアはどこにあり、クリミアはどこにあり、日本はどこにありますか。あなたたちは何のためにそんなことをしたのか。信頼関係を強化するためでしょうか」

日本政府は14年のロシアによるウクライナ南部クリミア半島の一方的な併合は容認できないとして、米国や欧州などの先進7カ国（G7）で協調して対ロ制裁を発動した。プーチンは日本が国際舞台で常にロシアに批判的な欧米諸国との連携を重視していることにいら立っていた。

日本の姿勢に不満を抱えていながら、なぜ安倍に「前提条件なし」の平和条約締結を提案したのか。プーチンは中国との国境画定交渉を引き合いに出して、こう解説した。

中ロ両国は01年に善隣友好条約を締結したが、この時点では国境は未画定の状態だった。しかし条約を締結したことによって「領土問題を解決するための条件」がつくり出され、最終的に妥協案を見つけることができたのだ、と語った。

プーチンは続けた。「島の問題を解決せずに平和条約に署名しても、将来においても（その問題を）解決せず、歴史のごみ箱に投げ捨てて、何もなかったように前に進んでいくことを意味するものではない。中国との関係は逆だと物語っている。信頼関係をつくってから、領土問題を解決した。私はまさにこのことを提案した。平和条約に署名し、信頼関係の向上に努め、両国間に問題を生じさせず、先に進んでいこう。そして領土問題を引き続き話し合おう」

プーチンはフォーラム後に安倍と柔道大会を観戦した際、安倍が自身の提案を拒否したことを明かした上で「われわれはすでに70年も足踏みを続けており、終わりも見えない。私たちは（北方領土の）島々での共同経済活動の実施について話している。アイデアは良いが、非常に控えめなものだ。それが問題だ」と語った。

日ロも「前提条件なし」で条約を締結し、両国間の信頼関係を強化していけば、いつかは領土問題という敏感な問題も解決できるはずだ。これがプーチン自身が語った、プーチン提案の真意だった。同時にそれは、まず領土問題を解決した上で平和条約を締結する――という日本の原則的立場にロシアがくみすることはあり得ないという、明確な宣言でもあった。

プーチン提案を北方領土問題解決への「意欲の表れ」と前向きに受け止めた安倍政権に対し、安倍の演説や日本政府の対ロ制裁に対するプーチンの「いら立ち」が表面化したものだと理解していたロシア。この認識の違いは、安倍が日ソ共同宣言を平和条約交渉の基礎に位置付け、「四島」から2島へと大きくかじをきったシンガポール会談の直後から、大きな溝として顕在化していく。

引き渡しの条件

「四島には元島民の皆さんのお墓があるが、ロシア人の墓もある。あと25年たつと（北方領土問題が）歴史のかなたに消える危険性が出てくる。だから、プーチン大統領が非常に大きな力を持っている時がチャンスだと考えた」

シンガポールでの日ロ首脳会談から3年余りが過ぎた21年12月、「元首相」となっていた安倍は北海道新聞の単独インタビューに対し、日本の北方領土交渉方針の軸足を2島返還へと大きく転換した理由をこう語った。

安倍とプーチンが交渉の「基礎」に位置付けた日ソ共同宣言には、平和条約締結後に歯舞群島と色丹島を日本に引き渡すことが明記されている。プーチンは宣言の法的有効性を何度も認めているが、平和条約を締結した場合、歯舞と色丹2島の主権を日本に引き渡す気はあったのだろうか。

安倍はインタビューで「私は当然そう考えている。そうでないと交渉はあり得ない」と断言した。しかし、シンガポール会談後のロシア側の発信は、一貫して厳しい内容だった。会談翌日の18年11月15日。プーチンは安倍との会談内容についてロシアメディアに淡々と語った。

プーチンは、まず日ソ共同宣言を平和条約交渉の基礎に位置付けたシンガポール合意が、安倍の提案だったことを強調した。そして、ロシアの北方領土領有は「第2次世界大戦の結果」であり、国際法でも確定されているが、それでも「日本が別の立場で問題を取り上げている」ため、議論に応じる用意があると述べた。

その上で、日ソ共同宣言に関し、次のような持論を展開した。

「ソ連が平和条約締結後、南の2島（歯舞群島と色丹島）を日本に引き渡す用意があると書かれている。しかし、どういう条件に基づいて引き渡すかは書かれていない。これらの島がどの国の主権下に置かれるのか、どんな条件に基づいてそれが行われるのかも書かれていない」

旧ソ連は1960年、日本が日米安全保障条約を改定して米国との同盟関係を強化したことに反発し、2島引き渡しの新たな条件として「日本領土からの全外国軍隊の撤退」を一方的に表明した。旧ソ連側が宣言の履行を拒んだというのが日本の立場だが、プーチンは一貫して日本側が拒否したと主張していた。

プーチンはすでに一度、「日本側に裏切られた」とも考えていた。01年、当時の首相森は日ソ共同宣言に基づく「歯舞、色丹の返還条件」と「国後、択捉の帰属問題」を別々に協議する「並行協議」の検討を提案し、プーチンは同意した。しかし、森の後を引き継いだ小泉純一郎政権は再び四島一括返還を主張し、交渉は頓挫した。

プーチンは「日本は（以前も）日ソ共同宣言の枠組みでこの問題の協議に戻るよう求めた。しかし、議論の過程で56年の宣言から離れた」と説明。島を引き渡す条件や主権がどちらにあるかは「全て真剣な検討の対象だ」と断言し、「ましてや、かつて日本はこの宣言の履行を拒否したのだから」と発言を締めくくった。

プーチンの発言は、もちろん日本の立場とは相いれない。しかし安倍がインタビューで語った感触とは異なり、日本が「2島」まで譲歩しても、北方領土問題が直ちに解決するわけではないという、ロシア側の立場をかなり明確に説明していた。

大統領報道官ペスコフは18日の国営放送の番組収録で、よりはっきりと日本との交渉進展の前提となる条件を列挙した。

インタファクス通信によると、ペスコフは、ロシアが北方領土を日本に引き渡した場合、日米安保条約に基づいて、島に米軍が展開する可能性があることへの懸念を改めて表明。クリミア問題を巡る日本の対ロ制裁についても「交渉の中で触れざるを得ない、もう一つの問題だ」とくぎを刺した。

日米同盟を外交政策の基軸とする日本は、米国との共同歩調に加え、G7の一員としての対応が求められる。日米安保条約の存在に懸念を示し、ロシアによるウクライナ南部クリミア半島の併合を巡る対ロ制裁の解除まで交渉進展の「前提条件」にしようとするロシア側の動きは、今後の交渉の行き詰まりを見越し、その責任を日本側に押しつけようとしているとしか見えなかった。

日本が2島まで譲歩しても、プーチンが島の引き渡しに応じることはあり得ない――。モスクワ支局長が、ロシア国内で対日交渉への厳しい見方が広がっていくのを感じていたころ、日本国内では全く逆の楽観論が急速に強まっていた。

広がる楽観論

「これで日ロ交渉は大きく前進する。プーチン大統領が20カ国・地域首脳会議（G20大阪サミット）で来日する来年6月には、平和条約締結で大筋合意できる」

18年11月のシンガポール会談直後、安倍政権の対ロ外交に関わってきた官邸関係者は、取材班の記者に何度もこう言い切った。既にロシア側からは否定的なシグナルが相次いでいたが、安倍周辺は「プーチンは日ソ共同宣言の法的有効性を認めており、2島の引き渡しには応じる」と強く確信していた。

日本外務省内には、前傾姿勢を強める官邸の動きを危ぶむ声もあったが「安倍1強」の政治状況の下で強く異を唱える動きは見られなかった。安倍が事実上の2島返還に方針転換したことを明言せず、「日本の方針は変わっていない」という曖昧な説明を続けたこともあり、与党内でも日ソ共同宣言を交渉の基礎に位置づけたことへの異論は大きく広がらなかった。

「G20で大筋合意したら、首相は北方領土交渉の是非を大義に7月に衆参同日選に踏み切る。そして選挙で圧勝し、そのまま平和条約を批准する。もう流れはできあがった」。興奮気味に語る官邸関係者の表情に迷いはなかった。

大筋合意を目指す19年6月まで、この時点で残り半年余り。「交渉はスピード感を持ってやる」。安倍は周囲にこう語り、《1》12月にアルゼンチンの首都ブエノスアイレスで行うプーチンとの再会談で、交渉責任者などの枠組みで合意する《2》来年1月には安倍がモスクワを訪問し、具体的な条約の方向性を確認する――という流れを想定し、準備を一気に加速させた。

安倍が日本側の交渉責任者に想定していたのは、外務次官の秋葉だった。条約課長や国際法局長などを務めた秋葉の起用には、外務省の事務方トップを官邸の意向通りに動かすことで、2島返還を軸とした安倍の方針に対する外務省内の反発を抑え込む狙いもあった。

安倍は秋葉をシンガポール会談に同席させ、プーチンにも引き合わせていた。日本の外交政策全般を指揮する立場の秋葉が、国際会議に合わせた首相の外遊に同行するのは極めて異例だった。

安倍周辺が秋葉を交渉責任者に据えようとした背景には、対日強硬派の外相ラブロフをできる限り、交渉から遠ざけたい思惑もあった。プーチン側近の大統領補佐官ウシャコフと秋葉の間でホットラインを構築し、官邸と大統領府が直接やりとりできる体制を整える。その上で、原則的立場を重視する両国外務省の影響力を抑えつつ、首脳間の信頼関係をてこにプーチンに政治決断を促そうとしていた。

しかし、安倍の当初想定は、日ロ双方の「政治的な事情」によって、次第に狂っていく。

要因の一つは、シンガポール会談に同席しなかった外相の河野太郎が、交渉のかじ取り役を担うことに強い意欲を示し始めたことだった。安倍政権下では「日ロ問題は首相の専権事項」という雰囲気が強かったが、日ソ共同宣言に署名した元農相河野一郎を祖父に持つ河野は「外務次官の秋葉は世界情勢全体を見るべきだ」と主張し、自身を交渉責任者、その下で実務を担う交渉担当者に外務省ナンバー2の外務審議官、森健良《たけお》を充てるよう安倍に進言していた。

河野は11月23日、訪問先のイタリア・ローマでラブロフと会談し、終了後、記者団に「突っ込んだやりとりをした」と強調。「日ソ共同宣言を基礎として平和条約交渉を加速するという首脳会談の合意を踏まえ、外相間でも議論を深めることを確認した」と述べ、自身が交渉に全面的に関与していく強い意欲を表明した。

こうした河野の動きは、日ロ交渉の蚊帳の外に置かれることへの警戒感を強めていたロシア外務省にとっても好都合だった。秋葉とウシャコフが直接交渉する展開になれば、外務省の発言権は相対的に低下する。安倍周辺は「自分が目立てると気づいた河野がしゃしゃり出てきた」と眉をひそめたが、外相同士が交渉責任者となる流れが外交当局間で固まっていった。

「今回、僕は飛行機には乗らない」。ブエノスアイレスでの日ロ首脳会談を4日後に控えた27日、秋葉は周囲にこう漏らし、会談に同行しないことを示唆した。秋葉を交渉責任者に据える安倍の構想が頓挫したことを意味していた。

日本側には両外相が交渉責任者になる場合は、実務を担う交渉担当者に秋葉を起用するべきだという声もあった。だが形式上、秋葉のカウンターパートに当たるロシア外務省事務方トップの第1外務次官チトフは欧州が専門で、自身が日ロ交渉の矢面に立つことに難色を示していた。結局、ロシア側は複数いる外務次官の中で長く対日交渉を担ってきたモルグロフを起用し、日本側は同格となる森が交渉担当者に就いた。
ラブロフ、モルグロフはいずれも生粋の外務官僚で、強硬な「原則主義者」として知られていた。「原理原則をぶつけ合うだけで、交渉が進まなくなる」。安倍周辺が感じていた危惧は、ほどなく現実のものとなっていく。

強まる「大戦の結果」論

安倍とプーチンは18年12月1日、ブエノスアイレスで開かれたG20サミットに合わせて会談し、外相の河野とラブロフを平和条約交渉の責任者、外務審議官の森と外務次官モルグロフを交渉担当者とすることで正式に合意した。森とモルグロフは、それぞれ首相特別代表と大統領特別代表に指名された。

「シンガポール合意に沿って進めよう」。日本側関係者によると、安倍は会談で、平和条約締結後の歯舞群島と色丹島の日本への引き渡しを明記した日ソ共同宣言を交渉の基礎に位置付けたシンガポール合意の有効性を改めて確認。安倍周辺は、ロシア側が2島返還に向けた交渉進展を「了解」（官邸筋）したとみて、プーチンがG20大阪サミットに合わせて来日する19年6月の大筋合意を目指し、1月の外相会談と首脳会談で平和条約の具体的な条文の検討開始で合意することまで視野に入れ始めていた。

しかし、ラブロフはアルゼンチン会談からわずか6日後の12月7日、訪問先のイタリア・ミラノで記者会見し、楽観的なシナリオを念頭に前傾姿勢を強める日本側を厳しくけん制した。
ラブロフはまず、日ソ共同宣言には、日本に島を引き渡す前に平和条約を締結することが明記されているという一方的な解釈を主張。ロシアの北方領土領有は「第2次世界大戦の結果」だとして、それを日本が完全に認めることが交渉進展への「不可欠な第一歩」だと強調した。

「大戦の結果」論は、プーチンもシンガポール会談翌日の会見で述べていたが、北方領土は「日本固有の領土」であり、ロシアが「不法占拠」していると国際社会に訴えてきた日本政府には、絶対に受け入れられない要求だった。

ところが河野の対応は、激しく迷走した。11日の記者会見で、ラブロフ発言への見解を問われた河野は「次の質問をどうぞ」と4回繰り返し、回答を拒否。答えない理由を説明せず、「なぜ質問に対して『次の質問をどうぞ』と言うのか」という質問にも「次の質問をどうぞ」と応じ、不敵な笑みまで浮かべた。

この稚拙なメディア対応には、野党だけでなく、自民党内からも「異様だ」（ベテラン議員）と批判の声が上がり、河野は15日に「おわびし、しっかりと改める」とブログで陳謝した。ただ、説明責任を欠くとの批判については「こちらの手を（ロシア側に）さらしてポーカーをやれというのと同じで、日本の国益を最大化する交渉ができなくなる」と強弁した。

河野の「だんまり作戦」が無意味なことは明らかだった。ラブロフは17日のラジオ番組で、河野がブログで陳謝した際に「（日本）政府の立場に変わりはない」と説明したことを持ち出し、「日本の立場が変わっていないなら、大戦の結果を認めることを拒否するという意味だ」と強くけん制した。

日ロ間の溝は、実はアルゼンチンでの首脳会談の際にも、安倍や日本側が意識しない中で拡大していた。契機となったのは会談終盤、安倍がロシアによるウクライナ艦船の銃撃、拿《だ》捕《ほ》事件への懸念を表明したことだった。

事件は11月25日、ロシアが併合したウクライナ南部クリミア半島沖のケルチ海峡で起きた。ロシア警備艇が「領海」侵犯を理由にウクライナ艦船を銃撃し、艦船3隻と乗組員24人を拿捕した。日本を含むG7外相はアルゼンチンでの日ロ首脳会談前日の11月30日、「最大限の懸念」を表明する共同声明を発表し、ウクライナ艦船と乗組員の即時釈放をロシアに求めた。

首脳会談後に官房副長官の野上が行った記者団への説明によると、安倍はこの問題について懸念する旨を述べ「(ロシアとウクライナ)双方の当事者が自制し、船舶乗組員の早期釈放を含め、事態が沈静化に向かうよう期待する」と発言した。G7首脳の一人として「ロシアに言うべきことは言った」という国際社会へのアピールだったが、ウクライナ側にも自制を求め、ロシアだけを悪者扱いしないという配慮もにじませたつもりだった。

しかし、ロシア側は「雷に打たれたような驚くべき発言」と受け止めていた。

関係者によると、会談は穏やかな雰囲気で進んでいたが、両首脳が平和条約交渉の枠組みで合意した直後、安倍から「突然、ケルチの話が出た」という。ロシア側の交渉筋は「安倍首相の発言で、一気に会談の雰囲気が悪くなった。せっかく交渉の枠組みで合意したのに、日本がなぜケルチの話を持ち出したのか全く理解できなかった」と振り返った。

G7加盟国の日本が、国際問題で欧米主要国と協調するのは当然のことだった。しかしロシア側は「安倍首相は口ではロシアと信頼関係を醸成して領土問題を解決したいと言うが、結局は欧米と足並みをそろえることしかできないのではないか」との疑念を深めていた。

「オキナワ」発言

日本は、ロシアと本気で向き合うつもりがあるのか――。北方領土交渉を巡る日本の姿勢に対するロシア側の不信感は18年12月20日、モスクワで開かれた毎年恒例の記者会見でのプーチンの厳しい発言となって表れた。

会見にはロシアメディアだけでなく、各国の特派員らが参加し、プーチンは長い時には4時間以上、資料やメモも見ないで、あらゆる質問に答え続ける。ただ、質問する記者は事前にある程度調整されており、どの国のメディアが指名されるかは、その時のプーチン政権の関心事を表すバロメーターでもあった。

11月のシンガポール会談以降、ロシア国内でも日ロ交渉の行方への関心が高まっていた18年は、共同通信のモスクワ支局長に質問の機会が与えられた。日本に北方領土の島々を引き渡した場合、米軍基地が展開する可能性などについての見解を問われたプーチンは「平和条約を締結する上で、安保問題は極めて重要だ」と強調し、こう続けた。

「最大の米軍基地は沖縄に長い間、存在し続けている。これらの決定に日本が参加する能力について私たちには分からない。閉ざされた部分だ。私は、この種の決定を下す際の日本の主権のレベルを理解していない」

プーチンはこれまでも北方領土を日本に引き渡した場合、日米安全保障条約に基づき米軍基地が建設される可能性があるとして、繰り返し懸念を表明してきた。しかし、沖縄の基地問題を絡めて公の場で発言したのは初めてだった。プーチンはさらに具体的に踏み込んだ。

「沖縄県知事が米軍基地の拡大と強化に関連した決定に反対していると知っている。彼（知事）は反対しているが、どうすることもできない。そこに住んでいる人たちも反対している。住民は基地の撤退を要求して行進している。彼らは米軍の航空能力の強化に反対しているが、（日米間には）強化し、発展させる計画がある。皆が反対しているが、それは実現している」

沖縄県では約3カ月前の9月の知事選で、米軍普天間飛行場（宜野湾市）の名護市辺野古移設に反対する前衆院議員玉城デニーが、安倍政権が支援する候補を破って当選していた。しかし、玉城が国に移設反対を求め、翌年2月に移設の賛否を問う県民投票を実施する方針を示したのに対し、日本政府は県民投票の結果にかかわらず、予定通り工事を進める構えを崩していなかった。

プーチンの「オキナワ発言」は、こうした日本国内の状況を把握した上で「日本政府は自国民がこれほど反対していても、米国の希望通りに基地移転を進めている。日本は北方領土問題を巡っても、米国が反対するような交渉を行うことはできないだろう」（ロシア政府筋）という強烈な皮肉だった。

プーチンは会見で「平和条約締結後に何が起きるか、私たちには分からない。この質問に対する回答がなければ、いかなる劇的な決定も下すことは難しい」とも述べ、北方領土に米軍が展開しないことを確約するよう日本に求める意向を示唆した。安倍はこうした懸念を払拭するため、これまでの首脳会談の中で、島が返還されれば「非軍事化」する考えを繰り返し伝えていたが、プーチンは納得していなかった。

プーチンは日本が導入予定の米国製の地上配備型迎撃システム「イージス・アショア」（地上イージス）などのミサイル防衛（MD）システムについても、「防衛的な兵器ではなく米国の核戦略兵器の一部だ」と批判。「私たちは誠実に日本と平和条約を締結しようとしている」と述べたものの、日本の主権そのものに疑義を示し、日本が運用するMDシステムの導入も認めないというロシアの立場を強く打ち出した。

日本は「主権国家ではない」と言わんばかりの厳しい発言だった。それでも官房長官の菅は翌21日の記者会見で「わが国の交渉方針や考え方について、交渉の場以外で発言することは交渉に悪影響を与える恐れがあるので、答えは差し控えたい」と述べただけだった。

北方領土問題を巡る「歴史認識」と「安保問題」という二つの大きな壁が、険しさを増していた。それでも、官邸内には年明け以降の交渉進展を信じて疑わない空気が広がっていた。

安倍には「隠し玉」があった。両国外相を平和条約交渉の責任者とした12月のアルゼンチンでの首脳会談で、安倍は最側近の首相秘書官今井を会談に同席させ、プーチンに「私が最も信頼する人間だ」と紹介。今井と大統領補佐官ウシャコフによる「公表はしないが、両首脳が認めたもう一つの交渉ルート」（官邸筋）を通じ、両国トップの政治判断という妥協点を探ろうとしていた。米大統領が、日ロの平和条約交渉の進展に理解を示すトランプだったことも、またとない好機だと捉えていた。「お互いに知恵を出し合えば、壁を乗り越えられる可能性は十分にある」。安倍はそう信じていたが、日ロ関係は年明け以降、安倍自身の発言を契機に急速に緊迫していく。

想定外の抗議

平成最後の新年を迎えた19年1月4日。恒例の伊勢神宮参拝を終えた安倍は年頭の記者会見で「今こそ、戦後日本外交の総決算を行っていく。本年はその目標に向かって大きく前進する1年にしたい」と述べ、プーチンとの平和条約交渉の進展に強い意欲を表明した。

官邸が極秘裏に行った世論調査では、前年11月のシンガポール会談で事実上の2島返還へとかじを切った安倍の決断は、半数以上の支持を得ていた。会見で安倍は、夏の参院選に合わせた衆院解散・総選挙は「頭の片隅にもない」と否定したが、日ロ交渉の進展次第では同日選に打って出る可能性を周囲に漏らしていた。

しかし日ロ関係者がこの日、最も注目したのは、安倍が「返還後」を念頭に、北方領土のロシア人住民の処遇に言及したことだった。

「北方領土には多数のロシア人が住んでおり、お墓もあるというのが残念ながら現実だ。従って（ロシア人）住民の方々に、日本に帰属が変わるということについて納得をしていただく、理解をしていただくことも必要だ」

ロシアが歴史認識や安全保障問題で厳しい「前提条件」を突き付ける中、安倍が早々に返還後の話にまで踏み込んだことは、取材班には意外だった。安倍は6日には妻の昭恵とともに地元の山口県長門市を訪れ、日ソの関係修復に尽力した元外相の父晋太郎の墓前で交渉進展への決意を重ねて表明し「今年は歴史的な節目の年となる」とまで語った。

しかし、日本側の楽観ムードは、ロシアの新年休暇が終わった直後の9日、一気に暗転する。外務次官モルグロフが駐ロシア大使の上月豊久《とよひさ》をロシア外務省に呼び付け、平和条約交渉に関する日本政府の発表は「日ロ両首脳の合意の本質を乱暴に歪曲《わいきょく》しており、交渉の内容について両国国民を惑わせる」と強く抗議したのだ。

ロシアが問題視した「日本政府の発表」は《1》南クリール（北方領土）の住民に、島の帰属が（日本に）変わることへの理解を得る必要がある《2》戦後の島々の占領に対し、日本政府と元島民がロシアへの賠償請求権を放棄する《3》19年が日ロ交渉の「転換点（ターニングポイント）」になる――という三つだった。

抗議対象の《1》と《3》は間違いなく、安倍の年頭会見や晋太郎の墓前での発言を指していた。安倍が会見で、北方領土のロシア人住民の扱いに言及したのは「返還後も島のロシア人を追い出すつもりはなく、日本との共存にはメリットがあると訴えてロシア世論の反発を和らげ、プーチンの政治決断を側面支援する気配り」（官邸筋）のつもりだった。しかしロシア側は、日本が交渉を優位に進めるため、2島返還は決定事項だという「プロパガンダ（政治宣伝）」を強めてきたと受け止めていた。

ロシア側が問題視した「発表」の《2》は、読売新聞が1月8日付朝刊1面で報じた独自記事のことだった。「複数の日ロ交渉筋」を情報源として、日本政府が平和条約交渉の進展を図るため、北方四島に関する賠償請求権の相互放棄をロシアに提起する方針を固めたという内容だった。元島民らには日本の領土である北方四島を占拠しているロシアに賠償を求める権利があるが、ロシアには請求せず、日本政府が元島民らに補償する方向で検討している、とも伝えた。

ロシアの「不法占拠」を前提としたこの記事は、プーチン政権を激しくいら立たせていた。日本外務省幹部は「（賠償請求権は）確かに課題の一つだが、本格交渉を始める前の今の段階で議論する話ではない」と報道内容を否定したが、ロシアでは主要メディアがプーチン政権のコントロール下に置かれており、政権の意向に反する記事が大きく報じられることはほぼあり得ない。複数のロシア政府関係者は「安倍政権がロシアにプレッシャーをかけるため、意図的に読売新聞に記事を書かせた」と解釈していた。

モスクワ支局長は取材を進める中、ロシアが想像以上に日本政府関係者の発言を細かくチェックしていることに驚いていた。

自民党総裁外交特別補佐の河井克行は8日に米国で行った講演で、日ロの平和条約締結には「中国の脅威に共同で対処することも念頭にある」と発言した。日本でも一部メディアが小さく報じただけだったが、在日ロシア大使館は公式ツイッターで「中国はロシアの善隣国であり、ロシアとの関係を裂くために平和条約問題を利用するのは受け入れがたい」と批判した。

ロシア側は、安倍が12月30日のラジオ番組で漏らした一言さえも聞き逃さなかった。安倍はこれまでの日ロ首脳会談で、ロシアから引き渡された島に米軍基地が展開することはないとプーチンに伝達していたが、番組内で米国の確約は得たのかと問われ、「それはありません、まだ」と答えた。ロシア外交筋は「安倍首相は大統領に『米国とは話をするから心配しないでほしい』と言ってきたが、何の調整も進んでいなかった。あまりに率直でびっくりした」と皮肉を込めて言った。本格交渉を前に、ロシアとの神経戦は激しさを増していた。

相次ぐ「前提条件」

外務次官モルグロフの異例の抗議からわずか5日後の19年1月14日、外相の河野とラブロフを交渉責任者とする初の平和条約交渉がモスクワで開かれた。会場のスピリドノフカ宮殿と呼ばれる外務省別館は1956年、日ソ共同宣言に向けた最終交渉で訪ロした当時の首相鳩山一郎や農相河野一郎が泊まった日ロ交渉に縁のある建物だった。

大きな長机を挟んで向かい合った両外相の隣には、実務を担う「特別代表」に就いた外務審議官の森とモルグロフら両国の外務省関係者がずらりと並んだ。現地時間午前11時（日本時間午後5時）、安倍が北方領土問題の命運を懸けた本格的な平和条約交渉が始まった。

会談冒頭、ラブロフは「2018年11月のシンガポールと12月のブエノスアイレスでの首脳会談の結果、両国首脳が指示した平和条約締結に関する交渉を本日より開始する」と宣言。日ロの安保対話の進展や文化イベントなどを相互開催する「日ロ交流年」を挙げ、真のパートナーシップ関係の強化に努めていると強調した。

問題はここからだった。ラブロフは「プーチン大統領と安倍首相は、平和条約に関する作業はこれ

モスクワの外務省別館で行われた日ロ外相による第１回平和条約交渉＝2019年1月14日（小林宏彰撮影）

までの合意を歪曲せず、矛盾する一方的なレトリックを公の場で押し付けず、プロフェッショナルに進めることで合意した。両国首脳の合意に厳格に従った形で交渉を行うよう、日本側に求める」とけん制。北方四島のロシア領有は第2次世界大戦の「遺産」であり、大戦の結果は国連憲章などさまざまな文書で確定済みだという、一方的な歴史認識を主張した。

これに対し、河野は「平和条約について集中的に議論を進めたい。日ロ経済を含む二国間関係や国際情勢についての率直な議論を行い、安倍首相の訪ロを実りあるものにしたい」などと述べるにとどめた。交渉は1回目の出だしからロシアのペースで始まった。

会談は昼食を挟んで約4時間に及び、ラブロフは去り際、河野に「われわれは同じ船に乗っている。浮くも沈むも一緒だ」とささやいた。確かに交渉責任者として、首脳から「成果」を求められる点では2人の立場は共通していた。

だが、目指す成果の中身は異なっていた。会談後の記者会見は別々に行われ、ラブロフは日本への要求をこれでもかと言わんばかりにぶちまけた。

ラブロフは冒頭、日本との「平和条約に関する作業」を議論したが「両国の立場は正反対」であり、それを隠すつもりはないと説明。交渉の進展は、大戦の結果を「日本が全面的に認めることが不可欠な第一歩だ」と改めて強調し、会談の中で日本側から「反対意見は聞かれなかった」と語った。

さらに日本が18年7月に、北方領土を日本の「固有の領土」と明記した「北方領土問題等解決促進特別措置法（北特法）」を改正したこともやり玉に挙げた。法改正は、四島の隣接地域である北海道東部の根室管内1市4町の地域振興に充てる基金の取り崩しを可能にすることが主な目的だったが、ラブロフは「日本の法において、これらの島々を指して『北方領土』という呼称を使っていることも、当然ロシアとしては受け入れられない」と主張。交渉を進めたいなら、日本は国内法から「固有の領土」や「北方領土」という文言を削除しろという、強烈な要求だった。

ラブロフは両首脳が交渉の「基礎」に位置付けた日ソ共同宣言の解釈を巡っても、宣言には平和条約締結後に歯舞、色丹2島を日本に引き渡すことが明記されているが、１９６０年の日米安保条約改定によって「当時とは状況が著しく変化していることを考慮せざるを得ない」と述べた。地上イージスなど日本への米国製のミサイル防衛システム配備にも懸念を表明した。

ラブロフは経済分野でも、安倍とプーチンが16年12月に検討開始で合意した北方四島での日ロ共同経済活動は「規模は非常にささやかで印象が薄い」と指摘。貿易投資協定や原子力の平和利用における協力のほか、日ロ2国間のビザ撤廃などの検討も必要だと訴えた。

高いハードルを突き付け、交渉を有利に運ぼうとするのはロシア外交の常とう手段だったが、直後の1月22日に首脳会談を控える中、あまりに強硬な姿勢だった。ロシア交渉筋は「ラブロフは、ロシア側の交渉のポイントを全て列挙した。日本は都合の良い想像図を描き、それを事実のように発信するが、交渉が簡単に進むとは誰も思っていない」と突き放した。

一方、河野は会談後、記者団に「領土問題を含め、日本側の考え方を明確に伝えた」と強調。「意見、主張の違いは当然あるが、双方が折り合える一致点を交渉の中で見つけていきたい」と語ったが、具体的な言及は避けた。河野は帰国後の18日の記者会見でも「交渉の場以外でのやりとりは差し控えるという合意があるので、それを誠実に守りたい」と述べ、ラブロフの一方的な主張に一切反論しなかった。

譲れぬ主張

「北方領土問題を解決するためには、ロシア側もその理由を国内に説明する必要がある。厳しい発言は、日本はもっと知恵を出してくれ、というメッセージだ」

外相ラブロフの強硬姿勢が際立った19年1月14日の外相会談後も、安倍政権の対ロ外交を支えてきた官邸筋は「ラブロフ発言は国内向け」との見方を崩さなかった。首相の安倍とプーチンのトップ会談で事態は打開できる——。官邸筋は「首脳会談では、歴史認識や安保問題は棚上げし、とにかく国境線を引くことを日本側が提案することが必要だ」と主張していた。

しかし、日ロ交渉の先行きは不透明感を強めていた。北海道新聞は外相会談を踏まえ、16日朝刊1面トップで「首脳会談へ日本苦慮」という見出しの記事を掲載した。歴史認識、安全保障、経済・交流の各分野でラブロフが日本に突き付けた要求の一覧表を添え、官邸内で「ロシアの要求を受け入れたら、国内世論が持たない。ただこの問題が整理されない限り、前には進めなくなった」という懸念の声があることを紹介。日本側が早くも苦しい立場に追い込まれつつあることを伝えた。

ラブロフの主張について、知日派で知られる元駐日ロシア大使のパノフは、ロシア紙に「首脳会談前にロシアの立場を強化するか、交渉を棚上げするつもりのどちらかだ」と指摘。日本外務省幹部は「ロシアの四島領有が『第2次世界大戦の結果』だなどという主張を認めたら、北方領土返還要求自体が根拠を失う」と反発を強めていた。

ロシアは、米英ソ首脳が旧ソ連による対日参戦の見返りとして千島列島の引き渡しなどを密約した1945年2月の「ヤルタ協定」や、戦勝国の行為の正当性などに言及した国連憲章の敵国条項などを根拠に、四島が合法的にロシア領になったと主張していた。旧ソ連軍の北方領土侵攻は同年8月28日からで、四島の占領完了は日本が降伏文書に署名した9月2日より後の5日だが、ロシアでは対日参戦によって「日本の軍国主義から島々を解放した」などと正当化する見方が定着している。

一方、日本の歴代政権は、四島は一度も外国の領土になったことがない「日本固有の領土」であり、旧ソ連と継承国ロシアが不法占拠を続けていると国際社会に訴えてきた。もし日本が、四島が「大戦の結果」としてロシア領になったという主張を受け入れれば、「力による現状変更」は認めないという欧米との共通理念を自ら否定した形となり、中国が領有権を主張する沖縄県・尖閣諸島の問題にも波及するのは必至だった。

ロシアは、日本側がこうした要求をのめないことは分かっていた。安倍がモスクワを訪れて行う日ロ首脳会談を翌日に控えた1月21日、大統領報道官ペスコフは記者団に対し、日本との平和条約締結は「極めて複雑で詳細な作業」が必要だと述べ、「(大統領が)条約締結をすぐに決断することは不可能だ」と明言した。北海道新聞は会談当日の22日朝刊の見出しも「平和条約交渉　進展見通せず」とし、安倍は事実上の2島返還での決着を念頭に置くものの、ロシア側は強硬姿勢を鮮明にしており、交渉は難航が予想されると報じた。

ただ、日本メディアの認識は、この時点でも一様ではなかった。取材班は、複数の安倍側近が在京メディアの記者たちに対し「日ロ交渉は失速しない」「首脳会談は大きなステップになる」という、根拠の乏しい楽観的な情報を意図的に流していることを把握していた。

NHKは18日の解説番組で、長く安倍政権の取材を担当してきた解説委員が、22日の首脳会談では「条文に盛り込まれる要素について、日ロ双方から提示され、幅広い議論が行われる」という前向きな見通しを伝えた。1月に平和条約の条文の検討を開始し、6月のプーチン来日時には「大筋合意」するという安倍官邸が想定するシナリオ通りの内容だった。

共同通信は21日、首脳会談では「北方領土の扱いを巡って新たな合意を交わせるかどうかが焦点になる」との記事を配信し、安倍が「四島のうち色丹島と歯舞群島の引き渡しをロシアとの間で確約できれば、日ロ平和条約を締結する方向で検討に入った」と報じた。この頃には、大半の日本メディアが前年11月のシンガポール会談で示された安倍の交渉方針が、四島返還の余地を残した「2島先行」ではなく「2島決着」だという見方で収斂《しゅうれん》されつつあった。

ラブロフは強硬派だが、親日派のプーチンは安倍の意思を理解している。歯舞、色丹の2島引き渡しなら応じる――。安倍とプーチンの直接会談に向け、官邸はなお期待を持ち続けていた。だが、そこで暮らすロシア人島民たちは、大統領がそんな決断をすることはあり得ないと固く信じていた。

故郷シコタン

日ロ首脳会談を2日後に控えた19年1月20日。約3千人のロシア人が暮らす北方領土の色丹島は、厳冬期には珍しい好天に恵まれていた。島の中心地・斜古丹（ロシア名・マロクリーリスコエ）の高

台に上ると、ここ数年で建てられたスーパーなどの施設が目に付いた。

「毎日10キロの石炭を暖房のために家の中に運ぶの。シコタンの暮らしは大変よ」。老朽化した木造住宅の庭で石炭の山を掘り起こしていたニーナ・マーミッチ（57）は、取材で現地入りした北海道新聞ユジノサハリンスク支局のロシア人助手に、こう言って笑った。

安倍とプーチンがシンガポール会談で平和条約交渉の基礎に位置付けた日ソ共同宣言には、色丹と歯舞の2島は平和条約締結後、日本に引き渡されることが明記されている。

マーミッチは22歳の時、「国境の島を見てみたい」と大陸から島を訪れ、缶詰工場で働き始めた。間もなく結婚し、今は亡き夫が1985年に手作りで自宅を建てた時、「島が自分の故郷だと思った」という。

94年の北海道東方沖地震で自宅が一部損壊し、一時大陸に避難したが「島がすぐ恋しくなった」。家族は子ども4人と2〜11歳の孫5人の計10人。3世代全員が島内で暮らしていた。「ロシアのシコタン島を守りたい。自分の土地に家と家族がある。ずっとここで暮らします」。マーミッチは言い切った。

色丹島では60年代後半から70年代にかけて水産缶詰工場オスト

高台から望む色丹島斜古丹。中央の港では新たな水産加工場建設に向けた整備が進んでいた＝2019年1月20日（写真4枚を合成、北海道新聞助手マリヤ・プロコフィエワ撮影）

ロブノイが整備され、「ソ連最大の缶詰コンビナート」と呼ばれるまでに成長した。しかし91年の旧ソ連崩壊後の燃料不足などで稼働率が低下。北海道東方沖地震では工場の半分が甚大な被害を受けた上、住宅を含む建物の9割が津波などで壊滅状態になり、多くの住民が島を離れた。

北方領土を事実上管轄するサハリン州によると、93年に斜古丹の住民約千人に行った世論調査では、日本への歯舞、色丹の2島引き渡しを明記した日ソ共同宣言を83%が「支持する」と回答。05年に北海道新聞が色丹、国後、択捉の3島で行った意識調査でも、金銭補償などの条件付きを含めた「返還賛成」は、色丹島が51%で最も多かった。

「ロシアの生活は過酷で、特に高齢者は生きにくい。返還後、日本が新たな土地で暮らせる補償金を出すならロシア本土へ転居するし、ロシア人島民にも日本国内と同じ高齢者対策が実施されるなら島に残るだろう」

05年5月、斜古丹から砂利道を9キロほど西に行った穴澗《あなま》（ロシア名・クラボザボツコエ）の村長だったレフ・セディフは、北方四島ビザなし交流で色丹島を訪れた根室支局の記者にこう話した。色丹島はいつか「日本」になるかもしれない――。ロシア人島民の中にも、そんな意識が確かにあった。

住民意識が変化した背景にあるのは、近年の島の発展だ。ロシア政府とサハリン州政府は、南クリール（北方領土）の開発に多額の予算を投じ、実効支配を強めてきた。首相メドベージェフは17年8月、ロシアの経済特区「先行発展区」を色丹島にも設定し、オストロブノイが斜古丹に新工場の建設を始めた。穴澗でも、択捉島に拠点がある四島最大の水産企業ギドロストロイが「ロシア最大規模」という大型の水産加工場を完成させた。島内には「もはや日本に頼る必要はない」という意識が広がっていた。

日ロ交渉進展への意欲を語る安倍の姿をテレビで見たという穴澗の図書館職員ニーナ・イスポワは「平和条約締結は、首相の希望にすぎない。私の父は南サハリンを解放した軍人。クリールはロシア領土だ」と語気を強めて言った。

18年11月のシンガポール会談以降、日本国内で広がる北方領土交渉進展への期待感をけん制するように、ロシアでは日本への島の引き渡しに反対する世論が日増しに強まっていた。サハリン州議会はシンガポール会談直後、「南クリールの日本への引き渡し」を日本との交渉対象から外すようロシア外務省に要請。州都ユジノサハリンスクでは12月以降、島の返還に反対する集会が繰り返し開催されていた。

極東のいら立ちは、首都にも飛び火していた。19年1月20日、モスクワ中心部には500人以上の市民が集まり、「クリールはロシアの領土だ」と連呼した。ロシアが14年に併合したウクライナ南部クリミア半島出身の大学生シューホフ（19）は「クリールはロシア固有の領土だ。大統領が日本に譲るなら、辞職を求める」と強い口調で語った。

日ロ両首脳が交渉枠組みで合意した前年12月のアルゼンチンでの会談からわずか1カ月半余り。安倍の訪問直前のモスクワに「クリールは渡さない」と書かれた旗がはためいた厳しい現実は、日ロの

用語集
「北方領土コトバ」
（地理編）

溝が急速に拡大していることを如実に物語っていた。

プーチンの回答

モスクワ中心部にあるクレムリンは、ロシア語で「城塞《じょうさい》」を意味する。全長2・25キロの赤く高い壁に囲まれた三角形の敷地には大小の宮殿や聖堂が立ち並び、隣接する「赤の広場」と共に世界遺産に登録されている。このクレムリンに立つロシア大統領府で19年1月22日、安倍とプーチンによる日ロの平和条約交渉が始まった。

開始時間は予定より約50分遅れの午後2時47分（日本時間午後8時47分）、会場の「大統領の間」に連れだって入室した安倍とプーチンは笑顔で握手を交わし、白い大理石の暖炉を背にする形で座った。部屋の四隅に置かれた帝政ロシアの女帝エカテリーナ2世らの銅像が、通算25回目の首脳会談の成り行きを見つめていた。

同席者は日本側が外相河野、経済産業相兼ロシア経済分野協力担当相の世耕弘成、官房副長官の野上、外務審議官の森。ロシア側は外相ラブロフ、大統領補佐官ウシャコフ、日本との貿易・経済協力担当の大統領特別代表を兼務する経済発展相オレシキン、そして外務次官モルグロフだった。

冒頭、プーチンは「私たちの同僚たちは、経済、外交の分野、そして平和条約問題で非常に多くの仕事をしてきた」と短くあいさつした。安倍は「平和条約締結問題について、じっくりと、しっかりと議論したい」と強調した。

メディアが退出した直後、安倍が「大変美しい建物だ。執務室もあると伺った」と話すと、プーチンは「ここに来るのは初めてですか。それじゃあ、ちょっと来てください」と安倍と通訳だけを自身の執務室に招き入れ、5分ほど案内した。

安倍とプーチンは昼食を挟んで約3時間会談し、このうち約50分間は通訳だけを交えて2人きりで平和条約問題を議論した。両首脳は多面的な関係発展が重要との認識で一致し、年間で合計約20万人にとどまる両国を往来する人の数を、23年までに計40万人まで倍増させる目標を確認。日ロ間の貿易額を、数年間で1・5倍増の300億ドル（約3兆3千億円）まで増やすことも話し合われた。

安倍とプーチンは会談後、そろって報道陣の前に立った。日本側は当初、両首脳がメディアの質問に答える共同記者会見を調整中だと発表していたが、最終的には両首脳がそれぞれ一方的に発言するだけの共同記者発表になった。

プーチンは平和条約交渉に関し、ラブロフのような挑発的な表現は使わなかったものの、ロシア側の認識をはっきりと語った。

「強調しておきたいのは、相互に受け入れ可能な解決に至るには、長くて骨の折れる作業が今後必要だ。ロシアと日本の関係を質的なレベルにおいて長期的かつ多面的に発展させることが課題になる。当然のことながら、解決策を提案する際には、両国国民に受け入れられ、社会に支持されるものでなければならない」

これまでのラブロフ発言と重ね合わせると、プーチンの真意はより鮮明になる。「長くて骨の折れる作業」の第一歩は、ロシア側にとって北方領土を巡る日ロの歴史認識や安全保障問題の溝を埋めることを意味する。しかし、ロシアが北方四島の領有は「大戦の結果」だと主張し、日米同盟さえも問題視している現状では、こうした作業が入り口から難航するのは明らかだった。

ロシア国内で島の引き渡しに反対するデモが相次ぐ中、すぐに「両国国民が受け入れ可能な解決策」を見つけることなどできない。つまり日本側が期待する6月の「大筋合意」など不可能だ――。

淡々としたプーチンの言葉には、ロシア政府の明確な意思が込められていた。

一方の安倍は記者発表で「相互に受け入れ可能な解決策を見いだすための共同作業を私とプーチン大統領のリーダーシップの下で力強く進めていく。本日、その決意を大統領と確認した」と強調した。

しかし、会談で平和条約問題は2月にドイツ・ミュンヘンで外相同士の第2回交渉を行うことで合意したにとどまった。安倍政権幹部は、会談でプーチンが外国首脳を執務室に入れたのは滅多にないことだと強調し、「安倍首相に親しみを感じている証しだ」とアピールしたが、平和条約の条文の具体的な検討に入るという安倍官邸が思い描いたシナリオは日本側の幻想に終わり、日本メディアの多くが交渉の進展に否定的な論調を一気に強めた。

ロシア側は、プーチン発言を補強する動きを強めた。大統領報道官ペスコフは27日の国営放送のインタビューで、安倍がプーチンに伝えてきた返還後の北方領土を「非軍事化」するという約束について、「口頭での保証は誰も信じない」と述べ、文書による保証を要求した。

それでも安倍本人は「領土問題解決はプーチンにも悪い話ではない」と周囲に漏らし、強気の姿勢を崩さなかった。官邸内では「6月のプーチン来日までに、首相が納得する『成果』をつくり出さなければ」という空気が強まっていた。

幻の「共同声明」案

19年1月22日の日ロ首脳会談が不発に終わり、日本政府はプーチン政権との交渉戦略の立て直しを迫られていた。

「首脳会談後の共同記者発表で、プーチンは歴史認識や安全保障の問題には一言も言及しなかった。ロシア側も平和条約締結を目指す意思は失ってはいない」。官邸筋は1月下旬、取材班の記者にこう強調した。

しかし、安倍や側近が前年11月のシンガポール会談以降に想定してきた「1月中に平和条約の条文の検討に着手する」というシナリオは事実上、破綻していた。プーチンが大阪でのG20サミットに合わせて来日する際に行う日ロ首脳会談まで、わずか5カ月。目に見える「成果」を急ぐ安倍周辺は、ある構想をひそかに練っていた。

「官邸内で『イチ・キュウ・ナナ・ニー』という言葉が飛び交っている」。官邸関係者の1人は、取材班の記者にこう漏らした。

「1972」とは、1972年9月29日、当時の首相田中角栄と中国の首相周恩来が調印した日中共同声明を指していた。両国は、この文書で国交正常化を実現した。声明には「平和友好条約の締結を目的として、交渉を行うことに合意した」との記述が盛り込まれ、78年の日中平和友好条約の締結に結びついた。

「日本と中国は日中共同声明に調印し、その6年後に平和友好条約を締結した。日本とロシアも2島の引き渡しは『何年後をめどに』などと書き込んだ共同声明で合意し、その後、数年かけて平和条約の条文をじっくり検討すればいい。官邸内は今、そういうイメージで動きだしている」。官邸関係者はそう解説した。

6月のプーチン来日時に想定した平和条約締結への「大筋合意」が困難なら、まずは「日中共同声明」のような首脳宣言を発出し、条約締結への道筋を明確にしておくという次善の策だった。「共同声明の中に歴史認識や安保問題も『解決すべき問題』として列挙すれば、ロシア側も乗ってくるはずだ」(政府関係者)という見方もあった。

ただ、日ロ両首脳が平和条約交渉の基礎に位置付けた日ソ共同宣言は、北方領土問題の解決を先送りしたことを除けば、事実上の平和条約に等しい。国交正常化も平和条約交渉の継続も、すでに日ソ共同宣言に明記されている。何よりロシア側が、国民の多くが反対している島の引き渡しにつながる平和条約締結を前提とした共同声明に応じる可能性は低く、日本側にとっても過去の合意に屋上屋を架すだけになりかねない。取材班は、官邸が模索する共同声明の実現性について、かなり懐疑的に受け止めていた。

こうした状況の中、日ロ両国を取り巻く国際情勢は厳しさを増していた。トランプ米政権は2月1日、ロシアとの中距離核戦力（ＩＮＦ）廃棄条約の破棄を正式に発表。これを受け、プーチンは2日、ロシアも同条約の履行義務を停止すると宣言し、対抗措置として新たな地上発射型の超音速中距離ミサイル開発を承認した。

米国はロシアの新型地上発射型巡航ミサイル「９Ｍ７２９」がＩＮＦ廃棄条約に違反していると主張し、ロシアが違反を是正しない場合は条約を破棄すると一方的に通告していた。米国が破棄を急ぐ背景には、米ロ2国間のＩＮＦ条約には縛られない中国がミサイル配備を進めている現状への危機感と焦りがあった。

米ロの対立激化を受け、日本が導入を計画していた米国製の地上配備型迎撃システム「イージス・アショア」に対し、ロシアが警戒感を強めるのは確実だった。安倍政権は地上イージスは日本が独自に運用する防衛目的のシステムだと繰り返し説明していたが、ロシアは巡航ミサイルの発射台への転用も可能な米国のミサイル「攻撃」システムの一環だと批判していた。

「プーチンは、米国を信用していない。米国がＮＡＴＯ（北大西洋条約機構）の東方不拡大の約束を破った影響で弱体化したロシアを、自分が立て直したと考えている」。安倍は周囲にこう語り、「米ロ関係が、ここまで悪いのは大きい」と漏らした。

「非公式」の調整も行き詰まっていた。安倍は前年12月のアルゼンチンでの日ロ首脳会談の際、最側近の首相秘書官今井と大統領補佐官ウシャコフを引き合わせ、外務省を通さない形での交渉ルートを確保したはずだった。今井は駐日ロシア大使ガルージンらとも水面下のやりとりを続けていたが、安倍が思うような交渉進展への打開策は描けていなかった。

「ロシアは思った以上に手ごわい」。今井は2月半ば、日ロ交渉の現状をこう安倍に報告した。年末年始には安倍政権の選択肢の一つだった北方領土交渉の是非を争点にした衆参同日選というシナリオは「もう誰も言える状態ではなくなっていた」(官邸筋)。起死回生の一打として浮上していた日中の前例を踏まえた共同声明構想も、急速にしぼんでいった。

無言の圧力

19年2月7日。「北方領土の日」のこの日、東京の皇居・半蔵門向かいの国立劇場で「北方領土返還要求全国大会」が開かれた。安倍とプーチンの平和条約交渉が不透明感を強める中、全国から多くの元島民や返還運動団体の関係者が集まり、安倍の演説に注意深く耳を傾けていた。

1855年2月7日の日露通好条約で、択捉島とその北側のウルップ島(得撫島)の間に日ロ間の国境が初めて画定した日にちなみ、政府が1981年に閣議了解で制定した「北方領土の日」。全国大会は、北方四島が「日本固有の領土」であり、日ソ中立条約を無視して侵攻した旧ソ連とその継承国ロシアによる不法占拠が続いていることを広くアピールし、ロシアに四島返還を求める姿勢を内外に示す場だった。

北方領土返還要求全国大会で演説する安倍。壇上には「北方四島を返せ」と書かれた旗が掲げられた
＝2019年2月7日、東京・国立劇場（富田茂樹撮影）

しかし、この年は様相が違った。安倍は演説で「一歩一歩着実に領土問題の解決に取り組む」と強調したものの、歴代首相が訴えてきた「四島の帰属問題を解決」するという文言を使わなかった。安倍はプーチンとの会談を直後に控えた14年の大会でも「四島の帰属」という表現を使わなかったことがあったが、今回はそれだけではなかった。

外相の河野は、18年の大会では演説に盛り込んでいた「北方領土はわが国固有の領土」という表現を使わなかった。大会で採択されたアピール文からも「北方四島が不法に占拠されている」という文言が消えた。

安倍が「四島の帰属問題」という表現を避けたのは、シンガポールでの日ロ首脳会談で日ソ共同宣言を基礎に位置付け、歯舞群島と色丹島の2島返還を軸に交渉の進展を急ぐ中、ロシア側を刺激したくないという意向があった。アピール文の内容は、元島民団体と全国の青年団体や婦人団体、労働組合などがつくる北方領土返還要求運動連絡協議会（北連協、東京）主体の大会実行委員会が決定したが、「安倍政権の足を引っ張るような言動は避けるべきだ」（関係者）との判断が働いていた。

各種世論調査では四島返還を求める声は根強い。ただ戦後70年以上が経過し、1万7千人余りいた元島民は6千人を切っていた。生存者の平均年齢もこの時点で83歳を超えており、具体的な前進を望む声は日増しに強まっていた。根室市長の石垣雅敏は大会で「元島民や隣接地域の住民の願いは北方領土の返還であり、自由な往来、安全な操業だ。（首相が）好機と見た時の決断を支えるのはわれわれの役割だ」と述べ、安倍を後押ししていく必要性を強調した。

一方、元島民団体・千島連盟理事長の脇紀美夫＝根室管内羅臼町＝は、複雑な思いを訴えた。

「この1年が経過する中で、四島返還というメッセージが影を潜めてしまった感じがしてならない。1年前までは四島返還という言動や文字が普通だったのに、どうしてなのか。残念でならない」

会場からの拍手はまばらだった。四島返還を声高に訴えることが許されないような、物言えぬ空気感。交渉方針の転換を明確に語らないまま、世論への無言の「圧力」を強める安倍政権の対応は、戦後70年以上、北方領土返還運動の最前線に立ち、四島返還を訴え続けることを国から求められてきた元島民たちの努力と半生を踏みにじるに等しい行為だった。

札幌市で開かれた北方領土フェスティバルであいさつした北海道知事の高橋はるみも「四島返還」や「不法占拠」という言葉は使わず、「領土問題は今、解決に向けて一歩一歩進んでいると感じている。力強く交渉を後押しするためにも国民世論を高めていかないといけない」と強調した。

「返還運動の原点の地」である根室市で開かれた根室管内住民大会でも、元島民や返還要求運動関係者らは「一日も早く北方領土問題を解決しよう」と声を上げたが、恒例の「北方領土を返せ」というシュプレヒコールは封印した。

ロシア側は冷ややかだった。外務省情報局長ザハロワは、東京の全国大会のアピール文で「不法占拠」の表現が使われなかったことについて「(日本政府の)公式な立場ではなく、コメントする価値はない」と突き放した。国営タス通信は「安倍首相は不法占拠という言葉は使わなかったが、会場には『北方四島を返せ』と書かれた旗が掲げられた」と報じた。

プーチン政権は、安倍が国会答弁などで「四島」という表現を避けながら、世論への配慮から「北方領土はわが国が主権を有する島々」などと発言していることを注視していた。ロシア外交筋は「日本は本当に国後、択捉両島を断念すると決めたのか。日本国内の理解は得られるのか。安全保障の懸念をどう解消するのか。全てがはっきりしない」といら立っていた。

「2島返還」へとかじを切りながら、「日本の基本方針は変わっていない」と強弁する安倍政権の曖昧な対応に、元島民も、そしてロシア側も不信感を強めていた。

影落とす国際情勢

日ロ外相による2回目の平和条約交渉は19年2月16日、ドイツ・ミュンヘンでの安全保障会議に合わせて行われた。河野は会談後、記者団に「きょうはかなり突っ込んだやりとりをした」と強調した。「非常に胸襟を開いた率直な話し合いができている」とも述べたが、実際の交渉は北方四島の歴史認識や安全保障問題を巡って平行線に終始していた。

安倍とプーチンが「平和条約交渉の加速化」で合意したシンガポール会談から3カ月。安倍周辺は、北方四島のロシア領有は「第2次世界大戦の結果」だと訴え、日米同盟の存在さえも問題視する姿勢を強めるロシア側に対し、「シンガポール会談以降、急に交渉のハードルを上げてきた」(官邸筋）と困惑していた。

一方、ロシア側も日本の対応に不満を募らせていた。「歴史認識や安保問題はこれまでの会談でも何度も主張してきたが、日本が真剣に受け止めてこなかっただけだ。日本はいつも四つの島の話しかしないが、島の分け方で合意したら、ロシアと距離を置くつもりなのか」。ロシア政府関係者はこう述べ、日ロ交渉は「まるで離婚協議のようだ」と批判していた。

会談では、3月初めにも両首脳の「特別代表」として交渉の実務を担う外務審議官の森と外務次官モルグロフの正式な協議を初開催し、外相ラブロフの早期来日を調整することで一致。日本側はプーチンが大阪でのG20大阪サミットに合わせて来日する6月に向け、具体的な交渉の進展を目指していたが、ラブロフは会談後の記者会見で「（交渉に）人為的な期限はない。計画することは不可能だと日本側に冷静に説明している」と断言した。

外相会談から3日後の19日、ロシア政府系の世論調査機関「全ロシア世論調査センター」は色丹、国後、択捉3島の18歳以上の全住民を対象とした調査で、日本への島の引き渡しに96％が反対したと発表した。

調査員が各島を回り、回答をタブレットに入力してもらうという、北方領土での世論調査としては異例の方法で行われ、18歳以上の7割に当たる7695人が回答したと説明。島別では択捉（反対97％、賛成1％）、国後（反対96％、賛成2％）、色丹（反対92％、賛成3％）の順で反対が多かった。プーチンが前提条件とした「両国国民に受け入れられ、社会に支持される解決策」を見つけ出すことが、極めて困難なのは明らかだった。

米国とロシア・中国の対立の激化も日ロ交渉に影を落としていた。2月24日、ロシア外務省が公開した中国の国営テレビによるラブロフのインタビュー。中国人記者は唐突に、日ロ関係に関する見解をこう問いただした。

「日本側は、今年6月のプーチン大統領の訪日中に、平和条約に関する枠組み合意に署名することを期待している。この計画は実行可能だと思うか。さらに米国のミサイル防衛システムを展開するという日本の計画は、ロシア側にとって大きな問題の一つだ。外交的努力で、この脅威を取り除くことができると思うか」

ラブロフは、日ロ交渉について「いかなる問題についても、人為的な期限を設けることを決して支持せず、合意できない」と繰り返し、6月のプーチン訪日時の合意は困難との認識を強調。米国のミサイル防衛については「ロシアと中国の両方にとって危険を生み出す」と述べ、中ロで連携して対処する必要性を指摘した。

米国のミサイル防衛システムとは、日本が導入を予定していた米国製の地上配備型迎撃システム「イージス・アショア」を指していた。中国も日本への地上イージス配備に懸念を表明していたが、直接関係がない日ロの平和条約問題にまで質問が及ぶのは、異例だった。モスクワ支局長は、ロシア外務省がロシアの立場を改めて内外に発信するため、中国メディアと質問内容を「調整」したとみていた。

14年3月にウクライナ南部クリミア半島を併合し、欧米からの制裁を受けるロシアは政治・経済、そして安全保障分野でも「中国頼み」を強めていた。一方、トランプ米政権が18年10月、中国を国際秩序を脅かす「修正主義勢力」だと位置づけたことを受け、中国側も米国と対抗するための「中ロ連携」の強化を進めていた。中国メディアの異例の質問には、米国の同盟国である日本とロシアの接近にくぎを刺したい中国政府の狙いもうかがえた。

3月半ばには、数枚のペーパーが官邸内に出回った。タイトルは「ロシアの対中考察」。ロシア政府内で作られたとされる文書で、中国の動向について「最近のロ・日間の対話と両国が平和条約の締結に至る可能性があることに強い警戒心を（否定的とさえいえるほど）抱いている」などと分析。中ロ関係を維持するため、中国の不安を明確に解消する重要性を強く訴える内容だった。ペーパーの真偽ははっきりしなかったが、ロシア政府内で「米国の同盟国の日本より中国との関係を重視すべきだ」という声が強まっていても何ら不思議はなかった。

失われたテンポ

日ロの溝が鮮明になる中、ロシア主要紙のコメルサントは19年3月15日、プーチンが日本との平和条約交渉について「テンポが失われた」と述べたと報じた。

同紙によると、プーチンは前日にモスクワで行われたロシア産業家・企業家連盟の非公式討議に参加し、日ロ交渉は「まず日本が（米国が）軍事基地を設置する権利を有する日米安保条約から離脱しなければならない」と指摘。島民の大半が島の引き渡しに反対しているとの世論調査結果にも言及し、日本との対話はやめるべきではないが「深呼吸する必要がある」として、早期の交渉進展に否定的な姿勢を示した。

記事はコメルサント紙の「独自」で、ロシア大統領府がプーチンの発言を公式に発表することはなかったが、否定もしなかった。日本外務省幹部は「本当に発言したかもわからないものにコメントはできない。交渉は『前進』はしていないかもしれないが、テンポが失われたとは感じない」と火消しに追われた。一方、ロシア外交筋は「3回目の外相交渉の実施でも合意しており、平和条約交渉のテンポは失われていない」としつつも、「日ロ関係発展のテンポは失われている。なぜなら、いつも日本は平和条約の話しかしないからだ」と不満を漏らしていた。

3月21日、平和条約交渉の実務を担う外務審議官の森と外務次官モルグロフの1回目の公式協議がモスクワで行われたが、モルグロフは全体会合の冒頭、「私たちはまだ交渉の道のりの最も始まりにいる。アプローチには大きな相違が残っている」と強調。交渉の長期化が避けられないことを印象づけた。

大阪でのG20サミットまで3カ月を切った4月初め。ロシアとの文化交流に取り組む日本側関係者が、取材班の記者にこう漏らした。

「プーチンが東京に来ないかもしれない」

安倍政権は16年12月のプーチン来日以降、2年半ぶりの再来日のタイミングとなる19年6月のG20大阪サミットは、北方領土交渉の重要局面になると想定していた。ただ、大阪では首相の安倍もプーチンも複数の第三国首脳との個別会談が予想される。日本政府はプーチンとの会談は東京に場所を移し、十分に時間を確保したいと考えていた。

日本側は布石を打っていた。日ロ両政府は18〜19年に両国で多数の文化交流イベントを行う「日ロ交流年」を開催しており、18年5月にモスクワのボリショイ劇場で行われた開会式には両首脳が出席した。これを踏まえ、プーチンを東京に呼びたい安倍は、同年9月の極東ウラジオストクでの首脳会談後の記者会見で「東京で閉会式を行うことを約束した」と早々に発表し、外務省は港区赤坂にあるサントリーホールを会場に押さえていた。

ところが19年に入ると、ロシア側は「大統領が東京に移動するのは日程的に難しい」として、大阪での首脳会談開催を打診してきた。日本側は当初は難色を示したものの、日ロ交渉の停滞を受け、4月になると「東京でやっても成果が出せない。大阪でG20の合間にやった方がいい」(官邸筋)との声が漏れ始めた。取材班はロシア側の先遣隊が大阪の関連施設を視察したなどの情報も踏まえ、プーチンの東京訪問はなくなったと判断。4月14日付朝刊1面で「日ロ首脳、東京会談見送り」と報じた。

東京会談の見送りは、6月の日ロ首脳会談で領土問題の大きな前進が完全に望めなくなったことを意味していた。「大筋合意は無理でも、日中共同声明のような首脳宣言は出せるかと思ったが、それも難しかった」。官邸筋は4月半ば、記者にため息交じりに打ち明けた。

ただ、プーチン来日時に何の進展も打ち出せなければ、「2島返還」へとかじを切った安倍の判断に対する批判が強まるのは必至だった。平和条約交渉が行き詰まる中、日本政府に残された選択肢は、安倍とプーチンが16年12月の首脳会談で平和条約締結への「重要な一歩」と位置付けた、北方四島での日ロ共同経済活動の具体化作業を進めることしかなかった。

安倍は共同経済活動を通じて日ロの信頼醸成を図り、領土問題の解決につなげる戦略を描いていたが、日ロ双方の法的立場を害さない「特別な制度」などを巡る協議は難航。安倍とプーチンが平和条約交渉の加速化で合意したシンガポール会談以降、共同経済活動に関する議論は事実上ストップしていた。

しかし取材班は4月半ば、安倍が周囲に「共同経済活動は、もう実施の段階だ」と語り、日ロ交渉の軸足を再び共同経済活動の具体化作業に戻すよう指示したことを確認。17日付朝刊1面で「日ロ6月『大筋合意』断念/領土交渉、四島経済活動回帰」の見出しで独自記事を掲載し、複数の全国紙や通信社も後追いした。

日ロ交渉は事実上、シンガポール会談前の状態に逆戻りすることになった。だが、共同経済活動を巡る協議で新たな「成果」を生み出すこともまた、容易ではなかった。

共同経済活動の壁

19年6月に大阪で開かれるG20サミットの事前準備として、安倍が欧米歴訪に出発した4月22日午前。安倍に同行予定だった外務審議官の森は、東京都港区の外務省飯倉公館で、外務次官モルグロフと向き合っていた。

森とモルグロフの日ロ外務次官級協議は3月にモスクワで2回行われ、平和条約問題を中心に議論を続けてきたが、この日の議題は北方四島での共同経済活動に絞られていた。平和条約交渉が行き詰まる中、G20サミットに合わせて来日するプーチンとの首脳会談に向け、共同経済活動の分野で「成果」づくりを急ぐ安倍の意向が反映されていた。

協議には、官邸で共同経済活動を担当する首相補佐官の長谷川栄一も参加していた。当初予定の時間を約1時間半延長し、5時間に及んだ協議後、森は記者団に「踏み込んだ議論を行った」と述べ、個々の事業に必要な法的枠組みを検討する外務省課長級の作業部会を新たに設置することで合意したと説明した。

共同経済活動は、ロシアが実効支配を続ける北方四島で、日ロ双方の企業が協力してビジネスを実施する試みだ。プーチンが前回来日した16年12月の首脳会談で、安倍はプーチンと共同経済活動を平和条約締結への「重要な一歩」と位置付け、検討開始で合意していた。

ロシアはかねて、日本企業に四島開発への参入をたびたび呼びかけてきた。ただロシアの法制度の下での事業実施が前提で、日本政府は「四島がロシア領だと認めたことになる」として拒否してきた。平和条約交渉の進展を目指す安倍は、歴代政権が慎重だった共同経済活動の具体化作業に踏み切ったが、それでも日ロ双方の法的立場を害さない「特別な制度」が必要というのが日本政府の立場だった。

安倍政権にとって、四島での共同経済活動の具体化作業を進めることは、日ソ共同宣言を日ロ交渉の基礎に位置付け、歯舞群島と色丹島の2島返還での早期決着を模索するための布石でもあった。日本企業がロシアの主権下でビジネスを行うには当然、ロシアの法律に従うことが必要だ。もしロシア法ではなく、日ロ両国で創設した「特別な制度」の下で共同経済活動を実現し、日本人が四島と自由に行き来できるようになれば、日本が四島の主権に一定程度関与している形となる。

「日ソ共同宣言を根拠に歯舞、色丹2島の引き渡しを実現し、残る国後島と択捉島は共同経済活動を通じて日本が主権に絡む余地を残す。これなら国内世論の理解も得られる」。官邸関係者は16年の時点で、安倍が日ソ共同宣言を基礎に「2島返還プラス共同経済活動」を軸とした交渉に踏み切る展開も視野に入れつつ、こう解説していた。

安倍は21年12月の北海道新聞の単独インタビューで「16年にはまだそこまで判断はしていない。ただ、その考えが全くなかったわけではなく、ロシア側にどこかで（日ソ共同宣言を）打ち込む可能性は念頭にあった」と答えた。

一方、共同経済活動には「もろ刃の剣」の側面もあった。歯舞、色丹2島は日本、国後、択捉両島はロシアという交渉結果になった場合、日本企業は国後、択捉両島で経済活動を行う特別の権利を得るが、歯舞、色丹ではロシア企業に同様の権利を認めざるを得ない。

「共同経済活動によって、日本は国後、択捉の主権に穴を開けることになるが、歯舞、色丹では逆のことが起きる」（日本政府関係者）。つまり四島の共同経済活動が実現すれば、日本は歯舞、色丹2島の主権でさえ、完全には取り戻せなくなることを意味していた。

それでも、日ロ両政府は17年9月の首脳会談で「海産物の増養殖」「観光ツアー」「温室栽培」「ごみの減容対策」「風力発電」の5項目を優先分野とし検討を進めていた。両政府は公表しなかったが、4月22日の外務次官級協議では、5項目のうち観光ツアーとごみ対策の2項目で早期事業化を目指すことでほぼ一致していた。

日本側は、日本人の観光客が一時的に四島を訪れるツアーや、日本側がリサイクル技術などをロシア側に提供する形でのごみ対策なら、日本人が現地に常駐して行う他の経済活動よりもハードルが低いとみていた。6月の首脳会談の結果として試験事業の実施を打ち出せるかが、日ロ双方で焦点の一つに浮上した。

5月に入ると日ロの政治対話は活発化する。モスクワで10日に外相会談、20、21両日には外務省課長級、局長級の作業部会をそれぞれ開催。さらに東京で29日に外務次官級協議、30日に外務・防衛閣僚協議（2プラス2）、31日に再び外相会談を行う異例のハイペースだった。

ただ肝心の共同経済活動を巡る協議は、観光ツアーとごみ対策の事業内容ではおおむね合意した一方、試験事業の実施に向けた調整は難航していた。最大の問題は、日本人の企業関係者や観光客が北方領土と行き来するための渡航枠組みを巡る日ロの対立だった。

渡航枠組みで対立

「法的立場を害さない形でのプロジェクトの実施に向け、双方が柔軟性を発揮して建設的に作業していくことを確認した」。19年5月31日、外相の河野は東京都内で行われた日ロ外相会談後の共同記者発表でこう述べ、北方四島での日ロ共同経済活動の早期具体化を目指す考えを強調した。発言は、ロシア語の逐次通訳を挟みながら約6分間。最後は平和条約締結に向けて「粘り強く進める」と締めくくった。

6月の大阪でのG20サミットに合わせて来日するプーチンと安倍の首脳会談に向け、目に見える「成果」を示したい――。平和条約交渉が行き詰まる中、両国首脳が条約締結への「重要な一歩」とした共同経済活動の試験事業の実施は、安倍政権にとって是が非でも具体化したいミッションになっていた。

これに対し、外相ラブロフは平和条約交渉の進展には「日ロ関係を全ての分野で質的に新しい水準に引き上げることが必要だ」と述べ、約18分間にわたって経済協力や地域間交流を発展させる必要性を指摘。交流人口を増やすため、北海道とサハリン州間の短期査証（ビザ）の相互免除制度の創設を「第一歩」として、日ロ間のビザ全廃を目指す考えを表明した。大阪での首脳会談までに「両首脳に有意義な報告ができるよう期待する」とも述べ、日本側に協議の進展を迫った。

日ロ両政府は当初、外相会談後の共同記者発表は行わない方向で調整していたが、ロシア側はラブロフの来日直前に開催を要求した。首脳会談前に「北海道―サハリン州間のビザ免除」というロシア側が目指す成果を内外に発信し、日本側に揺さぶりをかける思惑がにじんだ。

ラブロフが要求した「北海道―サハリン州間のビザ免除」は、プーチンが16年12月の来日時に安倍に提案した。ロシアは12年から国境を接するノルウェーとの間で、国境から30キロ圏内に住む両国住民を対象とした地域限定のビザ免除制度を導入しており、ロシア外交筋は「大統領直々の提案だ。大阪での首脳会談までに実現することが不可欠だ」と主張していた。

ただ日本側には慎重論が根強かった。ロシア側は、サハリン州が事実上管轄する北方四島のロシア人島民もビザ免除の対象に含めるよう求めており、日本がこの案を受け入れた場合、四島がロシアの一部だと認めたことになりかねない。日本の治安当局には「ビザ免除で北海道に来たロシア人が、そのまま道外に出てしまったら追跡が難しい」などの懸念もあった。外務省内ではサハリン州と四島を「別枠」とする案などが検討されてはいたものの、大阪での首脳会談の主要議題にすることは想定していなかった。

事態が複雑化したのは、大阪会談が迫るにつれ、ロシア側が共同経済活動の実現に不可欠となる日本人の経済関係者や観光客らの四島への渡航枠組みについて、まずはサハリン州と北海道間のビザ免除を実現し、これを四島渡航にも活用するべきだとの主張を強めたことだった。

日本側は、北方領土の元島民らが四島を訪れる際に活用してきた「ビザなし渡航」の枠組みを拡充し、まずは「観光ツアー」と「ごみの減容対策」の2分野で試験事業を実施するべきだと提案していた。日本人がロシアに入国する際にはパスポート（旅券）やビザが必要だが、「ビザなし渡航」は、日本政府が発行した身分証明書などで四島を訪れることが可能な枠組みだ。外務省幹部は「ビザ免除を導入する場合でも、四島とサハリン州を同列には扱えない」と訴え、四島との相互往来にはビザなし渡航に近い枠組みの必要性を訴えていた。

ところが、ロシア側は「四島のロシア人住民を差別するような提案は受け入れられない」と固辞。安倍が早期具体化を目指す共同経済活動とビザ免除の議論がセットになったことで、日本側は苦しい展開に追い込まれていた。

両政府は6月11日に東京で外務省局長級作業部会を開催し、19、20、21日にはモスクワで局長級、課長級、次官級の協議を立て続けに行ったが、それでも合意点は見いだせなかった。

首脳会談前日の28日、外務審議官の森と外務次官モルグロフは大阪で極秘の次官級協議を開催し、ぎりぎりまで妥協点を探り合った。交渉筋によると、森は「渡航枠組みや法的課題を巡る議論にはなお隔たりがある」として、このままでは試験事業開始の発表を見送るしかないと主張し、ビザ免除制度導入にこだわるロシア側に揺さぶりをかけた。大統領が日本を訪問する以上、ロシアの外交当局も、何の成果も発表できない事態は避けたいはずだ、という読みがあった。

モルグロフは「それなら作業部会のトップは交代させるべきだ」などと語気を強めたが、激論の末、ロシア側が1回限りの「特例」として、従来のビザなし渡航の枠組みで観光ツアーとごみの減容対策の試験事業を行うことを認め、秋に実施することで決着した。

しかし日本側には、もう一つ大きな課題が残っていた。それは首脳会談で「成果文書」を出せるかどうかという問題だった。

妥協のプレス発表

19年6月29日。大阪市で開かれたG20サミットの会場内に設けられた国際メディアセンターは、各国の報道関係者で朝からごった返していた。

安倍が当初、日ロ交渉の大きな節目になると見込んでいたプーチンとの通算26回目の首脳会談は、数時間後に迫っていた。北方領土問題を含む平和条約交渉の行き詰まりが鮮明となり、日本メディアの関心は低調だったが、取材班の記者たちは大阪や東京で、日ロの交渉関係者の動きを追っていた。日本側がぎりぎりまで「成果文書」を出そうと模索していたからだ。

「形だけでもいいから成果を作れ。とにかく紙だ。そうでなければ総理が納得しない」。数週間前から外務省の事務方には、官邸からの激しいげきが飛んでいた。平和条約問題での大きな進展が困難となった今、「2年半ぶりにプーチンが来日して行う会談で文書さえ出せなければ、交渉は完全に失速してしまう」(官邸筋)との危機感があった。6月5日に官邸で安倍と面会した新党大地代表の鈴木も、成果文書をまとめるべきだと強く進言していた。
しかし、ロシア側との事前交渉は、早々に決裂していた。大統領補佐官ウシャコフや外相ラブロフは「今回はあくまで国際会議に合わせた首脳会談であり、新たな合意文書を作成するタイミングではない」と事務方に指示していた。28日の外務次官級協議でも、ロシア側は北方四島での共同経済活動の試験事業の実施には合意したものの、成果文書の発表には最後まで首を縦に振らず、日本外務省関係者は「今回は文書の発表は難しい」と取材班に漏らしていた。

それでも安倍は「成果文書」を出すことにこだわった。29日午前、安倍はG20サミットの会場内でプーチンに接触し、「会談後に文書を発表したい」と文案を手渡して直談判した。プーチンは安倍の胸中を推し量るように文案に静かに目を通し、提案を受け入れた。

安倍は、プーチンと個人的な親交が深い元首相の森にも後押しを求めていた。大阪入りしていた森は、首脳会談直前にプーチンと会い、01年に2人で「イルクーツク声明」に署名し、歯舞群島と色丹島の日本への引き渡しが明記された日ソ共同宣言が日ロ交渉の

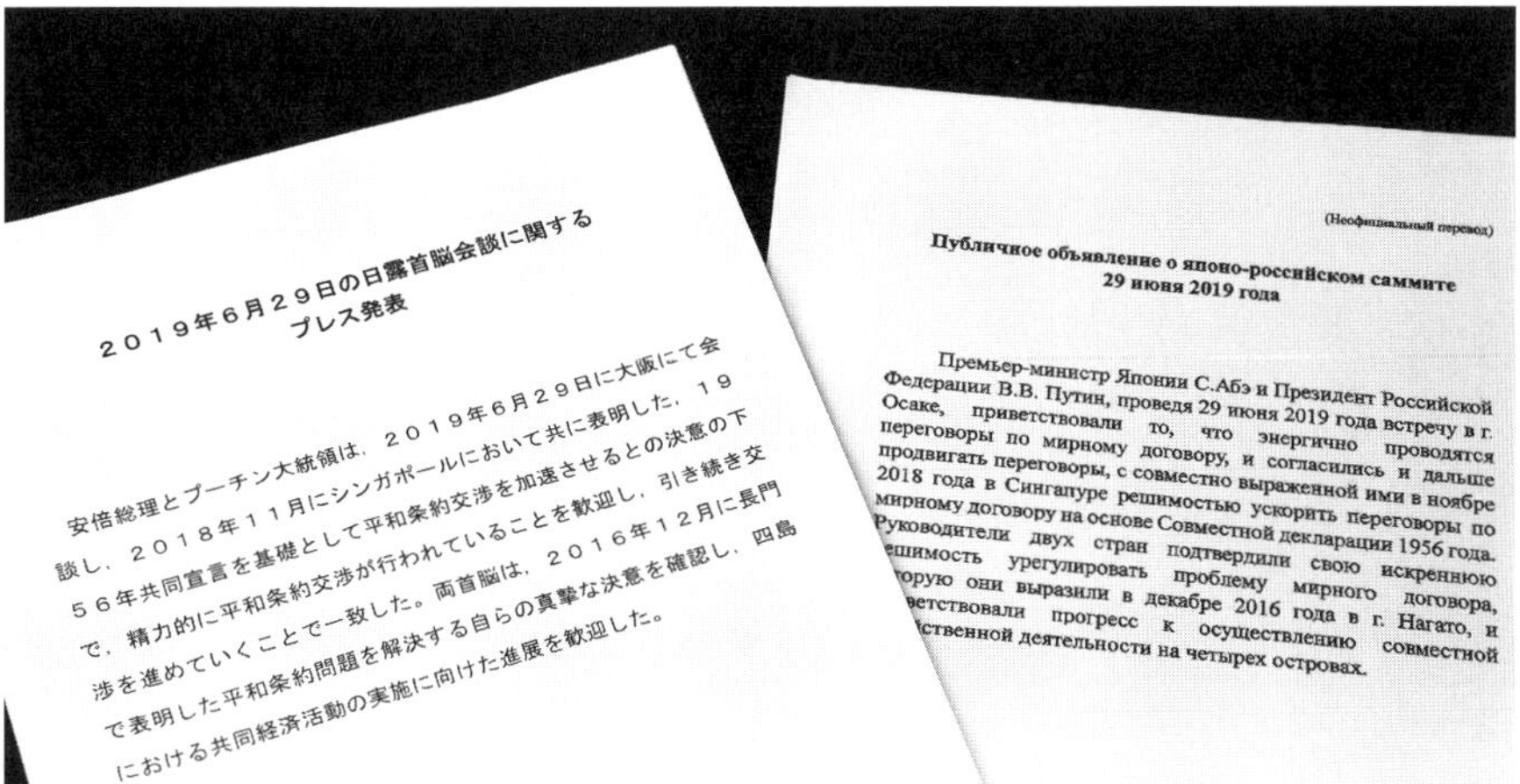

２０１９年６月２９日の日露首脳会談に関する
プレス発表
安倍総理とプーチン大統領は，２０１９年６月２９日に大阪にて会談し，２０１８年１１月にシンガポールにおいて共に表明した，１９５６年共同宣言を基礎として平和条約交渉を加速させるとの決意の下で，精力的に平和条約交渉が行われていることを歓迎し，引き続き交渉を進めていくことで一致した。両首脳は，２０１６年１２月に長門で表明した平和条約問題を解決する自らの真摯な決意を確認し，四島における共同経済活動の実施に向けた進展を歓迎した。
(Неофициальный перевод)
Публичное объявление о японо-российском саммите
29 июня 2019 года
Премьер-министр Японии С.Абэ и Президент Российской Федерации В.В. Путин, проведя 29 июня 2019 года встречу в г. Осаке, приветствовали то, что энергично проводятся переговоры по мирному договору, и согласились и дальше продвигать переговоры, с совместно выраженной ими в ноябре 2018 года в Сингапуре решимостью ускорить переговоры по мирному договору на основе Совместной декларации 1956 года. Руководители двух стран подтвердили свою искреннюю

日ロ首脳会談後に日本政府が配布した日本語版とロシア語訳の「プレス発表」

「出発点」だと確認したはずだと強調。領土問題の解決は「あなたと安倍にしかできない」と訴え、その意思を改めて文書で確認するよう念を押した。

午後6時。首脳会談はホテルニューオータニ大阪で始まったが、この時点でも成果文書の文案は完全には固まっていなかった。約2時間半の会談のうち、最初の30分間は通訳だけを交えて首脳同士が一対一で会談した。交渉筋によると、この間に外務審議官の森と外務次官モルグロフが別室で、最終的な文案調整を行った。

会談後、日本政府は「プレス発表」というA4判の紙を1枚、日本メディアに配布した。「非公式訳」と書き添えられたロシア語の翻訳文も配られた。

> 安倍総理とプーチン大統領は、2019年6月29日に大阪にて会談し、2018年11月にシンガポールにおいて共に表明した、1956年共同宣言を基礎として平和条約交渉を加速させるとの決意の下で、精力的に平和条約交渉が行われていることを歓迎し、引き続き交渉を進めていくことで一致した。両首脳は、2016年12月に長門で表明した平和条約問題を解決する自らの真摯な決意を確認し、四島における共同経済活動の実施に向けた進展を歓迎した。

横書きで、わずか7行。安倍は会談後の共同記者発表で「日ロ双方で合意した文書として発表する」と満足げに語ったが、《1》日ソ共同宣言を基礎とした交渉を「引き続き進めていく」《2》四島での共同経済活動の協議進展を「歓迎」する——という内容は、これまでの首脳合意を再確認したにすぎなかった。

ロシア側は最後まで厳しいスタンスを崩さなかった。ロシア外交筋は、プレス発表について「ロシアは一切公表しない。政府間で合意した共同声明などとは性質が違う」と断言。大統領府も外務省も文書を発表せず、ロシア国内ではほとんどニュースにもならなかった。

両国の関係者によると、日本政府は当初、プレス発表に北方領土墓参の拡充など「元島民への人道的措置」に関する文章を盛り込むことも提案していたが、ロシア側は「両国の認識に隔たりがある」として拒否。日本側は成果文書を発表することを優先し、同意が得られなかった元島民に関する記述は姿を消した。

日本外務省幹部は、成果文書について「シンガポールでの合意を改めて評価し、共同経済活動の進展を確認した。文書にして『ピン止め』（固定）できたことには意味があった」と強調した。ただ文書には、日ソ共同宣言以外の記述はなく、四島の帰属問題を解決して平和条約を締結することを確認した93年の東京宣言など、日本政府が重視してきた過去の諸文書・諸合意を軽視する口実を与えた懸念を残した。

広がる脱力感

大阪で行われた日ロ首脳会談後の共同記者発表。平和条約締結問題について、安倍は「戦後、70年以上残された困難な問題について、立場の隔たりを克服するのは簡単ではない。しかし、乗り越えるべき課題の輪郭は明確になってきている」と強調した。「着実に歩みを進めていかなければならない。それを可能にするのは私とプーチン大統領の強い決意だ。そのことを本日、プーチン大統領との間で確認した」とも語った。ただ、その表情には、プーチンが前回来日した16年12月のような高揚感はなかった。

プーチンは記者発表で、経済協力の進展などについては雄弁だったが、肝心の平和条約問題に関しては「外相同士が簡単ではない微妙な問題について具体的な対話を進めていることを肯定的に受け止めている。この対話は継続され、ロ日関係を質的に新しい水準に引き上げるための骨の折れる作業が続いていく」と淡々と語った。会談では北方四島での共同経済活動について「観光ツアー」と「ごみの減容対策」の二つの事業案で合意し、秋にも試験事業を行うことで一致していたが、プーチンは「若干の進展をみた」と言葉少なだった。

日本外務省幹部は、大阪会談の成果について「平和条約交渉の継続を文書で確認し、共同経済活動が実際に動きだす合意ができた」と日本側の外交努力を強調した。しかし、北方領土問題を含む平和条約交渉の長期化が避けられないことは、もはや誰の目にも明らかだった。

29日夜、安倍政権の日ロ交渉の行方を見守ってきた北方領土の元島民の落胆は大きかった。

北方領土問題の「原点の地」として返還要求運動をけん引してきた根室市で行われた記者会見。歯舞群島多楽島《たらく》出身の千島連盟副理事長・河田弘登志《ひろとし》（84）は「領土問題は簡単にいくものではないと肝に銘じているが、1万7300人いた元島民は、すでに1万人以上が亡くなり、6千人を割った。やはり一日も早く解決してほしい。これが偽らざる私たちの願いだ」と語気を強めた。

国後島出身の千島連盟根室支部長・宮谷内も「元島民が元気でいる間に島を動かし、領土返還の道筋をつけるのが政治の役割だ。首相は『自分の世代で解決する』と言ったことを守ってほしい」と声を絞り出すように言った。

大阪で首脳会談の取材に当たったモスクワ支局長は02年9月から約3年間、根室支局に勤務し、元島民とともに日ロ交渉の進展を願い、そして落胆してきた。札幌と東京での勤務を経て、17年7月からモスクワに赴任したが、根室から届く元島民の訃報は年々増えていた。

16年12月のプーチン来日から約2年半。安倍が四島返還から2島返還へと大きくかじを切ったシンガポール合意から約7カ月。安倍政権が日ロ交渉の大きな節目になるとみていた大阪での首脳会談は、空振りに終わった。

モスクワ支局長は首脳会談翌日の30日付朝刊に掲載された解説記事で、安倍政権の日ロ交渉について「主権問題を曖昧にしたまま『目に見える成果』を示すことに腐心してきた安倍政権の対ロ外交の行き詰まりは明白で、日本の原則的立場の再確認を含めた戦略の立て直しが不可欠だ」と、厳しく総括した。ロシア側には「日本は四島返還を断念した」との受け止めも広がっており、安倍政権の選択は「将来の北方領土交渉に重くのしかかる」と指摘した。

同じ日の朝刊には、これまでになく厳しい表情で記者会見に臨む河田たちの写真が載った。

首脳会談から4日後の7月3日夜、安倍は民放番組でプーチンとの首脳会談で平和条約交渉が「不発」に終わったことを問われ、「予想外ではないし、ボタンの掛け違いでもないが、そう簡単なことではない」と、色をなして反論した。北方領土交渉が「進みつつあることは事実だ」とも強調した。

しかし、官邸内には脱力感が漂っていた。日本政府高官は「ロシアは大統領のプーチンと話せば、全てが決まるという認識は間違いだった」と漏らした。プーチンが「親日家で人情家」(官邸筋)でも、国内の反対が強い領土問題で譲歩し、微妙なバランスの上に成り立つ統治体制が揺らぐリスクを抱えることは難しい——。

政府高官の言葉は、12年12月の第2次政権発足以降、対ロ外交に膨大な政治エネルギーを注ぎ込んできた安倍政権が、ようやく現実を直視したことを物語っていた。

［コラム］ 元島民の思いを胸に

あまりに唐突な最期だった。2022年7月8日、安倍晋三元首相が参院選の応援演説中に銃撃され、この世を去った。事件から1週間後、現場となった奈良市の近鉄大和西大寺駅前で献花する人の列を見つめながら、私は4年前の安倍氏の姿をまざまざと思い出していた。

18年11月14日。安倍氏はシンガポールでロシアのプーチン大統領と会談し、四島返還から2島返還を軸とした交渉へとかじを切った。会談後、現地で「成果」を語った表情には、確かに何らかの手応えを得た自信があふれていた。しかし、その後の交渉は行き詰まり、安倍氏は交渉の実態を語らないまま退陣した。あの時の表情は何だったのか。安倍氏はシンガポールでプーチン氏と何をどこまで確認し、何を見誤ったのか。この疑問に迫ることは、北方領土を行政区域に持つ北海道の地元紙としての責務だと思った。同時に、長く安倍政権の対ロ外交を取材してきた新聞記者の一人として、純粋にその答えが知りたかった。

根室と札幌での勤務を経て、北海道新聞東京報道センターに異動し、12年12月の第2次安倍政権の誕生と「安倍1強」の長期政権を築いていく様を間近に見つめてきた。「安倍―プーチン会談」が回を重ねるごとに日ロ取材に深くかかわり、16年12月に大統領として11年ぶりに訪日したプーチン氏を東京で待ち受けた。翌年7月からはモスクワ支局長として、安倍政権の対ロ外交をロシア側から取材することになった。

そしてモスクワからの離任が確定した20年8月28日、安倍氏は健康悪化を理由に退陣を表明した。安倍対ロ外交のスタートから終幕までを現場の第一線で見届ける形となったことに、因縁めいたものを感じずにはいられなかった。安倍氏が首相になっていなければ、ロシアに来ることも、ここまで日ロ報道に深く関わることもなかっただろう。この間の記憶を記録に残したいという思いは、長期連載「消えた

『四島返還』」に取り組む原動力の一つにもなった。

北海道新聞朝刊で連載を開始した22年2月以降、日ロ関係は激しく急速に悪化した。ロシアのウクライナ侵攻を受け、すでに停滞していた平和条約交渉は再開のめどさえ立たなくなり、開始30年の節目を祝うはずだった北方四島とのビザなし交流はロシアによる政府間協定の破棄という最悪の事態に発展した。安倍氏が四島から2島へと交渉方針を転換したことを意味していたはずの連載のタイトルは、北方四島を巡る交渉そのものが消えてしまいかねないという、より深刻な意味を持つようになってしまった。

連載が終盤に入った7月下旬、根室を訪れ、元島民たちを取材した。05年の根室支局離任から17年。当時、四島での思い出話や日ロ交渉への期待を聞かせてくれた元島民の多くは鬼籍に入った。再会できた人たちは「死ぬまで返還運動を続ける」と力を込めたが、「生きている間に故郷の島に行くことはもうできないだろう」と苦しい胸のうちも明かした。

元島民の平均年齢は87歳に達した。第2次世界大戦の終戦から77年という、これほど長い年月を経てもなお、日ロ交渉が前進せず、むしろ逆戻りしている現状は、「国策」として返還運動のけん引役を担わされてきた元島民にとって、人生の意味を自問せざるを得ないほどの悲劇だという現実を突き付けられた思いだった。

連載には足かけ10年にわたり、日ロ取材を担当した多くの「記者」が登場する。できるだけ取材者としての視点を残し、現場の苦悩や興奮が伝わるようにしたかったからだ。新聞業界を取り巻く環境が大きく変化する中、読者だけでなく、若い後輩たちが「新聞記者」という職業の魅力を再認識し、元島民の思いや北方領土問題に関心を持つことにつながればと願っている。

北海道新聞本社報道センター　**小林宏彰**（前モスクワ駐在）

第2章

関係強化 プーチンの誘い

高い技術力を持った日本の支援が必要だ

ロシアは正直何を考えているのか分からない

これは非常に重要なシグナル

最後は50対50で解決した

領土問題について日本の建設的な対話を期待している

Chapter 2 Prologue［第２章］プロローグ

２０２２年1月下旬、約７９００人が暮らす北方領土最大の町、国後島古釜布（ユジノクリーリスク）の中央広場。この場所で１９９２年5月、日本本土からビザなし交流で初めて訪れた日本人45人を出迎えたクララ・ベリコワ（82）は、北海道新聞ユジノサハリンスク支局のロシア人助手に懐かしそうに振り返った。

「コンサートで合唱し、歓待した。日本と南クリール（北方領土）の間に『友好の橋』ができると思ったのを覚えている」

領土問題の解決に向けた相互理解の促進を目的に始まったビザなし交流。91年に旧ソ連が崩壊し、経済的困窮を深めていたロシア人島民には救世主として日本への期待が大きかった。チャーター船で北方領土を訪れる日本人の出入域手続きが行われる古釜布は、日ロ交流の玄関口となった。それから30年。実効支配するロシア政府のてこ入れで、島は大きく変貌した。

家電量販店にはテレビや冷蔵庫、パソコンなどが並び、品ぞろえはサハリン本島の州都ユジノサハリンスクとほぼ変わらない。物がなく、島民がビザなし交流で訪れる根室での「買い物ツアー」に頼っていた時代とは、隔世の感がある。

ただ、ロシア政府による開発で街並みは一見きれいになったが、下水は汚水処理されないまま、川に垂れ流され、悪臭が漂っていた。インフラ整備は突貫工事で粗さが目立ち、苦情が絶えない。主婦のニーナ・ゴロビナ（67）は「島は発展したと思うが、高い技術力を持った日本の支援がまだ必要だ」と訴えた。

10年前、ゴロビナと同じように日本との経済協力に期待した人物がいた。ロシア大統領プーチン。その巧みな誘いは、首相に返り咲いた安倍晋三を引き寄せていく。

「ビザなし30年
第１陣の記憶」

プーチンのシグナル

衆院選の投開票が行われた2012年12月16日夜。自民党総裁の安倍は、自民、公明両党が全議席の3分の2を占め、民主党からの政権奪還を確実にした高揚感を漂わせながら、党本部で記者団に語った。

衆院選で勝利を確実にし、当選者の名前に花を付ける自民党総裁の安倍（右から2人目）ら党幹部＝2012年12月16日、東京・永田町の自民党本部（水上晃撮影）

「プーチン大統領が首相から大統領に復帰し、私もまた首相に復帰する。その中において日ロ関係を改善し、さらには領土問題を解決して平和条約締結に至ればいいと思う」

約3年ぶりの政権交代。メディアの関心は党や閣僚の人事に集中し、全国紙で安倍のこの日ロ関連の発言はほとんど取りあげられなかった。北海道新聞も「総裁発言要旨」の1項目として短く触れただけだった。

06年に誕生した安倍の第1次政権は1年の短命に終わった。ロシア訪問は実現せず、プーチンとの3回の会談は、いずれも第三国での国際会議に合わせた短時間。在任中に北方領土問題で目立った進展はなく、安倍が取り組んだ外交といえば、小泉純一郎政権で官房副長官として関わった北朝鮮の拉致問題の印象が強かった。
だが、安倍の発言から4日後の20日、ロシアが反応する。

「これは非常に重要なシグナルだ」。プーチンはモスクワで行った恒例の年末の記者会見で、安倍発言を高く評価した。

プーチンは08年に大統領の座を首相メドベージェフに譲ったが、安倍に先立つ12年5月に大統領へと舞い戻っていた。

再び最高権力者となったプーチンが政権の重要課題に掲げたのは旧ソ連の崩壊後、人口減少が止まらない極東・シベリア地域の開発だった。同年5月に極東発展省を新たに設置し、9月にはロシアで初めてとなるアジア太平洋経済協力会議（ＡＰＥＣ）首脳会議を極東ウラジオストクで開催。アジア重視の姿勢を鮮明にしていた。

ロシアと約4千キロの国境を接する中国への経済分野などでの過度な依存を避けるため、プーチンが目をつけたのが日本との関係強化だった。日本は11年3月の東日本大震災を受け、原子力発電所が稼働停止し、エネルギー需給も課題となっていた。豊富な天然ガス資源を持つロシアにとって、日本は有望な供給市場とみられていたこともアプローチを強める背景にあった。

プーチンは会見で「領土問題については、日本との建設的な対話をとても期待している」と語り、対日関係でめったに使わない「領土問題」という表現を使った。モスクワ支局長は、翌日の朝刊1面の記事で「日本側の最大の懸案である領土交渉に積極姿勢を示すことで協力関係を維持する狙い」と書いた。

ロシア側の動きは速かった。「最高のレベルで大統領の祝意を伝えたい」。プーチン発言の直後、駐日ロシア大使アファナシエフは、プーチンと旧知の元首相の森喜朗を通じて安倍との面会を水面下で打診した。

外務省関係者によると、こうした祝意は通常、局長クラスが受ける。安倍との直接の面会は実現しなかったが、森の働きかけもあり、外務省事務方トップの外務次官河相周夫《かわいちかお》が代わりに受け、安倍に伝えた。安倍はロシア側の「異例」の申し出を、対日関係を重視するプーチンからのシグナルと受け止めた。

12月26日に第2次政権を発足した安倍は2日後の28日、プーチンに電話をかけ、ロシア側が重視する極東開発など「あらゆる分野」で協力を進める考えを伝えた。北方領土問題について「双方受け入れ可能な解決策」を目指す意向も伝達した。

安倍の訪ロは「13年中のしかるべきタイミング」で調整すると発表され、前さばきに森が特使としてモスクワを訪れることも確認した。官邸関係者によると、約20分間の電話会談を終えた安倍はすぐ森に「いい雰囲気でした」と伝え、周囲に訪ロに向けた準備の加速を指示した。

日ロ両政府は、この時点では公表しなかったが、電話会談では森が2月に訪ロし、安倍のロシア訪問は4月末とすることまで確認していた。外務省関係者によると、日本の首相の4月訪ロは、民主党の野田佳彦政権時代からロシア側と内々で合意しており、安倍はその「約束」を引き継いだ形だった。

日本の首相のロシアへの公式訪問は、03年の小泉以来だった。日ロ両首脳の政治対話への積極姿勢を感じ取り、メディアの関心はにわかに高まりつつあった。北海道新聞日ロ取材班も、外務省担当をはじめ、首相官邸や与党の担当記者、根室支局、モスクワとサハリン・ユジノサハリンスク支局の両支局長を中心に取材体制を強化していくことを確認した。7年8カ月に及ぶ安倍政権の対ロ外交を追う、長い取材の始まりだった。

「四島一括」封印

18年11月のシンガポールでの日ロ首脳会談で、歴代政権が目指してきた四島返還から事実上の2島返還に方針転換した安倍。しかし、首相就任直後の12年12月30日のテレビ番組では、こう断言していた。

「基本的にはわれわれ、四島を一括返還していただく。これが基本的な考え方だ」

歯舞群島、色丹島、国後島、択捉島の四島返還を目指す日本政府は、「四島の帰属を確認して平和条約を締結する」ことを交渉の基本方針に掲げてきた。日本への四島の帰属が確認されれば、島によって返還時期に差がつくことは容認しており、必ずしも四島一括の返還を求めてはいなかった。安倍が語った「四島一括返還」は東西冷戦時代に掲げた主張で、ロシア側から見れば強硬な立場と言えた。

安倍は12年9月の自民党総裁選への出馬会見でも「四島を一括返還。この基本の上において交渉をしていく。これは当然のことだろうと思う」と明言している。安倍を支持する保守層に、「一括返還派」が根強いことも念頭にあったとみられる。

しかし、安倍は年末のテレビ発言以降、「四島一括返還」を公の場でぱったりと口にしなくなる。ロシア訪問を控え、安倍側近はロシア側を刺激する表現を避けるよう進言していた。官房長官の菅義偉は13年1月10日の記者会見で「政府として四島一括返還という立場は取っていない。四島の帰属をまず解決して、ロシアと平和条約を結んで、その上で返還時期については柔軟に対応するのが政府の立場だ」と、安倍の発言を軌道修正した。

元首相の森は9日のBS番組で、北方領土問題の解決策を問われ、択捉島を除いた3島返還のアイデアを披露した。首相特使として訪ロが決まっていた森の発言だけに臆測を呼んだが、政府側と事前に調整したものではなかった。日本の柔軟姿勢を示す観測気球だった。

北方四島は1855年の日露通好条約で日本領と定められ、その20年後の1875年の樺太・千島交換条約、さらに30年後の1905年の日露戦争終結時のポーツマス条約でも、日本の領土とされた。日本政府が北方四島を「いまだかつて一度も外国の領土となったことがない我が国固有の領土」(外務省の冊子・われらの北方領土)と主張してきたのは、こうした歴史的背景がある。

旧ソ連は、第2次世界大戦末期の1945年8月9日、当時まだ有効だった日ソ中立条約を無視して日本との戦争に参加した。旧ソ連の継承国ロシアは、米英ソ首脳が対日参戦の見返りとして、南樺太の返還と千島列島の引き渡しを密約した45年2月のヤルタ協定などを根拠に、領有の正当性を主張しているが、日本は「不法占拠」だとして返還を求めてきた。

ただ、日本政府は51年のサンフランシスコ平和条約で、千島列島を放棄している。条約にはどこからどこまでが千島列島に当たるのかは書かれていないが、条約に署名した翌月の国会で外務省条約局長の西村熊雄は「北千島と南千島(国後、択捉)の両者を含む」と答弁していた。つまり四島のうち歯舞、色丹2島以外は、千島列島に含まれるというのが当時の日本政府の公式的な立場だった。

ところが55年から旧ソ連との国交正常化交渉が進む中で、日本政府は方針を転換。56年2月に外務政務次官の森下國雄が、放棄した千島列島に国後、択捉は含まれないとの声明を出し、政府見解を明確に変える。自民党が「四島返還」を党議決定したことや、旧ソ連と対立する米国が四島返還を堅持するよう日本政府に水面下で圧力をかけていたことも背景にあった。

安倍政権は、ロシアとどう向き合うつもりなのか。北方領土交渉の長期化を受け、元島民には四島返還を訴えるだけではなく、より柔軟な姿勢で早期解決を求める声もあり、安倍の出方に注目が集まっていた。

2013年2月7日の「北方領土の日」に東京・新宿文化センターで開かれた「北方領土返還要求全国大会」は、安倍の公式訪ロを見据え、例年よりも熱気に包まれていた。

「今後の外交交渉の進展に大きな期待が抱かれている」

全国から参加した元島民や返還運動関係者ら約1500人を前に壇上に立った根室市長の長谷川俊輔は力を込めて語った。

安倍は「北方四島の帰属の問題を解決し平和条約を締結するとの基本方針に従い、領土問題の最終的な解決に向け進展が得られるよう、引き続き強い意志を持って交渉を進める」と演説。この日も「四島一括返還」には触れなかった。自らのロシア訪問の予定にも言及せず、歴代首相と比べて特に踏み込んだ発言はなかった。北方領土問題の早期解決を願う元島民らには、肩すかしの内容だったが、訪ロを控えロシア側を刺激しないよう気を使っていた。

だが、そんな安倍の挨拶から約2時間後、日本側が予想しなかった事態が起きる。

ロシア軍の戦闘機2機が北海道北部の利尻島の南西約20キロの日本海上空を領空侵犯したのだ。日本側は青森の航空自衛隊三沢基地からF2戦闘機4機がスクランブル発進し、外務省が在日ロシア大使館に抗議した。

ロシア側は領空侵犯を否定したが、防衛省のレーダーでは約70秒間、ロシア軍のスホイ27戦闘機2機の侵入をはっきりととらえていた。

ロシアによる領空侵犯は08年2月以来、5年ぶりだった。「単純ミスの可能性もある」「分からない」。官邸内からは「北方領土の日」との関係を打ち消す声が上がったが、ロシア側の真意はつかめていなかった。

翌日、自民党本部で行われた国防部会では、ロシア側の「挑発行為」だとして厳しい声が続出。「領空侵犯した時には撃ち落としてでも止めろと言うべきだ」。出席者からは、そんな強硬論まで飛び出した。予期せぬロシア軍の行動は、待ち受ける交渉の難しさを物語っていた。

「ヒキワケ」の真意

13年2月20日、安倍の親書を携え、元首相の森が特使としてモスクワ入りした。日本から新聞、テレビ合わせメディア14社が同行。かつて森が派閥領袖を務めた清和会（当時は町村派）を担当する記者が多かったが、北海道新聞は外務省担当の記者が同行した。元首相の外国訪問に、これだけの数のメディアが同行するのは珍しい。森とプーチンの親密な関係が知られていたことに加え、テレビでの森の「3島返還」発言もあり、注目が高まっていた。

モスクワのロシア首相府前に立つ帝政ロシアの首相ストルイピンの像に献花に訪れた森＝2013年2月21日（渡辺玲男撮影）

森は2000年4月の首相就任後、初の外遊先にロシアを選び、大統領エリツィンの後継として5月に大統領就任が決まっていたプーチンと会談した。首相退陣後も含めてプーチンとはこれまで通算15回の直接会談を重ね、互いに「ウラジーミル」「ヨシ」とファーストネームで呼び合う仲だった。

マイナス10度近くまで冷え込んだ2月21日早朝、森は会談に先だって「ベールィ・ドーム（＝ホワイトハウス）」と呼ばれるロシア首相府前に向かった。そこに立つロシア帝政末期の首相ストルイピンの像に献花するためだった。

プーチンが尊敬すると公言していたストルイピンは、極東開発に力を入れる一方、革命運動を厳しく弾圧したことで知られる。森が像を訪れたのは、反体制派への強権的な姿勢が欧米諸国の批判にさらされていたプーチンに歩み寄るメッセージが、込められていた。

約2年半ぶりの再会となった通算16回目の森・プーチン会談は、クレムリンで約1時間15分行われた。森には二つの大きな目的があった。一つは01年にプーチンとともに署名したイルクーツク声明の確認だった。

この声明は、１９５６年の日ソ共同宣言の有効性とともに、北方四島の島名を列挙した93年の東京宣言に基づき、四島の帰属問題を解決して平和条約を締結するための交渉を促進することを明記している。四島返還を目指す日本にとって重要な文書だった。

プーチンは記者団に公開された会談冒頭、自ら「イルクーツクの会合をよく覚えている」と切り出した。森によると会談の中でも、プーチンは同声明の重要性を訴えた森に対し「その通りだ」と答えた。

森のもう一つの目的は、プーチンの「ヒキワケ」発言の真意を探ることだった。プーチンは約1年前の12年3月、日本メディアなどとの記者会見で、日本との平和条約締結について、柔道用語の「引き分け」という言葉を使い、解決を目指す考えを表明していた。ロシア大統領選を直後に控えたタイミングでの発言で、日本側では歩み寄りのシグナルだとして期待する声が出ていた。

会談後、モスクワの日本大使館で行われた森の記者会見では、「引き分け」発言に関する質問が相次いだ。森によると、プーチンは「『ヒキワケ』とは勝ち負けなしの解決だ」と説明した。紙に柔道場を模した四角形を描き、「日ロ交渉は柔道で言えば『ジョウガイ（場外）』に出そうな状態だ。畳の中央に引き戻さなければならない。そこから『ハジメ（始め）』だ」と、改めて柔道用語を交えて語ったという。

森が「首脳だけでいい案が出てこなければ、両方の外務省にちゃんと『始め』と言って、命令しないとダメだ」と水を向けると、プーチンは「今度、安倍ともよく話したい」と応じた。

「極東には広大な土地がある。北海道と気候などの共通点もある。日本のすばらしい優秀な農業技術と協力して、これを生かして農業分野で協力することをぜひ考えていきたい」。プーチンはエネルギー分野だけでなく、幅広い日本との協力に期待感を示した。

結局、「ヒキワケ」の真意は判然としなかったが、イルクーツク声明の有効性を確認したことは一定の成果だった。森とプーチンの会談は翌日の国営ロシア新聞に大きく写真入りで紹介され、日本との関係強化に前向きなプーチン政権の意向が感じられた。

森の訪ロ結果の報告を受けた安倍は、「プーチン大統領は日本との関係を改善したい意思がある。話し合いの余地があることが明らかになった」と周囲に語った。

ただ、外務省幹部は「プーチンは交渉に応じる姿勢を見せているが、領土問題に関するスタンスは全く変わっていない」と分析していた。外相の岸田文雄も記者団に「交渉の行方は全く楽観できない」と漏らした。

安倍の訪ロが近づくにつれ、その懸念は現実となっていく。

成果文書巡る攻防

「首脳会談に間に合うようにアイデアを上げてください」

13年3月上旬、全省庁の事務方トップが顔をそろえた首相官邸での「事務次官会議」。官房副長官でロシア外交を所管する世耕弘成は、残り2カ月を切った安倍の公式訪ロに向け、首脳会談の成果づくりを急ぐよう号令をかけた。

かつて日本政府は、旧ソ連やその継承国ロシアとの交渉で「政経不可分」を掲げた。政治と経済の問題を分けることはできないという意味で、政治問題の北方領土問題が進展しない限り、経済協力を進めることには慎重だった。

だが安倍政権は北方領土問題の進展に向け、経済分野の協力を進める姿勢を鮮明にしていた。日本との経済協力に期待するプーチンとの関係構築を最も重視していたからだった。

「以前は外務省幹部からロシアと深く関わるなと、くぎを刺された。それが今はどんどんやってくれと言ってくる」。日本経団連幹部は、記者にそう打ち明けた。

日本政府は、安倍の訪ロに同行する企業訪問団のためにチャーター機を用意。当初は参加者が十分集まらないことも想定し、空席が多ければ赤字分を政府が補填することを検討していた。しかし、ふたを開ければ、財界首脳経験者や大企業トップを含む約120人が参加を希望。「予想外の豪華メンバー」（政府高官）が集まり、ほぼ黒字になった。

ロシア側は首脳会談に向け、日本から経済協力を引き出そうと攻勢を強めていた。3月半ばにエネルギー相ノバクが来日し、経済産業相の茂木敏充とエネルギー分野の協力などを巡って会談。4月には国営ガス大手ガスプロム社長ミレルのほか、カムチャツカ地方やサハリン州などの知事が地元企業を伴って相次ぎ来日し、日本企業に投資などを呼びかけた。

29日に予定する首脳会談まで3週間弱に迫った4月10日には、外相の岸田とラブロフによる初の会談が英国での主要国（G8）外相会合に合わせて行われた。経済のほか、安全保障分野でも協力を確認し、ラブロフは安倍の訪ロに強い期待感を示した。

場所は、1955年から56年にかけての日ソ国交回復交渉の舞台になったロンドンの日本大使公邸だった。ラブロフは昼食会で振る舞われた日本食や酒を上機嫌で味わいながら、岸田が沖縄北方担当相だった5年前の発言を突然持ち出し、揺さぶりをかけたという。

「ラブロフは俺が何月何日にどういう発言をして、それが日ロ交渉にどういう影響を与えただとか、酔っ払いながらガンガン言ってきた。徹底的に調べられていた」。岸田はラブロフとの初会談の様子について、後に周囲にこう明かした。

首脳会談に向けた焦点は、領土問題を含む政治文書をつくれるかどうかだった。

日ロ首脳による政治文書は、03年に首相の小泉が公式訪ロした際にプーチンと署名した「日ロ行動計画」が最後だった。05年にプーチンが公式訪日した際は、日本側が過去の合意文書を明記するよう求めたことにロシア側が難色を示し、文書を発表できなかった。

1956年の日ソ共同宣言は、歯舞、色丹2島を日本に引き渡すことが記されている一方、国後、択捉には触れられていない。日本政府はその後も交渉を積み重ね、四島の帰属問題を解決して平和条約を締結することを明記した93年の「東京宣言」などを足がかりに、国後、択捉両島の返還に向けた譲歩をロシア側から引き出す道筋を探ってきた。10年ぶりとなる首相の公式訪ロで、領土問題の進展につながる新たな政治文書を作れるかは、今後の交渉を占う試金石と言えた。

「なんとか詰めた声明を出したいと思ってやっている」

4月11日、外務省政務三役の一人はこう打ち明けたが、ロシア側との交渉に当たっていた外務省ロシア課やモスクワの日本大使館関係者からは「まだ分からない」「文書ありきではない」と慎重な声が相次いでいた。成果文書を巡る交渉は、両国の外務省間で2月から水面下で始まっていたが、難航が続いていた。

日本側は、文書に東京宣言やイルクーツク声明を明示するよう求めたのに対し、ロシア側は北方四島がロシア領となったのは「大戦の結果」だと認めるよう主張。19日には外務次官モルグロフが極秘来日し、外務省幹部と協議したが溝は埋まらなかった。

「過去の諸文書の合意を入れろと言うと、ロシア側はヤルタ協定などを入れろと言ってくる。そんなの飲めるわけがない」

長年ロシアとの交渉に関わってきた外交筋の一人は取材班の記者に語気を強めた。第2次世界大戦末期に、米英ソ首脳が千島列島の旧ソ連への引き渡しを密約したヤルタ協定は、四島領有の正当性を主張するロシア側の根拠となってきた。日本側交渉筋は、もしロシア側の主張を受け入れれば、過去の合意よりも後退する文書になりかねないと危惧していた。

日本政府は、東京宣言に含まれる「択捉島、国後島、色丹島及び歯舞群島の帰属に関する問題」という文言は、四島に関する領土問題の存在を日ロ両国が認めたものだと解釈していた。このため日本側は経済協力をてこに東京宣言の明記を求めたが、ロシア側は激しく抵抗。ロシア側は2000年代半ば以降、「四島は大戦の結果、ロシア領になった」との主張を強め、四島の帰属問題の存在を公の文書で認めることは受け入れがたいと考えていた。

「『帰属』という言葉はレッドラインを超える。これはラブロフからも大統領からも指示が来ている」。ロシア政府筋は、取材班の記者にこう断言した。

ロシア側は何度も交渉の打ち切りを示唆し、日本側を揺さぶっていた。「文書はだめかもしれない」。23日、日本側交渉筋からはそんな声が漏れた。

日本側関係筋によると、交渉の最終盤、外務省内では領土を巡る表現をロシア側に飲ませるために、ロシア側が強く求めていた日本とロシアの短期ビザの相互撤廃も一時検討されたという。ただ、警察庁や法務省の了承を得ることが難しく、見送られた。

「あと2日もすれば分かる」。27日朝、それまで成果文書について慎重姿勢を続けていた日本外務省関係者の発言が微妙に変わった。ロシア側への取材でも進展があった感触が得られた。

『共同声明発表へ』で記事にできないか」。取材班の中からはそんな声も上がったが、政府高官は「プーチンと会ってからだ」「本当に分からない」と、なお繰り返していた。声明を出すにしても、日本にとって不利な内容かもしれなかった。中身がはっきりと分からない状況では読者をミスリードする恐れもある。記者の意見は割れ、この日も記事化は見送った。

その後の取材を総合すると、日ロ両政府が共同声明の大枠で合意したのは、首脳会談の3日前の日本時間26日夜だった。しかし、28日に羽田空港からモスクワへ向かう政府専用機の中で官房副長官の世耕が発表するまで、極秘のまま伏せられていた。

声明の中には取材班が予想していなかった合意も含まれていた。

「2プラス2」極秘提案

2013年4月26日、毎日新聞の朝刊1面トップに1本のスクープ記事が載った。

「日露首脳が定期協議／外務・防衛会議も／首相訪露時、合意へ」

記事はモスクワ発で、日ロ首脳が会談で定期的な首脳会談の実施とともに、外務・防衛閣僚協議、いわゆる「2プラス2」の創設で合意するという内容だった。

2プラス2は、外交と防衛を担当する閣僚が、双方2人ずつ参加することからこう呼ばれる。2国間で安全保障政策や軍事面の課題を、閣僚間で話し合う最も高いレベルの枠組みで、日本は当時、同盟国の米国と長年の友好国オーストラリアとしか行っていなかった。未解決の北方領土問題を抱え、平和条約さえ結んでいないロシアとの創設は極めて異例だった。日ロ両政府関係者への接触を連日続けていた取材班にとっても、完全にノーマークのニュースだった。

後の取材で、2プラス2の創設は、2月4日にモスクワで行われた両国の外務次官が国際問題や2国間の課題を話し合う「日ロ戦略対話」で、日本側が極秘に提案していたことが分かった。外務省と官邸が秘密裏に準備を進め、防衛省内でもごく一部しか知らされていなかった。発案したのは駐ロシア大使の原田親仁《はらだちかひと》。外務省本省のロシア課長や欧州局長を歴任するなど、対ロ外交に精通した通称「ロシアスクール」の重鎮だった。原田はロシアとの信頼関係を築くには、安全保障分野で理解を深める必要性を感じ、安倍の訪ロに向け、2プラス2の創設を1月に官邸に進言していた。

日本とロシアとの対話は、政治、経済など一部の分野に限られ、広がりを欠いてきた。1990年代から自衛隊とロシア軍の間で防衛交流が細々と行われていたが、軍事防衛関係者の中では、互いを「仮想敵国」とみる東西冷戦時代の意識が根強く残っていた。

だが、外務省OBによると、ロシアとの2プラス2の創設に対し、慎重論が強かったのはむしろ外務省だったという。外務省は戦後、日米同盟を外交の基軸に据え、米国との関係を最優先してきた。外務次官の河相は、北米局長などを歴任した「アメリカスクール」の本流で、ロシアとの2プラス2が対米関係に与える影響を懸念した。

河相の後任次官への就任が確実視されていたナンバー2の外務審議官の斎木昭隆も「北方領土を不法占拠している国とやるのか」と周囲に語るなど、日ロ2プラス2には慎重姿勢だったという。

それでも官邸はゴーサインを出した。背景にあったのが、沖縄県・尖閣諸島の領有権を主張する中国との対立が深まっていたことだった。安倍周辺は、2プラス2で日ロの安全保障分野の連携を対外的にアピールすることは、中国へのけん制になるとみていた。

「日中関係を考える上でも、日本の将来の経済成長を考えていく上においても、ロシアは極めて重要だ。ロシアとの関係を発展させていきたい」。安倍は首相に返り咲いた直後のテレビ番組でこう語っていた。

原田の「2プラス2」構想の契機となったのは、他ならぬロシアの動きだった。

安倍政権誕生の2カ月前の12年10月、ロシア安全保障会議書記パトルシェフが初来日した。パトルシェフは、プーチンと同じ旧ソ連の国家保安委員会（KGB）出身で、ロシアの重要政策の方向性を決める安全保障会議を取り仕切る重要人物だった。これまで日本側が対話の糸口さえつかめなかった要人の来日に、外務省は「ロシアが秋波を送ってきている」（幹部）とみた。

パトルシェフは民主党政権の首相野田佳彦、外相玄葉光一郎と会談。安全保障分野に関する協力を提案し、日本側関係者を驚かせた。「パトルシェフが来なければ、ロシアとの2プラス2なんて、できるわけないと思われただろう」。外務省幹部は取材に、そう振り返った。

安全保障問題が後に北方領土交渉の大きな焦点になっていくとは、この時、取材班は予想していなかった。

スルーされた声明

荘厳な装飾に彩られた部屋に入ると、半円型の高い天井から吊り下がった巨大なシャンデリアが目に入った。モスクワ・クレムリン宮殿内にある「緑の間」。部屋の中央には日本とロシアの国旗が掲げられ、左右に椅子が半円の形に並べられていた。

13年4月29日午後、安倍にとって第1次政権以来、約6年ぶりとなるプーチンとの会談。日ロ双方とも緑の間に入ることができたのは数社だけだったが、日本から同行した取材班の記者は抽選で会談の冒頭取材が認められた。残りの社は別室のモニターを通して見守った。

会談は5人対5人の「少人数会合」からだった。両首脳が中心に座り、左に官房副長官の世耕や外務審議官の斎木ら日本側、右に第1副首相シュワロフや外相ラブロフらロシア側が並んだ。

プーチンは冒頭、訪問への謝辞を述べ、「両国間の関係が着実に発展しつつある」と日ロ間の貿易額が増えていることなどを評価。平和条約問題にも触れ、対話に期待感を示した。カメラのシャッター音で、現場ではプーチンの声はほとんど聞き取れなかったが、椅子に深く座り、落ち着いた口調が印象的だった。

一方、プーチンと向き合った安倍の表情は、緊張からか普段よりこわばって見えた。安倍は「日本とロシアがパートナーとして協力の次元を高めるのは時代の要請。胸襟を開いてじっくりと話をさせていただきたい」とあいさつ。関係強化に向けた意欲を語ったが、領土問題には触れなかった。

冒頭取材が認められたのは両首脳の最初のあいさつだけで、時間にしてほんの数分だった。その後の会談で、何が話し合われたのか。会談後のブリーフィングや、複数の出席者への取材から浮かび上がってきたのは以下のような内容だった。

報道陣が退席後、プーチンが「私からいくつか話をさせてもらっていいかな」と切り出し、日ロ両国の経済協力について語った。ロシアへの日本の自動車関連企業の進出などの具体例を次々と列挙し、メモ書きしたペーパーを時折たぐりながら、経済に関する話題を10分近く続けた。

ロシア側は会談に向けた事前協議でも、経済協力を重視し、領土問題を避ける姿勢を見せていた。「プーチンも同じか」。日本側がそんな焦りを感じ始めたのを見透かすように、プーチンは「もう一つ大切な話をしなければならない」と平和条約問題に触れた。

プーチンは日ロ間に平和条約がない状態を「異常」だと指摘。「外務省同士でちゃんと話し合わなければならない」と語った。これに対し、安倍は「困難な問題の解決には、首脳同士の決断が不可欠だ」と強調。プーチンが期待する経済や安全保障など幅広い分野での関係発展への意欲を語り、首脳同士の信頼関係を構築する重要性を訴えた。安倍は、双方の原則的立場の応酬に陥りがちな外交当局間の交渉を動かすには、トップの指導力が欠かせないと考えていた。

安倍は会談の中で、イルクーツク声明の重要性を、プーチンとの間で確認するつもりだった。イルクーツク声明は、歯舞、色丹2島の日本への引き渡しを明記した日ソ共同宣言の有効性を確認すると同時に、93年の東京宣言に基づき、北方四島の帰属問題を解決することをうたっている。01年に官房副長官として首相の森に同行し、イルクーツクで行われたプーチンとの声明の署名式に立ち会った安倍は、会談でそのことを持ち出し、声明が「交渉の原点だ」と強くアピールした。

プーチンは2月の森との会談では自らイルクーツクでの会談の思い出を語り、その重要性も認めた。しかし、この日の会談でプーチンは最後までイルクーツク声明には触れようとせず、完全にスルーされた。プーチンは森にはリップサービスしたものの、今後の交渉に向け、「四島」に触れたイルクーツク声明を確認することは避けたとみられる。

慎重なプーチンから妥協を引き出す糸口はあるのか。安倍はある話題を投げかける。

50対50の解決

クレムリンで約2時間に及んだプーチンとの会談の後半、安倍はかすかな期待を込め、こう水を向けた。

「あなたは中国などと難しい領土交渉を解決してきましたね」

プーチンは淡々と語り始めた。中国との間で、アムール川などの島の面積をほぼ2等分して解決したこと。ノルウェーとも係争海域を等分し、中央アジアのカザフスタンとはガス田の真ん中に国境線を引いて妥協したことにも言及した。

「難しかった。だけど最後はフィフティ・フィフティ（50対50）で解決したんだ」

安倍は身を乗り出した。北方領土の解決策にも話が及ぶかも、と。

ただ、プーチンは静かに続けた。

「これらは第2次大戦の結果とは関係のない話だ」

北方領土問題は、まさに第2次世界大戦に起因する。中国やノルウェーのように面積等分の解決はできないことを強調したかったのか。安倍もそれ以上は踏み込まず、プーチンの真意は判然としないまま終わった。

少人数会合に続き、両国の経済人も同席して開かれた昼食会。氷の器に入った大盛りの最高級キャビアが一人一人に振る舞われた。プーチンは突然、1855年産の年代物の貴腐ワインを手に立ち上がり、出席者にこう説明した。

「これはシモダ条約が結ばれた年のワインだ」

シモダ条約とは、幕末に来日したロシアの提督プチャーチンが伊豆の下田で、1855年に日本側と締結した日露通好条約を指す。プーチンは安倍に、条約締結の2年後に下田を取材した当時のロシアメディアの記事の復刻版も贈った。

同条約は、北方四島全てを日本領と定めており、日本側が四島の領有権を主張する大きな根拠となってきた文書だった。同席していた日本側外交筋の1人は、隣席の政府高官にささやいた。

「ロシアが下田条約に言及するのは珍しい」

会談後に行われた両首脳の共同記者会見は、ロシアの国営テレビで生中継された。プーチンは「領土問題」には言及しなかったものの、「難しくて重要な問題を解決したい」と語り、日本側に期待を持たせた。安倍も平和条約締結への強い意欲を語りつつ、「領土問題」という言葉は使わず、ロシア側への配慮をにじませた。

和やかな雰囲気が一変したのは、ロシア政府が北方四島の開発を進めていることについて、日本メディアが「同じような政策を続けるのか」とプーチンの姿勢を問いただした時だった。

プーチンは「注目したのは記者が紙を読み上げたことだ。質問は誰かからもらったと思うが伝えてほしい」と前置きすると、語気を強めて言った。

「問題解決には環境整備が必要だ。このプロセスで妨げたいなら、激しく直接的な質問をし、同じような激しい答えを得ることだ」

質問は日本から安倍に同行した記者団が準備した代表質問で、ロシア側にも事前に概要は伝えられていた。プーチンも当然知っていたはずだが、あえて知らないふりをして、四島の主権問題に関わる質問を避けるよう、強くくぎを刺した。

首脳会談を終え、日ロ両国の代表団やメディア関係者を前に共同会見を行う安倍とプーチン＝2013年4月29日、モスクワ（渡辺玲男撮影）

一方で、共同会見を終えたプーチンは別れ際、安倍に歩み寄り、語りかけた。「日本のことが好きだ。行くのを楽しみにしている」

日ロ両国の関係強化に向け、硬軟織り交ぜながら、日本を巧みに誘うプーチン。安倍は会談後、周囲に「派手さはないが、信頼できる実務的な人だ」と、久々に向き合ったプーチンの印象を語った。

日ロ両政府間で10年ぶりにまとめた政治文書となった「日露パートナーシップの発展に関する共同声明」は、両国間に平和条約が締結されていない状態は異常だとして、双方受け入れ可能な解決策の作成に向けて交渉を加速させることを確認した。

声明には「日ロ行動計画を含むこれまでに採択されたすべての文書および諸合意に基づいて進める」と明記された。03年にプーチンと当時の首相小泉が発表した日ロ行動計画には、東京宣言やイルクーツク声明などの諸合意を基礎に交渉を進めることがうたわれており、日本政府高官は首脳会談後、「四島に触れた過去の文書を基に交渉を進めることがしっかり入った」と強調した。

だが、東京宣言、イルクーツク声明、日ロ行動計画は、いずれも文書の本文中にはっきりと北方四島の名称や「帰属」という文言を明示しているが、日ロ共同声明には、これらの文言を一切書き込むことはできなかった。モスクワ支局長は解説記事で、会談は10年以上停滞する領土交渉を打開する土台を築いたとしつつ、「ロシア側の意向で『領土問題』『帰属』などの文言は排除され、ロシア側が四島の主権問題棚上げを主張する余地を残した」と指摘した。

当時、交渉に関わった日本外務省ＯＢは「議論はあったが、交渉がストップしていた状況だったので、紙を作った方がいいという判断だった」と振り返った。

「共同声明は今できる最大限だった」。ロシア側とギリギリまで交渉を続けた日本外交筋が取材班に漏らした言葉は、北方領土問題を巡るロシアの立場が２０００年代前半よりはるかに強硬になったことを物語っていた。

山口への招待

モスクワでの日ロ首脳会談から約1カ月半後の13年6月17日。安倍は英国・北アイルランドで行われたG8首脳会議に合わせ、プーチンと再び約40分間の会談に臨んだ。

会談では、外相ラブロフの秋の訪日で一致し、経済分野などの協力進展を改めて確認した。ただ、4月の首脳会談の際に早期再開で合意していた平和条約締結に向けた外務次官級の交渉は、具体的な日程を決められなかった。日本側は当初、英国での首脳会談前の実施を目指したが、ロシア側は「準備が間に合わない」と応じなかった。

ロシア側は対ロ関係強化に意欲的な安倍を歓迎しつつ、7月に行われる参院選で勝利し、安定政権を築けるのか、慎重に見極めようとしていた。07年の第1次安倍政権の退陣以降、日本ではほぼ1年ごとに首相が交代してきたことを考えると、無理もなかった。

7月21日、安倍は参院選で圧勝した。10年以降続いていた国会で衆参の多数派が異なる「ねじれ」も解消された。衆院の任期満了は16年12月で、当面、大型の国政選挙の予定はなかった。長期安定政権の土台を固め、安倍周辺は北方領土問題の解決を、安倍のレガシー（政治的遺産）として本格的に見据え始めていた。

「首相は任期中に日ロ平和条約を一番やりたいと思っている。来年、プーチンを日本に呼びたい」。参院選の数日後、政権の屋台骨を支える官房長官の菅は周囲にそう語った。

14年にプーチンの来日を実現し、次に安倍が再びロシアを訪問する時が、領土問題を進展させる大きなヤマ場になる――。安倍の周辺ではそんなシナリオが囁かれていた。

9月5日、安倍はロシア第2の都市サンクトペテルブルクでの20カ国・地域（G20）首脳会合に合わせてプーチンと再び会談した。サンクトペテルブルクはプーチンの出身地で、ロシア有数の観光地で知られる。安倍は会談冒頭、「大統領の故郷である美しい街、サンクトペテルブルクで会えたのはうれしい」と語りかけた。

約40分間の会談では、初の2プラス2を11月に東京で開くことで合意。プーチンは日ロ間の貿易額が増加傾向にあることなどを歓迎し、さらなる協力に期待感を示した。

当時、中東シリア情勢を巡って米国とロシアの関係が悪化していた。日本はシリア問題で米国と歩調を合わせており、政府内には日ロ関係への影響を懸念する声もあったが、首相周辺によると、会談で「日米同盟があることは分かっている」と日本の立場に理解を表明した。

プーチンは、終始穏やかな表情を崩さなかった。「プーチンは顔が変わったな」。会談に同席した副総理兼財務相の麻生太郎は、隣席の外務省幹部に思わず呟いた。

プーチンの訪日については「具体的な話はなかった」と発表されたが、安倍はひそかに布石を打っていた。自身の地元となる山口県での首脳会談を非公式に打診していた。首都の東京ではなく、地方都市である自らのお膝元で歓待し、プーチンとの個人的な信頼関係を深めるのが狙いだった。

念頭にあったのは01年のイルクーツクでの森・プーチン会談や、1998年の静岡県・川奈での橋本龍太郎・エリツィン会談。事前に日本外務省の関係者にも伝えず、会談終了後のプーチンとの立ち話で持ち出した「サプライズ提案」だった。

山口県への招請は、安倍が非公式に行った提案だったため、日本政府内でも極秘扱いだった。9月下旬に端緒をつかんだ取材班が、複数の政府関係者に当たったが、「知らない」「聞いてない」とかわされ、なかなか記事化に踏み切れなかった。

安倍は10月7日、インドネシア・バリ島で行われたAPEC首脳会議の場を利用して、プーチンとこの年4回目となる会談を行った。安倍はこの日が誕生日のプーチンに山口県の地酒「獺祭《だっさい》」と山口県萩市のぐいのみを贈呈。この会談でプーチンは「喜んでヤマグチを訪問する」と安倍に伝えたが、この時も公表されなかった。

プーチンは会談で、ロシア南部ソチで翌年2月に開催する冬季五輪に安倍を招待した。日本側同行筋は、安倍とプーチンが「ウラジーミル」「シンゾウ」と互いのファーストネームで呼び合うことを約束したと明かし、親密な関係をアピールした。

会談翌日の記者会見で、プーチンは日本との経済協力に触れ、「夢想ではなく、現実に平和条約締結の前提を整えつつある」と語った。経済協力と平和条約を結びつけた形で、普段はロシアに懐疑的な日本外務省幹部も「これまでにない前向きな発言」と記者に漏らした。

10月22日、取材班は2回の首脳会談での水面下のやりとりを踏まえ、「日ロ会談、地元山口で／首相、プーチン氏に打診／先月のG20」との独自記事を朝刊に掲載した。ロシア側関係者にも裏を取り、「プーチン氏は訪日自体には前向きで、山口訪問も検討される可能性がある」と書いた。

日ロ両国は着実に距離を縮めつつあったが、くさびを打ち込もうとする第三国があった。中国だった。

中国のくさび

プーチンは、バリ島で安倍と首脳会談を行った13年10月7日の夜、中国国家主席の習近平とも会談に臨んだ。

ロシア大統領府の発表によると、習は冒頭、ロシアと合同で15年に第2次世界大戦の戦勝70年記念行事を行う考えを表明。「できるだけ早く準備を始めるため、関係部局に作業を委任しなければならない」と述べた。

さらに習は「(中ロの)共通の勝利に敬意を示す」と強調した。名指しはしなかったが、対日戦を念頭においた発言だった。習は合同行事について、9月に中央アジアのキルギスで行った中ロ首脳会談で、プーチンから提案があったと説明。ただ、プーチンは冒頭発言で戦勝記念行事には一切触れなかった。中国側が主導する動きであることをうかがわせた。

習はこの年の3月に国家主席に選出されると、約1週間後に初の外遊先としてロシアを訪問。プーチンと会談し、領土保全や国家主権など「核心的な利益」に関する問題で互いの立場を支援するとした共同声明に調印した。中国は12年9月に日本政府が沖縄県・尖閣諸島を国有化したことに強く反発していた。尖閣問題で対日圧力を強めるために、日本との間で北方領土問題を抱えるロシアを抱き込もうとしていた。

中国は旧ソ連との対立が深刻化した60～70年代、最高指導者の主席毛沢東や、首相周恩来が、北方領土問題で日本の立場を支持する考えを表明していた。しかし、90年代以降、中ロ関係は徐々に改善し、04年には40年以上続いた国境問題が決着。中国は政治・経済両面でロシアとの関係を緊密化させた一方、北方領土問題については公式的な立場を示さなくなった。

中国の動きについて、14年2月に東京都内で講演したモスクワ国際関係大教授セルゲイ・スルグノフはこう証言した。

「12年12月に中国政府からロシア側に大きなプレッシャーがかかり、いろんなチャンネルを通じて尖閣問題で中国側の立場を取るように働きかけがあった」

モスクワ国際関係大は、外相ラブロフをはじめ多くの外交官を輩出するロシアの名門大学だ。スルグノフによると、同大学にも12年に北京の国際研究所の所長が訪れ、「あからさまにロシアは中国寄りの路線をとるべきだという講演した」という。

中国とロシアは「戦略的パートナーシップ」を掲げる。13年9月にサンクトペテルブルクで開かれたG20首脳会合でも、中ロ両国はシリアへの軍事介入に反対し、米国をけん制。国際舞台で共同歩調を取る姿勢を鮮明にしていた。経済面でもアジアシフトを強めるプーチン政権にとって、経済大国中国の重要性は増していた。

ただ、ロシアは、尖閣問題は「日中2国間の問題」だとして、立場を明確にしてこなかった。

極東開発に向け、中国だけでなく日本の技術力にも期待するロシアにとって、日中間の「火種」に深入りすることは得策ではない。米国は、尖閣諸島は日本の施政権下で日米安全保障条約の適用対象になるとの立場をとっており、ロシアが尖閣問題で中国の立場を支持すれば、対米関係に波及する恐れもあった。

極東地域の人口減などが続くロシア側には、約4千キロの国境を接する中国からの圧力が増すことには警戒感もあった。ロシアから中国への天然ガス供給を巡っては、安価な提供を求め譲らない中国側との交渉が長期にわたって難航。中国だけに依存せず、対外関係のバランスを取るためにも日本の存在は重要だった。

「中ロ関係を一生懸命喧伝しているのは中国側。ロシアにとって中国は日本以上に大事だが、中国のペースには乗ってない」。日本外務省幹部はそう語ったが、中ロ両国の動向を警戒し、情報収集を続けていた。

日本側は初めての日ロ2プラス2で、ロシアの中国に対する姿勢も探ろうとしていた。

戸惑う防衛省

13年4月の日ロ首脳会談で創設が決まった日本とロシア双方の外務、防衛の4閣僚による2プラス2。11月2日の初開催を半月後に控え、防衛省高官は記者団にロシア軍とのこんなエピソードを語った。

「ロシアは政治や軍の常識が通じないことが多いと言われるが、中国よりはましだ。ソ連時代もスクランブルでロシア空軍と自衛隊機がすれ違って写真を撮ると、こちらに挨拶のポーズを取っているのが見えたりする不思議な国。最大の意義は会って話をすることだ」

2プラス2に合わせ、防衛相の小野寺五典と国防相ショイグが個別会談することも決まったが、日ロの防衛閣僚の会談は06年1月以来、実に7年ぶりだった。官邸や外務省が主導して創設が決まった2プラス2が、どんな「成果」につながるのか。防衛省の担当記者は当初、ロシアとの軍事・安全保障分野の対話や協力の具体像がイメージできなかった。

取材を進めると、防衛省の現場も戸惑っていた。防衛省関係者によると、2プラス2に向け複数の協力案件をロシア側に打診したが、会談まで10日を切っても回答はなかった。担当者の一人は「さまざまな面で交流がある国なら雰囲気がつかめるが、ロシアとは関係が薄く、正直何を考えているのか分からない」と漏らした。会談の数日前まで、ショイグと外相ラブロフが日本にいつ到着し、何時に出発するのかも決まらなかった。

2プラス2に先立つ11月1日、小野寺は東京・市ケ谷の防衛省でショイグとの会談に臨んだ。12年11月に国防相に就いたショイグは、94年から18年間にわたって非常事態相として大災害時などに陣頭指揮を執り、ロシア国民の間で高い人気を誇る閣僚だった。シベリアの少数民族トゥバ人の血を引き、しばしばプーチンと余暇を過ごすなど親しい関係でも知られていた。

会談では、閣僚レベルの相互訪問を定期的に実施することなどで一致したが、ロシア側が特に強い関心を示したのは、日米両国が進めるミサイル防衛（ＭＤ）計画についてだった。

日本は10月上旬、ロシアとの2プラス2に先だって、米国との2プラス2を東京都内で開き、ＭＤ協力の拡大で合意していた。小野寺は、ＭＤ計画はミサイル開発を進める北朝鮮に対応するのが目的であることや、日本は憲法で専守防衛が定められていることなどを説明。一方のショイグはアジアの軍事状況は「非常に微妙なバランスの上に成り立っている」などと主張し、ＭＤ計画への懸念をにじませた。

ロシア側は、アジア太平洋地域で米国の軍事的影響力が増すことを警戒していた。翌日の2プラス2でも、ショイグは米国が欧州で進めるＭＤの拡大が、ロシアの核抑止力に影響する潜在的脅威になっていると指摘。ショイグは会談後の共同会見で、日本のＭＤ計画について「懸念を持っていることを隠さずに申し上げた」と語った。

両国は、新たにテロや中東で多発していた海賊対策で、自衛隊とロシア軍が共同訓練を実施することなどで合意。ラブロフは共同会見で、2プラス2を定期開催していく考えも示した。ロシアにとって、米国をけん制するためにも2プラス2の枠組みは好都合だった。

日本側は米国の反応を気にかけていた。外務省幹部によると、ロシアとの2プラス2に向けて、米国側とも事前に水面下で協議。日本側は、中国による軍備拡大が続いていることを挙げ「東アジアの安定性を確保する上で、日ロが対立することは米国の利益にならない」などと必要性を説明した。米国から大きな反対はなかったという。

一方のロシアは中国に気を使っていた。2プラス2の中で、外相岸田と小野寺が中国に関する話題を振ったのに対し、ロシア側は対中関係にほとんど触れようとしなかった。中国を刺激するのを避けたかったとみられる。中国政府は日ロ2プラス2に対し、公式に反応を示さなかったが、関係者によると、水面下でロシア大使館などに開催の意図を確認していたという。

安倍は2プラス2後に4大臣と公邸で面会し「両国間の政治、安全保障の要職にある人たちの交流が続くことは大変喜ばしい。大変大きな成果が上がった」と評価した。ラブロフも「ロ日関係の雰囲気を改善するために、より大事な役割を果たすと期待している」と語った。

日ロ双方の政治的な思惑から創設された2プラス2。防衛省幹部は初の開催を終え、淡々と記者に語った。「防衛面で実質的なメリットはなかった。自衛隊の訓練内容も防衛白書に書いてあるぐらいしか話していない」

五輪開会式への出席

13年10月のインドネシア・バリ島での首脳会談で、プーチンから翌年2月のソチ冬季五輪への招待を受けた安倍。実際は20年の東京五輪開催が決まった9月上旬から、ソチ訪問に向けた準備を水面下で進めていた。

日本の首相は過去、88年のソウル五輪に竹下登、08年の北京五輪には福田康夫が訪問している。いずれも盛大な式典が行われた初日の開会式に出席し、それぞれ開催国の首脳とも会談していた。

黒海に面した保養地で知られるソチは大統領公邸があり、プーチンも余暇を過ごすためにしばしば訪れる。ロシア初の冬季五輪として、プーチン政権が威信をかけて進める国家行事に合わせて訪問することは、安倍にとってプーチンとの個人的な関係を深める絶好の機会だった。

問題はタイミングだった。開会式が開かれる2月7日は金曜日で、国会の審議がある可能性が高かった。例年2月上旬は通常国会の開会直後で、首相の出席が求められる予算委員会の審議が始まっている。国会との調整が必要だった。

さらに難題は2月7日が「北方領土の日」に当たることだった。首相は例年、東京都内で開かれる北方領土返還要求全国大会で演説する。訪ロを優先して欠席すれば、批判を受ける恐れがあった。

このため日本側は、バリ島での会談でプーチンからソチ五輪への招待を受けた直後、開会式に合わせた出席は困難だとロシア側に伝達。2月23日までの五輪期間中で、国会のない週末に合わせた複数の訪問日程を打診した。

しかし、年末になっても日程は固まらなかった。多忙なプーチンがどのタイミングでソチに入るかは流動的だった。このため開会式以外で必ずプーチンが出席する閉会式に合わせて訪問する方向で調整が進んでいたが、五輪が近づくにつれ、状況は複雑化していく。

12月以降、米国やドイツなど主要国の首脳が、ソチ五輪の開会式出席を見送る考えを相次いで表明。表向きは「大統領の都合が合わない」（米ホワイトハウス）などとしていたが、背景にあったのはロシアで6月に成立した同性愛宣伝禁止法だった。未成年者に同性愛を宣伝することを禁止する法律で、「差別的」だとして欧米諸国で反発が広まり、開会式をボイコットする動きが広がっていた。

14年1月12日、産経新聞や共同通信は「首相、来月22日ソチへ」と安倍が閉会式に出席する方針だと報道。しかし、この時、取材班は官邸内に7日の開会式への出席を模索する動きがあることをつかみ、裏取りを急いでいた。

取材では、安倍が都内で行われる「北方領土の日」の式典に出席しても、政府専用機でソチに直行すれば、時差の関係で夜の開会式にはぎりぎり間に合うことが分かっていた。新党大地代表の鈴木宗男が、1月10日に官房長官の菅と面会し、開会式出席を強く進言したことや、安倍最側近の首相秘書官今井尚哉が、独自のパイプでロシア側とやりとりしているとの情報も得ていた。

官邸中枢は主要国の首脳がソチ五輪出席を見送る流れが強まる中、「首相が開会式に行けば、プーチンに恩が売れる」とみていた。一方、外務省は欧米と足並みが乱れることを懸念し、開会式出席に反対していた。外務省幹部は15日、「うちとしては、2月7日は有力な選択肢ではない」と記者に断言した。

しかし、安倍は翌16日に外相の岸田、外務次官の斎木昭隆らを官邸に呼び、開会式出席をひそかに指示した。取材班はこの日は裏が取りきれず、記事にできなかったが、NHKが17日朝のトップニュースで、安倍が開会式出席を検討していると報じた。

ただ、実はこの時点では、安倍がプーチンと十分な会談時間を確保できるか、まだはっきりしていなかった。主要国首脳の多くが出席を見送ったとはいえ、五輪開会式には約40カ国の首脳が出席を予定していた。ホスト役となるプーチンとの会談時間の確保は各国との争奪戦になる。中国国家主席の習も2月6日から8日までソチを訪問し、開会式に出席することを発表していた。

官邸が狙ったのは「食事会とセット」にして十分な会談時間を確保することだった。実現しないなら開会式出席を見送ることもちらつかせ、ロシア側と交渉していた。最終的にロシア側は大統領公邸に安倍を招き、昼食会を行う日程を提案。習とは通常の会談のみで、プーチンが安倍を厚遇した形となった。

「習近平をけちらしてやった。外務省にはできなかったことだ」。安倍側近は、周囲にこう得意げに語った。

ソチ五輪開会式への出席を巡る日本政府内のせめぎ合いは、官邸内に「外務省は原則論や米国との関係にこだわり、対ロ外交を積極的に進めようとしていない」（安倍側近）との不満を強めるきっかけとなった。1月末に約5カ月ぶりに東京で行われた両国外務省による平和条約に関する次官級協議で、双方が北方四島の歴史認識を巡って譲らず、ほとんど進展がなかったことも、外務省への不信感につながっていた。

外務省任せでは、プーチンから政治決断を引き出すことはできない――。ソチ五輪開会式への出席を機に、安倍官邸は対ロ外交で主導権を握る姿勢を鮮明にしていく。

在任中の解決宣言

「ご出席の皆さまの思いと熱意を胸に抱いて、この会場から羽田空港に直行し、政府専用機でソチへと向かいます。最大の懸案である北方領土問題を最終的に解決し、ロシアとの間で平和条約を締結すべく、交渉に粘り強く取り組んで参る決意だ」。14年2月7日、東京・日比谷公会堂で行われた北方領土返還要求全国大会。安倍は全国から集まった元島民や返還運動関係者らを前に演説すると、足早に会場を後にした。

安倍は歴代首相が大会挨拶で言及してきた「四島の帰属を確認して、平和条約を締結する」という日本政府の基本方針に触れなかった。プーチンとの会談を控え、「四島」に触れることでロシア側を刺激するのを避けたとみられる。

会場にいた取材班の記者は前任地が根室支局で、元島民の知り合いが多かった。「四島返還を求めるメッセージが薄れないか」。安倍の演説を見守った元島民の1人は、記者にこう懸念を打ち明けた。

その日の夜、ソチに到着した安倍は、フィシュト五輪スタジアムに直行し、官房副長官の世耕と2人で開会式を観覧した。オペラやバレエを駆使した華麗な式典を間近で見守った安倍は「2020年の東京五輪はプレッシャーだな」と漏らした。

翌8日の午後、黒海を望む高台に建つロシア大統領の公邸。予定より約1時間半遅れでスタートした首脳会談は、サプライズから始まった。

玄関で安倍を迎えたプーチンは、一頭の大きな犬を連れて現れた。秋田県がロシアによる東日本大震災の復興支援への返礼として、プーチンに贈呈した秋田犬「ゆめ」だった。安倍が手を差し出すと、プーチンは「この犬はたまに噛むんだ」と笑顔で語った。

プーチンは会談冒頭、「首相閣下がソチ五輪の開会式に来たことを大変重視し、感謝している」と、繰り返し謝辞を述べた。安倍は「ウラジーミルが心血を注いだソチ五輪が大成功に終わる事を祈念している」と語った。

昼食会を含め2時間以上にわたった首脳会談では、経済協力の進展に向けた連携を改めて確認。平和条約問題では、具体的な進展に意欲を見せた安倍に対し、プーチンも議論を重ねていくことが必要だと述べ、「この問題は簡単ではないが、解決に向けてしっかり努力していきたい」と語った。

会談には元外務次官で、前年12月に発足した日本版「国家安全保障会議（ＮＳＣ）」の事務局を担う国家安全保障局（ＮＳＳ）の初代局長に就いた谷内正太郎も初めて同席した。出席者によると、昼食会で安倍が、谷内は酒が飲めないと紹介すると、プーチンは「酒が飲めないで一体どういう交渉ができるのか」と質問。安倍が「酒以外に日本では温泉に入って交渉する方法もある」と切り返すと、会場は爆笑に包まれた。

会談では、プーチンが秋に日本を訪問することで合意。訪日に先立ち、6月にソチで開催が予定されていたＧ8首脳会議に合わせて、再び首脳会談を行うことも確認した。

会談後、記者会見した安倍は力強く語った。「これまで築き上げてきた私とプーチン大統領の個人的な信頼関係を、二国間関係の発展という次元へと一段と高めていきたい。今年は日ロ関係を一段と飛躍させる年にしていく」

大統領としてのプーチン来日は、実現すれば05年以来9年ぶりとなる。北方領土問題の進展に向け、安倍やその周辺はプーチン来日を重要な節目と位置づけていた。

会談から5日後の13日。安倍は衆院予算委員会でさらに踏み込む。

「私が首相の時代に何とかこの問題を解決しないといけないと決意している」

安倍が自らの首相在任中の北方領土問題の解決に言及したのは初めてだった。目標期限を区切れば、より具体的な成果が求められる。それでもソチでの会談でプーチンに歓待され、安倍は強い手応えを感じていた。

官邸内には楽観的な空気が漂っていた。官房長官の菅は、周囲にこう語った。

「来年ぐらいに平和条約を結べれば最高だ。今年、プーチンが来て、その後でしょ」

取材班もプーチン来日に向けた紙面展開や取材体制について議論を始めていた。

だが、この時、ロシアを取り巻く情勢は急変しつつあった。両首脳がソチで約束した秋のプーチンの訪日やG８での首脳会談が全て幻になるとは、この時は誰も想定していなかった。

第3章

クリミア危機
続く曖昧路線

日本が先頭を切って
対応する話ではない

いま私が日本へ行くと
君にとってもやりづらいだろう

一本取りに来ているな

力を背景にした
現状変更は断固として
許すことはできない

問題は総理周辺だ

儀式的な踊りのようだ

「吹っ飛んだね。もうロシアに配慮する必要もなくなった」。ロシアによるウクライナ侵攻が激化した2022年3月上旬、元首相の安倍晋三は周囲にこう漏らした。北方領土問題の解決を目指し、ロシア大統領プーチンとの交渉を重ねてきた安倍。プーチンが「力の論理」をむき出しにした今、約7年8カ月に及んだ第2次政権中の努力が水泡に帰した厳しい現実を淡々と認めることしかできなかった。

第2次世界大戦以降、欧州最大規模の戦争に発展したウクライナ危機。戦禍の萌芽《ほうが》は8年前、ロシアがウクライナ南部クリミア半島の併合を強行したことにさかのぼる。

「住民は圧倒的多数でロシアへの編入の意思を表明した。ロシア国民も支持している」。14年3月18日、プーチンはモスクワのクレムリン（大統領府）で高らかに宣言した。欧米は「恥知らずなロシアの指導者がウクライナの土地を強奪した」（米副大統領バイデン）などと一斉に批判。親ロシア派武装勢力の占拠下での「民意」を根拠としたクリミア併合は容認できないとして、ロシアへの経済制裁に踏み切った。

先進7カ国（G7）の一員である日本は欧米と歩調を合わせつつ、ロシアとの関係維持を模索していた。「ウクライナなんて日本と関係ない。巻き込まれたら困る」。当時、安倍側近の一人が漏らした本音は、国際情勢に翻弄《ほんろう》されながら、北方領土交渉を動かそうと焦った政権内の空気を如実に物語っていた。

8年前のウクライナ政変

14年2月23日、華麗な演出で幕を閉じたロシア南部ソチ冬季五輪の閉会式。モスクワ支局長は、その式典をほとんど見ることもできないまま、次々と流れる速報ニュースのチェックと記事の執筆に追われていた。

ロシアの隣国ウクライナの政権崩壊――。現地から届く情報は、対ロ関係を重視してきた大統領ヤヌコビッチが22日、前年末から首都キーウ（キエフ）の広場を占拠してきた反政府デモに追われる形で国外に逃亡し、親欧米路線を掲げる暫定政権が誕生したことを伝えていた。

旧ソ連から1991年に独立したウクライナは黒海の北側に位置し、人口は約4500万人。ロシアとは歴史的、経済的につながりが深く、東部や南部はロシア語話者が多い。ただポーランドなどと国境を接する西部を中心に欧州志向が年々強まっていた。

反政府デモのきっかけは、ヤヌコビッチが前向きに検討を進めていた欧州連合（EU）との自由貿易協定（FTA）を柱とする「連合協定」締結を、13年11月に棚上げしたことだった。背後にはロシアの働きかけがあり、これに国内経済の低迷や政権の汚職体質への不満が重なり、国民の不満が噴出。政権崩壊につながった。

こうした動向を、プーチンは欧米があえてソチ五輪の開催中を狙い、反政府勢力を後押ししたとみていた。ロシア外相ラブロフは「違法な過激派がキエフを奪取した」と一方的に批判し、ウクライナの後ろ盾となる欧米との関係は一気に緊張感を高めていた。

2月24日朝。日本にもその波紋は広がった。

「非常に心配しているが、政府の対応はまだこれからだ」。東京・霞が関にある外務省の正面入り口で同省幹部を待ち受けた日ロ取材班の記者も、いつもとは違う幹部の険しい表情と口調に、ただならぬ雰囲気を感じていた。

G7の一員で、日米同盟を外交の基軸とする日本は、国際問題への対応は欧米諸国との協調路線が基本だ。しかし首相の安倍は、北方領土問題の解決を目指し、ロシアとの関係強化を推し進めていた。

12年12月に民主党から政権を奪還し、2度目の首相就任を果たした安倍は13年4月、日本の首相として10年ぶりに公式訪ロし、平和条約締結交渉を再開することでプーチンと合意。その後も会談を重ね、安倍は2月7日に行われたソチ五輪の開会式にG7首脳で唯一出席し、秋のプーチン訪日で一致したばかりだった。それだけに欧米とロシアが激しく対立するウクライナ問題には、慎重な対応が必要だった。

官房長官の菅義偉は24日の記者会見で、「ウクライナが領土の一体性を保ちつつ、平和裏に事態の収拾を行い、一日も早く安定を取り戻

ウクライナの首都キーウで、花火を打ち上げたりタイヤを燃やしたりしてヤヌコビッチ政権に抗議する野党勢力＝2014年2月22日（写真提供：ロイター＝共同）

す。このことを強く望んでいる」と、日本の中立的な立場を強調した。日ロ関係への影響を問われると「そこは全くないと思う」とかわした。

ソチでの首脳会談では、外相の岸田文雄が4月に訪ロすることも内々で合意していた。水面下で外相会談に向けた事務レベル作業も始まっており、ロシアを刺激するのは避けたかった。

だが、事態は日に日に深刻化する。焦点はウクライナ南部クリミア半島の行方だった。

人口約255万人が暮らしていたクリミア自治共和国は、ロシア語を話す住民が多数派を占める。さらにロシアは半島西部の軍港セバストポリを租借し、黒海艦隊の拠点としていた。ウクライナ政府が親欧米路線に転じたことで、ロシアは権益を失うことを懸念していた。

そして2月27日。共和国の首都シンフェロポリで、親ロシア派武装集団が政府庁舎と議会を占拠。翌28日には空港も制圧された。後日、ロシア軍の特殊部隊の関与が明らかになるが、展開した部隊の軍服に所属を示す記章はなく、車両のナンバーは隠されていた。

プーチンは3月1日、ロシア系住民の保護を理由に、ウクライナへのロシア軍投入を認めるよう上院に求め、即日承認された。本格的な軍事介入の恐れが現実味を帯びていた。

これに対し、G7首脳は翌2日の共同声明で、ロシアの動きを非難した。6月にソチで開催が予定されていたロシアを含むG8サミットに向けた準備会合を停止することも発表した。

しかし、日本は欧米と協調姿勢を示しつつ、ロシアとの関係維持に腐心していた。岸田が1日に出した談話では「事態の推移を懸念をもって注視している」との表現にとどめ、ロシアへの直接的な批判は避けた。外務省幹部は「配慮しているというメッセージだ」と明かした。

「ロシアとの経済協力は粛々と進める。6月のソチサミットまでに、ロシアも強引なことはしないだろう」。安倍側近は、楽観的だった。外務省内には「ロシアは油断できない」との声もあったが、日ロ関係発展を目指すという官邸の意向の前に、かき消されていた。

米国の踏み絵

ウクライナ危機を巡るロシアと欧米の対立が激化していた14年3月初め、経済産業省ロシア室に、一本の問い合わせが入った。

「フォーラムは予定通り行うのか」。相手は東京都港区に事務所がある在日ロシア通商代表部。都内で19日に予定されていた日ロ両国の企業関係者らが参加する「日露投資フォーラム」の実施に関する照会だった。経産省の担当者は予定通り準備を続ける考えをロシア側に伝えたが、取材班には不安げにこう漏らした。

「まだ官邸は何も言ってきていない。でも、欧米からの外圧が強まればどうなるか」

投資フォーラムは、経産省とロシア経済発展省、官民団体「日露貿易投資促進機構」が主催するイベントで、日本での開催は4年ぶり。両国の企業だけでなく、経済産業相の茂木敏充、経済発展相ウリュカエフら複数の閣僚も参加を予定する一大イベントだった。2月にロシア南部ソチで行われた日ロ首脳会談でも話題に上り、安倍とプーチンはフォーラムの成功に向けた協力を確認していた。

しかし、経産省関係者が懸念した通り、日本政府への風当たりは強まっていった。

米大統領オバマは3月3日、「(ロシアを)経済的、外交的に孤立化させるための措置を検討している」と表明。プーチンが「ロシア系住民が過激民族主義の脅威にさらされている」などと主張し、クリミア半島への介入を正当化しようとしていることを批判した。米国は6日にはロシアの一部当局者の米国渡航などを禁じる対ロ制裁を発動し、国際社会に同調を求めた。

ロシアと地理的に近く、米国に比べて経済的な結びつきも強いＥＵには、自国経済への悪影響を懸念し、対ロ制裁に慎重姿勢の国が多かった。「日本が先頭切って対応する話ではない」。日本政府高官は、欧州主要国の動向を注視していた。

外務省欧州局長の上月豊久は6日、官邸で安倍と面会し、08年にロシアがジョージアに軍事介入した際、ＥＵや日本が米国の対ロ制裁に追随しなかった経緯を説明。外務省ロシア課長やモスクワの日本大使館政務公使など、ロシア畑を歩んできた上月は、日ロ関係の決定的な悪化を避けるべきだと考え、奔走していた。別の外務省幹部も「日本は日本の立場で判断する」と語り、対ロ制裁には慎重な姿勢を見せていた。

だが、7日に安倍と電話会談したオバマは、約40分間の会談時間の3分の2をウクライナ問題に費やし、ロシアの一部当局者の米国渡航を禁じ、在外資産の一部を凍結したことなどを詳細に説明。対ロ制裁に慎重姿勢を続ける日本に事実上、「踏み絵」を迫った。

会談後の発表にも、米国の厳しい姿勢は如実に表れていた。日本政府はロシアへの直接的な批判を避けたが、米ホワイトハウスは「ロシアの行動は国際平和と安全保障への脅威」との認識で、オバマと安倍が一致したと発表。日米両国が、対ロ強硬姿勢で足並みをそろえていることをアピールした。

「オバマは確かに会談でそのようなことを言った。ただ、首相は全体的な米国の努力を支持すると言っただけ。向こうの発表はちょっとおかしい」。会談後、日本政府高官は記者団に、ロシアが日米両国の「脅威」だと発表した米国の対応に不満をあらわにしたが、オバマ政権の強い圧力を受け、官邸内の空気は急速に変わりつつあった。別の政府高官は「日本としても何もしないことにはならない」と漏らした。

米国が主導する対ロシア包囲網が強まる中、親ロシア派勢力が主導していたクリミアの自治共和国議会は6日、ロシアへの編入の是非を問う住民投票を16日に行うことを決めた。ロシア軍とみられる武装勢力が議会や行政府などを占拠する中、ロシア系住民が多数派を占めるクリミアで投票が行われれば、編入が支持されるのは必至だった。

ウクライナ憲法は領土変更には全国民による住民投票が必要と定めており、ウクライナや欧米各国はクリミア併合を目指すロシアの動きは憲法違反だと非難していた。焦点は、併合賛成派が多数を占めるであろう投票結果を受け、プーチンがどう判断するかだった。プーチンは4日の記者会見で、クリミア併合を「検討していない」と明言する一方、「住民が投票で独立を決める権利は制限されない」とも述べていた。

日本政府は、プーチンは欧米との対立が決定的になるクリミア併合にはすぐに踏み切らず、当面はウクライナから事実上独立させた形にとどめる可能性が高いと分析していた。外務省幹部は「ロシアは交渉のカードの一つにする気かもしれない」と語った。専門家やメディアの間でも、同じような見立てが多かった。

だが、ロシア政府関係者は、モスクワ支局長にきっぱりとこう断言した。「クリミアが独立しても国際社会は承認しない。住民投票が終われば、大統領はすぐにやるべきことをやるだろう」

苦しい綱渡り

ロシアによるクリミア半島への介入を巡り、日本政府が対応に苦慮していた14年3月初旬、防衛省内では大きな懸案が浮上していた。欧米とロシアの対立が激化する中、ロシア軍の制服組トップの参謀総長ゲラシモフの来日が予定されていたからだった。

日ロの防衛当局は、3月12日にゲラシモフが防衛相の小野寺五典と会談し、13日には千葉県にある陸上自衛隊の習志野駐屯地を視察する日程で調整を進めていた。「日ロ2プラス2もやったし、『来る』っていうものを『来るな』とも言えないでしょ。門戸を閉ざすのはよくない」。防衛省幹部は、記者団にこう強調していた。

日ロの防衛交流は、北方領土問題の解決に向け、ロシアとの信頼関係強化を目指す安倍政権の重要な戦略の一環だった。安倍は13年4月のプーチンとの会談で、日ロの外務、防衛閣僚による、いわゆる「2プラス2」の枠組み創設で合意。同年11月には日本で4閣僚の初協議を実施し、ロシアとの安全保障分野での対話を活発化させていた。

ゲラシモフは、プーチン政権の軍事戦略にも大きな影響力を持つとされる実力者で、来日が実現すれば、日ロの安保対話の大きな弾みになることが見込まれていた。それだけに日本がこの時期にゲラシモフの訪問を受け入れれば、ロシアのクリミア介入に猛反発する欧米からの批判を受けるのは必至だった。

対米関係などへの影響を懸念する外務省は、ゲラシモフの来日を見送るよう官邸に進言していた。防衛省幹部からゲラシモフの訪日日程の報告を受けた官房長官の菅は、即座に延期するよう指示した。「ロシアとの対話は重要だ」。日ロの関係維持に向け、日本政府関係者は異口同音にこう強調していたが、苦しい「綱渡り」が続いていた。

外相の岸田は2月下旬のウクライナの政権崩壊以降、外相ラブロフとの電話会談を模索していたが、一向に実現していなかった。ラブロフは米国務長官ケリーと頻繁に会談を重ねており、常に米国と歩調を合わせる日本との対話の優先度は高くないとみていた。

岸田は3月11日、ようやくラブロフと電話で約1時間会談した。終了後、岸田は「力を背景にした現状変更を受け入れられないことや、事態の平和的収拾をめざすことを強く求めた」と述べ、欧米と協調していく姿勢を記者団に強調。その上で「事態が深刻化して（日ロの）2国間関係が損なわれないことを期待する」と伝えたとも明かし、日本が今もロシアとの関係を重視していることをにじませた。

翌12日には、1月に国家安全保障局の初代局長に就任した谷内正太郎がモスクワを訪れ、ラブロフらと会談した。谷内は会談冒頭、「いかなる問題があっても、日ロが対話できる環境を持ち続けることが大事だ」と語ったが、終始硬い表情を崩さなかった。交渉筋によると、国際社会の「視線」を気にしていた日本側は、記者が入る冒頭部分では笑顔を見せないよう、ロシア側に事前に要請していた。

一方のラブロフは「国際情勢が緊迫する中、日ロがさまざまな形で対話することが重要だ」と強調。その上で「全ての対話が予定通り行われることを期待する」と語った。ロシアとの対話は重要だと言いながら、ゲラシモフの受け入れを延期した日本に、くぎを刺す発言だった。

日ロの政治対話の推進への逆風が強まる中、安倍政権は今後の対話の基盤として、プーチンが最も期待感を示す経済分野の関係は維持しようとしていた。経済政策を所管する外務審議官の長嶺安政は12日、駐日ロシア大使アファナシエフと面会し、両国企業が参加する日露投資フォーラムについて、当初予定通りの19日に東京都内で開く方針を伝達。一方で、日本側の主催者となる経済産業相の茂木が出席を見送る可能性があることを伝えた。

経済産業省はフォーラムを取材する記者募集の窓口を急きょ同省から官民団体に変更し、同省のホームページでのイベント告知も取りやめた。日本政府が関与している印象を薄め、米国などの批判をかわすためだった。「そこまで欧米に気を使うのか」。永田町には日本政府の対応は過剰との見方もあったが、オバマは12日、ウクライナ暫定政権の首相ヤツェニュクとの会談で、ロシアの動きを「ウクライナの主権と領土の一体性を侵害する行為」だと厳しく批判。「国際社会とともに、しっかり支援する」と約束し、G7の一員の日本への同調圧力は強まっていた。

プーチン政権もプレッシャーをかけていた。ロシア政府筋は「G7の日本が欧米と行動を共にしなければならない事情は分かる。しかし、日ロ間の外交日程を取りやめたり、制裁に加わったりすることは歓迎できない。すべては日本の対応次第だ」と安倍周辺に語っていた。

欧米とロシア、そして日本にさらなる決断を迫ることになる、クリミアでの住民投票が近づいていた。

クリミア併合

14年3月16日、クリミア半島でロシアへの編入の是非を問う住民投票が行われた。ロシア側が半島を事実上掌握する中、多数派を占めるロシア系住民の賛成で編入が承認されるのは確実だった。

ソ連時代に弾圧された歴史を持つ少数民族クリミア・タタール人の「民族会議」は、「結果が決まっている見せ物だ」と反発し、投票のボイコットを決定。クリミアの選挙管理委員会が発表した結果は、ロシア編入への支持が約97%に達した。

クリミア自治共和国の首長アクショーノフは投票結果を受け、住民集会で「われわれはロシアに帰る」と編入手続きの開始を宣言。プーチンはオバマとの電話会談で「住民投票は国際法と国連憲章に完全に合致している」と強調し、ロシア外務省は声明で「住民投票に基づいて自らの運命を決める権利」を国際社会が認めるよう求めた。

一方、オバマは投票が「軍事介入したロシア軍の威圧下で行われた」と厳しく批判。ウクライナの領土の併合は「力による現状変更」にほかならず、明確な国際法違反に当たるというのが欧米主要国の主張だった。米国やEUは経済制裁の発動に踏み切る構えを示し、ロシアを強くけん制した。

「まずはロシアの出方を見てからだ」。日本外務省幹部はなお明言を避けていたが、政府内ではロシアがクリミア併合に踏み切ったなら、制裁発動は避けられないとの声が強まりつつあった。クリミアの問題を看過すれば、中国が領有権を主張する沖縄県・尖閣諸島を巡る問題にも波及しかねない懸念があった。

「日本は中国に対して『法の支配を守れ』と繰り返し言ってきた。ロシアが国際法に反することをやるなら、『いいよ』とはならない」

国家安全保障局の幹部は、日本がロシアへの対応を誤れば、中国が尖閣を巡る行動をエスカレートさせかねないと危惧していた。

プーチンが日本時間18日夜に演説を行う――。ロシア政府の発表を受け、「プーチンはクリミアの併合を宣言する」との観測はさらに強まり、国際社会の緊張感は一気に高まった。

日本政府は17日夕、関係閣僚を召集し、国家安全保障会議の緊急会合を開催。内容は一切公表されなかったが、プーチンがクリミア併合を強行した場合に備え、ロシアに対する経済制裁の内容を申し合わせていた。

経済産業相の茂木は、19日に東京都内で開く日露投資フォーラムへの出席を見送ることを、ロシア側に正式に通告。日本側関係筋によると、経済発展相ウリュカエフはフォーラムに参加するため、モスクワの空港に向かう車中で茂木の欠席連絡を受け、引き返したという。

「G7の中で、制裁に日本だけ後ろ向きな姿勢を見せるわけにはいかない。間を置かずやらないとだめだ」。外務省幹部は17日夜、記者団にこう話したが、官邸はプーチン演説後の制裁発表を想定し

モスクワのクレムリンで、クリミア併合について演説するプーチン＝2014年3月18日（ロシア大統領府ホームページより）

ていた。

ところが米国とEUはプーチンの演説を待たず、17日中に制裁内容を相次ぎ公表する。出遅れた形となった日本政府は18日朝、慌てて外相の岸田が閣議後の記者会見で制裁を発表した。

制裁の内容には、ロシアへの「配慮」がにじんでいた。欧米の主要国は、ロシアの副首相ら政府要人の渡航禁止や資産凍結などの制裁を発表。一方、日本は日ロ間のビザ緩和に関する協議の停止や、投資協定の交渉開始の凍結など、ロシアにとって実質的には、ほぼ影響がない内容だった。

岸田は記者会見で「G7をはじめとする関係国の結束は大切にしたいが、安倍政権としてもロシアとの関係を構築してきた。こうした日ロ関係に基づいて、ロシアに適切に対応していきたい」と説明。プーチンの演説内容次第では、追加の制裁も検討する考えを示唆したが、官邸の指示で対ロ関係の維持に腐心してきた外務省関係者は「なんとか制裁はここで打ち止めにしたい」と漏らしていた。

日本時間18日午後8時。プーチンは、モスクワにあるクレムリンの「ゲオルギーの間」にほぼ予告通りの時間に颯爽《さっそう》と現れた。

ロシア国営テレビが生中継する中、演説を始めたプーチンはクリミアの住民投票でロシアへの編入支持が9割を超えた結果をたたえ、クリミアの歴史などを振り返り、こう宣言した。

「クリミア——。それは私たちの共通の財産であり、地域の安定に最も重要な要素だ。この戦略的領土は、強く安定した主権の下にあるべきであり、実際のところそれは今日、ロシアだけだ」

ゲオルギーの間は、集まった上下両院議員らの割れんばかりの拍手に包まれた。欧米とロシアの溝は決定的になった。

初めての非難

プーチンの一方的なクリミア併合宣言から一夜明けた3月19日。安倍は、参院予算委員会の答弁で一歩踏み込んだ。

「ウクライナの統一性、主権や領土の一体性を侵害するものであり、非難する」

ロシアが2月下旬にウクライナへの介入を始めて以降、安倍が直接的な「対ロ非難」を口にしたのは初めてだった。官房長官の菅は記者会見で「わが国として編入は認められない、力を背景とする現状変更を看過できない。そういう強い思いだ」と説明した。

24日にはオランダ・ハーグで開かれる核安全保障サミットに合わせ、緊急のG7首脳会議が予定されていた。日本はG7の一員として、ロシアへの毅然《きぜん》とした姿勢をより明確に打ち出すことを迫られていた。

それでも、安倍はロシアとの関係維持をなお模索していた。米国はプーチンのクリミア併合宣言を受け、追加制裁に向けた動きを本格化させていたが、ロシアから天然ガスなどの供給を受けるEUの加盟国の中には、さらなる制裁の発動への慎重論もあった。

「日本の対応は欧米内の温度差も見ながらだ。どのぐらいの湯加減がいいか考える」。日本政府高官は19日夕、記者団にこう語った。

ロシアはG7の対ロ包囲網を崩そうと動きだしていた。19日、国会近くのホテルニューオータニで開かれた日露投資フォーラム。本来ならホスト役を務めるはずの経済産業相の茂木は出席を見送り、ロシア側も参加を予定していた経済分野担当の3閣僚は欠席した。ただロシアは「大物」を送り込んでいた。政府系石油大手ロスネフチ社長イーゴリ・セチン。プーチンと同じロシア第2の都市サンクトペテルブルク生まれの最側近で、シロビキと呼ばれる軍・治安機関出身者の中心人物の一人だった。旧ソ連の国家保安委員会（KGB）出身とされるセチンは、プーチン政権下の04年に大統領府副長官からロスネフチ社長に就任。政治、経済両面に強い影響力を持ち、2月にロシア南部ソチで行われた安倍とプーチンの首脳会談にも同席していた。

ロスネフチはロシア極東で液化天然ガス（LNG）事業などの実現を目指していた。日本の高い技術力や経済力に期待するセチンは、両国の企業関係者ら約千人が参加したフォーラムで「日本とロシアは隣国だ。協力の今後の可能性、幅はどこまでも広い」と強調。ウクライナ情勢を巡る欧米の対ロ制裁の影響で、ロシア企業の株価が下落したことにも触れ「株を買っていただくいいチャンスだ。これを利用することで、いい機会に恵まれる」とも語った。

「日本とロシアの今後の協力の可能性の実現を、わが国の大統領は支持している」。セチンはこう強調し、スピーチを締めくくった。日本政府関係者は、ウクライナ危機を巡る欧米との対立が激化する中であっても、日本にはロシアとの関係発展を期待するという、プーチンからのメッセージだと受け止めた。

日本側も水面下でロシア側との接触に動いていた。フォーラム終了後、首相秘書官の今井尚哉はひそかに都内でセチンと面会し、約1時間半にわたって意見を交わした。

経産省出身の今井は、第1次安倍政権でも首相秘書官を務め、第2次政権で政務秘書官に抜てきされた安倍の側近中の側近。資源エネルギー庁次長の経験もあり、ロシアが持つ豊富な天然資源の重要性を熟知する今井は、ロシアとの関係強化を目指す安倍の背中を押してきた。

今井はセチンとの面会で、安倍がロシアとの対話に引き続き強い意欲を持っており、日本はプーチン来日の実現に向けた準備を進めると説明。今井は、駐日ロシア大使アファナシエフとも頻繁に密会し、安倍の意向を繰り返し伝えていた。

日本の一部の専門家には、プーチンがクリミア併合を宣言した際、クリミアはロシアの「固有の領土」だと言及したことから、北方領土を「固有の領土」だとして返還を求める日本の立場にも配慮するかもしれないと期待する声も出ていた。しかし、日本外務省の交渉筋はこうした「楽観論」を一蹴し、険しい表情でこう語った。「ロシア国内ではナショナリズムが高まり、プーチンの支持率は75％に達した。愛国心が高まることは領土交渉に相当悪い方に影響する。クリミアを併合したロシアが、北方領土を日本に引き渡すことは難しくなる」

欧米メディアは、ロシアが国際社会で孤立し、国内経済は大打撃を受けるなどの悲観的な予測を洪水のように報じていた。だが、クリミア併合の法的手続きが完了した3月21日夜、モスクワ市内では併合を祝う花火が10分以上打ち上げられ、国営テレビはロシア各地のお祭り騒ぎの映像を延々と流していた。

前日、東京の外務省担当からモスクワ支局長に着任したばかりの取材班の記者は、欧米とロシアの亀裂の深さをまざまざと思い知らされていた。

外相の訪ロ延期

14年3月24日、オランダ・ハーグで行われたG7の緊急首脳会議。日米欧とカナダのG7首脳は、クリミア半島の併合を強行したロシアが態度を変えない限り、6月にロシア南部ソチで予定されているロシアを含むG8首脳会議はボイコットし、同じ時期にベルギーでG7首脳会議を開くことを決定。1998年にロシアが正式加盟して以来続いてきたG8体制は事実上、崩壊した。

「力を背景にした現状変更は断固として許すことはできない。この問題はウクライナの問題にとどまらず、特にアジアなど国際社会全体の問題だと申し上げた」。安倍は首脳会議後、記者団にこう語り、G7との連携を重視していく姿勢を強調した。

安倍がソチで2月7日に行われた冬季五輪開会式にG7首脳で唯一出席し、プーチンと首脳会談を行ってから、わずか1カ月半。両国を取り巻く国際社会の構図は一変していた。

日本政府は、対ロ戦略の急速な見直しを迫られていた。最初の難題は、4月28~30日の日程でロシア側と内々で合意していた外相岸田のロシア訪問をどうするかという問題だった。

「完全になくなった」。政府高官は3月25日、取材班の記者に岸田の訪ロは中止になったと漏らしたが、岸田本人は同日の参院外交防衛委員会で「対話を重ねながら、日ロ関係全体を安定させていくことも考えていかなければならない」と強調。周囲にも訪ロの有無については「何も決まっていない」

と繰り返した。日本外務省もロシア側に明確な方針は伝えず、曖昧な姿勢を続けていた。

岸田のロシア訪問は、安倍とプーチンが2月の首脳会談で確認した「約束」だった。岸田が訪ロした際には外相ラブロフとの個別会談に加え、岸田が日本政府代表を務める「貿易経済に関する政府間委員会」も開催し、日ロの経済協力について協議することでも合意していた。両国間の事務レベルの準備作業は、ロシアのクリミア併合後も粛々と続いていた。

安倍は2月のソチでの首脳会談で、岸田がモスクワを訪れる際にはプーチンを表敬訪問させてほしいと直接要望し、承諾を得ていた。北方領土問題の進展に向けた重要な機会になるとみていた秋のプーチン来日を確実にしたい狙いがあった。

日本との経済協力に期待するロシア側も、岸田の訪ロを重視していた。ロシア政府関係者は「岸田外相が訪ロできないなら、大統領の訪日は意味がない」とけん制していた。日本側が岸田の訪ロを一方的に延期すれば、プーチン訪日の見通しが立たなくなるのは確実だった。

一方、日本政府内では4月23〜25日に安倍政権下で初めて来日するオバマの受け入れ準備が急ピッチで進んでいた。

日本にとって3年ぶりとなるオバマ来日は、沖縄県・尖閣諸島の領有権を主張する中国が挑発的な行動を強める中、日米の連携を示す重要な機会だった。日本政府は来日時にオバマが米国大統領として初めて、尖閣が米国の防衛義務がある日米安全保障条約5条の適用範囲内であることを認めるよう、水面下で働きかけていた。

「オバマが来た直後にモスクワに行ったら、俺の友達はラブロフしかいなくなる」。岸田は4月半ば、対米関係を重視し、この時期の訪ロは見送る考えを周囲に示唆した。14、15両日にオバマの来日準備のため訪米した外務次官の斎木昭隆も、米政府高官から厳しい対ロ姿勢で足並みをそろえるよう、くぎを刺されていた。

ウクライナ情勢も悪化していた。ロシアが併合した南部クリミアに続き、同国東部の一部地域で親ロシア派の武装勢力が行政庁舎などを占拠し、ウクライナ政府と衝突の懸念が高まっていた。

結局、日本政府は4月17日、岸田の訪ロを延期すると正式に発表した。米側の意向に従う結果にはなったが、ぎりぎりまで訪問を模索した姿勢を示すことで、ロシアとの関係悪化を最小限に食い止めたいと考えていた。岸田は「日程上の都合で双方合意の上、延期を決定した」と記者団に強調。事前にロシア側と時間や表現を詳細に詰めた上での発表で、外務省幹部は「ロシア側も分かってくれた」と語った。

6日後に来日したオバマは、日本が求めた尖閣への安保条約適用を明言した。「これ以上、何を望むかってくらい良かった」。安倍周辺は日米首脳会談の成果を絶賛したが、オバマは対ロ戦略での協調を安倍に強く迫っていた。

米国とEUが28日にロシアへの追加制裁を発表すると、日本も29日、クリミア併合に関与した23人にビザ発給を当面停止すると発表した。すぐさま追随した背景について、外務省幹部は「オバマ来日が影響しなかったと言えばうそになる」と明かした。

ロシア外務省は同日、日本の対応に「失望」を表明し、報復措置を検討すると発表した。それでも安倍はロシアとの関係を維持しようと、ひそかに次の手を打っていた。

暴露された谷内訪ロ

「谷内さんの訪ロが、ロシアのホームページに出ているって知っていますか?」

14年5月9日、モスクワ支局長に、東京の外務省担当の記者から1本の連絡が入った。国家安全保障局長の谷内が安倍の指示で4~6日にモスクワを極秘訪問し、プーチンの側近の安全保障会議書記パトルシェフと面会した——。その事実がロシア安全保障会議のホームページで公表されているという内容だった。

クリミア半島の併合を強行したロシアと欧米の対立は深刻化していた。日本政府も外相岸田の訪ロを延期したのに続き、ロシアへの追加制裁を発表し、「日ロの政治対話は当面困難」との観測が強まっていた。

日本を含むG7がロシア包囲網を強める中、日本の外交安保政策の司令塔を担う国家安全保障局長の谷内が訪ロしていたとすれば、欧米の関係者も関心を持つ大きな話題になるのは確実だった。ロシア国内でもニュースになるはずで、モスクワ支局長がそうした情報を見落とすことは考えにくかった。

しかし、ホームページを確認すると、確かに6日付で谷内が安倍の特使としてパトルシェフと会談したと発表されていた。改めてロシアメディアを念入りにチェックしたが、どこにも記事はない。「こんなことあるのか」。モスクワ支局長が半信半疑で在モスクワ日本大使館関係者などに裏を取ると、会談は事実だった。

「谷内局長が極秘訪ロ　『信頼関係維持』首相意向伝える」。取材班は10日付の朝刊に記事を掲載。その後、共同通信社などが速報し、ほとんどの全国紙も翌日の朝刊に記事が載った。

日本政府高官によると、谷内とパトルシェフの会談は「公表せずに静かに話す」ことを日ロ間で申し合わせており、ロシア安保会議の発表は一方的な暴露だった。ロシア側は会談を申し入れた日本側の足元をみていた。安保会議の発表文には、面会が「日本側の要求で行われた」と書かれ、G7の対ロ包囲網の足並みを乱したい思惑が透けて見えた。ロシアメディアに大々的に報道させなかったのは、せめてもの日本側への「配慮」だったのかもしれない。

谷内訪ロを巡る情報戦を受け、日本外務省はG7の結束を揺さぶろうとするロシア側への警戒感を強めた。だが、官邸は違った。官邸筋によると5月半ば、外務省幹部が「今はロシアとの関係進展は困難」と報告を上げると、官房長官の菅は強い口調でこう指示した。

「日ロ平和条約を結びたい。こういう状況だからこそ、プーチンとの信頼関係が生かせるんじゃないのか」

ロシア政府関係者は、谷内の訪ロは「日本側の努力そのものだ。信頼関係と理解を深めるため、積極的な意味を持っている」と評価していた。こうした反応も踏まえ、官邸は欧米との協調を基本路線としつつも、安倍とプーチンの個人的な信頼関係は維持できると考えていた。

プーチンは5月24日、サンクトペテルブルクで開かれた国際経済フォーラムに合わせて各国の主要通信社幹部との記者会見に臨み、対日関係に言及した。

日本メディアで会見に招かれたのは共同通信社だった。ロシア大統領府が公開した会見録によると、プーチンは日本が対ロ制裁を発動したことに「驚いた」と不快感を表明。「日本は交渉を中断するつもりなのか。われわれには（交渉の）用意は十分あるが、日本側はどうか?」と述べ、日本に対応を迫った。

日本の対ロ制裁は欧米主要国に比べ、ロシア側への実質的な影響は少ない。「ロシアは日本の『配慮』を理解している」（官邸筋）と考えていた日本側にとって、制裁と日ロ交渉を絡めたプーチンの発言はショックだった。

だが、プーチンは巧みに日本への秋波も送っていた。会見では、平和条約締結後の歯舞、色丹2島の日本への引き渡しを明記した日ソ共同宣言に触れた上で、「これら2島のこと、四島全体のことに関しては、すべてわれわれの交渉対象だ」と語った。

日ソ共同宣言は北方四島のうち歯舞、色丹2島以外には一切触れていない。四島全てが交渉対象に含まれるとの考えを、プーチンが公の場で明言したのは極めて異例だった。

「四島に言及したのは、びっくりした」。安倍周辺は、プーチン発言を肯定的なシグナルだと評価。硬軟織り交ぜたプーチンの発言に、政府高官も「もう少し欧米と距離を置いた方がいいというメッセージかもしれない」と語った。

ロシアと欧米の亀裂が広がる中、日本はプーチン政権とどう向き合うべきなのか。安倍政権内の戸惑いを見透かすように、ロシアは中国への接近を強めていた。それは安倍が最も恐れていた事態だった。

中ロの接近

安倍が06年9月の第1次政権発足後、最初の外遊先に選んだのは、同盟国の米国でも、ロシアでもなく、中国だった。

安倍は「戦略的互恵関係」を打ち出し、前任の首相小泉純一郎の靖国神社参拝問題などで冷え込んでいた日中関係の改善に取り組んだ。しかし、安倍が持病の潰瘍性大腸炎の悪化で約1年で退陣して以降、中国が領有権を主張する沖縄県・尖閣諸島付近で起きた中国漁船衝突事件や、12年9月に日本政府が尖閣諸島を国有化したことなどにより、日中関係は悪化。安倍が同年12月に首相に返り咲いた時、世界第2位の経済大国に成長した中国は海洋進出を活発化し、第1次政権時よりも対日圧力を強めていた。

「中国は軍事費を30年間で40倍に増やすなど軍事的な拡張が続いている。日本が南西の中国の動きに集中しなければいけない時に、ロシアとの関係を改善する必要があった」

首相退陣後の21年12月、安倍が北海道新聞の単独インタビューで、ロシアとの平和条約締結に力を注いだ理由について、真っ先に挙げたのも中国の存在だった。

「米国の力が相対的に低下する中、日米同盟を堅持していくだけで、中国にちゃんと対応していけるのか。安倍さんはロシアとの関係強化は、日本の外交の幅を広げる意味でも重要で、そのためにも北方領土問題という日ロ間のとげを取り除きたいと考えていた」。安倍政権を支えた元政府高官の1人は、こう解説した。

しかし安倍の戦略は、14年3月にロシアがウクライナ南部クリミア半島を併合したことで大きく狂っていく。欧米の対ロ包囲網の強化を受け、ロシアは中国への接近を強めていた。

「ロシアと中国の協力は、地域と世界における安全保障と安定の重要なファクターだ」。14年5月20日、中国を公式訪問したプーチンは、上海での国家主席習近平との会談後、こう強調した。

両首脳は「歴史の改ざんと戦後秩序の破壊に反対する」との共同声明を発表。15年が「ドイツ・ファシズムと日本軍国主義」に対する勝利から70年になるのを記念する式典を共同開催することで合意した。上海沖で始まった中ロ海軍の合同軍事演習の開始式典にそろって出席し、軍事面での接近もアピールした。

中ロ関係の緊密化を象徴づけたのは経済分野だった。両国は翌21日、東シベリアで産出するロシア産天然ガスを、30年間にわたって中国へ輸出する長期契約を締結。新たにパイプラインを建設して年間380億立方メートルを中国に供給する計画で、契約額は30年間で4千億ドル（約40兆円）という超巨大プロジェクトだった。

ガス供給を巡り、両国は06年に大筋では合意していたが、価格面での折り合いがつかず、交渉は長期にわたって難航してきた。契約価格は非公表だが、中国との連携を誇示し、G7による対ロ経済制裁を主導する米国に対抗したいロシア側が一定の歩み寄りを見せたとされる。両国がエネルギー分野での相互依存関係を強めたことで、政治面での共闘が加速するのは確実だった。

中ロ首脳会談の結果で、特に日本側が警戒したのは、声明に明記された「歴史の改ざんと戦後秩序の破壊」という文言だった。第2次世界大戦を巡る歴史認識や尖閣諸島の問題で対日けん制を強める中国の意向が色濃く反映されたとみられ、安倍側近は「いの一番に歴史認識の話が出てきたのは要注意だ」と記者に語った。尖閣問題で中ロが共闘を強めれば、北方領土問題にも波及する懸念があった。

ロシアは、尖閣問題は「日中間の問題」だとして中立的な立場を維持していたが、欧米との対立で対中依存が強まれば、中国の意向を無視できなくなる恐れがあった。安倍政権は、日ロの関係強化はプーチンにとっても中国への依存度が強まり過ぎることを避けるために重要だとみていた。

政府内の亀裂

1956年の日ソ共同宣言に基づく日本と旧ソ連の国交回復50年にちなみ、2006年に始まった「ロシア文化フェスティバル」は、音楽や演劇など多数のイベントが日本各地で開催され、日ロの文化交流の発展に貢献してきた。ただ、ロシアがウクライナ南部クリミア半島を併合した14年は、大きな問題があった。6月2日に東京都内で行われる開会式にプーチン側近の1人、下院議長のナルイシキンが出席を予定していたからだ。

ナルイシキンはロシア側の組織委員長を長年務め、何度も来日していた。ただロシアの下院議長の序列は大統領、首相、上院議長に次ぐ4番目で、米国からは渡航禁止を科されていた。

「文化交流なので、拒む理由はない」。日本外務省幹部は、取材班の記者にナルイシキンの来日は政治的なものではないと強調していたが、ロシア側はカウンターパートとなる衆院議長の伊吹文明だけでなく、政府要人との面会も水面下で求めていた。

12年6月にナルイシキンが来日した際には、当時の首相野田佳彦が表敬に応じ、安倍も13年4月のモスクワ訪問時にナルイシキンと面会していた。冷遇すれば、ロシア側が反発する懸念があった。

一方、副首相や大統領府長官などの要職を歴任し、プーチンと近いナルイシキンの要請を日本が受け入れれば、米国などから批判を受ける恐れがあった。開会式直後の4日には、ソチでのG8首脳会議をボイコットしたG7による首脳会議がベルギーのブリュッセルで予定されており、まさに「最悪のタイミング」（外務省関係者）だった。官房長官の菅は2日の記者会見で、ナルイシキンの来日はあくまで「文化フェスティバルの開会式に出席するため」だと説明し、日本政府は直接関与していないことを強調した。

実態は全く違った。官邸は伊吹らと連絡を取り合い、政府が前面に出ない形での受け入れ方法を綿密に打ち合わせていた。都内のホテルで開かれた文化フェスティバルの開会式は、官房副長官の世耕弘成が安倍のメッセージを代読し、ナルイシキンとは握手を交わすだけにとどめた。「きょうは文化イベントだ」。世耕は、記者団にそう繰り返し、足早に会場を後にした。

同日夜には衆院議長公邸で、伊吹のほか、ロシア側と幅広い人脈を持つ元首相の森喜朗や新党大地代表の鈴木宗男らが非公開の夕食会を開き、ナルイシキンをもてなした。同席者によると、伊吹はメニューにキャビアとタイ、サーモンの3貫のすしを用意し、こう説明した。

「キャビアはロシア産。タイは日本でしか捕れない。サーモンは両国で捕れる。いろんなことがあっても、友情は守らなければならない」

森はあいさつで「今回、首相は（G7首脳会議の）外遊を控えていて時間がなかったが、一番会いたがっていた」と安倍の言葉を代弁。さらに11月に成田でロシアの国技サンボの国際選手権があることを紹介し、「この時期にプーチン大統領が来てくれれば一番ありがたい」と、プーチン来日への期待も語った。

3日朝には、ロシアとの経済協力を進めるために官邸主導で前年立ち上げた「日ロ交流促進官民連絡会議」の参加企業幹部が集まり、ナルイシキンとの朝食会を開催。自民党副総裁の高村正彦との会談も行われた。いずれも議員や民間レベルの交流の体裁を取ったが、政府高官は「政府が全部、裏で根回しした」と明かした。

訪問日程を終えたナルイシキンは、在日ロシア大使館で記者団に「日本が（対ロ）制裁に同調したのは残念だ」と語った上で、今回の訪日で政治や経済分野について話し合いができたと評価。ナルイシキンの同行筋は、世耕に「今回の訪問は次につながる。満点だ」と伝えた。

「ロシアはきちんと見てくれている」。安倍側近は取材班の記者に、官邸主導でナルイシキン訪日を「成功」させたと自画自賛した。

ロシアのクリミア併合以降、欧米からの反発を懸念して日本外務省がロシアとの政治対話に慎重姿勢を強めるにつれ、対ロ外交の主導権は官邸に移りつつあった。官邸筋によると、首相秘書官の今井は、駐日ロシア大使アファナシエフやプーチン側近で石油大手ロスネフチ社長のセチン、副首相コザクらを通じ、対ロ関係を重視するメッセージをたびたび伝えていた。

「外務省は対米追従だ。ロシアとの問題を解決しようと思っていない」。今井は外務次官の斎木や、元外務次官で国家安全保障局長の谷内への不満を周囲に公言していた。米国家安全保障会議

（NSC）アジア上級部長メデイロスらともパイプを築き、外務省を通さない独自の動きを強めていた。

外務省人事にも、官邸の意向が如実に表れていた。7月4日付で対ロ外交を所管する欧州局長は、ロシアスクールの上月から、米国やインドの大使館で公使などを務め、ロシア外交と縁のない道を歩んできた林肇《はじめ》に交代。林は安倍の第1次政権で首相秘書官を務めた「忠臣」。官邸主導で対ロ外交を進めるための体制づくりだった。

こうした官邸の動きに、外務省の交渉筋は冷ややかに語った。「欧州を分断し、日本を引き寄せるのが今のロシアの基本方針だ。ロシアが領土問題で譲歩する可能性があると安易に思い込まない方がいい」。官邸と外務省の亀裂が広がっていた。

マレーシア機撃墜

ロシアによるクリミア半島の併合から約3カ月。日本を含むG7は経済制裁では足並みをそろえたが、米国主導の「対ロ包囲網」には、ほころびが見え始めていた。

フランスは6月5日、ノルマンディー上陸作戦70周年記念式典にプーチンを招待。大統領オランドとの首脳会談では、クリミア併合前から検討が進んでいたロシアへの強襲揚陸艦2隻の売却契約についても話し合われた。7月にはイタリア外相モゲリーニがクリミア併合後、G7外相で初めてロシアを訪問。EUの一部はロシアと経済的なつながりも深く、関係悪化は避けたいのが本音だった。

日本もロシアとの関係維持に向け、安倍周辺がロシア側と水面下での接触などを続けていたが、外相岸田の訪ロは、4月に延期したまま見通しが立たなくなっていた。岸田の訪ロは、2月の首脳会談で合意した秋のプーチン訪日の準備作業として不可欠だった。

「プーチン訪日は実現したいが、ワシントンがうるさい。（米大統領補佐官の）ライスがギャーギャー言っている」。日本側交渉筋は7月半ば、取材班の記者に米国からの圧力が続いていることを困惑気味に明かした。

状況を打開するため、安倍が岸田に指示したのは、ロシアの前にウクライナを訪問することだった。G7の一員として、まずはウクライナの安定に寄与する姿勢を示し、日ロ接近に対する米国などの警戒を和らげる狙いだった。

ウクライナでは5月下旬の大統領選で、親欧米路線の実業家ポロシェンコが勝利したが、東部ではロシアが背後で支援する親ロシア派武装勢力との戦闘が続いていた。7月17日、首都キーウを訪れた岸田はポロシェンコとの会談で「力による現状変更を許すことはできない」と強調。ウクライナ政府への経済支援を約束しつつ、親ロ派勢力との対話を促した。政権側にも和平への努力を求め、ロシア側にも配慮した形だった。

ただ米国は会談前日の16日にロシアへの追加制裁を発表し、ロシアへの風当たりはさらに強まっていた。会談でポロシェンコは「G7のメンバーとして同調する立場を取ってほしい」と日本にも追加制裁を要求。岸田は「状況を把握した上で、G7の連帯を大切にしながら適切に対応したい」と述べるにとどめた。

ロシアとの関係を維持するため、さらなる制裁は避けたい本音がにじんだが、ポロシェンコは安倍のウクライナ訪問も招請。「宿題」を背負わされた岸田に会談後、さらに衝撃のニュースが飛び込んでくる。ウクライナ上空を飛行していたマレーシア機の撃墜だった。

17日午後4時20分（現地時間）ごろ、オランダのアムステルダム発マレーシアのクアラルンプール行きのマレーシア航空ボーイング777旅客機が、ウクライナ東部ドネツク州の親ロシア派支配地域に墜落した。高度約1万メートルを飛行中で、乗客283人と乗員15人全員が犠牲となる大惨事だった。

「直ちに事実確認と邦人の安否確認の指示をした。日本政府としては引き続き、情報収集に努める」。岸田は撃墜を受け、短い声明を発表。ロシアとの対話に向けた環境整備のためのウクライナ訪問は想定外の展開となり、宿泊先のキーウ市内のホテルで岸田は疲れた表情で周囲に漏らした。

「いい材料がない。ロシアとの関係は、どんどんやりづらくなってきている」

翌18日、オバマは、旅客機は「親ロ派のコントロール下に置かれたウクライナ東部の地域から対空ミサイルで撃墜された」との声明を発表。親ロ派に武器供与を続けているとしてロシアを非難した。ロシア側は「ウクライナ軍の仕業」などと主張したが、国際社会の批判は一気に強まっていった。

「ロシアには責任ある国家として国際社会のさまざまな問題に建設的に関与してもらわなければならない。私はプーチン大統領との対話を続けていく」

安倍は19日、山口県下関市での講演でこう語ったが、一部の欧米メディアから「日本は欧米よりも柔軟路線だ」と批判を浴びた。EU内で比較的、対ロ強硬策には慎重だったオランダやドイツでも、ロシア批判が噴出していた。

実は日ロ両国は7月上旬、岸田訪ロの前さばきとして、外務審議官の杉山晋輔が8月下旬にモスクワを訪れ、日ロ平和条約などを巡る外務次官級協議を行うことを内々で合意していた。しかしマレーシア機撃墜で外圧が強まり、日本は8月5日、クリミア併合やウクライナ東部の不安定化に直接関与していると判断される個人や団体への日本国内での資産凍結など3項目の追加制裁発動に踏み切る。反発したロシアは、公表していなかった外務次官級協議の日程を延期すると一方的に発表し、日ロの対話の行方は不透明感を強めた。

プーチンの不信感

ウクライナ情勢を巡って追加制裁を発動した日本に対し、ロシアは報復措置をとった。外務次官モルグロフは14年8月22日、駐ロシア大使の原田親仁を外務省に呼び出し、特定の日本人の入国を制限する制裁を発動したと通告。ただ、日本は4月に同じような入国制限を行っており、ロシアの措置は「むしろ遅すぎるぐらい」(日本外務省筋)だった。日本と同様、制裁の対象者の名前は対外的に公表されず、安倍やその周辺は「ロシアは日本に一定の配慮をしてくれている」と受け止めていた。

日本は米国の圧力を受けながらも、ロシアとの関係をかろうじて保っていた。外相岸田の訪ロは延期が続き、秋のプーチン訪日も困難な状況だったが、官邸内からは「ウクライナ問題さえ収まれば、安倍政権は日ロ交渉を進められるかもしれない」との声が出始めていた。国際社会でロシアの孤立が続き、経済がより悪化すれば、プーチンにとって対日関係の重要性は増し、領土問題進展のチャンスが来る——。安倍周辺には、こう期待する声もあった。

しかし、ロシア側では、日本が口では対ロ関係を継続する意欲を強調しつつ、外相や首脳レベルの政治対話に向けた具体的な動きがないことへのいら立ちが広がり始めていた。岸田が訪ロを延期したまま、7月に隣国ウクライナを先に訪問したことについても、ロシア外務省筋は「なぜキエフを訪問する暇があるのに、モスクワに来ないのか」との不満を取材班の記者に漏らしていた。

プーチンも例外ではなかった。

8月31日、ロシア南部チェリャビンスクで開かれた柔道世界選手権最終日の団体戦。プーチンとともに試合を見守った中に、当時、全日本柔道連盟副会長だった山下泰裕がいた。大の柔道愛好家で知られるプーチンは、五輪柔道金メダリストの山下を敬愛していた。2人は20回近くの面会を重ね、山下は日ロ関係者の間で「最もプーチンに近い日本人」とも呼ばれていた。

複数の関係筋によると、2人の間でこんなやりとりがあった。

山下はプーチンと親しい元首相の森喜朗とも関係が近い。森が9月に日ロ交流のイベント出席のため、モスクワを訪れることを伝えると、プーチンは「ヨシが来るのか。絶対に会うと伝えてくれ。ヨシは深い友人だ」と、親しげに森の名前を呼び、顔をほころばせた。

日本側交渉筋によると、森がモスクワを訪問することは、駐ロ大使の原田が大統領補佐官ウシャコフに伝えていたが、プーチンの耳には届いてなかった。岸田訪ロの見通しは立たず、欧米の制裁が続く中、経済協力を進めることも難しい。日本外務省は「プーチンと会っても、話せるいいテーマがない」(関係者)とみて、森とプーチンの会談を求めていなかった。

穏やかに話していたプーチンだったが、山下が日ロ関係の発展について話を振ると、表情を一変させ、安倍への不信感を口にした。

「何を言っているんだ。日本がやっていることは正反対だ。安倍首相はロシアとの友好関係が大事で良くしたいと言うが、関係を悪くしているのはそっちじゃないか」

安倍に対するプーチンの厳しい口調に驚いた山下は、すぐに森に連絡。対ロ外交で安倍の後見人を自任してきた森は危機感を募らせ、プーチンとの会談に向け動きだした。

森は首相秘書官の今井に連絡を取り、プーチンの不信感を払拭《ふっしょく》するため、安倍の親書を持っていくことを計画。森の助言を受けた山下は、帰国すると外務省に出向き、欧州局長の林にプーチンとのやりとりを説明した。

欧米の反発を懸念し、動きが鈍い外務省を尻目に、森は自ら駐日ロシア大使アファナシエフと面会するなど、水面下で準備を進めた。関係者によると、森は駐日米大使ケネディとも極秘に会い、訪ロについて米国側に仁義を切った。

森は9月8日にモスクワ入りした。訪問の本来の目的は、毎日新聞と国営ロシア新聞が主催する「日本・ロシアフォーラム」への出席。幅広い分野の日ロ交流をテーマにしたイベントで、13年2月の東京開催に次いで2回目だった。ロシア側からは6月に訪日した下院議長ナルイシキンらが参加した。

翌9日、フォーラムで演説したナルイシキンはイベント開催を歓迎した上で「われわれのパートナーはワシントンの政策と決別し、自国の利益を考えないといけない」と強調。対ロ制裁などで米国に同調する日本をけん制した。

続いて演説した森は、北方領土問題こそが日ロ関係を阻害していると訴え、こう呼びかけた。「ロシアにとっては小さいとげかもしれないが、日本にとっては大きな長いとげだ。双方受け入れ可能な形で解決すれば、日ロ間に真の安定的な友好関係が確立し、すべての分野で飛躍的に発展するだろう」

フォーラム会場で記者団に囲まれた森は、プーチンとの会談の可能性について「何も話すことはない」とけむに巻き続けたが、実際は「10日午後8時」にセットされていた。

誕生日の電話

「今回の会談は、一民間人が会うということで、そんなに影響のある話にはならない。首相の親書も、われわれはそれに乗ったわけではないし、直接の関与もしていない」

14年9月10日、日本外務省幹部は同日夜に予定されるモスクワでの元首相の森とプーチンの会談について質問した取材班の記者に、こう言い放った。

外務省は前日の9日まで、森とプーチンの会談が行われること自体を認めなかった。だが、取材班は「一民間人」のはずの森の訪ロに、対ロ交渉の経験が豊富な欧州局参事官の武藤顕のほか、日ロ首脳会談で通訳を務めてきたロシア課職員が同行したことをつかんでいた。重要な会談を想定していることは明らかだった。

外務省が武藤らを同行させたのは、森が独断で踏み込んだ発言をしないようにチェックする「お目付け役」としての意味合いもあった。ウクライナ情勢の混迷が続く中、外務省は「ロシアと関係を良くしましょうと話をするのはタイミングが悪い」（幹部）と、森とプーチンの会談に後ろ向きだった。

会談場所はモスクワ郊外の大統領公邸が取り沙汰されたが、最終的にクレムリンになった。プーチンは翌日から中央アジア・タジキスタンで開かれる上海協力機構の首脳会議を控え、多忙だった。会談が始まった時間は、予定より約3時間遅れの午後11時すぎだった。

会談を終え、森がモスクワ市内のホテルで待つ記者団の前に姿を見せたのは11日午前0時を回っていた。喜寿を迎えていた森の表情には、さすがに疲労が浮かんだ。

森によると、最初に話題に上ったのは、20年の東京五輪だった。大会組織委員会会長を務める森が準備状況を説明し、プーチンを開会式に招待。プーチンは「20年のいつですか」と日程を尋ね、同席した大統領補佐官ウシャコフにメモを取らせると、「できれば行きたい」と応じた。森は「私はそれまで生きているか分からないが、あなたの手に引かれて階段を上がるかもしれない」とジョークで答えた。

和やかなムードになった頃合いを見て、森は安倍からの親書を手渡した。プーチンはその場で広げ、しばらくの間、じっと読み込むと「大変ありがとう。安倍首相にくれぐれもよろしく伝えてほしい」と謝意を述べた。

森は記者団に、親書の中身を明らかにしなかったが、関係者によるとロシアとの対話継続への安倍の意欲などが記されていた。プーチンは「日本との対話はこれからも続けていかなくてはいけない」と語ったという。

会談時間は約35分と短時間だった。森は記者団に、プーチンの訪日時期については具体的な話をしておらず、北方領土問題も話題に上らなかったと説明した。多くを語りたがらない様子で、早々にぶら下がり取材を終えた。

実は、森が伏せたやりとりがあった。

森に近い関係筋によると、森はプーチンとの会談で「安倍首相は電話であなたと直接話したいが、米国に盗聴されることを懸念している」と説明。13年に米国がドイツ首相メルケルの電話を盗聴していたことが発覚し、国際問題になっていたことが念頭にあった。

プーチンは笑って答えた。「ドイツやフランスの首脳と電話をしているが、世界に流れていることぐらい承知の上で話している。遠慮しないで電話するよう安倍首相に伝えてほしい」

安倍の誕生日に当たる9月21日に、プーチンから電話をかけることも話し合われていた。

そして21日。プーチンが安倍の還暦の誕生日を祝う形で約10分間、日ロ首脳の電話会談が行われた。安倍はG7で協調する日本の立場を伝えつつ、11月に中国・北京で開かれるアジア太平洋経済協力会議（APEC）首脳会議に合わせてプーチンと会談することを申し合わせた。

安倍とプーチンの直接対話は2月以来で、3月のロシアによるクリミア半島の併合以降では初めて。森がモスクワまで足を運んで仲介し「誕生日祝い」という名目をつけて、ようやく実現した会談だった。

森はのちのテレビ番組で、21日が安倍の誕生日だったことに自分は気付いておらず、プーチンからの発案だったと語った。しかし、ロシア政府筋は「誕生日の話は森が持ち出した」と取材班の記者に明かした。日本側から首脳対話を持ちかけたことを米国に批判されないよう、森がついたうそだった。

ウクライナ東部では9月上旬に政権側と親ロシア派武装勢力が停戦で合意したが、その後も戦闘が収まらず、EUは12日に対ロ追加制裁を発動していた。安倍が目指した秋のプーチン訪日はすでに絶望的な状況だったが、日本政府は「日本から拳を振り上げれば、無期限延期になりかねない。そうならないよう、なんとかしなければいけない」(外務省幹部)と、円満な形で延期できるよう腐心していた。

プーチンとの会談を終え、モスクワ市内のホテルで記者団の質問に答える森喜朗(左)＝2014年9月11日未明(渡辺玲男撮影)

アメとムチ

ロシアによるクリミア半島の併合後、安倍とプーチンの電話会談が初めて実現した14年9月21日。プーチンは、この日で還暦を迎えた安倍に在日ロシア大使館を通じてロシアの伝統的な陶器「グジェリ」のティーセットを誕生日祝いとして贈った。

前年の13年に2人がインドネシア・バリ島で会談した10月7日はプーチンの誕生日で、安倍は別れ際にプレゼントを渡していた。プーチンからの誕生祝いはそのお返しではあったが、米国が対ロ包囲網を呼びかける中、安倍との親密な関係をアピールする思惑がうかがえた。

「シンゾウ、ウラジーミルと（ファーストネームで）呼び合っていた。雰囲気は良かった」。官房長官の菅は電話会談後、周囲にこう語ったが、ロシア側は会談の3日前、日本に強い揺さぶりをかけていた。プーチン側近の大統領府長官セルゲイ・イワノフが、北方領土の択捉島を訪問する計画が急浮上していた。

イワノフの訪問は、9月17日に稼働を始めた択捉島の新空港の視察が目的とされていた。空港は、ロシア政府のクリール諸島（北方領土を含む千島列島）社会経済発展計画の一環として、07年に建設が始まり、14年8月に完成したばかりだった。滑走路は全長2300メートル。悪天候でも着陸できる最新鋭の誘導装置を備えており、島の開発が加速することが期待されていた。

ロシア政府要人の北方領土訪問は、12年9月の農相フョードロフ以来だった。10年11月に当時の大統領メドベージェフが旧ソ連時代も含め、国家元首として初めて国後島を訪れて以降、閣僚らの訪問が相次いでいたが、12年12月の第2次安倍政権発足後では初めてだった。

日本政府は、ロシアの現職閣僚らが「日本固有の領土」である北方領土を訪問することを認めていない。イワノフの訪問計画がロシアメディアで報道された18日、外務省欧州局長の林は、駐日ロシア大使アファナシエフを同省に呼び、訪問を中止するよう要請した。

しかし、ロシア側は応じず、イワノフは24日、択捉島訪問を強行した。イワノフは島の住民を前に「択捉を発展させ続ける。私はクリールのことを一度も忘れたことはない」と述べ、政府として開発を進める考えを強調した。

イワノフは、プーチンと同じ旧ソ連のKGB出身の「側近中の側近」（日本外務省筋）。イワノフがプーチンの意に反し、択捉島を訪れることはあり得なかった。プーチンは安倍の誕生日に電話をかけ、対話継続を確約して日本側に期待感を抱かせる一方、側近を「派遣」して領土問題では譲らない姿勢を示し、日本の出方を見極めようとしていた。

「日本国民の感情を傷つけることで、極めて遺憾だ」。菅は24日の記者会見で、イワノフの択捉島訪問についてロシアに抗議する考えを示したが、安倍とプーチンの政治対話への影響について問われると、「そこはないと思う。両首脳の間で対話は継続していくことが確認されたわけだから」ときっぱりと言い切った。

ウクライナ危機後、日ロ間の政治対話が途絶える中、安倍は11月の中国・北京でのAPEC首脳会議に合わせたプーチンとの直接会談を重視していた。今、日ロ関係が緊迫すれば、実現は遠のきかねない。「イワノフの択捉訪問は、ロシア国内向けの話だ。日本をけん制しようとか、そういう話ではない」（政府高官）。官邸内では、余波を最小限に抑えようとする動きが強まっていた。

ロシアは、安倍政権が強硬な対応には出ないと見透かしていた。イワノフは25日、日本政府の抗議は、形式的で実効性がない「儀式的な踊りのようだ。私はまたあそこに行く」と述べ、北方領土訪問を続ける意向を表明した。

ロシアが「アメとムチ」で日本の出方をうかがう中、安倍は10月7日、プーチンの62歳の誕生日を祝う名目で約10分間の電話会談を行い、11月のAPECで日ロ首脳会談を行うことを改めて確認。日本政府関係者によると、安倍はアウトドア好きとされるプーチンへの誕生日プレゼントとして、トラウトサーモンフィッシング用の釣り具を選び、前日までに届けていた。

前年の13年に贈った山口県の地酒「獺祭《だっさい》」などと同様、今回の釣り具は、大手釣り具メーカーが山口県の下関工場で生産したもので、いずれも安倍の地元にゆかりがあった。クリミア危機を受け、打診していたプーチン来日時の山口での首脳会談は先送りせざるを得ない状況だったが、プーチンを自身の故郷に招く約束は守るというメッセージが込められていた。

まずはAPECで本格的な首脳会談を行い、停滞してきた平和条約交渉を再始動したい——。安倍は前のめり姿勢を強めていた。

初の一対一会談

14年10月17日。安倍はイタリア・ミラノで開かれたアジア欧州会議（ASEM）首脳会議の会場内で、プーチンと約10分間、首脳会談を行った。「われわれは、日本の友人らと関係を続けていく用意がある」。プーチンは会談後、記者団にこう強調した。

ロシアは10年にASEMに加盟したが、プーチンの出席は今回が初めてだった。ウクライナ問題を巡って欧米との対立が続く中、ロシアが国際社会で孤立していないことをアピールする狙いがにじんだ。約3週間後に中国・北京で行われるAPEC首脳会議に合わせた日ロ首脳会談が迫る中、あえてASEMでも安倍と短時間の会談に応じた背景には、こうした事情があった。

ロシアにとって、日本の重要性は高まりつつあった。ロシアはクリミア半島の併合に伴う欧米との対立が長期化し、経済分野などで中国への依存度を強めていた。プーチンが中国で開催されるＡＰＥＣに合わせて安倍との本格的な首脳会談に応じたのは、日本とのパイプを強調し、対中関係とのバランスを取りたい思惑があるとの見方が出ていた。

一方、安倍は2月のソチでの日ロ首脳会談で、プーチンと秋の訪日で一致したものの、3月のウクライナ危機で合意は宙に浮いていた。北方領土問題を含む平和条約交渉の進展に向け、ＡＰＥＣでの会談で訪日日程をどう仕切り直すかが最大の課題だった。多忙な両首脳の日程調整は難航し、最終的に決まったのは会談前日の11月8日だった。

北海道新聞はモスクワ支局長を北京に派遣し、北京支局長と日本から安倍に同行した記者の３人体制で取材に当たっていた。

「第1次政権から通算して、これがウラジーミルと10回目の首脳会談になる」

北京で始まった9日の首脳会談冒頭、安倍はプーチンとの対話を積み重ねてきた実績を強調。柔道愛好家のプーチンは日本武道の神髄を理解していると持ち上げ、「武道の理解は日本への理解となる」と語りかけた。

プーチンは北京訪問の直前、モスクワで開かれた日本からの武道訪問団による演武会に駆けつけていた。プーチンは、訪問団団長を務めた自民党副総裁の高村、副団長の全日本柔道連盟副会長山下と約45分間、演武を一緒に観覧。「日本に柔道があったおかげで私も柔道を楽しめる」などと語り、日本への親近感をアピールしていた。

プーチンは安倍との会談冒頭でも「最近の数年間、経済、政治などの分野で日ロ関係はかなり成功を遂げてきた」と評価。日本が発動した対ロ制裁への批判などは口にしなかった。

安倍は会談で、ウクライナで続く政権側と親ロシア派勢力の戦闘の停戦に向け、ロシアに建設的役割を求めたが、日ロの平和条約問題では踏み込んだ議論は避けた。久々の直接会談で、友好ムードを壊さないよう気を使っていた。

会談は日本側の想定を超えて90分間に及び、両首脳はプーチンの訪日を「来年の適切な時期」に先送りすることで合意した。早期の来日で合意すれば米国の反発が予想され、再び延期に追い込まれた時のリスクは大きい。一定の期限を設けつつ、状況次第で幅広な日程調整が可能な選択が「来年」という曖昧な合意だった。

「円満」な会談の舞台裏では、駆け引きが繰り広げられていた。日本側は安倍とプーチンの親密な雰囲気づくりを重視し、会談の同席者を絞るよう求めていた。しかし、ロシア側はエネルギー相ノバクら3人の経済閣僚に加え、国営ガス企業ガスプロム社長のミレル、サハリン州知事ホロシャビンまで同席し、経済協力への期待の高さを露骨にアピールしていた。

日本側も一計を案じていた。会談終了直前、安倍はプーチンに2人きりで話がしたいと持ちかけ、同席者を退席させた上で、通訳だけを交えた一対一の会談に持ち込んだ。両首脳の通算10回目の首脳会談で初めてのことだった。

日本側関係筋によると、一対一の会談は、会談直前の勉強会で安倍自身が発案した。「事前にアレンジしない方がいいよね」。安倍は同席する外務省幹部らにこう相談し、会談でプーチンに安倍が直接提案する流れを打ち合わせていた。事前にロシア側に伝えれば、何を話すつもりなのかと警戒される恐れがあったからだ。

約10分間の一対一の会談の中身は一切明かされなかったが、交渉筋によると、両首脳は2国間の政治対話や経済協力について議論し、安倍は改めて首脳間の信頼関係に基づいて平和条約交渉を前進させる意欲を伝えたとみられる。

雲消霧散が懸念されたプーチン訪日は、ようやく新たな日程で再合意したが、実現できるかは「ウクライナ情勢次第」（交渉筋）という現実は何も変わっていなかった。モスクワ支局長は会談後の記事で「鍵を握るのは、大統領訪日の前提となる岸田文雄外相の訪ロ日程を固められるかどうか」だと指摘した。ただ米国が対ロ包囲網を強める中、同盟国・日本の外相がロシアを訪れることのハードルは高かった。

経済対話の再開

北京での日ロ首脳会談から2日後の14年11月11日。外遊日程を終えた安倍は北京市内での記者会見で、プーチンの来日時期について、こう語った。

「来年のベストなタイミングで実現できればと考えている。個人的信頼関係を基礎に重層的な協力の幅を広げながら、平和条約締結に向けて粘り強く交渉を続ける」

プーチンとの会談では、3月のロシアによるクリミア半島の併合以降、中断していた平和条約交渉の再開でも合意した。日本側の意向に沿ったものだったが、問題はロシア側が期待する経済協力に関する具体的な協議を進められるかどうかだった。

「大統領訪日は観光ツアーではない。急いで行うよりも、きちんと準備することが大事だ」。ロシア政府関係者は、取材班の記者に「成果」の必要性を強調していた。

経済制裁などロシアの孤立化政策を主導する米国が、日ロ間の政府要人の往来に難色を示す中、日本はひそかにロシアとの経済協力の可能性を議論する「ロシア経済近代化に関する日ロ経済諮問会議」の準備を進めていた。会議はロシア側の提案で設立され、駐ロ大使の原田とロシア副首相ドボルコビッチが代表を務めていた。前回は13年10月に東京で開催しており、今回はロシアで実施する順番だった。日本政府はモスクワ駐在の原田の参加は「要人の往来には当たらない」(関係者)と解釈していた。

「対ロ制裁がある中で、ロシアと経済交流をやっていることは表沙汰にしたくない」。外務省幹部が漏らした本音の通り、日本側はできる限り目立たないように苦慮していた。

会場に選ばれたのは、ロシア極東のウラジオストク。ロシアが極東開発に力を入れていることもあったが、首都モスクワではなく、地方都市で開催したい日本側の意向が働いていた。

12月5日に開かれた会議には、原田とドボルコビッチのほか、両国の経済人ら約150人が参加し、約4時間にわたり協議した。北海道新聞は、サハリンからユジノサハリンスク支局長が現地に入り、取材していた。

ただ前年の東京での会議は「頭撮り」と呼ばれる冒頭取材が認められていたが、この時は完全非公開で行われた。会場内の撮影も認められず、原田も報道陣の公式的な取材には応じなかった。日本外務省職員は終了後、「公開を前提にすると企業が集まらなかった」と釈明した。

日ロ両政府はウクライナ危機以降、途絶えていた経済協力に関する協議を静かに再開したものの、4月から延期が続く外相岸田の訪ロ時には、より多くの企業が参加する「日ロ貿易経済政府間委員会」を開き、閣僚同士が幅広い分野の経済協力を協議することになっていた。

「これじゃあ、岸田外相の訪ロなんて当分無理ですよ」。日本政府の対応を現地で目の当たりにしたユジノサハリンスク支局長は、取材班にこう報告した。

12月8日には、日本で開催されていた「ロシア文化フェスティバル」の閉会式に合わせて来日した外務省第3アジア局長タタリノフと欧州局長の林が日本外務省で約2時間半会談し、ウクライナ問題を受けて延期が続いていた外務次官級協議を来年2月に開催する方針を確認した。「懸案に向かって双方が対話を加速させる第一歩を踏み出した」。外務省幹部は、少しずつではあったが経済、政治の両分野で協議が再開できたことに安堵《あんど》の表情を見せた。

安倍は11月21日に衆院を解散し、2年ぶりとなる総選挙の投開票が12月14日に迫っていた。官房長官の菅は7日に旭川市内で行った選挙応援の演説で「(衆院選に勝利して) 安定した政権を確立できれば、平和条約交渉はさらに前に進む」と強調した。

国際法を無視したクリミア併合から約8カ月。対ロ経済制裁を発動した日本が、ロシアとの経済協力に向けた協議を進めているという大きな矛盾。しかし問題視する声は与党だけでなく、野党からもほとんど出ていなかった。衆院選は、安倍の経済政策「アベノミクス」の是非が争点となり、ウクライナ問題や日ロ関係への対応を問う声は広がらなかった。自民、公明両党は定数の3分の2 (317議席) を超える326議席を確保し、安倍は長期安定政権の基盤を固めた。メディアでは「安倍1強」という言葉が躍り始めた。

ロシア科学アカデミー日本研究センター所長のワレリー・キスタノフは、選挙結果を受けたモスクワ支局長のインタビューで、安倍、プーチン両首脳間には個人的な友好関係ができていると指摘。「(想定される両首脳の18年までの) 任期中、ロ日関係は肯定的な雰囲気で発展していくだろう」と展望した。

安倍は第3次内閣が発足した24日の会見で、日ロ関係について「プーチン大統領との個人的な信頼関係を基礎に協力の幅を広げながら、国益にかなうよう、日ロ関係を進めつつ、北方領土問題の解決と平和条約締結に向けて粘り強く交渉を続けていく」と強調した。ただ、プーチン訪日の鍵となる外相岸田のロシア訪問は一向に見通しが立たなかった。

岸田の疑念

15年1月6日。仕事始めとなったこの日、米国務長官ケリーとの電話会談を終えた外相岸田は、記者団にこう語った。

「本年は戦後70周年だ。戦後和解して同盟国となった日米両国が、今後も地域と世界の平和と繁栄に貢献していくことが重要であるという点において一致した」

岸田は、自衛隊と米軍の役割分担を定める日米防衛協力指針（ガイドライン）の18年ぶりの改定に向けた作業を進めることを強調。前年12月のケリーの誕生日に、自らの地元・広島県の日本酒を贈ったことも明らかにし、親密な関係をアピールした。ロシアには一言も触れなかった。

安倍に外相に抜てきされ、14年12月に発足した第3次内閣でも再任された岸田。派手なパフォーマンスを控え、安倍に「忠誠心」を示してきたが、クリミア半島を併合したロシアと欧米の対立が激化する中、官邸がプーチンとの関係を重視しすぎることには疑念を抱いていた。

岸田は「戦後70年」のこの年、歴史認識問題などを巡って溝がある中国や韓国が「戦勝70年」を掲げて反日キャンペーンを展開することも懸念していた。日米関係の安定を最優先すべきだとの思いがあり、周囲にこう漏らしていた。

「総理はプーチンと仲がいいかもしれないが、ロシアを重視して米国との関係を犠牲にすると、ガイドライン改定への影響も出てくる。総理はバランス感覚があると思うが、問題は総理周辺だ。俺に言わせると正直、ちょっと違う世界の人がいる」

岸田の対ロ外交への慎重姿勢は、戦後、米国との関係を最優先してきた外務省内の空気を反映していたが、それだけではなかった。

自民党の名門派閥の宏池会を率い、次期首相の有力候補の一人と目されていた岸田。「政治家として先を考えている人。米国ににらまれるのを嫌っているのだろう」。ロシア訪問に慎重姿勢を崩さない岸田に対し、日本側交渉筋からはそんな声も漏れていた。

ロシア側は対日圧力を強めていた。1月21日に行われた外相ラブロフの年頭の記者会見。「日本が発動した対ロ制裁の解除は、プーチン大統領来日の条件となるのか」と質問したモスクワ支局長に対し、ラブロフは「日本からの招待があれば検討する」と述べ、制裁解除を条件とはしない考えを示した。しかし、その一方で岸田の訪ロが実現していないことについては「ロシア側に起因するものではない」と強調し、岸田の早期訪ロを暗に求めた。

ロシア経済は欧米からの制裁に加え、主要輸出産品となる原油の価格下落が響き、悪化が鮮明になっていた。通貨ルーブルの為替相場は14年1月に平均で1ドル＝33ルーブル程度だったが、12月には一時約80ルーブル台まで暴落。日本からの経済協力に期待するロシアは、訪ロを先送りし続ける岸田にいらだちを強めていた。

岸田自身の発言も波紋を広げていた。共同通信によると、岸田は1月20日、訪問先のベルギー・ブリュッセルでの講演後の質疑応答で、ロシアによるクリミア併合などについて問われ、「ウクライナで起こっていることも『力による現状変更』だが、北方領土の問題も『力による現状変更』だ」と述べた。

旧ソ連が日ソ中立条約を無視して対日参戦し、北方四島を不法占拠したことは疑いのない歴史的事実だ。しかし、ロシア外務省は21日、「軍国主義の日本こそがナチス・ドイツと一緒に世界の支配を狙い、暴力によって第2次大戦前の現状を破壊し、多くの国を占領した」との声明を発表。岸田の発言は「歴史の歪曲だ」と一方的に主張し、外務次官モルグロフはロシアメディアのインタビューに「歴史の勉強をした方がいい」と岸田を強く批判した。

「ソ連の北方領土侵攻は『力による現状変更』に他ならない。当たり前の話で、ロシアによる論旨のすり替えだ」。日本外務省幹部はロシアへの不快感をあらわにしていた。ただ、ロシア国民の多くが支持するクリミア併合と北方領土問題を絡めることは、ロシアの愛国主義を刺激し、今後の交渉に影響する懸念もあった。

「日本の立場として間違いではないが、もっとぼかした言い方は、いくらでもあったはずなんだけどな」。岸田発言を聞いたモスクワの日本大使館幹部は、こうぼやいた。

帰国した岸田は23日の閣議後会見で、自らの発言について「ロシアとの政治対話が重要だということを申し上げたかった」と釈明。だが、ロシア側は対話を閉ざしているのは日本側だと、さらに批判を強めた。

3月18日のロシアによるクリミア併合から1年が近づく中、ロシア国内では日本への風当たりが強まっていた。

高まる愛国ムード

「サハリンの日本センターがスパイ行為」。15年3月1日、ロシアの民放テレビに突然流れたニュースに、モスクワ支局長は驚いた。

日本センターは、日本外務省が日ロ経済分野で活躍するロシア人の人材育成に向け、経営関連講座や日本語研修などを行うために開設した組織で、ロシアに6カ所の拠点を持ち、20年以上活動してきた。「スパイ行為」とされたのは、13年にロシア当局が指摘した講座参加者らの個人情報管理の不備。番組では、匿名の捜査関係者が証言し、日本センターが各地で違法に個人情報を収集しているかのように報じられた。

しかし、センター関係者に取材すると、不備は事務的なミスで、当局との間で問題はとうの昔に解決済みだった。番組では事務所への当局の査察の様子が最近の出来事のように紹介されたが、これも実際は2年前の映像だった。

日本センターとモスクワの在ロシア日本大使館がテレビ局に抗議したが、反応はなしのつぶてだった。なぜ、でっちあげの番組が作られたのか。意図は判然としなかったが、放送された3月1日は、プーチン政権批判の急先鋒《せんぽう》で2月に殺害された野党指導者ネムツォフの追悼デモが、ロシア各地で行われた日だった。

米欧との対立が長期化する中、ロシアメディアは「敵」の存在をあおりたて、世論に結束を呼びかけていた。ロシアのテレビ局は国営だけでなく、民放も含めて事実上、プーチン政権の統制下にある。「反政権の動きをけん制するキャンペーンに利用されたのかも。不気味だ」。日本センター関係者は、困惑の表情で語った。

約1年前の14年3月18日、国際社会の批判を無視して、クリミア半島の併合を一方的に宣言したプーチン。演説の中で、プーチンは他国のために活動するスパイや裏切り者を指す「第五列」という言葉を使い、欧米がロシアの国内情勢の悪化をもくろんでいるとして、国民に警戒を呼びかけた。日本センターに関する民放テレビの番組の中でも「第五列」という言葉が使われた。

クリミア併合後、それまで6割前後だったプーチンの支持率は急上昇し、1年たっても8割以上を維持していた。異様なまでに愛国ムードが高まる中、国内では旧ソ連の第2次世界大戦勝利から70年の節目を宣伝する動きも強まっていた。

クリミア半島南部にある保養地ヤルタでは1945年2月、米英ソ首脳が旧ソ連の対日参戦の見返りに千島列島の引き渡しなどを密約した「ヤルタ会談」が行われた。

15年2月上旬、この会談が開かれたリバディア宮殿に当時の米大統領ルーズベルト、旧ソ連共産党書記長スターリン、英首相チャーチルの3人の銅像が設置された。「ロシアへの領土引き渡しは、ヤルタ協定に基づいた事項だ」。外務次官モルグロフは1月下旬のインタビューでヤルタ会談に言及し、北方四島領有の正当性を強調していた。

日本政府は、密室で決められたヤルタ協定は「法的効果を持たない」と主張してきたが、ロシアは四島領有は「大戦の結果」であり、正当だとする根拠としてきた。米英ソ3首脳の像の設置は、ロシア国営メディアで広く宣伝され、ロシア国内ではスターリンは大戦を勝利に導いた「強い指導者」として再評価する動きが強まっていた。

像は10年前の05年にも設置が検討されていたが、スターリンに中央アジアへ強制移住させられた歴史を持つ先住民族クリミア・タタール人が反発。ウクライナ政権下では実現しなかったが、ロシア政府は設置を後押ししていた。

クリミアを巡る余波は続いていた。

「日本は米国はじめ西側と協力し、残念ながらロシアへの制裁を続けている」

3月13日、モスクワ中心部のロシア下院。日本政府の訪問中止要請を振り切って2泊3日のクリミア訪問を強行した民主党の元首相鳩山由紀夫は、下院議長ナルイシキンとの会談で、クリミア問題で欧米と歩調を合わせる日本政府の対応を批判した。ナルイシキンは「政府から圧力をかけられても、しっかりした立場を堅持している」と鳩山を持ち上げた。

ロシアによる併合後、クリミアを訪れた海外の政治家で、主要国の首相を務めた鳩山は「最高レベル」（ロシア紙）だった。国際社会の大勢がロシアによる併合を認めない中での訪問だけに、クリミアの地方政府は鳩山を歓待。動向は連日、ロシア主要メディアで報道され、「西側が編入を徐々に認めている証し」とも論評された。

有力紙コメルサントによると訪問日程は、鳩山の希望を受けてロシア外務省が調整した。併合1年に合わせてロシアの正当性を国内外にアピールする狙いがあったのは明らかで、日本政府高官は「完全に宣伝に利用された」と苦々しく語った。

クリミア併合から、ちょうど1年を迎えた3月18日。モスクワ支局長は、クリミアの中心都市シンフェロポリを取材で訪れた。1周年記念イベントが開かれた会場の広場には、大きなロシア全土の地図が描かれ、会場に集まった住民は「われわれの領土だ」と声を上げた。その地図にはクリミア半島だけでなく、北方領土の島々も描かれていた。

緩む対ロ包囲網

「停戦の後、音が収まったのは2日間だけだった。いつ本格的な攻撃が始まるか、誰も予想できない」。15年2月22日、ウクライナ東部ドネツク州の港湾都市マリウポリ中心部から東に車で20分程度の距離にあるバストチヌイ地区。焼け焦げた住宅を前に、年金暮らしの男性（75）は、現地入りしたモスクワ支局長に不安な思いを語った。

アゾフ海に面し、ウクライナ東部で盛んな鉄鋼業の積み出し港として栄えたマリウポリ。14年4月に親ロシア派武装勢力が一時占拠したが、6月にウクライナ政権側が奪還。その後も9月の停戦直前に親ロ派が街を包囲するなど、激しい攻防の拠点となってきた。

モスクワ支局長は空路で東部ドニプロに入り、車で約5時間かけてマリウポリに向かった。前年4月に訪れた際、約46万人いた人口のかなりの数が市外に避難し、繁華街の人影はまばらだった。以前は工場の排煙でかすんでいた景色は、多くが操業を停止したため、澄んで見えた。

ウクライナとロシア、ドイツ、フランスの4首脳は、ベラルーシの首都ミンスクで、2月15日からの無条件停戦で合意したばかりだった。14年9月に締結された「ミンスク1」と呼ばれる停戦合意は翌15年1月には完全に破られていた。新たに締結された「ミンスク2」は《1》政権側と親ロ派双方が前線から重火器を撤去《2》東部に「特別な地位」を認める《3》違法な武装組織や外国部隊はウクライナから撤退――などを確認。マリウポリは非武装の緩衝地帯と位置付けられたが戦闘は続き、22日に訪れたバストチヌイでは、ひっきりなしに遠くで砲撃音が響いていた。

戦闘が続く背景には、14年3月にクリミア半島を併合したロシアが親ロ派を背後から軍事支援し、東部とクリミアを結ぶ交通輸送ルートを確保する思惑があるとみられていた。停戦合意後も、親ロ派はドネツク州の要衝デバリツェボに攻勢をかけて制圧しており、ミンスク2の行方は早くも暗雲が漂っていた。

ロシアによるクリミア併合から1年。ロシアと欧米の激しい対立は続いていたが、プーチンは強気の姿勢を崩さなかった。

「われわれはそれをする用意があった」。15年3月15日、ロシア国営テレビがクリミア併合1年を記念して放映した特別番組。プーチンは併合の過程で、核兵器使用の準備をロシア軍に指示していたことを明らかにした。

さらにプーチンは、14年2月にウクライナのヤヌコビッチ前政権が崩壊した時点で、閣僚にクリミア編入を指示し、特殊部隊を極秘裏に派遣していたと説明。同年3月の住民投票の結果を受けて編入を決めたとしていたこれまでの主張を、あっさりと覆した。ロシア国民の多くがクリミア編入を支持する中、自らの成果をアピールする狙いがうかがえた。

「ウクライナの主権がロシアの侵略によって今も脅かされている」。米大統領オバマはロシアに圧力をかけ続けると強調し、11日には新たに親ロ派幹部らの資産を凍結していた。ウクライナに対し、殺傷能力のない小型無人偵察機などの装備を提供することも決定。米議会にはさらに強力な武器を供与すべきだとの声もあったが、米国の本格介入は事態を泥沼化させる恐れがあるとして、政権内には慎重論が根強かった。

一方、EU内では対ロ姿勢の温度差が鮮明になりつつあった。英国はウクライナ軍の訓

クリミアの中心都市シンフェロポリで開かれた併合1年を祝う記念行事で、プーチンの旗を掲げるロシア系住民ら＝2015年3月16日（渡辺玲男撮影）

練などを支援するため、非戦闘地域に英軍75人を派遣することを決定したが、ミンスク合意に加わったドイツやフランスは、外交的解決を優先すべきだと主張していた。イタリアの首相レンツィは5日にモスクワを訪れてプーチンと会談し、経済分野の協力についても話し合っていた。米欧の対ロ制裁は続いていたが、貿易や天然ガス輸入でロシアと関係が深い国を中心に、包囲網には緩みがさらに目立ち始めていた。

「日本は唯一の戦争被爆国だ。その立場から核兵器の使用はあってはならない」。安倍は20日の参院予算委員会で、プーチンの核発言についてはこう答弁したものの、ロシア側に抗議などはしなかった。

安倍政権は、14年11月の日ロ首脳会談で合意した15年中の「適切な時期」のプーチン来日の実現に向け、ロシアを刺激することを避けたがっていた。モスクワでは3月3日、プーチン政権を批判してきた野党指導者ネムツォフの葬儀が行われ、英国の元首相メージャーら多数の欧米主要国の要人が出席したが、日本はモスクワの大使館職員の参加にとどめていた。

「北方四島のことがある。ロシアとは話をしないといけない」。安倍側近の1人は取材班の記者に、こう語った。ロシアがウクライナに対し、公然と「力による現状変更」に踏み切って、わずか1年。官邸内では、ロシアとの対話を探る声が強まっていた。

流し網漁禁止

ロシアによるクリミア半島の併合から1年が近づくころ、北方領土を間近に望む根室市には激震が走っていた。

「根室にとって死活問題だ。国はしかるべき対応をとってほしい」。15年2月半ば、サケ・マス流し網漁を行う30トン未満の小型船の団体「道鮭連」会長の飯作鶴幸は、根室支局の記者に強い危機感を訴えた。

道鮭連に所属する漁船は85年の「日ソ漁業協力協定」に基づき、ロシア200カイリ水域内で高級魚のベニザケやマスを漁獲してきた。しかし14年12月、ロシア水域の流し網漁を全面禁止する法案がロシア下院に突然提出され、3月にも審議が始まる見通しとなっていた。

当時、ロシア200カイリ内で操業していた日本漁船は38隻で、このうち根室市や釧路管内厚岸町などの道内漁船が28隻を占めていた。乗組員は計約500人おり、流し網漁が禁止になれば雇用の問題のほか、水産加工業、運輸業、石油販売業、製かん業など関連産業にも影響が及ぶ。根室市は道東の経済が被る損失は計約250億円と試算し、ただでさえ人口減少が続いてきた北方領土の隣接地域にとって、甚大な打撃となるのは必至だった。

ロシアは、なぜ30年も続いたサケ・マス流し網漁を禁止するのか。取材班は背景を探ったが、モスクワから遠く離れた極東の漁業問題へのロシア国内の関心は低く、ロシアメディアでも報道は数えるほどしかなかった。

モスクワ支局とユジノサハリンスク支局が連携し、ほとんど取材したことがなかったロシア漁業庁、下院議員、水産専門家、サハリンの流し網漁業者などに当たっていった。一方、東京では官邸や水産庁の担当記者が、日本政府関係者への取材を続けた。

流し網漁は、魚の群れが通りそうな場所に幅約10メートル、長さ約30～50メートルの網をいくつもつないで海面に流していく漁法で、1隻当たりの網の長さが合計10キロ以上に達することもある。日本では大正時代からサケ・マス漁に用いられてきたとされるが、環境保護団体は海鳥などが混獲されているとして、国際的に禁止するよう訴えていた。ロシア側は、今回の禁止もあくまで環境対策や資源保護が目的だと主張していた。

だが、取材を進める中で徐々に浮かび上がってきたのは、ウクライナ問題で日本が発動した対ロシア制裁の存在だった。

禁止の動きは14年8月ごろ、ロシア極東カムチャツカ地方選出の上院議員ネブゾロフが、日本への報復措置として漁業庁に流し網漁禁止を提案したのがきっかけだった。日本政府はその直前の7月にウクライナ東部で起きたマレーシア機撃墜事件を受けて対ロ制裁を発動しており、ロシアとの関係が悪化していた。

ネブゾロフは、カムチャツカ沿岸の定置網漁業会社の実質的なオーナーで「沖合でサケ・マスを漁獲する日本の流し網漁を敵視してきた」（漁業庁関係者）とされる。ネブゾロフらの働きかけで09年にも流し網漁禁止法案が下院に提出されたが、この時は却下されていた。再び禁止の機会をうかがってきた勢力にとって、対日関係の悪化は好機だった。日ロ両政府間の政治対話が停滞する中、禁止派のロビー活動が、ロシア議会や政府内で支持を広げていた。

モスクワの日本大使館は、流し網漁の禁止は根室への打撃にとどまらず、「日ロ関係を非常に大きく傷つける」（交渉筋）と懸念していた。駐ロシア大使の原田は、禁止を見送るようロシア側に繰り返し要請。日本政府は公表しなかったが、安倍も北京で行った14年11月の首脳会談で、プーチンに直接、日本漁船の操業継続を認めるよう求めた。

ロシア政府内でも禁止には慎重論があったが、ウクライナ問題を巡る対ロ制裁の対抗措置として、欧米からの農水産品を禁輸したプーチン政権は、国内の農水産品の増産や地域産業振興を最優先課題に掲げていた。流し網漁の禁止派は、ロシア水域内で日本漁船のサケ・マスの漁獲を禁じ、ロシア沿岸での水揚げを増やすことが「国益」につながると主張。慎重論は、高まる愛国ムードにかき消されていった。

法案は4月24日に下院で審議入りした。直後の27日、安倍はプーチンに親書を送り、ロシアから招請されていた5月9日の対ドイツ戦勝70年記念式典への出席を見送る考えを伝えるとともに、日本漁船の操業継続を改めて求めたが、既に法案成立は避けられない状況だった。

複数のロシア政府関係者は当初、法案が成立する場合でも、禁止までには数年間の猶予期間を設ける案が有力だと語っていた。しかし政府・与党内で調整が進む中で強硬意見が出され、プーチンが署名して成立した法律は15年末で流し網漁を全面的に禁止するという、より厳しい内容に変わっていた。

オバマへの通告

「首相は今回の訪米で、オバマに対ロ関係を進めることの仁義を切る。警戒した方がいい」

15年4月半ば、モスクワ支局長は日ロ両政府にパイプを持つ日本側関係者からそう耳打ちされた。安倍は26日から、日本の首相として9年ぶりとなる公式訪米を控えていた。オバマとの会談のほか、歴代首相で初めて米上下両院合同会議での演説も予定していた。

オバマとの会談では、安倍が主導する集団的自衛権の行使を可能にする日本の安全保障法制の見直しを踏まえ、18年ぶりに改定する日米ガイドラインに基づく日米同盟の強化や、大詰めを迎えていた環太平洋連携協定（TPP）交渉が議題に上る見通しだった。米国では、13年12月に米政府の反対を押し切って靖国神社参拝に踏み切った安倍を「歴史修正主義者」と警戒する声も根強く、演説で米国世論の懸念を解消できるかも焦点だった。

ウクライナ危機以降、米ロ両国の対立が続く中、安倍はオバマにロシアとの関係強化を持ち出せるのか。取材班は半信半疑だった。

ワシントンで28日に行われた日米首脳会談。日本政府の同行筋は会談後、対ロ関係について安倍とオバマが意見交換したことを明かしたが、具体的な内容は「ロシアとの間で平和条約が結ばれていないことを説明した」と述べただけだった。両首脳が日ロ関係についてどんなやりとりを交わしたのかは、はっきりしなかった。

それが表面化したのは約3週間後だった。読売新聞が5月16日の朝刊1面で「首相がプーチン大統領の年内来日に向けた調整を進める考えをオバマ大統領に伝えていたことが分かった」と報道。オバマが「『それ（プーチンの招請時期）は日米で話し合いをしていこう』と応じた」などと、政権中枢しか把握していない両首脳の発言内容がいくつも書かれていた。

延期が続いていた外相岸田のロシア訪問の見通しは立たず、ロシア水域での流し網漁禁止の動きもあり、日ロ関係は停滞感が強まっていた。このタイミングで詳細な記事が出たことは、対ロ外交の進展をアピールしたい官邸の思惑が働いていることをうかがわせた。

オバマとの会談後、安倍はプーチン来日に向けて前のめり姿勢を強めていた。5月21日、安倍はロシア文化フェスティバルに出席するために来日した下院議長ナルイシキンと会談。1年前の来日時は、米国などの反発を懸念して面会を見送ったが、今回は迷わなかった。

「ナルイシキンとの面会日程は入ってない」。複数の官邸筋は前日にも取材班にそう強調していたが、安倍はパプアニューギニアの首相との昼食会を開いた東京都内のホテルにそのままとどまり、ナルイシキンの表敬を受ける段取りが整っていた。

日本政府関係者によると、米国は大使館などを通じ、安倍がナルイシキンと面会しないよう、官邸や外務省に圧力をかけていた。一方、ロシア側からは安倍がナルイシキンと会うなら、プーチン訪日に関する話をするとの感触が寄せられていた。ナルイシキンとの会談の中身は明らかになっていないが、会談を終えて官邸に戻った安倍は「(プーチンとの)首脳会談やるぞ」と、周囲に高揚した様子で語った。

6月7日にドイツで開かれるG7首脳会合に先立ち、安倍はウクライナを訪問し、大統領ポロシェンコと会談。G7で協調してウクライナを支援する姿勢を示す一方、ロシアとの対話も続ける方針を伝えた。

安倍はドイツ首相メルケルとの会談でも、プーチンとの首脳会談を目指す考えを説明。G7後の記者会見では「対立は対話を止める理由にはならない。これがG7ではなくG8だったならば、この場にプーチン大統領がいるはずだった。私はプーチン大統領との対話をこれからも続けていく考えだ」と表明した。

日本は翌年のG7サミットの議長国だった。発言が注目される中で、プーチン来日の実現を国際社会に宣言した形となった。

官邸筋によると、安倍はオバマ政権への不満を募らせていた。日本にプーチンとの対話を控えるよう求めながら、米国は5月に日本側に事前の説明もなく、国務長官ケリーをロシアに派遣し、プーチンと会談していた。G7加盟国のイタリアが6月にミラノで開いた万国博覧会にプーチンを招き、首相レンツィがプーチンと会談したことも安倍の背中を押した。

安倍は6月24日、プーチンと電話で会談し、年内の来日を目指すことを確認。29日には一時帰国していた駐ロシア大使の原田を官邸に呼び、プーチン来日の前さばきとして岸田訪ロを早期に実現させるよう指示した。

取材班は、安倍がプーチンとの電話会談で岸田を8月末から9月上旬にかけてモスクワに派遣する日程を打診したことをつかみ、29日付夕刊で「外相、8月末にも訪ロ」と報じた。外務省は水面下で訪ロに向けた調整を本格化させていたが、そこにはロシア側の想定外の動きが待ち受けていた。

相次ぐ揺さぶり

15年7月18日午後、土曜日で休んでいた外務省担当の記者に、北海道新聞東京報道センターから緊急の電話が入った。

「北海道の漁船がロシアに拿捕《だほ》されたらしい。裏を取ってくれ」

拿捕された場所も、発生時間も不明。どこの船かも分からなかったが、道内の漁船が拿捕されたとすれば、07年12月以来、7年7カ月ぶりで、大きなニュースになるのは確実だった。

記者が急いで外務省ロシア課に取材すると、拿捕された場所は北方四島の周辺。発生は17日夜で、既に外交ルートを通じてロシア側に解放を求めたことが分かった。札幌の北海道庁の担当記者からも、拿捕された船は十勝管内広尾漁協所属の小型サケ・マス流し網漁船だとの情報が入った。

夜になって道庁は、ロシア当局から漁船を拿捕したと通告があったことを正式に発表。記者たちが取材した情報を集め、翌19日の朝刊1面には「ロシア、広尾の漁船拿捕」との大きな見出しが躍った。

北海道新聞の広尾支局は、突然の拿捕に戸惑う船員の家族や広尾漁協の関係者らを取材していた。

ロシアの法改正により、ロシア海域でのサケ・マス流し網漁は16年1月から禁止されることが決まっていた。

「今年で最後なのに何でこんな目に遭わなければならないのか」。乗組員の妻は、やりきれない思いを記者に語った。

漁船の拿捕が発覚した7月18日、ユジノサハリンスク支局は、別の取材に追われていた。ロシア保健相スクボルツォワが北方領土の色丹島を訪問していた。

北方領土の択捉島には前年9月、大統領府長官イワノフが訪問していたが、色丹島への閣僚訪問は07年の外相ラブロフ以来、約8年ぶりだった。

北方四島のうち色丹島と歯舞群島は、1956年の日ソ共同宣言で平和条約締結後に日本に引き渡すことが明記されている。そこへの現職閣僚の訪問は、国後、択捉両島に比べ、より大きな政治的意味を持っていた。

保健相の色丹島訪問は、前年末に完成した病院の視察が理由とされていた。急な訪問だったため、ユジノサハリンスク支局長はロシア人助手を現地に派遣するのは見送り、つてのあるロシア人島民に現地の情報提供を依頼し、地元メディアの情報も加味して記事を執筆した。

記事は漁船拿捕と同じ日の朝刊2面に、大きく掲載された。日本側が外相岸田の訪ロに向けた調整を本格化させたタイミングで起きた二つの出来事は、平和条約交渉の再開をにらみ、日本をけん制する思惑もうかがえた。

揺さぶりは終わらなかった。首相メドベージェフが23日の閣議で、クリール諸島（北方領土と千島列島）を訪問する考えを表明。他の閣僚にも積極的な訪問を呼びかけた。

メドベージェフは大統領だった10年11月、ロシアの国家元首として初めて北方領土の国後島を訪問。12年7月にも首相として国後島を視察し、日本側が猛反発した経緯があった。

訪問の名目は択捉島で開かれる全ロシア青年教育フォーラムへの出席だった。ロシア政府が各地で開いていた愛国的なイベントで、経済の低迷が続く中、戦後70年の節目を利用して国威発揚につなげたい政権の思惑があった。

メドベージェフは8月22日、日本政府の見送り要請を無視して訪問を強行した。開発状況を視察し、企業の投資を呼び込むための優遇措置を検討する考えを表明。「日本とは良い関係ができているが、クリールはロシア領だ。これからも訪問し続ける」と日本を挑発した。

「ロシア首相の四島訪問は、日ロ関係に資するものでは到底ない」。岸田は22日夕、駐日ロシア大使アファナシエフを外務省に呼んで抗議した後、記者団に不快感をあらわにした。

12年にメドベージェフが国後島を訪れた際、民主党政権の外相玄葉光一郎は直後に予定していたロシア訪問を延期せず、プーチンと会談。日ロ外交の専門家からは、この時の政府の「弱腰」対応が、韓国大統領李明博の同年8月の竹島訪問の一因になったとの批判も出ていた。

この当時、野党議員だった安倍は札幌での講演で、メドベージェフの国後訪問について「日本外交の敗北の結果」と民主党政権を痛烈に批判していた。首相に返り咲いた安倍は、プーチンとの「個人的な信頼関係」をアピールしてきただけに、安倍側近は「プーチン直属の部下が日本の制止を振り切って島に上陸した意味は大きい」と、失望感を隠さなかった。

「岸田外相の訪ロ白紙に」。翌日の全国紙は、8月末に予定していた岸田の訪ロが当面延期され、秋以降になるとの見通しを伝えたが、政府高官の一人は、こう予防線を張っていた。「メドベージェフの北方領土訪問は今回が3回目だ。決定的な障害にはならない」

実はこの時、安倍政権は岸田訪ロを9月後半に実施する方向で、既にロシア側と極秘に再調整を進めていた。

隠し続けた岸田訪ロ

「きょうもロシアの農業大臣が択捉島に行った。そんなことが起きたばかりで岸田大臣がモスクワに行ったら、『なんだ』って話になる。近々には考えにくい」

15年9月1日深夜、自宅マンション前で各社の夜回り取材を受けた外務省幹部は、ロシア側の揺さぶりが続く中、外相岸田の訪ロは当面困難との認識を強調した。

8月22日の首相メドベージェフの択捉島訪問に抗議した日本政府に対し、副首相ロゴジンは23日、ツイッターで「真の男なら伝統に従ってハラキリして静かになればいい」と挑発。日本政府はロシアに北方領土への政府要人の訪問をやめるよう申し入れていたが、9月1日には農相トカチョフが択捉島訪問を強行していた。

さらに翌2日には外務次官モルグロフがロシアメディアのインタビューで、北方四島の帰属問題について「70年前に解決済みだ。ロシアの主権と管轄権に疑いはない」と発言した。モルグロフは平和条約交渉の担当者でもあり、外務省欧州局長の林は4日に駐日大使アファナシエフを同省に呼び、「発言は事実に反し、受け入れられない」などと抗議した。

しかし、こうした動きとは裏腹に、外務省内では岸田のロシア訪問に向けた準備が水面下で進んでいた。ロシア側がプーチン来日の前提条件と位置付けた岸田訪ロの早期実現は、安倍の強い指示だった。

岸田は当初、8月下旬にモスクワを訪れる日程でロシア側と調整を進めていたが、メドベージェフの択捉訪問計画が浮上したことを受け、直後の訪ロは避けた方がいいと判断。駐ロシア大使の原田は8月11日のモルグロフとの会談で9月後半にずらすことを伝えた。メドベージェフの訪問を受けて計画を変更するよりは、ロシア側の反発は小さいと考えていた。

自民党内からは、ロシア側の挑発的な動きに対し「やられっぱなしで、抗議だけでは不十分だ」と不満の声が出ていた。岸田訪ロも困難視する見方が強かったが、在ロシア日本大使館幹部はモスクワ支局長に「そんなことを言っていたら、いつまでも訪ロできない。ロシアとの対話は続けると言っている」と漏らした。

外務省担当の記者は9月10日、岸田が連休に合わせた「20～23日」の訪ロで調整しているとの情報を入手。モスクワ支局長は、モスクワ在住の経済団体関係者から岸田が日本政府代表を務める「日ロ貿易経済政府間委員会」が22日にモスクワで開かれるとの情報もつかんだ。

それでも外務省幹部は、岸田の9月下旬の訪ロについて「可能性は99・9999％ない」と否定し続けていた。対ロ外交を所管する別の外務省幹部も「その頃、私は実家に帰って墓参りする予定だ」とかたくなに打ち消していた。

外務省が岸田の訪ロ日程をひた隠しにした背景には、安倍政権の命運を左右する大きな政治課題の絡みがあった。この時、国会では歴代政権が「憲法上、認められない」と判断してきた集団的自衛権の行使を可能にする安全保障関連法案の審議が大詰めを迎えていた。法案を成立させるため、戦後最長となる95日間の会期延長を行った国会会期末が9月27日に迫る中、外相の外遊日程が表沙汰になれば野党が反発し、法案審議に影響する懸念があった。

米国の反応も恐れていた。岸田は8月6日、マレーシアのクアラルンプールで開かれた東南アジア諸国連合（ASEAN）地域フォーラム（ARF）閣僚会議に合わせて米国務長官ケリーと会談した際、プーチンの訪日は避けるよう改めてくぎを刺されていた。

岸田の訪ロは米国側にも方針を伝えてはあったものの、少しでもハレーションを抑えたい安倍政権は発表をぎりぎりまで遅らせた。岸田の訪ロが正式に発表されたのは、安保関連法が成立した19日。ロシアに出発する前日だった。

21日、モスクワのロシア外務省別館で始まった岸田と外相ラブロフの会談は、日ロ双方ともメディアの関心は高く、記者会見場に用意された席が足りず、立ち見が出るほどだった。

岸田とラブロフの直接会談は14年2月以来で、ロシアによるクリミア半島の併合以降で初めてだった。通常なら外相会談前に前さばきとして行う事務レベルの次官級協議はできておらず、「成果」は見通せない状況だった。

「今回の会談は、出たとこ勝負の側面が大きい。はっきり言ってリスクがある」。日本外務省幹部はそう繰り返し、期待値を下げようと必死だった。

夕食会の極秘提案

約1年7カ月ぶりにモスクワで行われた日ロ外相会談。ラブロフは冒頭、会談の実現を歓迎しつつ、「アジア太平洋地域で隣接するパートナーの両国の大臣として、長く時間が空いていたことを指摘したい」と語った。クリミア問題を受け、ロシア訪問を先送りしてきた岸田への皮肉が込められていた。

一方、岸田は冒頭、こう強調した。「隣国である日本とロシアは問題があるからこそ対話を重ねていくことが重要だ。久しぶりの外相会談がぜひ建設的なもの、生産的なものでありたいと思う」

当初、14年4月に行う予定だった岸田のモスクワ訪問。同年3月のロシアによるクリミア半島の併合を受けて延期が続いてきたが、日ロ平和条約の締結を目指す安倍はプーチンの来日に道筋を付ける

会談後、共同記者会見に臨んだ外相の岸田（左）とラブロフ＝2015年9月21日、モスクワ（写真提供：ロイター＝共同）

ため、岸田のロシア派遣を断行した。

ウクライナ東部では15年2月のウクライナとロシア、独仏の4首脳による停戦合意（ミンスク合意）後も、政権側と親ロシア派武装勢力の戦闘は止まらず、日米欧の対ロ制裁も続いていた。「米国からは『プーチンを呼ぶなんてとんでもない』と言われている。岸田さんはリスクを覚悟して来たが、手ぶらで帰ったら大変な批判を受ける」。外相会談の前日、岸田の同行筋はモスクワ支局長にこう漏らした。

約2時間20分の会談後に行われた共同記者会見で、岸田とラブロフは平和条約締結に向けた外務次官級協議を10月8日に行うことで合意したと発表。会見の冒頭、岸田は「私の訪ロにより、事実上中断していた平和条約締結交渉を再開した」と宣言した。

しかし、その後の質疑は異例の展開と

なった。

日本メディアが「北方領土問題について立場の違いは詰められたか」と質問すると、岸田は「突っ込んだ議論を行い、日本の立場を明確に説明した」と強調。「双方にとって受け入れ可能な解決策を策定していくために両国間の対話を続けなくてはならないし、そういう意識はラブロフ大臣と共有できた」と説明した。

ところが、ラブロフは「北方領土という話は対象になってない。議題に上っているテーマは、両国の首脳が一致した通りの平和条約締結だ」と述べ、平和条約交渉に領土問題は含まれないという一方的な解釈を主張。さらに条約交渉を進展させるためには、まず北方領土が第2次世界大戦の結果、ロシア領となったことを日本が認めることが必要だとけん制した。

外交儀礼上、共同会見で相手国の説明を真っ向から否定することは珍しい。会見を終えたラブロフは笑みを浮かべ、握手を求めて岸田に歩み寄ったが、岸田は正面を向いたまま険しい表情を崩さず、すぐに椅子から立ち上がろうともしなかった。モスクワ支局長は前任の外務省担当時代、1年余り岸田を間近で見てきたが、普段温厚な岸田がここまで公の場で不快感をあらわにするのを見たのは初めてだった。

焦点だったプーチン訪日についても、ラブロフは「充実した中身を確保することが重要だ」と強調。両首脳が合意していた「年内」の目標には触れず、訪日時期は詰められなかった。

両外相が合意した10月の外務次官級協議は、事務レベルの事前協議で調整済みの内容で、大きな成果とは言えなかった。共同会見でラブロフが強硬姿勢を示したこともあり、日本メディアの評価は厳しかった。北海道新聞も23日付朝刊で「成果強調、進展遠く」との見出しで、領土問題を巡る認識の違いは大きく、交渉が再開しても進展は見通せないと指摘した。

ただ、日ロ両政府はこの後、ラブロフが重要な発言をしていたことを伏せていた。日本側関係者によると、共同記者会見後に行われた夕食会で、ラブロフは会見での自身の発言について「領土交渉をしたなんて言ったら、ロシアの国会で持たない」と釈明。岸田は「領土交渉をしなかったと言ったら、日本の国会も持たない」と反論した。

さらにラブロフはウイスキーを何杯も飲み、たばこをふかした後、突然思いついたように北方四島での日本とロシアの共同経済活動について語り始め、こんな提案をした。

「ロシア法で足りないところがあるなら、国際約束でやればいいじゃないか」

ロシアが実効支配する四島での共同経済活動は過去にも何度か検討されてきたが、ロシア側はロシア法の下での実施を譲らず、日本の法的立場を害さない特別な法制度の必要性を主張する日本側とは平行線の議論が続いていた。ラブロフが漏らした「国際約束」は、2国間の条約などを意味する新たな提案だった。

官邸筋によると、共同経済活動を巡り、2国間の条約に基づいて日本側に四島で一定の権利を認める構想は、日ロの事務レベルでは出ていたが、外相が口にしたのは初めてだった。

正式な会談の場ではなく、夕食会で唐突に持ち出された想定外の提案。ラブロフの真意ははっきりしなかったが、日本側交渉筋は「四島のロシアの主権に穴を開けられる可能性があるかもしれない」と受け止めた。日本政府が慎重姿勢を続けてきた四島での共同経済活動に向け、大きく動き出した瞬間だった。

プーチン来日再延期

ロシア・モスクワでの日ロ外相会談から4日後の15年9月25日。安倍は通常国会の閉会を受けて記者会見し、プーチンの来日について「ベストな時期に実現したいと考えている。具体的な日程は種々の要素を総合的に勘案しながら決めたい」と語った。

プーチン来日について「本年の適切な時期」と繰り返し、15年中との認識を示してきた安倍。ただ、前さばきとなる外相会談は約1年7カ月ぶりに実現したものの、平和条約交渉で成果を引き出せる見通しは乏しく、安倍は来日時期を再び先送りすることを考えていた。

プーチンの大統領としての来日は05年が最後で、すでに10年途絶えていた。12年12月に首相に返り咲いて以降、北方領土問題の解決を訴えてきた安倍は、プーチンの来日は領土交渉を進展させるための重要な機会になるとみていた。

「プーチンは情に厚い。2人だけの秘密もしっかり守ってくれる」。安倍は、プーチンがクリミア半島の併合を強行し、米欧との対立が激化していく中でも、対話を続ける重要性を周囲に語っていた。

安倍は9月11日のネット番組で、プーチンの人物評について問われると「この先まだ何年も大統領を務めていくことは間違いない」と述べ、これまでに10回の首脳会談を重ね、関係を築いてきたことを強調。「ウクライナの出来事で国際社会から大きな批判を浴びているが、平和条約を結ぶ上においては、この信頼関係を生かしていきたい」と訴えた。

首相メドベージェフや外相ラブロフらロシア政府要人には領土問題で譲歩する姿勢は見えないが、安倍は歯舞、色丹2島の日本への引き渡しを明記した日ソ共同宣言の法的有効性を認めたプーチンとならば、領土問題解決の糸口を探れると期待していた。

プーチンはクリミア併合後も、対ロ制裁を発動した日本をけん制しながら、日ソ共同宣言の有効性に繰り返し言及。15年4月にも記者団に対し「1956年の文書に基づいて、日本との対話の用意ができている」と述べ、2島なら引き渡す可能性があることをちらつかせた。

9月28日、安倍とプーチンは国連総会が開かれた米ニューヨークで約40分間会談し、プーチン来日については「ベストなタイミング」で行うことを確認したとだけ発表された。だが、会談の最後に通訳だけを交えて約10分間、2人きりで向き合った両首脳の間では、踏み込んだやりとりが行われていた。

安倍周辺によると、翌16年5月に三重県志摩市でのG7首脳会議（伊勢志摩サミット）開催を控えていた安倍は「ロシアを含むG8にしたいと思っているが、他の国の理解が得られるかは分からない」と説明。その上で「G7前の春ならどうか」と述べ、プーチンに15年中の来日見送りの意向を伝えつつ、具体的な代替案を提案していた。

プーチンは訪日時期の先送りを受け入れつつ、「行くなら経済関係を進めたい」と語り、こう持ちかけた。「君が先に来てくれてもいい」。欧米の対ロ包囲網が続く中、安倍をロシアに引き寄せるための誘いだった。

再訪ロへの始動

15年12月28日午後。日韓外相が韓国の首都ソウルで会談し、旧日本軍の従軍慰安婦問題について「最終的かつ不可逆的な解決」で合意した直後、安倍は東京の首相官邸で新党大地代表の鈴木と向き合っていた。

きっかけは6日前の22日に官邸で行われた内閣制度創始130周年の記念式典だった。安倍は式典に出席していた鈴木に歩み寄り、「昔話やロシアの話をしませんか。たまには来てくださいよ」と声をかけ、その日のうちに秘書官を通じて面会の時間を調整していた。

十勝管内足寄町で生まれ、自民党の有力政治家だった元農水相中川一郎の秘書を経て、83年12月に衆院旧道5区で初当選した鈴木。97年の第2次橋本改造内閣に北海道沖縄開発庁長官として初入閣し、北方領土問題の解決をライフワークとしてきた。

鈴木はロシア側と独自の人脈を築き、森政権時代には歯舞、色丹2島の返還条件と国後、択捉2島の帰属問題を並行して協議する、いわゆる「2島先行返還」を後押ししてきた。安倍の積極的な対ロ外交姿勢を評価し、森や官房長官の菅を通じて助言や側面支援をしていたが、安倍本人との関係は深くなかった。

「今、韓国との会談が終わったところです」。日韓外相会談の報告を受けたばかりだった安倍は、鈴木にこう告げると、おもむろに切り出した。「来年は日ロをやります。先生も協力してほしい」

ロシアがクリミア半島を併合した14年3月以降、欧米とロシアの対立は激化。中東シリア問題でも米ロ関係は悪化しており、米国は安倍が目指すプーチン来日を見送るよう圧力をかけ続けていた。ただ、16年11月には4年に1回の米大統領選が控えていた。「プーチンを日本に呼ぶと言えば米国が口を出す。ただ、来年は米大統領選があって、そんなに余裕はなくなる。だから日本は日本でロシア外交をやる」。安倍は16年を対ロ外交を進める好機と捉えていた。

鈴木は安倍の意欲に感銘を受け、全面的な協力を約束。面会後、官邸で記者団に、日ロ関係について意見交換したことを明かし「総理は十分、歴史的な経緯なども踏まえて、頭に入っていた」と語った。以後、毎月のように官邸を訪れ、安倍との意見交換を重ねるようになる。

年明けの1月4日、官邸で年頭の記者会見に臨んだ安倍は「プーチン大統領とは戦後70年以上たっても平和条約が締結されていないことは異常だという認識を共有している。引き続き機会を捉えて対話を続けていく考えだ。訪日時期については、最も適切な時期を引き続き探っていく」と語った。

実はこの時、安倍はプーチンの来日に先立ち、5月の大型連休に合わせた自身のロシア訪問の準備を水面下で進めていた。

伏線は15年11月にトルコでのG20首脳会合に合わせて行った日ロ首脳会談にあった。官邸筋によると、プーチンは米国が来日に反対していることを念頭に「いま私が日本に行くと、君にとってもやりづらいだろう」と、ロシアの地方都市に安倍を招待した。

安倍は13年4月にモスクワを公式訪問し、同年9月のサンクトペテルブルクでのG20首脳会合、14年2月のソチ冬季五輪の際にもロシアを訪問していた。外交上、首脳の往来は交互に行うのが慣例だが、プーチン来日を確実に実現したい安倍は、自身の再訪ロに前向きだった。

16年1月22日、安倍は平和条約交渉を担当する「政府代表兼日ロ関係担当大使」のポストを新設。前年12月に駐ロシア大使を退任した原田を起用した。特定の国との交渉を担当する専任大使を置くのは異例だった。北方領土交渉で原則的立場を重視する「四島返還」派として知られ、柔軟な解決に前向きな安倍側近や鈴木とは「犬猿の仲」とされていた原田の起用は、日ロ外交関係者を驚かせた。

原田の起用は、国家安全保障局長の谷内が進言し、安倍が受け入れたとされる。谷内には、長年対ロ交渉に携わってきた原田の手腕に期待するとともに、安倍政権が領土問題で安易に譲歩するのを避ける狙いがあったとみられる。

一方、関係者の間では、安倍が原田の起用を決めた思惑について「官邸が交渉をグリップし、四島返還や原理原則を重視する外務省を抑え込む狙いだろう」とささやかれていた。

安倍は第1次政権から北朝鮮による日本人拉致問題の解決を最重要課題に掲げてきたが、北朝鮮は16年1月6日に初の水爆実験を行ったと発表し、対話の糸口もつかめない状況が続いていた。懸案だった韓国との慰安婦問題は15年12月の合意で一応の決着をみた。取材班は、安倍政権のレガシー（遺産）づくりを模索する官邸内で、北方領土問題を重視する声が日増しに強まるのを感じていた。

原田と外務次官モルグロフによる初の平和条約交渉が東京都内で開かれた2月15日。官房長官の菅は、安倍が対ロ外交に積極姿勢を強める理由を尋ねた関係者に、すぐさまこう答えた。「そりゃそうだ。外交問題はもう日ロしかないからな」

56年宣言を巡る溝

ロシア外務省は16年に入ると、日本側に水面下である提案をしていた。1956年10月に調印された日ソ共同宣言の60周年を記念するイベントの共同開催だった。

日ソ両国の首相、鳩山一郎とブルガーニンらがモスクワで署名した同宣言は、全10項目の文書からなる。第2次世界大戦から続いていた「戦争状態の終結」（1項）、「シベリア抑留日本人の帰還」（5項）などが盛り込まれ、両国の国交を回復した重要な文書だ。両国の議会で批准された法的文書で、条約と同等の効力を持っている。

しかし、日本外務省はイベント開催に応じなかった。同宣言の9項には、平和条約締結後に歯舞群島と色丹島を日本に引き渡すことが明記されているが、問題は国後、択捉両島について一切の記述がないことだった。

北方四島の返還を目指し、国後、択捉2島の主権問題を含む平和条約交渉の継続を求める日本に対し、旧ソ連・ロシアは宣言に言及がない国後、択捉は交渉の対象外として譲らず、9項は履行されない状態が続いてきた。日本外務省は日ソ共同宣言に加え、四島の帰属問題を解決して平和条約を締結することを日ロ首脳が確認した93年の東京宣言などを重視していた。

「ロシア側は56年宣言が唯一の法的文書だとして、その後の経緯を無視しようとしている」。日本外交筋は、60年の節目を利用してロシアが日ソ共同宣言を前面に押し出し、東京宣言を含めたその後の交渉成果をないがしろにするつもりではないかと警戒感を強めていた。

安倍も日ソ共同宣言に基づく歯舞、色丹2島の日本への引き渡しだけでは、国民の理解を得るのは難しいと考えていた。

日本外交筋によると15年11月、安倍はトルコでの日ロ首脳会談で、プーチンが過去に柔道用語の「引き分け」による領土問題の決着に言及していたことを挙げ、「日ソ共同宣言では（日本にとっては）引き分けにはならない」と訴えた。プーチンはにやっと笑うと、「一本取りに来ているな」と答えたという。

プーチンは日ソ共同宣言の有効性を認めてきたが、四島返還を求める日本の主張は「日ソ共同宣言を超えている」と反発。国後、択捉両島を巡る交渉には応じない姿勢を示していた。

16年1月26日、外相ラブロフは記者会見で「両国によって署名され、批准された唯一の文書は1956年宣言だ」と指摘。平和条約締結後に善意の印として2島引き渡しが可能になるとした上で、「引き渡しであり、返還ではない」とくぎを刺した。さらに宣言は日ソ間の「大戦の結果」に基づいていると主張し、それを日本が認めることなしに「前進は不可能だ」と言い切った。

「日ロ間で『大戦の結果』は確定していない。だから交渉している」。ラブロフ発言を聞いたモスクワの日本大使館幹部は、記者団に語気を強めて言った。「大戦の結果」とは、まさに「領土問題の決着」であり、それは今も未解決だというのが日本の立場だった。

ロシア側は日ソ共同宣言を巡って日本への圧力をかける一方、四島や隣接地域での日ロ協力の拡大に向けた働きかけを強めていた。

ラブロフは会見で、ロシア側が特別な枠組みで四島に自由経済ゾーンをつくることを提案していると明かし、「平和条約問題の解決を待たず、島々で共同事業を可能にするバリエーションが多くある」と述べた。詳細については語らなかったが、北方四島での両国企業による共同経済活動を想定した発言だった。

ロシア政府関係者は、モスクワ支局長の取材に対し、日ロ間の人の往来を拡大するため「隣接地域同士で特別な枠組みは考えられる。知恵を絞ってアイデアを出さないといけない」と指摘。四島を事実上管轄するサハリン州と北海道との間でビザ発給などの手続きを簡素化するアイデアを披露した。

一方、米国は14年3月のロシアによるクリミア半島の併合から2年近くが経過する中、日本がロシアとの政治対話を活発化させていることに警戒感を強めていた。

16年2月9日、長距離弾道ミサイルを発射した北朝鮮への対応を巡って行われた日米首脳の電話会談。オバマは、安倍が検討していた5月の訪ロに触れ、「今はそのタイミングではない」と延期を迫った。

だが、安倍は「日本には北方領土問題という事情がある」などと説明。プーチンとの対話の重要性などを訴え、応じなかった。

官邸は18年9月の安倍の自民党総裁任期までに、北方領土問題に一定の道筋をつけようとしていた。外務省幹部は16年3月下旬、記者団に「日ロ関係は18年を考えて、そこにどう持っていくかというのが基本発想だ」と語ったが、領土交渉の現状についてはこう漏らした。

「まだ全然何も動いていない」

リップサービス

16年4月14日、モスクワ・クレムリン近くにある建物の1階ホール。モスクワ支局長は、数十人の各国のメディア関係者とともに、プーチンを待っていた。

この日は同じ建物で、プーチンが国民の質問にテレビの生中継で答える毎年恒例のイベント「直接対話」が開かれていた。大統領府によると、この年は全国から100万件を超える質問が寄せられ、プーチンは約3時間40分にわたって約80件の質問に答え続けた。

直接対話の後には、プーチンがメディア関係者の囲み取材に応じるのが毎年の恒例だった。イベント終了後、会場から歩いて現れたプーチンは疲れも見せず、対米関係、シリア情勢など各国メディアの矢継ぎ早の質問に、よどみなく答えていった。

安倍は翌月の5月上旬、約2年3カ月ぶりのロシア訪問を予定していた。プーチンは対日関係の展望をどう考えているのか。モスクワ支局長が手を挙げ続けていると、他の日本メディアのロシア人スタッフが指名された。

「5月に安倍首相が訪ロする。領土問題や平和条約も議論になるが、ロシアはどのような妥協に応じることが可能か」。ストレートな質問だった。

プーチンは質問にじっと耳を傾け、語り始めた。

「妥協するためには絶え間なく、途切れずに対話を行わなくてはいけない。しかし、日本はある段階で、ロシアとの接触を制限する決定をした。それは完全に日本や国民の利益に当てはまらない」。

郵 便 は が き

料金受取人払郵便

札幌中央局
承 認

8382

差出有効期間
2023年 12 月
31 日まで
（切手不要）

060-8751

672

（受取人）
札幌市中央区大通西3丁目6
北海道新聞社 出版センター
愛読者係
行

お名前	フリガナ	
ご住所	〒□□□-□□□□ 都道府県	
電話番号	市外局番（ ） —	年齢	職業
Eメールアドレス		
読書傾向	①山 ②歴史・文化 ③社会・教養 ④政治・経済 ⑤科学 ⑥芸術 ⑦建築 ⑧紀行 ⑨スポーツ ⑩料理 ⑪健康 ⑫アウトドア ⑬その他（ ）	

★ご記入いただいた個人情報は、愛読者管理にのみ利用いたします。

愛読者カード

消えた「四島返還」完全版

本書をお買い上げくださいましてありがとうございました。内容、デザインなどについてのご感想、ご意見をホームページ「北海道新聞社の本」の本書のレビュー欄にお書き込みください。

このカードをご利用の場合は、下の欄にご記入のうえ、お送りください。今後の編集資料として活用させていただきます。

〈本書ならびに当社刊行物へのご意見やご希望など〉

■ご感想などを新聞やホームページなどに匿名で掲載させていただいてもよろしいですか。（はい　いいえ）

■この本のおすすめレベルに丸をつけてください。

高（ 5・4・3・2・1 ）低

〈お買い上げの書店名〉

都道府県　　市区町村　　書店

ウクライナ危機以降、外相岸田のロシア訪問を延期し続けた日本の対応をこう皮肉った上で、プーチンは続けた。

「しかし、同時にロシアは、日本の友人たちが、特に米国をはじめとするパートナーからの圧力にもかかわらず、われわれとの関係維持のために努力していることを見ている。だから、日本の首相の訪ロを歓迎する」

安倍はロシアによるクリミア半島の併合以降、同盟国の米国の反対を押し切り、ロシアとの政治対話を続けてきた。プーチンの発言は、こうした安倍の姿勢を評価したものだった。

プーチンは「もちろんすべての問題を協議する予定だ」と述べ、「いつか妥協点は見つかると思うし、見つかるだろう」と、発言を締めくくった。全体として前向きな発言だったが、5月下旬にG7が日本での首脳会議を控える中、議

テレビでの国民対話を終え、各国記者団の囲み取材に答えるプーチン＝2016年4月14日、モスクワ（渡辺玲男撮影）

長国の日本を引き寄せるためのリップサービスにも見えた。

さらにプーチンは6日後の4月20日、新たな駐ロシア大使に赴任した上月豊久ら各国大使がそれぞれの元首から託された信任状を提出するクレムリンでの式典の席上、ソチで5月6日に安倍との首脳会談を予定していると日程を明かした。「日ロ関係の発展は優先課題の一つ」とも語り、日本に秋波を送った。

外交当局間の申し合わせでは、ソチでの会談日程の公表は、もう少し先のはずだった。「プーチンは、よほど安倍首相に来てほしいのだろう」。フライング発言を聞いた日本外務省高官は、記者団に語った。

「四島全ての帰属を完全に明確にしたい」。外相ラブロフは4月12日、日本を含む一部外国メディアとの記者会見で、北方四島の帰属問題はまだ解決されていないとの認識を表明した。

四島の帰属を巡っては、プーチンが14年5月の会見で四島全てが日本との交渉対象だと口にしたことはあったが、15年9月には外務次官モルグロフが領土問題は「解決済み」と主張していた。柔軟姿勢をにじませたラブロフの物言いには、安倍訪ロを控え、日本側の期待感を刺激したいプーチン政権の思惑が透けて見えた。

ロシアの主要経済紙エルベカは、安倍の訪ロについて「オバマに逆らってロシアへ」と見出しをつけ、歓迎する記事を掲載。メディアの注目度は高かった。

カーネギー財団モスクワ・センターの中国専門家アレクサンドル・ガブーエフはモスクワ支局長の取材に対し、中国からの経済協力がロシア側の期待通りに実現していないと説明。「ロシアの官僚や企業家にとって、経済力や技術力のある日本が中国に代わる新たなパートナーに見えている」と分析した。

だが、プーチンが肝心の北方領土を巡る主権問題で、歩み寄る気配は乏しかった。日本外務省幹部は、記者団に「ロシア側は全然譲歩しておらず、基本的に同じ事を言っている。雰囲気を壊さないよう、ちょっと注意深い物言いをしているだけだ」と淡々と語った。

安倍は自身のロシア訪問によって、14年から延期が続いていたプーチンの来日に道筋をつけるつもりだった。ロシア側が訪日の条件とする「成果」をいかに打ち出すか。安倍は側近とともに、ソチでの首脳会談で大きなカードを切る準備をひそかに進めていた。

アイスブレイク

16年5月6日午後、黒海に面したロシア南部ソチ郊外の高台に立つ大統領公邸。安倍とプーチンの首脳会談は予定より約50分遅れで始まった。

会談の冒頭、安倍はプーチンにこう語りかけた。「風光明媚《めいび》なソチでの2年前の会談を思い出している。ウラジーミルとの会談を実現できて大変うれしく思う」

安倍は14年2月、ロシアの同性愛宣伝禁止法の制定を受けて米国など欧米主要国首脳が欠席したソチ冬季五輪の開会式に出席し、同じ公邸で首脳会談を行った。ソチは「日ロ首脳の親密さを象徴する場所」（日本外交筋）だった。

プーチンも冒頭、「日本はロシアにとって隣国だけでなく、アジア太平洋地域における重要なパートナーだ」と安倍の訪問を歓迎した。

同席した官房副長官の世耕が同行記者団に行った説明によると、会談ではまず、首脳を含めた4人対4人の少人数会合が約1時間25分間続いた。プーチンはサハリンと北海道を結ぶ橋の構想などの具体例にも触れながら30分以上、経済や人的交流、安全保障分野の協力について一方的に話し続けた。

安倍もさまざまな分野の協力を評価し、関係強化に向けた意欲を表明。その上で、北方領土問題について「かなり踏み込んだ発言」を行った。さらに「これまでの発想にとらわれないアプローチで、交渉を精力的に進めていこう。今までの交渉の停滞を打破し、この問題を2人で解決しよう」と述べ、「2人きりで少し話をしたい」と、プーチンに一対一の会談を持ちかけた。

同席していた外相ラブロフは難色を示したが、プーチンは「シンゾウが2人だけでと言っている」と申し出に応じ、通訳だけを交えて会談が行われた。一対一の会談は3回目だったが、これまでで最も長い約35分間続いた。

安倍はその後のワーキングディナーで《1》健康寿命の伸長《2》快適・清潔で住みやすく、活動しやすい都市づくり《3》中小企業交流・協力の抜本的拡大《4》エネルギー《5》ロシアの産業多様化・生産性向上《6》極東の産業振興・輸出基地化《7》先端技術協力《8》人的交流の抜本的拡大――からなる8項目の経済協力プランを提案。日本の協力でロシア経済がどう変わるのかが一目で分かるイラスト入りのペーパーを示し、「8というのは、末広がりで日本では縁起がいい数字だ」と説明した。

プーチンは「素晴らしい」と応じ、9月にウラジオストクで開く東方経済フォーラムに安倍が出席し、再会談することも確認した。会談は夕食会を含め、合計で約3時間10分に及んだ。

両首脳による共同記者会見は行われなかったが、宿泊先のホテルに戻った安倍は記者団の囲み取材に応じ、満足げに語った。

「平和条約については、今までの停滞を打破する、突破口を開く手応えを得ることができた。これはプーチン大統領も同じ認識だと思う。未来志向の日ロ関係を構築していく中で、解決していく考えで一致した。今までの発想にとらわれない新しいアプローチで交渉を進めていくことになる」

新しいアプローチとは何なのか――。記者団の質問に対し、安倍は「今までのアプローチとは違う、新たな発想に基づいて交渉を進めなければならないと考えた」と述べただけだった。

世耕も具体的な内容を説明しなかった。記者団は「四島の帰属問題を解決して、平和条約を締結する」という政府方針の転換を意味するのかとただしたが、世耕は「基本的な立場は全く変わっていない」と強調。安倍政権が何をどう変えるつもりなのかは見えないままだった。

安倍は記者団の取材後、宿泊先のホテルのバーに側近らを呼び「北方領土問題のアイスブレイクだ」と上機嫌に語った。第1次政権時の06年、関係が冷え込んでいた中国を訪問し、日中関係の「氷を砕いた」(アイスブレイク)と評されたことになぞらえた発言だった。

「すごいやりとりだった」「最高の会談だった」。安倍に同行した政府高官は成果を繰り返し強調したが、発表内容にさほど目新しさはなかった。日本は「基本的な立場」を堅持しつつ、北方領土交渉をどう進展させるつもりなのか。取材班の記者が疑問を投げかけると、高官は「日本のスタンスは変えられない。スタンスを変えずに知恵を出せるかだ」と語った。

「経済協力の舞台には四島も入るのか」。質問を続けた記者に、高官は当然のようにこう答えた。

「それは入るでしょ。日本人の四島ツアーとかあったら、行きたい人はいるよね」

安倍政権は、歴代政権が慎重だった北方領土でのロシアとの経済協力を視野に入れているのか――。取材班は高官の踏み込んだ発言に驚きつつ、その可能性を探ろうと動き始めた。安倍が会談で、既にその意向をプーチンに伝えていたことは、まだ分からなかった。

新アプローチ

ソチでの日ロ首脳会談で、安倍がプーチンに提案した平和条約交渉の「新たなアプローチ」について、日ロ双方のメディアではロシアが期待する経済協力を先行させつつ、領土問題で譲歩を引き出す戦略との分析が多かった。

取材班は、安倍が歴代政権が慎重だった北方四島での共同経済活動に踏み切る可能性を探っていたが、すぐには裏が取れなかった。会談直後の記事では「日ロ首脳　経済てこ、打開図る」などと報じた。

しかし、その後の取材で、交渉に関わった日本政府関係者から「経済協力は新しいアプローチではない。実際は北方四島での協力の話だった」との証言を得た。

安倍　「四島でいろいろ協力できる」

プーチン「それは平和条約を結ばなくてもできることか」

安倍　「そうだ」

プーチン「とてもいい」

両首脳が会談の中で、こんなやりとりをしていたことも新たに判明した。

安倍の念頭にあったのは、15年9月の外相会談でラブロフが国際約束による北方四島での日ロ共同経済活動を極秘提案したことだった。ロシア法ではなく、条約などの国際約束に基づいて共同経済活動を実現できれば、日本の法的立場が害されたことにはならない――。安倍は協力の中身にまでは踏み込まなかったものの、会談で共同経済活動に前向きなシグナルを送った。

北方領土での共同経済活動は、日本からの経済支援に期待するロシア側が90年代から求めてきた。

98年の日ロ首脳会談では首相小渕恵三と大統領エリツィンが共同経済活動の検討開始に合意したが、この時も提案したのはロシア側だった。首脳間で日本側から持ちかけたのは、安倍が初めてだった。

日本政府としては「日本固有の領土」と主張する北方四島で、日本企業がロシア法に従う形で経済活動を行うことを認めるわけにはいかない。実現には日本の法的立場を害さない仕組みが必要で、経済活動に関わる法律だけでなく、例えば事故や事件が起きた時に日ロどちらの法律で裁くのかなども決める必要があった。

その難しさは「六法全書をゼロからつくるようなもの」（外務省幹部）とも評される。98年の首脳会談後も、数年間は外務省間で交渉が続いたが、ほとんど進展しなかった。

ただ、ロシア政府による北方四島の開発が進む中、経済活動を通じて島と関わりを深めつつ、領土交渉進展の糸口を探るべきだとの声は、日本側にもくすぶり続けてきた。元首相の森は「双方が負けない解決策」として、四島での共同経済活動に前向きな姿勢を公の場で繰り返し表明。根室など北海道東部地域にも、四島との経済交流には期待の声が根強かった。

安倍政権内で四島との経済協力を主導したのは、ともに経済産業省出身の安倍側近・首相秘書官の今井と、首相補佐官の長谷川栄一の2人だった。元外務次官で国家安全保障局長の谷内は法制度の難しさや経済性の低さなどから慎重だったが、強硬には反対しなかったという。

四島での共同経済活動の検討について、政府関係者は「そんな話はしていない」と口々に否定した。ただ、安倍側近の一人は、新アプローチについて質問した取材班の記者に意味深に語った。

「北方領土の歴史的経緯を巡る日ロの認識にズレがあることは、はっきりしている。まずは四島をどう幸せにするかを考えるべきだ」

一方のロシア側は、島の開発への日本の協力が拡大することへの期待感を隠さなかった。ソチでの首脳会談から4日後の5月10日、極東開発を所管する副首相トルトネフはモスクワ支局長の単独インタビューで、「日本との島の共同開発は可能だし、このような発展に日本が参加しないことは正しくない」と語った。

トルトネフは、安倍が会談で北方四島での協力に前向きな意向をプーチンに伝えていたことは明かさなかったが、「クリール諸島（北方領土と千島列島）の発展に向けた協力は二国間の信頼と相互理解の架け橋になる」と強調。「日本を特別扱いする法律は作れないが、日本の経済界から公式に提案があれば、実現に向け迅速に対応する」とも語った。

水面下で動き始めた四島での共同経済活動構想。日ロ両政府は伏せていたが、ソチでの首脳会談ではプーチンの来日時期を12月とすることでも大筋で合意していた。「成果」づくりに費やせる時間は、約7カ月。日本の法的立場を害さない形で共同経済活動を実現できる保証はなく、日本の協力で島の開発が進めば、返還自体がより遠のく恐れもあったが、安倍周辺は交渉進展の打開策になるとの感触を強めていた。

ただ、プーチン政権は、北方四島のロシア領有は「大戦の結果」だと訴えていた。主権問題で歩み寄ることは可能なのか。ロシアが過去に解決した隣国との国境問題の現場を取材すると、厳しい現実が浮かび上がった。

パンドラの箱

16年6月上旬、中央アジア・カザフスタン西部のアリムベトフカ村。「近くに国境線が引かれたけど、ロシアとの交流は変わらない。よく買い物に行くよ」。村で小さな飲食店を営む男性は、モスクワ支局長に流ちょうなロシア語で話した。

村からロシアとの国境検問所までは車で10分ほど。千人余りの住民の多くはカザフ人だが、日常会話はロシア語が主流で、店ではロシアの通貨ルーブルが使用できた。

旧ソ連時代、同じ国の中で隣り合う共和国だったロシアとカザフスタン。91年にカザフスタンが独立後も、ロシアとは「最も近い連合国」とも呼ばれてきた。

旧ソ連時代に引かれた境界線は曖昧で、7600キロ近い世界最長の陸上国境の画定は容易ではなかった。カザフスタン西端では、両国が天然ガス田を含む約1万7千ヘクタールの土地の領有権を主張。国境線を巡る対立地域は十数カ所もあり、ロシアの保守層にはロシア語を話す住民が多いカザフ北部などを「ロシアに取り戻すべきだ」といった強硬論もくすぶっていた。

しかし05年、両国は係争地を折半する形で国境問題を解決した。ガス田は面積を等分して両国の国営企業が資源を共同開発することで合意。アリムベトフカ村の隣村はロシア領となり、同じ面積の農地がカザフスタンに譲られた。

カザフスタン大統領だったナザルバエフ(19年3月に大統領退任)は旧ソ連共産党の幹部で、90年にカザフスタン共和国の大統領に就任以来、旧ソ連・ロシアの歴代大統領とは緊密な個人的関係を築いてきた。

両国は外務省や専門家、国境近隣州の代表者らでつくる委員会を

立ち上げ、99年9月に国境画定交渉を開始。04年までに50回近く協議を行い、大部分の線引きは合意した。

ガス田周辺など約150キロの国境線はなかなか折り合えなかったが05年1月、プーチンがナザルバエフと会談し、ガス田などを折半することで決着。「専門家レベルで解決できなかった困難な問題を首脳間で決めた」。プーチンは国境画定条約の調印式で、政治決断による妥協だったと強調した。

ロシアにとってカザフスタンは中央アジアの玄関口に位置する要衝。プーチンは調印式から3カ月後の演説で、旧ソ連崩壊を「20世紀最大の地政学的惨事」と呼び、旧ソ連圏の国々との共同経済圏の構築を掲げた。当時、ロシアは南部チェチェン共和国の武装勢力によるテロなど不安定な国内情勢が続き、カザフスタンとの間で「新たな緊張を生みたくなかった」（ロシアの政治学者）という事情もあった。

ロシアは04年に中国、10年にはノルウェーとも「五分五分」の原則で国境問題を解決した。将来的に軍事力や経済力の台頭が予想される中国との紛争を避け、ノルウェーとは海洋資源の開発を進める狙いなどが

カザフスタン西部にあるロシアとの国境検問所。7千キロを超える国境を接するロシアとの間にはいくつもの検問所がある＝2016年6月3日（渡辺玲男撮影）

あったとされる。

ただ、ロシアはカザフスタンほど関係が深い国とでさえ、「五分五分」以上の譲歩はしなかった。さらにカザフスタン、中国、ノルウェーとの国境問題は、いずれも「第2次世界大戦の結果」とは一切関係しておらず、北方領土問題とは根本的に性質が異なっていた。

ロシアが自国の「歴史認識」を決して譲らない姿勢を鮮明にしたのは、日ロ間と同じく、第2次大戦に絡んだ領土問題を抱えていたバルト3国のエストニアとの交渉だ。

エストニアは91年の旧ソ連からの独立を機に、同国南東の国境に近い「ペチョールイ地区」などの返還を旧ソ連の継承国ロシアに求めた。大戦前の1920年に旧ソ連と結んだタルトゥ条約で、同地区はエストニア領に定められていたが、大戦期に旧ソ連に一方的に併合されたと主張した。

だがロシア側は、エストニアは旧ソ連に自発的に加入しており、その時点で同条約は無効になったと反論。「大戦前」の領土回復を求めるエストニアを突き放した。結局、2014年2月、エストニアが約2300平方キロの領土を放棄する形で国境画定条約に調印した。

ロシアでは旧ソ連が2千万人以上の犠牲を払ってナチス・ドイツを打ち破り、欧州と世界を救ったとの歴史観が定着している。国際法に詳しいタルトゥ大学教授のラウリ・マルクソーは「歴史認識でエストニアに柔軟な姿勢を見せれば、同じく大戦期に占領した北方領土の返還要求も強まりかねない。ロシアはパンドラの箱が開くことを恐れたのだろう」と語った。

エストニア国内では、領土を放棄したことに批判の声も上がった。政府はなぜ、国境問題の解決を優先したのか。エストニア外相マリーナ・カリユランドは16年4月、モスクワ支局長のインタビューにこう答えた。

「10年後、20年後、25年後のロシアがどういう状況かを確実に言える人がいるだろうか。より良い政権が誕生するかもしれないが、もっと悪くなる可能性もある。条約締結の機会をしばらく失うかもしれないなら、チャンスがある時にそれをつかむべきだ」

異例の経済担当相

16年9月1日。取材班は早朝から日本政府関係者への取材に追われていた。NHKが朝のトップニュースで、安倍が新たに「ロシア経済分野協力担当相」を新設し、8月の内閣改造で官房副長官から経済産業相に就いたばかりの世耕に兼務させると報道していた。特定の国との経済協力を専門に担当する閣僚の配置は極めて異例だった。

14年のロシアによるクリミア半島の併合以降、日本は米欧と共に対ロ制裁を続けていた。にもかかわらず、安倍は5月の首脳会談でプーチンに8項目の経済協力プランを提案し、日ロ関係を強化する姿勢を鮮明にしていた。欧米との対ロ包囲網の足並みを乱しかねない対応だったが、「安倍1強」の構図が強まる中、野党からも問題視する声はほとんど出ず、11月に大統領選が迫る米国も以前のような圧力をかけてこなかった。

安倍は翌2日にウラジオストクで開かれる東方経済フォーラムに出席し、プーチンと会談する予定だった。担当相の創設は、プーチンへの露骨な「手土産」だった。政権内で対ロ外交を所管する官房副長官として安倍を支えてきた世耕や、経産省出身の首相補佐官、長谷川らが深く関わり、官邸―経産省ラインが主導していることも印象づけた。

「ロシアを喜ばすために肩書をつけたということだ。実質的には何も変わらない」。外相岸田は周囲に、ロシア側にすり寄るような官邸の姿勢に不快感をにじませた。

連載
「ロシアと国境」

東方経済フォーラムは前年の15年に始まり、安倍の出席は初めてだった。5月のソチに続き、この年2回目の訪ロとなった安倍は、2日夜にプーチンとの会談に臨んだ。

「アジア太平洋地域の成長は世界経済のけん引役だ。その力を日本とロシアに取り込むに当たって、ロシア極東地域は格好の共同作業の場だ」。安倍は会談冒頭、日ロ協力推進への意欲を改めて表明した。会談は夕食会も含めて約3時間10分行われ、通訳だけを交えた一対一の会談は、過去最長の55分間に及んだ。

安倍は会談後、プーチンが12月15日に公式来日し、自身の地元・山口県で会談することで合意したと記者団に発表。11月に南米ペルーで開かれるＡＰＥＣ首脳会議の際にも首脳会談を行うと述べた。

「平和条約について2人だけで、かなり突っ込んだ議論を行うことができた。新しいアプローチに基づく交渉を具体的に進めていく道筋が見えてきた」。安倍はこう強調し、山口県での会談では「ゆっくりと静かな雰囲気の中で、平和条約を加速させていく」と語った。

首脳会談に合わせて行われた夕食会には、三井物産、丸紅など日本の大手商社トップも同席した。プーチンは世耕に早期のモスクワ訪問を求めるなど、経済協力の具体化に強い期待感を示した。

翌3日、プーチンは安倍も出席したフォーラムの全体会合で演説し、北方領土問題を念頭に思わせぶりに語った。

「（日ロの）どちらもが自らが敗者だと感じない解決方法が必要だ。それは困難な解決だが、見つけられる。日本の首相が提案した8項目の協力プランは、唯一の解決への正しい道だと考えている。（中略）思い切った一歩を踏み出す用意があるが、それには準備が必要だ」

安倍の対ロ姿勢を評価し、解決への意欲をちらつかせつつ、そのためには日本側の一層の協力が必要だと暗に求めていた。

安倍はプーチンの演説に応えるように、約17分間の演説のうち14分を経済協力の説明に費やし、日本の技術力などをアピールした。今後、毎年フォーラムに出席し、プーチンと会談を行うことまで約束した。

両政府は一切公表しなかったが、会談の中で、安倍は北方四島での日ロの共同経済活動を検討する考えを正式に提案した。5月のソチでの首脳会談で、安倍が四島での協力を提案して以降、両政府は四島への日本人の往来の拡大も含め、極秘に協議を進めていた。

こうした動きを追っていた取材班は会談直前の2日付夕刊1面トップで「首相、四島共同開発も視野」と報じた。ロシアが実効支配している四島で、日本が経済活動を行った場合、「国際司法裁判所がロシアの管轄権を認める判断をする可能性もあり、日本政府内には領土交渉に不利に働くとの懸念は根強い」と慎重論があることも伝えた。

「領土問題を後回しするのではない。まず経済協力をやって、ロシアが返還できる環境を日本も一緒になって整えていくということだ」

安倍側近は、経済協力を先行させる意義を周囲にこう強調していた。原理原則にこだわり、四島の帰属の問題を優先する従来の外務省のやり方では交渉は進まない——。官邸内では、歴代政権が目指してきた「四島返還」にもこだわらない空気が強まっていた。

2 プラスアルファ

ウラジオストクでの日ロ首脳会談から3日後の16年9月5日。中国・杭州でのG20首脳会合後に記者会見に臨んだプーチンは、日本との平和条約交渉で「何に応じる用意があるのか?」と問われると、1956年の日ソ共同宣言を持ち出して、こう語った。

「私がなぜ56年の条約を思い出したかというと、ソ連が（北方四島を）もらって、2島返す用意があった。どういう条件かは分からない。あそこには書いてないが返す用意がある。それに関して経済活動とか安全保障問題とか人道的な側面を含む多くの問題がある。そのすべてが私の注目と検討の範囲の中に入っている」

同宣言には、歯舞群島と色丹島を「平和条約締結後」に日本に引き渡すとしか書かれていない。プーチン発言は、宣言の履行条件に経済や安保を一方的に追加するものだったが、安倍や側近はプーチンが宣言の法的有効性を認めてきたことを重視していた。「プーチンは日ソ共同宣言に基づく2島返還からぶれてない。ぶれてきたのは日本側だ」。安倍側近は取材班の記者に、外務省が主導してきた戦後の対ロ外交にこそ問題があったと訴えた。

日本と連合国の終戦処理を定めた1951年のサンフランシスコ平和条約締結後、日本政府は国後、択捉の2島は同条約で放棄した「千島列島」に含まれると考えていた。55年に始まった旧ソ連との国交正常化交渉で当初は歯舞、色丹の2島返還での決着を容認する方向だったが、米国の圧力などで四島返還に方針を転換し、解決は先送りされた。旧ソ連崩壊後にロシアが日ソ共同宣言に基づく2島返還に応じる構えを見せた際も、日本が「四島」にこだわり続けたため問題を解決できなかった――というのが、安倍周辺の認識だった。

安倍は注意深く、四島返還にはこだわらないシグナルを出し始めていた。

10月3日の衆院予算委員会。日本維新の会の下地幹郎は、歯舞、色丹2島の面積は北方四島全体の7％にとどまるが、「2島が返って来た後の排他的経済水域の問題は大きい」と指摘。これを受け、安倍は「（対ロ交渉は）島だけではなくて水域も含めて、当然考えていかなければならない」と踏み込んだ。

元自民党議員の下地は、対ロ外交について安倍に提言を繰り返していた新党大地代表の鈴木と気脈を通じる間柄だった。沖縄県選出の下地は「沖縄は（国土面積の）0・7％しかないが、沖縄があることでどれだけの海域が日本のものになっているか」と強調。安倍との一連のやりとりは、日ソ共同宣言で日本への引き渡しが明記された歯舞、色丹2島だけでも返還が実現すれば、海域を含む経済的利益が大きいことを世論にアピールする狙いがうかがえた。

9月のウラジオストクでの日ロ首脳会談の前後から、複数の日本メディアは、安倍政権の対ロ交渉方針は日ソ共同宣言に基づいて歯舞、色丹両島の返還を実現した上で、残りの国後、択捉両島の継続協議を目指す「2島先行返還」だとの見立てを報じていた。

だが、安倍は北方領土交渉について自らの在任中に「最終的な解決」を目指す考えを繰り返していた。2島先行返還なら、国後、択捉2島の決着は将来に先送りすることになる。安倍側近は「2島先行返還なんて話は、全く考えていない」と周囲に漏らしていた。

プーチンは日ソ共同宣言に基づいて平和条約を締結した場合、「（日ロ間には）いかなる領土要求も残らない」と主張していた。ロシアが最終的な四島返還要求を続ける余地を日本側に残しつつ、2島の先行返還に応じる可能性は極めて低い。安倍周辺は、そう認識していた。

「四島返還」では交渉は動かず、「2島先行返還」でもロシアが応じる気配はない。ただ、軽々に「2島決着」を打ち出せば、日本国内で安倍政権への批判が強まるのは必至だった。

12月のプーチン来日に向け、領土交渉の道筋をどう描くべきなのか。安倍や側近はプーチンが有効性を認める日ソ共同宣言に明記された歯舞、色丹2島の返還は、事実上担保されているとみていた。その上で、ロシアの実効支配が続く北方四島で、日本の法的立場を害さない形で共同経済活動が実現できれば、四島の主権に日本が一定程度関与していると言えるのではないか――。官邸内ではこのころから、安倍が18年11月にシンガポールで提案する歯舞、色丹2島の引き渡しとともに、残る国後、択捉両島では共同経済活動を目指す「2島返還プラス共同経済活動」案が胎動を始めていた。

一方、対ロ交渉に長く携わる外務省幹部は、プーチンが日ソ共同宣言に基づく2島引き渡しに複数の条件を付けていることを懸念し、取材班の記者にこう漏らした。「経済協力を前に進めてしまってから、領土交渉の最終段階で『これではだめだ。署名できない』と言うわけにはいかなくなる。拙速に進めるのは危ない」

妥協点を探るため、ロシア側に歩み寄ろうとする安倍に対し、プーチン政権はさらなる難題を突きつけていた。

安保条約からの除外

プーチンの来日まで2カ月余りに迫っていた16年10月初旬。首相官邸内には不穏な空気が漂い始めていた。

日ロ経済協力に積極姿勢を見せる安倍政権に対し、ロシアの経済発展省と極東発展省は競い合うように事業案のリストを水面下で日本側に提示。事業費の総額は1兆ルーブル（1兆7千億円）を超え、安倍の想定をはるかに上回っていた。「怖くて総理に報告できない」。ロシア経済分野協力担当相を兼務する経済産業相の世耕は、周囲に漏らした。

それだけではなかった。10月半ば、ある官邸筋は取材班の記者に「最近、ややこしい話が来ている」と明かした。ロシア側は、仮に北方領土の島々を日本に引き渡すことがあったとしても、日米安全保障条約の適用地域から除外するよう求めてきていた。

日米安保条約は第5条で、適用地域を「日本国の施政の下にある領域」と定めている。北方四島は現在、ロシアが実効支配しているため、実質的に条約の適用外だが、仮に返還が実現して日本の施政権が及ぶようになれば、条約上は米軍が活動できる地域になる。

ロシア側にとって、日本への領土の引き渡しが米軍の勢力圏の拡大につながることは、軍事的にも政治的にも受け入れがたかった。

旧ソ連は60年に日米安保条約が改定されたことを受けて発表した対日覚書で「島を日本に引き渡すことによって、外国軍隊によって使用される領土が拡大されることを促進することはできない」と批判。「日本領土からの全外国軍隊の撤退」を、56年の日ソ共同宣言に明記された、歯舞、色丹2島の引き渡しの新たな条件として一方的に追加した。

14年のウクライナ危機以降、米ロの対立は「冷戦後最悪」の状況と呼ばれていた。ロシア極東研究所所長セルゲイ・ルジャニンは16年9月のロシア国営通信社のインタビューで、「日本への島の引き渡しは、日本の同盟国である米国への贈り物になる」と警鐘を鳴らした。

ロシアの要求は、日本には受け入れ困難だった。日米間で結んだ安保条約に「適用除外」地域を設けることは、沖縄県・尖閣諸島を巡る中国との関係に影響する恐れがあった。

日本は米国に対し、中国が領有権を主張する尖閣諸島に日米安保条約を適用するよう繰り返し求めてきた。日本が対ロ関係を重視し、条約に「例外」をつくることを要請すれば、ロシアと対立する米国の反発は必至だった。「日米安保条約に穴が空くようなことをすれば、尖閣も適用範囲から外されかねない」。自民党の閣僚経験者は、懸念をあらわにした。

取材班は、複数の関係者から裏付けを取り、10月15日付の朝刊1面トップで「北方領土、日米安保

適用外に　ロシアが要求」と報じた。「特定の島だけ、日米安保条約の対象外とすることは極めて考えにくい」との政府関係者の声も入れ、実現性は低いことを強調した。

日本政府内には、返還された島には軍事施設など「ロシアが警戒感を抱くものはつくらない配慮が必要」（安倍周辺）との声もあった。だが、こうした「非軍事化」の確約であっても、米ロ両国との調整は極めて困難だった。

プーチン来日に向けた交渉が進むにつれ、浮き彫りになる日ロ間の隔たり。だが、日本のメディアでは楽観的な報道が過熱していた。

共同通信は29日、「日本政府が返還後の北方領土に関し、日米安全保障条約の適用対象外とする案を検討」と報道。事実なら北海道新聞の記事より、さらに進んだ内容だが、記事では条約の適用対象外とすることについて「安倍晋三首相が国内外へ表明する案が有力視されている。日ロ関係筋は『首相が政治的意思を示し、米国から理解を取り付けるシナリオが現実的だ』と説明する」と書いていた。

尖閣問題への影響も懸念される中、日本が一方的に条約の見直しを宣言することは外交的には考えられない。米国の了承を得ずに安倍が表明をしても、ロシア側が納得するわけはなく、「ありえない内容」（日本外交筋）だった。

楽観的な報道の多くは、ロシア側の考え方や過去の交渉の経緯を考慮せず、日本側の視点で書かれた内容が目立った。甘い見立てがまことしやかに広がり、十分な裏付けもなく報道される背景には、対ロ外交の経験がほとんどない経産官僚が主導権を握るいびつな安倍政権の体制も影響していた。「進展をアピールしたい官邸のリークだ」。相次ぐ楽観的な報道に外務省関係者は苦々しげな表情だったが、官邸内では「交渉をつぶそうと、外務省が情報を流した」と責任を転嫁する発言が漏れていた。

取材班は、安倍がひそかに提案した北方四島での共同経済活動の行方を追っていた。だが、交渉担当者となる日ロ関係担当大使の原田と外務次官モルグロフの協議は、9月の首脳会談以降、11月に入っても一向に開かれる気配がなかった。ロシア側との歩み寄りに向け、共同経済活動に慎重な立場だった原田は、実は交渉ラインから外されていた。

共同経済活動の誤算

16年11月16日。日ロ両国の外務次官、杉山晋輔とモルグロフが東京都内でひそかに向き合った。3日後に南米ペルーでの日ロ首脳会談を控え、北方四島での日ロ共同経済活動や平和条約問題を非公式に話し合うためだった。

本来、モルグロフのカウンターパートは日ロ関係担当大使の原田。日本外務省の事務方トップの杉山と、ロシア外務省に複数いる次官の1人にすぎないモルグロフは格も違った。だが、杉山はロシア側が求めた会談に応じた。原田は同席を希望したが認められなかった。

原田は1月の担当大使就任以降、モルグロフと2月、6月、8月の3回、平和条約交渉を行ったが交渉は進展しなかった。5月のロシア南部ソチでの首脳会談以降、四島での日ロ協力が主要テーマになったが、原田は四島の帰属問題を並行して協議することを強く主張。島の主権問題を避けたいロシア側の不評を買っていた。

「成果」を急ぐ安倍側近が目をつけたのが杉山だった。6月に外務省ナンバー2の外務審議官から外務次官に昇格した杉山は条約課長の経験を持ち、自らを「国際法の専門家」と公言していた。官邸は法的問題が絡む共同経済活動でロシア側との妥協案をまとめるのに適役とみて、9月ごろから、首相秘書官の今井が杉山に直接指示を下ろすようになっていた。杉山は外務省内でロシア課を通さずに国際法局などと水面下で協議し、ロシア政府関係者とも接触。これまで対ロ外交を担ってきたロシア課が、交渉ラインに入らない異例の体制だった。

日ロ両政府は、12月のプーチンの来日時の正式合意を念頭に、北方四島での共同経済活動の具体化作業を本格化させていた。事業として漁業振興や環境保全などの分野を想定。元島民から要望が多い北方四島との往来拡大も含めて議論が行われていた。

北方領土の開発に日本が協力することは、実効支配するロシアの法的立場を強めかねない。外務省内には慎重論が根強かったが、安倍側近は、日本の法的立場を害さない制度を実現することができれば、日ソ共同宣言に触れられていない国後、択捉2島の「主権に穴をあけられる」（官邸筋）というシナリオを描いていた。

日本側が期待をかけたのが、外相ラブロフが前年9月の外相会談時に口にした、条約などの「国際約束」に基づく共同経済活動の実現だった。当時の交渉に関わった日本側交渉筋は「外務省内にもロシア法ではない、新しいことができるかもしれないという期待感があった。国際法局も関わって四島を国際管轄地域にするような野心的な話まで出ていた」と明かした。

官邸内には、北方領土を「共同立法地域」とする案も浮上していた。日ロどちらの法律も直接的には適用せず、両国が事前に協議して定めたルールに基づいて活動するという構想で「特定の港など双方が合意した場所に限ることも想定していた」という。

ただ、これらは日本側の希望的観測だった。11月1日、来日した上院議長マトビエンコは記者会見で、共同経済活動について「ロシアの主権と、ロシアの法律の枠組みの中で行うことが前提」とくぎを刺した。16日の杉山とモルグロフの極秘会談でも隔たりは埋まらなかった。

ロシア法に基づく形での共同経済活動の域を出ないなら、日本が受け入れるわけにはいかなかった。日ロ両首脳は19日、ペルーの首都リマで開かれたAPEC首脳会議に合わせて会談した。日本側は議論の進展を期待したが、記者団の前に姿を現した安倍は険しい表情で語った。

「平和条約の解決に向けた道筋は見えてきているが、簡単ではない。着実に一歩一歩前進していきたい」。9月のウラジオストクの会談後に「具体的に進める道筋が見えた」と語った時の高揚感は影を潜めていた。会談では約1時間10分のうち35分間、通訳だけを交えて一対一で協議したが目立った進展は見えなかった。

一方、プーチンは翌20日の記者会見で、安倍と「島々での協力の可能性について話した」と述べ、四島の共同経済活動や人道分野での協力が議題に上ったことを明かした。両政府が、共同経済活動について協議していることを公の場で認めたのはこれが初めてだった。

プーチンは共同経済活動について「最終的な合意はない」とした上で、「これらの総合的な問題が、私たちが会談する際の主要な話題になる」と述べ、12月の来日時の具体化に期待感をにじませた。安倍は日本の法的立場を害さない形で実現できる保証がないまま、自ら提案した共同経済活動の検討から引くに引けない状況に追い込まれていた。

12月3日。モスクワで開かれた岸田とラブロフの外相会談。日本外務省筋によると、プーチン来日前の最後の本格交渉で、岸田は共同立法地域などを念頭に特別な法的枠組みによる共同経済活動の実施を提案。だが、ラブロフはこう一蹴した。

「四島がロシアから引き離されていくような案は受け入れられない」

スケープゴート

「交渉が失速したのは、谷内発言がターニングポイントだった」。プーチンの来日まで10日を切った16年12月上旬。官邸周辺で、そんな怪情報が飛び交い始めた。

国家安全保障局長の谷内は、プーチン側近の安全保障会議書記パトルシェフと11月9日にモスクワで会談した。この中で、谷内はロシアが島を日本に引き渡した場合、日米安保条約の適用地域になるのかを問われ、「該当する」と回答。この10日後に南米ペルーで開かれた日ロ首脳会談で、プーチンが谷内の発言を問題視し、交渉にブレーキがかかった――。情報は、大筋でそんな内容だった。

複数の関係者への取材によると、プーチンが会談で、「谷内発言」を持ち出し、日米安保条約への懸念を安倍に示したのは事実だった。ただ、当時の経緯に詳しい日本側交渉筋は「谷内さんは、そもそもそんな発言はしていない」と証言した。

ペルーでの首脳会談後、日本側は事実関係を確認するため、国家安全保障局審議官だった山田重夫をひそかにモスクワに派遣。ロシア安全保障会議の関係者は山田に対し、「この件で誰かを責めるのはやめるべきだ」と釈明したという。日本外務省関係者は、ロシア側で誤った情報がプーチンに上がった可能性があると推測する。

そもそも谷内の発言が事実でも、安保条約上のルールを説明したにすぎない。真相ははっきりしないが、情報がまことしやかに広まった背景には、プーチン来日時に大きな成果が示せないことを見越した「スケープゴート」づくりの思惑が感じられた。

ウクライナ危機で当初予定の14年秋から延期され、2年越しでの実現となったプーチンの来日。12月15日に安倍の地元・山口県長門市、16日には東京で、計2回の会談を行う日程が組まれた。

政府・与党内では一時、「首脳会談では、13年の共同声明を大きく超える『長門宣言』が発表される」（官邸筋）との楽観論に加え、外交的な「成果」を背景にした翌年1月の衆院解散説まで飛び交っていたが、来日を前にそんな期待はすっかりしぼんでいた。

「共同経済活動や人道的な交流の具体策で合意できれば画期的だ」。12月に入ると、安倍側近は首脳会談での成果について、記者団にこう説明し始めていた。首脳合意を優先し、ロシア法に基づかない形で日ロが共同経済活動を行うための特別な法的枠組みなどのルール作りは、先送りしてもいいとの声も出ていた。

共同経済活動が島の返還につながる保証はなく、安倍は国内世論の反発を受ける可能性があった。新党大地代表の鈴木は12月6日、官邸で安倍と面会し、首脳会談では共同経済活動だけでなく、日本への歯舞群島と色丹島の2島引き渡しを明記した1956年の日ソ共同宣言の履行に道筋をつけるべきだと進言。鈴木は周囲に「最低ラインというものがある。共同経済活動だけしかやれなかったら、何のためにやっているんだという話になる」と漏らしていた。

しかし、来日を前にプーチンは、冷や水を浴びせた。13日に公開された日本テレビと読売新聞の共同インタビューで、日ソ共同宣言についてこう語った。

「日本政府がこの宣言に戻るというなら、われわれは話し合う。注意深く共同宣言を見れば、9項で（2島）引き渡しについて書かれてはいるが、どちらの主権で、どんな条件で引き渡されるかは明記されていないことが分かる。非常にたくさんの問題が残っている。共同宣言の枠内だけでも、まだ多くの作業が必要だ」

モスクワで9日に行われたロシア政府による日本メディア対象の懇談会では、さらに高いハードルが次々と突きつけられた。

外務省高官は、日ソ共同宣言について「60年前のまったく違った地政学的状況の中で署名されたものだ。日本国民とロシア国民が、昨日署名したものと同様にそれを受け取る期待は正しくない」と指摘。日ソ共同宣言の後に、日米安保条約が改定されたことなどを指していた。大統領府高官は「もし56年に日本の対ソ連の制裁があったら、果たして56年宣言ができたのか」とも主張した。ウクライナ問題で、日本が欧米と協調して発動した対ロ制裁の解除も、2島引き渡しの前提条件になることを示唆していた。

「イルクーツクの時よりも厳しいな」。安倍はプーチン来日の直前、周囲にこう漏らした。プーチンが01年に日ソ共同宣言の有効性を初めて明記したイルクーツク声明に署名してから15年。当時、官房副長官として同声明の調印式に同席した安倍は、領土交渉のハードルがはるかに上がったことを痛感していた。

15日、日ロ首脳会談のために山口県長門市に設置されたプレスセンター。北海道新聞は、モスクワ支局長をはじめ、首相官邸や外務省の担当記者、論説委員、カメラマン含め7人が現地入りし、会談が始まるのを待っていた。

長門市での会談は、プーチンとの個人的な信頼関係をてこに平和条約交渉の進展を狙う安倍が、13年4月に訪ロしたころから実現にこだわってきた。自らの地元で静かな環境の中でもてなしながら、「じっくり時間をかけ、領土問題で突っ込んだ議論をする」（安倍周辺）のが狙いだった。だが、数々の溝を埋められないまま、その日はやってきた。

帰属先送り

12月15日。安倍は地元・山口県での日ロ首脳会談に向け、予定通り正午前に東京から空路で宇部空港に到着した。一方、プーチンはモスクワ出発が約2時間遅れ、宇部空港に着いたのは午後5時前だった。会場となった老舗温泉旅館「大谷山荘」での会談は、約2時間遅れで始まった。

安倍は冒頭、「夜は温泉にもゆっくりつかっていただきたい。これから行う首脳会談の疲れが完全に取れることを約束する」と、会談にかける意気込みを語った。プーチンは感謝の言葉を述べつつ、「でも一番いいのは大変疲れないことだ」といなした。

プーチンの到着が遅れたことで、日本側関係者は「十分な会談時間が取れなくなる」と懸念したが、夕食会を後ろにずらして時間は確保された。ロシアメディアは、プーチンはシリア情勢を巡る対応で出発が遅れたと伝えた。

会談は夕食会を含めて約5時間行われ、そのうち通訳のみを交えた首脳同士の一対一のやりとりは過去最長の約1時間35分に及んだ。夕食会に先立ち、記者団の取材に応じた安倍は「いい雰囲気の中で首脳会談を行うことができた」と切り出し、何度も手元のメモに目を落としながら、会談結果について、こう説明した。

「元島民のみなさんの故郷への自由訪問、四島における両国の特別な制度の下での共同経済活動、平和条約の問題について、率直かつ非常に突っ込んだ議論ができた」

「特別な制度」とは何か――。記者団の問いに、安倍は「(プーチンと) 2人であす会見の場において、ご報告したい」とだけ語った。

ほぼ同じころ、会談に同席した大統領補佐官ウシャコフはロシアメディアに対し、両首脳が「会談

首脳会談後の日露ビジネス対話で写真撮影に応じる（前列左から）第１副首相シュワロフ、プーチン、安倍、経済産業相の世耕弘成＝2016年12月16日、東京（中川明紀撮影）

の中で、あす発表する共同文書の作成に約40分を費やした」と説明。ただ、共同経済活動については、安倍が語った「特別な制度」には一切触れず、「あくまでロシア法に基づいて行う。ロシアの領土だからだ」と強調した。

翌日、安倍とプーチンは東京に舞台を移して約1時間10分会談し、一連の会談の成果をまとめた「プレス向け声明」を発表した。

声明は、北方四島での共同経済活動の協議開始が「平和条約締結に向けた重要な一歩になり得る」と明記。漁業、海面養殖、観光、医療、環境などの分野で関係省庁に協議開始を指示し、国際約束の締結を含む法的基盤の諸問題を検討すると書かれていた。

安倍は会談後の共同記者会見で「特別な制度について交渉を開始することで合意した」と説明。声明には外相ラブロフが以前提案した「国際約束」という2国間条約を意味する文言が盛り込まれ、日本外務省幹部は「ウシャコフが（ロシア法に基づいて行うと）勝手なことを言ったが、間違っていたのはどっちか判断してほしい」と記者団に強調した。

ただ、実際はどのような法的枠組みで実施するかは全く詰め切れていなかった。日本が受け入れ可能な法制度で合意できるかは、今後の交渉次第という玉虫色の内容だった。

共同経済活動を平和条約締結に向けた「重要な一歩」と位置付けたことも、新たな懸念材料となった。「島の返還につながらない」との批判を避ける狙いだったが、共同経済活動が進展しない限り、平和条約交渉には入らないと解釈できる余地を作った。対ロ外交に詳しい外務省ＯＢは「共同経済活動と、平和条約の前後関係をつくるのは絶対に避けるべきだった。帰属問題に関する議論をできないまま、半永久的に共同経済活動が続きかねない」と批判した。

モスクワ支局長は解説記事で、「日本が目指してきた四島の帰属確認を先送りして打開策を探る賭けに出た」と指摘。「ロシアは日本が主権問題で妥協したとみて強硬姿勢を強める可能性もあり、元島民が願う領土返還がより遠のく恐れもある」と指摘した。

日ソ共同宣言に明記された2島返還の道筋も見えないまま、歴代政権が慎重だった共同経済活動の検討に踏み切った安倍。プーチン来日直前、安倍は腹心の内閣情報調査室（内調）トップの内閣情報官北村滋を何度も官邸に呼び、ロシア側の真意を探るよう指示を飛ばしていた。政府関係者は取材班の記者に「北村はロシアの専門家ではない。外務省を信用せず、官邸主導で何でも決めようとした『安倍1強外交』の限界が見えた」と漏らした。

会談では、幅広い分野で経済協力を推進することや、高齢化する元島民の四島往来の手続きを簡素化することでも合意。「本格的な議論をスタートさせることはできたと思うし、四島の元島民のみなさまの要望、気持ちに少しは応えることができたと思う」。16日夜、安倍はテレビ各局をはしごし、進展をアピールした。

しかし、プーチン来日時に「目に見える成果」を示そうと焦ったひずみは、その後の交渉に重くのしかかっていく。

第4章

首脳外交過信 重ねた譲歩

愛国心は高まっている

四島で互恵的に協力できるようにしたい

プーチンは力の信奉者

ロシアは発言をチェックしている

投資が進まないことに大きな失望感を感じる

友情や経済的利益で北方領土を明け渡すほどロシアは甘くない

Chapter 4 Prologue［第４章］プロローグ

「米国は特にソ連崩壊後、自国の優位性を主張し始め、全世界に屈辱を与えた」。２０２２年５月９日、モスクワで開かれた対ドイツ戦勝式典。ロシア大統領プーチンは、米国への根深い不信感をあらわにした。

北大西洋条約機構（ＮＡＴＯ）の東方拡大を批判し、欧米との交渉を続けてもロシアの安全は保証されないとみて、ウクライナへの全面侵攻に踏み切ったプーチン。旧ソ連の崩壊後、米国を中心とする西側諸国は常にロシアの主張を軽んじてきた――。こうした不満は、米国の同盟国・日本にも向けられてきた。

約６年前の16年12月16日。ロシア大統領として11年ぶりに来日したプーチンは、当時の首相安倍晋三との首脳会談後の共同記者会見で、日米の「特別な関係」が北方領土交渉に与える影響に言及。「日本はロシアの全ての懸念を考慮してもらいたい」とけん制した。

自国の安全保障上の脅威を理由に、隣国への侵略を正当化し続けるロシア。「プーチンは力の信奉者だ。戦国時代の武将みたいなもので、織田信長に人権を守れと言っても全然通用しないのと同じだ」。安倍は22年４月下旬のシンポジウムで、プーチンをこう突き放した。

だが、プーチンが来日した16年当時の思いは違った。安倍は互いの不信感を乗り越えられると固く信じていた。

表面化した懸念

「この話はいずれ避けては通れない。プーチンがああやって懸念を率直に語るようになったのは、先をにらんでいるからこそだ」

16年12月のプーチンの来日後、安倍の側近は取材班の記者に、こう強調した。12月16日の首脳会談後の共同記者会見で飛び出した「プーチンの懸念」。それは日本外交が基軸とする日米同盟の存在だった。

会見で日本メディアから「平和条約で『引き分け』による解決を主張しながら、ロシア側の姿勢は後退している」と問われたプーチンは、1956年の日ソ共同宣言を巡る交渉過程で、米国が日本に北方領土問題で譲歩しないように迫っていたことを持ち出し、こう続けた。

「ウラジオストクの少し北には二つの大きな海軍基地があり、ロシアの艦隊が太平洋に出て行く。ロシアはこの地域で何が起きるのかを理解する必要がある。しかし、日米関係の特殊性、日米安全保障条約の枠内の義務を考えると、これらの関係がどのように構築されていくのか、私には分からない」

記者会見という公の場で、プーチンが北方領土問題に絡める形で日米安保条約に言及したのは初めてだった。日本が米国との同盟関係を見直すことなどあり得ないと承知の上で、来日時にあえてこの問題を持ち出したことに対し、日本側には「ここまで言い出すのか」（交渉筋）との驚きが広がった。

日本の45倍という世界一の国土を持つロシアにとって、北方四島は広大な領土のごく一部にすぎない。安全保障上の懸念とは何なのか。

ロシアは極東ウラジオストクと、カムチャツカ半島の中心都市ペトロパブロフスクカムチャツキーに海軍の拠点を持つ。カムチャツカ半島に連なるクリール諸島（北方領土と千島列島）は、太平洋とオホーツク海を隔てるように島々が並んでおり、国後島と択捉島の間の「国後水道」などは軍艦や潜水艦の通り道に当たる。仮にロシアが日本に北方領土を引き渡した場合、「日本の同盟国・米国にロシア軍の動きが筒抜けになる」との懸念は、ロシアの軍事関係者の間で安保上の懸念として広く語られていた。

　ロシアは15年、カムチャツカ半島に弾道核ミサイルを搭載できる原子力潜水艦を配備。14年のウクライナ危機以降、米ロ対立が激化する中、オホーツク海はロシアの核抑止力の中核を担う原子力潜水艦が潜伏する「聖域」として、軍事戦略上の重要性が増していた。

　16年に入ると、国防相ショイグが大クリール諸島（択捉、国後両島と千島列島）に海軍基地を新設する方針を発表。ロシアはクリール諸島をオホーツク海への侵入を防ぐ「天然の要塞《ようさい》」と位置づけ、軍事拠点化を進める姿勢を鮮明にしていた。プーチン来日直前の11月には国後、択捉2島に新型の地対艦ミサイル「バル」と「バスチオン」が配備されたことも明らかになっていた。

　エネルギー戦略上の重要度も高まっていた。ロシア政府は北極圏を経由して太平洋と大西洋を結ぶ「北極海航路」の開発を国策として進めていた。ロシア国営ガス大手ガスプロムは12年に、北極海航路を利用した液化天然ガス（ＬＮＧ）の輸送に世界で初めて成功。16年9月、防衛省の研究機関、防衛研究所（東京）の地域研究部長だった兵頭慎治は、根室市内での講演で「国後島と択捉島は北極海航路の出入り口に当たる。北方領土を含む千島列島の軍事強化は、北極海航路も見据えたものだ」と分析した。

　ロシアの安全の保証の確約を重視し、日米安保条約を公然と問題視し始めたプーチン。だが、97年に来日した国防相ロジオノフは、日米安保条約は「アジア太平洋地域の平和と安定に貢献している」

と述べており、90年代のロシアは同条約を肯定的に評価する姿勢さえ示していた。

プーチン来日後、ロシア政府関係者は、取材班の記者に対し、プーチンの真意をこう代弁した。

「97年と今は状況が違う。ロシアと米国の関係は過去数年間で最悪になった。私たちは日米安保条約を脅威と受け止めている」

プーチン来日直前の16年11月に行われた米大統領選では、共和党候補で対ロ融和姿勢を示していた実業家トランプが勝利。ウクライナ危機を受け、ロシアへの圧力路線を強めたオバマ民主党政権とは対応が変わるのか。ロシア側は米新政権のスタンスを慎重に見極めようとしていた。プーチンが日米安保条約への懸念を表明した背景には、17年1月のトランプ政権誕生を控え、日米両国の反応を探る思惑もにじんだ。

「日本政府に、日米安保条約の改正が必要だと考えている人はいない。プーチンの要求がそれを指しているなら、交渉は無理だ。発言の意図を注意深くみている」。外務省幹部は警戒感をあらわにした。しかし、安倍側近はプーチンの発言は、両首脳が踏み込んだ交渉を進めている証しだと前向きに捉えていた。

元島民の手紙

プーチンの来日から1カ月後の17年1月16日。北方領土の元島民らでつくる千島歯舞諸島居住者連盟の理事会で、理事長の脇紀美夫は、参加者の厳しい声を浴びていた。「手紙に『島を返せ』という言葉がないのはおかしい。7人もいたなら誰かが言うべきだった」。札幌市内で非公開で開かれたこの会合で問題となったのは、安倍からプーチンに手渡された「元島民の手紙」だった。

手紙は16年12月15日、安倍とプーチンが山口県で会談した際に渡された。会談後の共同記者会見で、プーチンは「感動的な元島民の手紙を読んだ」と語り、元島民の四島との往来手続きの簡素化などに取り組む考えを表明。安倍は「元島民の願いを少しでもかなえることができた」と、会談の「成果」としてアピールした。

長く北方領土返還運動の先頭に立ってきた元島民らにとって、手紙は寝耳に水だった。千島連盟の理事もごく一部を除き、手紙の内容どころか、存在さえ知らされていなかった。

それでは「元島民の手紙」は、いつ、誰が準備したのか。取材班の記者たちが取材を進めると、官邸主導でひそかに用意されていた実態が浮かび上がってきた。

プーチン来日3日前の12月12日。安倍は公邸の一室で、元島民らと懇談した。脇は「大変難しいことは分かっているが、一歩でも二歩でも具体的に進めてほしい」と首脳会談への期待を語り、自身を含めた元島民7人が署名したプーチン宛ての手紙を安倍に託した。

複数の関係者によると、手紙に署名した元島民7人は、安倍との面会前日の11日に東京都内に集められていた。首都圏在住の元島民の一人から、「首脳会談前に元島民で首相に会いに行く」などと呼びかけがあり、案内状と往復の航空券の入った封筒が届いたという。

手紙について全員が説明を受けたのは同日夕、宿泊先のホテルに近い東京・銀座の日本料理店の個室だった。呼びかけた元島民が「プーチン大統領が来るのだから、元島民の思いを伝えたらどうか」と提案し、既に準備してあった手紙のひな型を見せた。その場で意見を出し合って、最終的な文案がまとめられた。

7人が首相と面会し、手紙を渡すことは、日常的に元島民らとやりとりしてきた内閣府北方対策本部や外務省も知らなかった。内閣府幹部は「面会は当日に知らされた」と明かした。

手紙には何が書かれていたのか。取材班が入手した手紙のコピーによると、元島民の3分の2が他界したことを説明した上で「生存者の願いは『生きているうちに故郷に戻りたい。島で朝を迎えたい。何時でも墓参りをしたい。自由に島に行きたい』です」と強調。ビザなし交流などを通じてロシア人島民と信頼関係ができているとしつつ、「互いを尊重し合う友達になりましたが自由に行き交うことが出来ません」と訴えた。

首脳会談に向けては「プーチン大統領こそがこれまで誰もが成しえなかった日露平和条約を締結し、北方領土問題を解決して下さるものと確信いたしております」。「安倍総理を信頼し、全てを託しています。安倍総理がお決めになったことに従います」と明記し、両首脳の政治決断を尊重する考えも示していた。

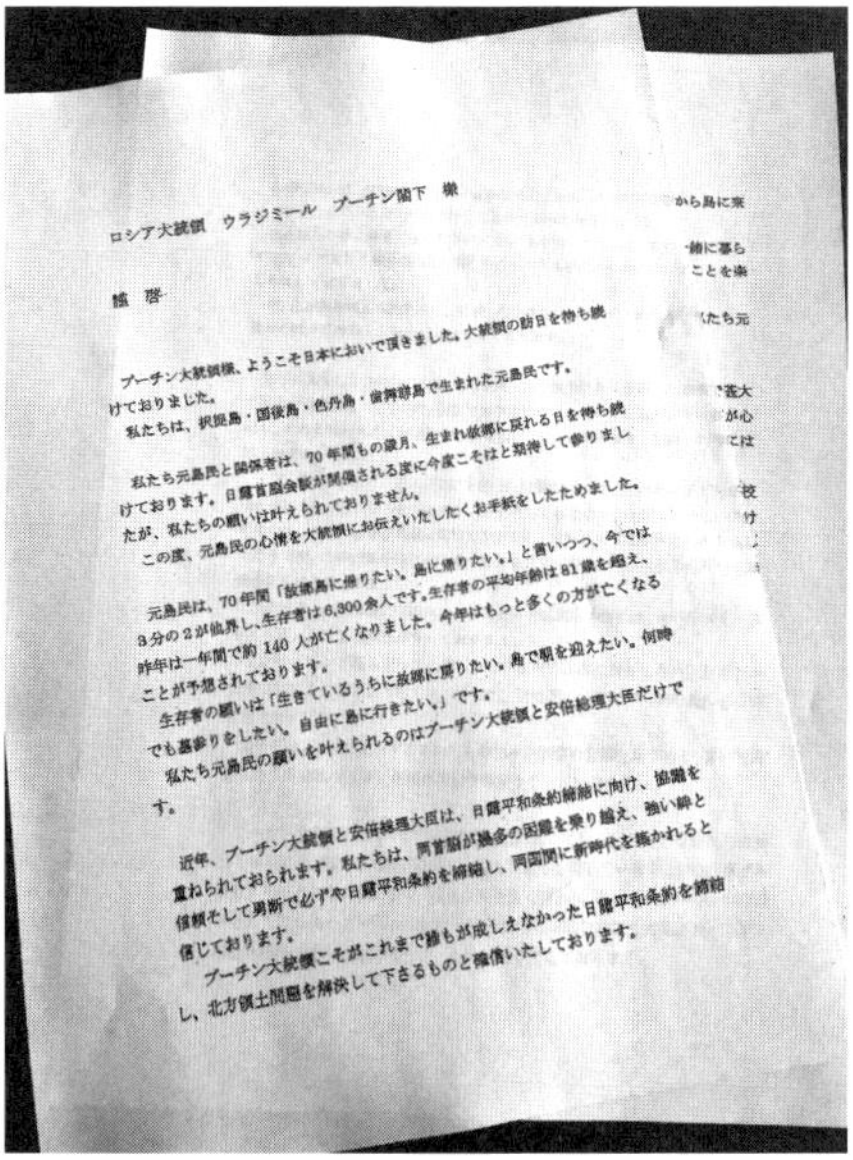
ロシア大統領　ウラジミール　プーチン閣下　様

謹啓

プーチン大統領様、ようこそ日本においで頂きました。大統領の訪日を待ち続けておりました。
私たちは、択捉島・国後島・色丹島・歯舞群島で生まれた元島民です。

私たち元島民と関係者は、70年間もの歳月、生まれ故郷に戻れる日を待ち続けております。日露首脳会談が開催される度に今度こそはと期待して参りましたが、私たちの願いは叶えられておりません。
この度、元島民の心情を大統領にお伝えいたしたくお手紙をしたためました。

元島民は、70年間「故郷島に帰りたい。島に帰りたい。」と言いつつ、今では3分の2が他界し、生存者は6,300余人です。生存者の平均年齢は81歳を超え、昨年は一年間で約140人が亡くなりました。今年はもっと多くの方が亡くなることが予想されております。
生存者の願いは「生きているうちに故郷に戻りたい。島で朝を迎えたい。何時でも墓参りをしたい。自由に島に行きたい。」です。
私たち元島民の願いを叶えられるのはプーチン大統領と安倍総理大臣だけです。

近年、プーチン大統領と安倍総理大臣は、日露平和条約締結に向け、協議を重ねられておられます。私たちは、両首脳が幾多の困難を乗り越え、強い絆と信頼そして英断で必ずや日露平和条約を締結し、両国間に新時代を築かれると信じております。
プーチン大統領こそがこれまで誰もが成しえなかった日露平和条約を締結し、北方領土問題を解決して下さるものと確信いたしております。

北海道新聞が入手したプーチンに手渡された元島民の手紙のコピー。北方四島の返還には触れられていない

集められた7人には、自らの体験を伝える「語り部」やロシア人島民との交流などに取り組んできた人が多かった。手紙に署名した元島民の一人は「思いをプーチン氏に伝える機会をつくってくれて、ありがたかった」と語った。

ただ、この手紙の最大のポイントは、島の返還には一切言及せず、元島民は「島への自由な往来や墓参の実現を強く望んでいる」と強調する内容にとどめたことだった。

手紙のことを知らされていなかった関係者には「元島民の純粋な思いが、政府に利用された」との疑念を生んだ。元島民の一人は「成果がない中で、急きょ書かれた手紙が結果的に成果を演出したのではないか」と漏らした。

「元島民が真心で書いた手紙だ。やらせではない」。官邸関係者は、取材班の記者にこう強調したが、不自然なことに元島民7人が手紙をまとめた現場には、NHK関係者が同席して撮影も行っていた。首脳会談後の18日、7人が手紙をまとめる場面は文面の一部の映像とともに特集番組で放送された。

複数の関係者は、この手紙には首相秘書官の今井尚哉らが関わり、千島連盟理事長の脇には「厳しいかん口令が敷かれていた」と明かした。NHKの番組放送後も、手紙は同連盟の幹部にも公表されなかった。ある元島民2世は「連盟として手紙を出すとなれば、いろんな意見があってまとまらない。外務省が関われば、徹底的に中身をチェックされて、よく分からない文章になりかねない。だからこんな奇襲的なやり方にしたのだろう」と推測する。

しかし、手紙で島の返還に触れなかったことは、ロシア政府内で「元島民が自由に行ければ、島は返さなくていい」(交渉筋)という見方を強めることにつながっていった。

躍る「未来志向」

「共同経済活動がどのように北方領土の解決、平和条約締結に結びつくか、全く不明確だ。われわれの大先輩たちの努力を『1ミリも動いてこなかった』と切って捨て、未来志向の発想という言葉だけが躍るのには違和感を覚える」

17年1月23日。プーチンの来日後、初の国会論戦の場となった衆院の代表質問。前首相で民進党幹事長の野田佳彦は、安倍の対ロ外交を痛烈に批判した。

安倍は16年12月のプーチンとの首脳会談で、平和条約締結への「重要な一歩」になり得るとして、日本政府が長く慎重だった北方四島での共同経済活動の協議を始めることで合意した。安倍はこれ以降、自らの決断の正しさを強調するように、歴代政権と同じ交渉を繰り返しても進展は見込めず、過去にとらわれない「未来志向の発想」が必要だと訴えていた。

「北方四島の未来図を描き、その中から日ロ双方が受け入れ可能な解決策を見いだしていくという未来志向の発想で領土問題の解決、平和条約の締結にたどり着くことができると考えている」。安倍は野田への答弁でもこう述べ、共同経済活動の早期具体化に意欲を示した。

安倍、プーチン両首脳が会談後に発表した「プレス向け声明」には、共同経済活動の検討対象として「漁業、海面養殖、観光、医療、環境その他の分野」の5分野が明記された。ただ、その具体化に向けた「条件、形態および分野の調整の諸問題」は、いずれも今後の協議に委ねられていた。

安倍はプーチンとの会談当日に出演したテレビ番組で、共同経済活動のイメージとして、北方領土のサケ加工場に日本企業が投資する例を挙げ「働く日本人の立場、収益、税金をどうするかを含め、専門的に細かく詰める必要がある」と説明。日ロ双方の法的立場を害さない「特別な制度」の下での実現に向けて「難易度は高いが、しっかりやっていきたい」と語った。

日ロ両国間では1998年11月の首脳会談で、大統領エリツィンが首相小渕恵三に北方四島での共同経済活動を提案。エリツィンは双方の法的立場を害さない「特別な法的枠組み」の創設を持ちかけ、両国の外務次官級による「日ロ共同経済活動委員会」が設置された。

しかし、その後、数年間はウニやホタテなどの栽培漁業が検討されたものの、協議はほとんど進展しなかった。主権問題が絡む法制度を巡る意見対立が大きな要因だったが、外務省関係者は「道内の漁業関係者から、競合を懸念する声もあった」と明かした。

今回は漁業に加え、観光、医療、環境など、さらに幅広い分野の検討が必要だった。日ロ双方とも権限を持つ関係省庁は複数にまたがり、調整がより難しくなるのは必至だった。

前回の二の舞いになるのでは――。取材班の記者の懸念に対し、ロシア外交筋は「今回は、前より強い両首脳の政治的意思と指示がある。頑張らないといけない」と語った。

98年当時は、そもそも日本側が共同経済活動に乗り気ではなかった上、両首脳とも政権基盤が弱く、政治の意思で具体化作業が進む環境ではなかった。これに対し、互いに安定的な基盤を持つ安倍とプーチンによる今回の合意は、ロシア側もそれなりに重く受け止めていた。

安倍は17年に入ると、「特別な制度」の実現に向け、対ロ外交の布陣を条約交渉に精通した陣容に一新する。交渉のトップには、外務省国際法局長の経験もある外務審議官の秋葉剛男を据え、欧州局長には元国際法課長の正木靖、ロシア課長には前条約課長で「ロシアスクール」のエースと目されていた毛利忠敦を起用した。共同経済活動に慎重だった日ロ関係担当大使の原田親仁は退任し、原田が担ってきた平和条約交渉は秋葉に一元化した。

2月7日の「北方領土の日」。東京都内で開かれた北方領土返還要求全国大会に出席した安倍は「歴史的な経緯などにばかりとらわれるのではなく、北方四島の未来像を描き、解決策を探し出す未来志向の発想が必要だ」と改めて強調。共同経済活動は「平和条約の締結に向けた重要な一歩だと確信している」と訴えた。

だが、同じ日に根室市総合文化会館で開かれた根室管内住民大会では、懸念の声が相次いでいた。「島を返せ」と書かれた鉢巻きやたすき姿の元島民ら約８００人が集まった会場で、色丹島出身の佐々木光雄（80）は「共同経済活動でロシア側との対話が必要なのは理解できるが、島が返ってくるための具体的な話をしてほしい」と指摘。同じく色丹島出身の松崎勍《つよし》（80）も「日本のお金で島の住環境が整い、ロシア人が住みやすくなるだけの共同経済活動にならないか」と語気を強めた。

共同経済活動で島の整備が進めば、日本への返還はさらに遠のくとの懸念は根強かった。ただ対ロ交渉を担う秋葉は「リスク先行でもやらなければいけない」と周囲に漏らしていた。安倍はウクライナ危機以降、日ロ関係には逆風続きだった国際情勢の変化を期待していた。それはトランプ米政権の誕生だった。

トランプ政権誕生

17年2月11日、リゾート地として知られる米南部フロリダ州パームビーチ。安倍は、米大統領トランプと二つのゴルフ場で計27ホールを回り、プレーを満喫した。

米国世論を二分する激戦となった大統領選を制し、1月20日に第45代米大統領に就任したトランプ。安倍は2月10日のワシントンでの首脳会談後、大統領専用機「エアフォースワン」でパームビーチに移動し、トランプの別荘に宿泊した。2日連続で夕食会が開かれるなど「異例の厚遇」（首相周辺）を受けた。

「ゴルフは相手の本質を知る上で大切だ」。13日夜に帰国した安倍は、その足で民放のBS番組に出演し、上機嫌で「ゴルフ外交」の意義を強調した。日米同盟の堅固さを内外に示すことが訪米の目的だったと語り、こう付け加えた。

「日本が領土問題解決のため、プーチン大統領と対話を進めていくことについても、トランプ大統領の理解をいただいたと思う」

「米国第一主義」を掲げ、政治経験のない実業家から大統領の座についたトランプ。不法移民を阻止するためにメキシコ国境での巨大な壁の建設や、温暖化対策の国際枠組み「パリ協定」からの脱退など、従来の米政権では考えられない公約を訴え、有権者の支持を集めていた。

前大統領オバマとの大きな違いの一つが、ロシアとの向き合い方だった。オバマは14年3月のロシアによるウクライナ南部クリミア半島の併合以降、国際社会の対ロ制裁を主導し、プーチンと激しく対立。一方、トランプは大統領選中から対ロ融和路線を表明。「オバマよりも指導力がある」として、プーチンとの個人的な関係の構築にも意欲を見せてきた。

オバマ政権は、日ロ関係の強化に前向きな安倍に対し、執拗《しつよう》に圧力をかけ続けてきた。大統領選直前の16年9月21日、国連総会出席のため米ニューヨークを訪れた安倍は米副大統領バイデンと会談した。外交筋によると、北朝鮮や中国について語っていた安倍に、バイデンは「ロシアはどうするのか」と質問。安倍が「制裁破りなどするわけがない」と答えると、バイデンは「総理が適切、賢明に対処すると確信している」と語った。同年12月にプーチンの来日を控え、安倍がロシアに融和的な対応を取らないようくぎを刺したのは明らかだった。

安倍は17年2月2日の衆院予算委員会で「米ロは今までよりも関係が良くなる兆しが見えている」と述べ、トランプ政権の誕生が日ロ関係にプラスに働くことに期待感をにじませた。

首相在任中の北方領土問題解決を掲げる安倍にとって、米ロ関係の行方は非常に重要だった。プーチンが16年12月の来日時に表明した「日米安全保障条約への懸念」を和らげるためにも、米国との調整は不可欠だったからだ。

ロシアは、仮に北方領土を日本に引き渡す場合でも、日米安保条約の適用対象外とするよう強く求めていた。米国が容認する可能性は低く、日本政府内でも困難との見方が強かった。

ただ、トランプは大統領選期間中、日米安保条約に基づく米国の日本への防衛義務は「一方的」で「不公平だ」と訴え、見直しを示唆していた。中国の軍事的圧力が増す中、トランプのこうした認識は、日本にとっては安全保障上の重大な懸念材料だったが、官邸内では「型破りなトランプ大統領なら、北方領土を安保条約の適用対象外にすることも認めるかもしれない」との声が漏れ始めていた。

「トランプ大統領は（ロシアと）緊密に対話していく方針だ。われわれが今後、2プラス2も含め、米ロと安全保障の対話を進めることについても一定の理解を得られていると思う」。安倍は2月13日、民放テレビに続いて出演したNHKの番組で、こう語った。

日本とロシアの外務・防衛閣僚協議（2プラス2）は、安倍が13年4月のプーチンとの会談で創設に合意。同年11月に1回目の協議が東京で行われたが、米ロ対立の激化を受け、3年以上途絶えていた。安倍は3月に再開する方向で、米ロ両国と水面下で調整を始めていた。

ところが安倍の期待を打ち砕くように、トランプの対ロ外交には早々に暗雲が立ち込めていた。安倍の帰国翌日の日本時間14日午後、米CNNテレビは、トランプ政権で国家安全保障問題を担当してきた大統領補佐官マイケル・フリンが辞任したと報道。フリンは政権発足前の16年12月、駐米ロシア大使キスリャクと電話で対ロシア制裁の解除について協議していたことが問題となり、事実上更迭された。

フリンはトランプの最側近の一人で、日米首脳会談にも同席していた。日本政府はトランプ政権のキーマンになるとみて、米大統領選前の16年10月に訪日した際には官房長官の菅義偉らが会談するなど関係構築を進めてきただけに、政府高官は「もったいない」と落胆した。

これは始まりにすぎなかった。プーチン政権が米大統領選に介入し、トランプ陣営とも共謀していた疑惑、いわゆる「ロシアゲート」が表面化し、米国内のロシアに対する警戒感はさらに強まっていく。

2プラス2再開

17年2月17日、外相岸田文雄は滞在中のドイツ・ボンで外相ラブロフと会談し、中断が続いていた日ロ2プラス2を3月20日に東京で開催することで正式に合意したと発表した。

日ロの2プラス2開催は3年4カ月ぶり。「厳しい現下の安全保障環境の中、隣国ロシアとの間で、政治的な意思疎通を図っていくことは大変重要だ」。岸田は会談後、記者団に開催の意義をこう強調した。

13年11月の東京での初の2プラス2開催以降、長く中断が続いた背景には米国の存在があった。ロシア側は早期の再開を求めていたが、14年3月のウクライナ危機以降、日本は事実上拒否。欧米とロシアの緊張が高まる中、ロシア軍を統括する国防相も参加する2プラス2の開催は、米国を刺激するリスクが高かったからだ。

安倍は、トランプが日ロ2プラス2の開催に口を挟んでくる可能性は低いとみていたが、欧米の反発は懸念していた。岸田はラブロフとの会談後、「G7（先進7カ国）の結束を重視していきたい」と記者団に強調。ロシアとの2プラス2開催が、欧米と協調して発動している対ロ制裁に「触れる、関わる、損なう部分はないと思っている」と説明した。

北方領土交渉の進展に向け、国の根幹に関わる安保分野でもロシアとの対話再開に踏み切った安倍。しかし、外相会談から5日後の2月22日、ロシア国防相ショイグは、クリール諸島（北方領土と千島列島）の防衛を強化するため、年内に新たな師団を配備する考えを下院で表明。配備場所は明言しなかったが、既にロシア軍が駐留している北方領土の可能性があった。

「北方四島でロシア軍の軍備を強化するのであれば、わが国の立場と相いれず遺憾だ」。官房長官の菅は23日の記者会見で、ロシアに抗議したと発表。政府高官は記者団に「外相同士でしっかりやっていこうと言ったばかりなのに何なのか」と不満をぶちまけた。ロシアは近年、クリール諸島周辺での軍備強化を進めていたが、2プラス2の再開で合意した直後の発言には、日本側を揺さぶる狙いがうかがえた。

「2プラス2の再開は日ロ関係を新しい次元に引き上げる」。3月20日、東京の飯倉公館で開かれた協議の冒頭、ラブロフはこう歓迎し、安保分野の協力拡大に意欲を示した。

クリミア危機以降、米国が対ロ包囲網を主導する中、その同盟国の日本と安保分野の対話を行っていることを国内外にアピールするだけで、ロシアにはメリットがあった。

協議の中で、ロシア側は米国と連携して日本が配備を検討するミサイル防衛（ＭＤ）システムに強い懸念を表明。防衛相の稲田朋美は「北朝鮮からの脅威に対処するためで、それ以上のものではない」と主張したが、ロシア側は納得せず、ショイグは「アジア太平洋地域の戦略バランスを崩す恐れがある」と批判した。

「3年前とほとんど同じだ」。取材班の記者は、ＭＤを巡る日ロ間のやりとりが、2プラス2の初会合が開かれた13年11月から何も変わっていないことに、安保問題を巡る日ロの溝の深さを痛感していた。前回の2プラス2以降、日ロ間では安全保障会議間の対話枠組みも新たに創設され、日本は何度も「ＭＤはあくまでも防衛目的」だと説明してきたが、ロシアは米国の攻撃網の一部だとみなしていた。

ラブロフは20日の共同記者会見で「2プラス2は平和条約の問題解決のためではなく、安保分野の効率的な連携のために設立した」とけん制。ショイグは国後、択捉両島への新型地対艦ミサイルの配備を計画通り進めていることを表明した。領土交渉進展への環境整備を急ぐ安倍の神経を逆なでするように、ロシア側の主張はむしろエスカレートしていた。

「共存の島」のモデル

モスクワから北へ約2600キロ。北極海に浮かぶノルウェー領スバールバル諸島の最大の島スピッツベルゲン島の空港には、ロシア語とノルウェー語が飛び交っていた。

17年5月下旬。モスクワ支局長が訪れたのは初夏に近い時期だったが、北緯78度の島はまだ氷点下で、辺り一面は雪に覆われていた。

同諸島は1920年のスバールバル条約でノルウェー領と定められたが、条約締結国の国民にはビザなしでの居住や、ノルウェー国民と平等な条件での経済活動を認めている世界でも極めて珍しい地域だ。旧ソ連は35年に条約に正式加盟しており、島内には約450人のロシア人らが暮らす「最北のロシアの街」がある。

北方四島での共同経済活動に関する議論が日ロ両国間で進む中、取材班はスバールバル条約の存在を知り、関心を持っていた。「ロシアが、スバールバルは共同経済活動のモデルになるんじゃないかと言っている」。支局長の現地入りを後押ししたのは、官邸関係者が取材班の記者に漏らした一言だった。

安倍が目指す四島での共同経済活動には、日本の法的立場を害さない「特別な制度」が必要だっ

フィヨルドに張り付くようにつくられたスピッツベルゲン島の「ロシア最北の街」バレンツブルク＝2017年5月29日（渡辺玲男撮影）

た。スバールバル条約は締結国に鉱業権の取得など資源開発も含めた「特別な権利」を認めている。日ロ両国が自国の主権を主張する北方領土とは前提が異なるが、取材班は共同経済活動のヒントがあるかもと考えていた。

スピッツベルゲン島で2番目に大きな町バレンツブルクは、1932年に操業を始めたロシア国営の炭鉱会社アルクティクウーゴリの城下町として発展した。住民の大半はロシア人とウクライナ人で、日常会話はロシア語。町の中心部には旧ソ連の指導者レーニンの像が立ち、各家庭ではモスクワと同じテレビ番組が視聴できた。周辺の土地251平方キロはロシア政府が所有しており、学校や公民館など大半の施設の管理運営は炭鉱会社が行っていた。

条約締結国のロシアは「特別な権利」が認められているが、ノルウェー外務省は「わが国の主権下であり、ノルウェー法に従う必要がある」と強調した。島で流通するのはノルウェー通貨で、経済活動はノルウェーの環境基準などをクリアする必要があり、事件や事故が起きた時は同国の司法手続きで処理される。バレンツブルクの住民は、ロシアではほとんど行われていない家庭ごみの分別も求められる。

ただ、バレンツブルクにあるロシア総領事館の総領事バチェスラフ・ニコラエフは「主権はノルウェーでも、国際条約を上回る権利があるとは思わない」と語った。ロシア人住民に対し、条約に反する差別的な法規制などが行われないよう、2カ月ごとにノルウェー側と定期的に会合を開催。「深刻な紛争はなく、ロシアの利益が守られてきた」と条約を評価した。

島の開発が本格化したのは1900年前後に石炭採掘が始まってからだ。当時、同諸島は主権がどの国に属するかが未定の「無主地」だった。1907年に始まった関係国の協議で、ノルウェーは最も距離が近い上に早くから経済活動を行っていたとして、自らの主権を主張。しかし、既に自国企業が石炭開発などを行っていた各国が反対し、一時は主権問題を棚上げして「国際管理地域」とする案も検討された。

膠着状態を打開したのはノルウェーの妥協案だった。諸島はノルウェーの主権下にあるとする一方、条約締結国には経済活動などの「特別な権利」を認める内容で、この案に沿って1920年にスバールバル条約が締結された。

各国がノルウェーの主権を認めたもう一つの要因は、諸島への軍事基地建設や戦争目的の利用を認めない「非軍事化」を条約に明記したことだった。ノルウェーは49年にNATOに加盟。諸島もNATOの活動領域に含まれたが、ノルウェーは条約に基づいて軍事施設の建設や演習での利用を避けてきたため、深刻な対立には発展してこなかった。

「平等な経済活動や非軍事化など、南クリール（北方領土）の特別な地位を考える上で参考になる」。同条約について、プーチン政権に近いロシア外交問題評議会会長アンドレイ・コルトノフは、

連載「共存の島
スバールバルと
北方領土」

モスクワ支局長にそう強調した。

ただ条約を巡ってはノルウェーとロシアの間で摩擦も起きてきた。特に論争になってきたのは、条約締結以降に設定された諸島周辺の大陸棚や200カイリ水域を巡る解釈だった。ロシアはそれらの権利も締結国は平等に認められるべきだと主張するが、ノルウェー政府は否定。諸島の非軍事化を巡っても、軍艦寄港は条約違反とするロシアに対し、ノルウェー側は戦争目的以外の利用は排除されていないとの立場だ。

スバールバル諸島では経済的利益などを重視し、関係国が歩み寄ったが、冬は一日中、太陽が昇らない過酷な環境で、全体の人口も3千人に満たない。日ロ双方が主権を主張し、歴史認識も大きく異なる北方領土で、日ロが歩み寄れる余地はあるのか。極北の「共存の島」は、その道のりの困難さを暗示していた。

初の現地調査

17年6月15日、プーチンが毎年恒例の国民とのテレビ対話後に応じた記者団の囲み取材。北方四島での日ロ共同経済活動について「日本側は日本へ島を引き渡す始まりと受け止めている」と質問した日本メディアに対し、プーチンはこう答えた。

「島々での共同作業は可能だと見ている。私たちは領土問題の解決のためには友好的な状況をつくっていくべきだと考え、これ（共同経済活動）に関わっている」

前年12月の訪日直前、プーチンは日本メディアのインタビューで「ロシアには領土問題は全くないと思っている」と答えていた。それが今回は、「領土問題」という言葉を使い、さらに共同経済活動がその解決に向けた環境整備になるとの認識を示した。

プーチンは続けて「最終的な決定の形がどうなるか、私たちはまだ知らない。しかし、信頼の雰囲気を強化する適当な状況をつくらなければ、一切何も不可能だ」と強調した。共同経済活動が実現できるかどうか明言はしなかったものの、ロシアとの交渉に当たる日本側関係者に期待を持たせる発言だった。

16年12月の日ロ首脳会談で共同経済活動の検討開始に合意して半年。具体化に向けた協議は日本側の思うようには進んでいなかった。17年2月にモスクワで外務次官級協議、3月には東京で外務省以外の関係省庁も加えた協議を行い、互いに数十項目の事業案を提示したものの、絞り込みにはほど遠い状況だった。

日本側は机上の計画は作れても、例えば島で漁業をする場合に何の魚が捕れるか、ツアーならどんな観光資源があるかなどの具体的な情報が乏しく、「現地を見なければ何も決められない」(外務省幹部)のが実情だった。安倍は4月27日、プーチンとのモスクワでの会談後の共同記者発表で、5月中にも官民による北方四島への現地調査団を派遣することで合意したと表明。「いよいよ日ロ双方の手によってプロジェクトの具体化が始まる」と強調した。

しかし、5月中の調査団の派遣は、ロシア側との事務レベルの調整がついておらず、進展を見せようと焦った安倍の勇み足だった。

企業関係者も参加する現地調査は、元島民らを対象にした四島への「ビザなし渡航」の枠組みを「特例」として活用して行うことでロシア側と合意していた。しかし、ビザなし渡航に使うチャーター船「えとぴりか」(1124トン)は、5月中は運航日程に余裕がなかった。

四島の実情を理解していない官邸内では、函館—青森間の青函航路で使われていた高速船「ナッチャンWorld」（1万712トン）をチャーターする案も一時検討されたが、船体が大きすぎて島に近づけない上、ロシア側との手続きに数カ月かかる可能性があり断念。島内の移動もロシア側の車両に頼るしかなく、結局、5月中の調査団の派遣はロシア側との調整が間に合わず、延期された。

しかし、安倍が公言した「5月中」の現地調査が見送りになれば、共同経済活動の具体化作業は出足からつまずいた格好になる。日本政府は共同経済活動を担当する首相補佐官の長谷川栄一を5月31日にサハリン州の州都ユジノサハリンスクに急きょ派遣。州知事コジェミャコらとの会談後、長谷川は「(日ロの）共同調査は今日から始まった」と記者団に強弁した。四島を事実上管轄するサハリン州への訪問も「現地調査」だという苦しい言い訳だった。

「首相が『5月中にも』と言っちゃったから、サハリンに行くしかなかった」。安倍側近は取材班の記者に打ち明けた。長谷川のユジノサハリンスク訪問の実質的な意味は薄く、同行した日本企業の関係者は「実際に現地を見ないと何とも言えない」と不満を漏らした。

実際の北方四島への現地調査の日程が公表されたのは、日本側の想定から約1カ月遅れの6月22日だった。調査は27日から7月1日までの5日間の日程で、長谷川が団長を務め、外務、農林水産、厚生労働などの関係省庁や、北海道東部地域を中心とした32の企業・団体、首長などの計約70人が参加すると発表された。

「北方四島の未来において、信頼関係を含め、共に未来を考えるということにおいて、平和条約を締結する上で重要な取り組みになると期待している」。外相岸田は22日、訪問日程を説明した上で、記者団にこう強調した。ただ、この時点になっても「ロシア側と最終調整中」だとして、訪問する島や参加する企業名などは明らかにされなかった。

最終的には、チャーター船「えとぴりか」で27日午前に根室港を出発し、27、28日に国後、29日に択捉、30日に色丹の各島を視察する日程が決定。道内からは北海道水産会や加森観光、北海道銀行、セコマなど25の企業・団体が参加することになった。

しかし、出発前日の26日、新たなトラブルが表面化する。調査団に参加する予定だった根室市長の長谷川俊輔が、ロシア側に島への上陸を拒否されていたのだった。

根室市長の参加拒否

北方四島での日ロ共同経済活動の具体化に向けた初の日本側現地調査団が17年6月27日、根室港を出発した。チャーター船「えとぴりか」に乗り込んだのは、行政や企業関係者ら69人。しかし、日本側の玄関口となるはずの根室市の市長、長谷川は乗船できず、岸壁から一行を見送った。

「官民調査団に当初から参加を希望していたが、外務省から参加できないとの連絡があった」。長谷川は前日の26日の夕方、根室市役所で急きょ開いた記者会見で、こう説明した。

長谷川によると、同じ根室管内の中標津町で同日午後に開かれた共同経済活動に関する打ち合わせの場で外務省担当者から伝えられたが、具体的な理由は示されなかったという。中標津町長の西村穣《ゆたか》は参加を認められており、長谷川は会見で「差し迫った段階で『行けませんよ』となったのは心外だ。理由も分からない」と、納得いかない表情で語った。

「関係各方面と種々調整をしてきた結果だ」。外相岸田は27日の閣議後会見で、長谷川が参加できなかった理由について明確な説明を避けたが、日本側交渉筋は取材班に「外務省は行けるように最後までやった」と主張。原因はロシア側にあることを示唆した。

何が問題だったのか。関係者の間では、長谷川の北方領土問題に関する国会での発言がロシアの怒りを買ったとうわさされた。長谷川は9日の参院沖縄・北方問題特別委員会で、共同経済活動を進めることが「（領土問題の）棚上げにならないかという不信もある」などと発言。道内選出国会議員の一人は「ロシアは発言をチェックしている。これはまずいと思ったら、やっぱりそうなった」と訳知り顔で語った。

だが、真相は違った。日ロ双方の関係者への取材を進めていくと、原因はウクライナ問題を巡る対立にあったことがわかった。

日本政府は14年3月のロシアによるウクライナ南部クリミア半島の併合を受け、併合に関与したロシア人23人へのビザの発給を停止。これに対し、ロシア側も対抗措置として、特定の日本人への入国制限を発表していた。両国とも対象者の名前は公表していなかったが、ロシア政府筋は「長谷川は3年前から入国制限の対象だった」と説明。長谷川本人が認識しないまま、実は14年から「南クリール（北方領土）だけでなく、ロシア全土に入れない」状態だったことを明かした。安倍の側近も「長谷川はロシアの入国禁止リストに入っている」と明言した。

現地調査団の北方領土訪問は、日ロ双方の法的立場を害さないことで合意している「ビザなし渡航」の枠組みを活用して実施された。ロシアが国内法に基づく入国制限を理由に日本側の参加者選定に口出しすることは、ビザなし渡航の合意自体をないがしろにする行為だった。

しかし、共同経済活動の具体化に向けた実績づくりを急ぐ安倍政権は、ロシアの主張を突っぱねず、最終的に受け入れた。返還運動関係者は「ロシアに足元を見られた。長谷川市長の参加を認めなくても、日本は調査を中止しないと見透かされていた」と憤った。

報道関係者の調査団への同行は認められなかった。このため取材班は、ユジノサハリンスク支局のロシア人助手を国後島に派遣。28日には、現地の水産加工場や小売店を視察する調査団の様子などを取材した。一行を水産加工場に案内したサハリン州知事コジェミヤコは「日本の技術を利用したイワシやサバの加工に興味がある」などと語った。

調査団は択捉島では観光関連施設やサケ・マスふ化場、色丹島では水産加工場や港湾施設、ディーゼル発電所などをそれぞれ視察した。

「島は自然の宝庫。カニを自分で捕って夕食で食べるという楽しみ方もできる」「最新のごみ処理施設があれば、島の環境を良くすることができる」。7月1日に根室港に戻った参加者からは、具体的な事業化に期待する声が上がった。

ただ、島と行き来する交通手段や物流ルートの確保など、克服しなければならない課題を指摘する声も相次いだ。日本の法的立場を害さない「特別な制度」を巡る協議の行方も見通せず、参加した道内の企業経営者は「法律や制度などの枠組みがはっきりしないと、民間企業はリスクが大きすぎて参入できない」と漏らした。

初の現地調査では国後島で28日に視察を予定していた発電所、燃料保管倉庫、水産養殖場への訪問が直前に中止になった。3カ所とも施設に行くためにロシア軍の立ち入り制限区域を通る必要があることが理由だった。サハリン州政府はギリギリまで視察の実施を調整していたが、前日までに軍の許可が得られなかった。

共同経済活動の出発点にすぎない北方四島での現地調査で浮かび上がった日ロ間の高い壁。それは主権問題が絡まない四島以外での経済協力を巡っても顕在化していた。

8項目プラン停滞

「日ロの経済分野の成果を増やして、経済と政治の好循環を生み出していきたい」

17年6月2日、ロシア第2の都市サンクトペテルブルクで開かれた国際経済フォーラム。ロシア経済分野協力担当相を兼ねる経済産業相の世耕弘成は、両国の企業幹部らが集まる会合で、着実に協力を進める考えを示した。

プーチンの故郷サンクトペテルブルクの経済フォーラムは例年、観光シーズンが始まる5～6月の初夏に開かれる国内最大の経済イベントで、この年で21回目だった。各国から数千人の政官界の関係者が集まり、日本からも参加企業が年々増えていた。

モスクワ支局長も毎年のように取材に訪れていたが、日本政府が閣僚を派遣したのは、この年が初めてだった。14年のウクライナ危機以降、日本政府は欧米との協調路線を乱すような目立った動きは避けてきたが、安倍は16年5月に8項目の経済協力プランをプーチンに提案し、9月には世耕を対ロ経済協力の担当相に任命。さらに12月のプーチン来日時にはプランの具体化に向けた協力を改めて約束しただけに、プーチン肝いりのイベントに世耕を送らないわけにはいかなかった。

17年の世耕の訪ロは1月、4月に続き、今回がすでに3回目だった。7月にロシア中部エカテリンブルクで開かれる総合産業博覧会「イノプロム」への出席も予定しており、異例のハイペースだった。露骨な「ロシア詣で」を重ねるのは、プーチン政権に日本の意欲をアピールするとともに、ロシアとのビジネスに慎重な日本の経済界にハッパをかける思惑もあった。

日本企業がロシアへの投資に慎重な背景には、原油安などによるロシア経済の停滞に加え、対ロ制裁を主導する米国の反発をメガバンクが懸念し、ロシアビジネスへの融資に後ろ向きだったことがあった。

1990年代に相次いだ日ロ合弁企業のロシア側による乗っ取り騒動や、許認可手続きの不透明さなど「負のイメージ」を引きずる企業も少なくなかった。モスクワのある日本企業幹部は「ロシアの投資環境が昔に比べ格段に良くなっていると東京の本社に報告しても、なかなか理解してもらえない」と記者にぼやいた。

8項目プランに沿った経済協力案件は、プーチン来日時よりも増えて約80件に積み上がっていた。ただ大半は事業化に向けた検討などを約束した覚書にとどまっており、ロシア側では実現性に懐疑的な声が徐々に強まり始めていた。

世耕はサンクトペテルブルクでの会合で経済協力の具体化に自信を示したが、ロシア側からは「中国や韓国の企業と比べ、投資が進まないことに大きな失望感を感じる」「日本はロシアへの投資を恐れすぎだ」などの不満が噴出。経済発展相オレシキンも世耕との会談で、事業の具体化に向け日本側の迅速な対応を求めた。

8項目の協力プランは医療水準の向上や快適な都市づくりなど、プーチン政権が抱える社会問題の解消に貢献し、ロシア国民に「日本との協力にはメリットがある」と認識してもらう思惑があった。それぞれの事業規模は大きくないが、パッケージにすることでインパクトを持たせる狙いもあった。

しかし、国内経済の低迷や欧米との対立の長期化を受け、プーチン政権はより投資額が大きい、「壮大なプロジェクト」への日本の協力を求める姿勢を強めていた。

その一つがプーチン政権が威信をかけてロシア極北ヤマル半島で進めていた液化天然ガス（LNG）施設の建設事業だった。

ヤマルLNGは、12年に建設が始まり、何もなかった雪原に街や港、空港などが整備された。プー

一面の雪原が広がるヤマル半島に、ロシア企業ノバテクが建設した巨大なLNG関連の施設＝2017年3月30日（渡辺玲男撮影）

チンに近い実業家ミヘルソンが率いる民間ガス大手ノバテクが中心となり、ＬＮＧ施設建設に総額２７０億ドル（約２兆９千億円）を投資。北極海航路を利用して大半がアジア向けに輸出を予定していた。

計画は、ウクライナ危機で米国がノバテクを制裁対象に指定したことで巨額の資金調達が困難になり、一時実現が危ぶまれた。その苦境を救ったのが中国だった。中国は二つの国営銀行が約１２０億ドル（約１兆３千億円）を融資することを決めた。

ただ中国資金への過度な依存は、ガス供給の価格交渉などでロシアの立場を弱める懸念があった。適度なバランスを維持するため、ロシア側は水面下でヤマルＬＮＧへの日本の参画を強く要求。日本は最終的に国際協力銀行（ＪＢＩＣ）が約２億ユーロ（約２３３億円）の融資を決めたが、中国の融資額にははるかに及ばなかった。

ロシア側からは、サハリン州と北海道を結ぶガスパイプラインや、ロシアから電力を日本に輸出する「エネルギーモスト」（長距離電力送電網）の建設などを求める声も出ていた。いずれも数千億円規模の巨大プロジェクトで、採算面でのリスクの高さに加え、技術面や法的な課題も多く、日本側は実現性の乏しい「夢物語」として受け止めていた。

強まる要求

サンクトペテルブルクで国際経済フォーラムが開幕した17年6月1日、現地入りしたプーチンは各国の通信社幹部と会見した。「北方領土の非軍事化は可能だと思うか」と日本メディアに問われたプーチンは「島がいつか日本の主権に入ると仮定したら、米軍が島々に配置される可能性は理論的にあり得る」と述べた上で、こう強調した。

「島々だけの非軍事化は全く不十分だ。地域全体の緊張をどうやって緩和すべきかを考える必要がある。それが重要で長期的な合意に至る唯一の道だ」

プーチンはロシア軍が北方領土で軍備を増強しているのは、米国が北東アジア地域で日本や韓国と軍事連携を強めていることへの「必要に迫られた対抗措置だ」と強調。日本が日米同盟に基づいて進めていたミサイル防衛（ＭＤ）の強化は、北朝鮮による相次ぐ弾道ミサイル発射実験を受けたものだったが、プーチンはロシアに対する脅威と受け止めていた。

日本政府内では、ロシアが北方領土の引き渡しに応じるなら、返還後も軍事施設は造らないなどの「非軍事化」を確約し、ロシアの懸念に配慮することはやむを得ないとの見方が出ていた。しかし、プーチンの発言は、島々の非軍事化にとどまらず、日米同盟のあり方も含めた、より幅広いロシアの安全保障上の懸念解消を日本側に求める姿勢を鮮明にしたものだった。

日本が当時導入を検討していた米国製の地上配備型迎撃ミサイルシステム「イージス・アショア」は、イージス艦に搭載されてきた迎撃システムを地上に配備するものだ。政府は洋上に比べ補給や整備が容易だとして、核・ミサイル開発を続ける北朝鮮に対する切れ目のない監視体制の維持が目的だと説明していた。

だが、プーチンは会見でこう決めつけた。

「問題は全く北朝鮮のことではない。北朝鮮があす全ての核実験とプログラムを止めると発表しても、米国のミサイル防衛システムの建設は別の言い訳で、あるいは全く何の言い訳もなく続いていくだろう」。北東アジアで米国が進めるMD網の構築は、北朝鮮ではなく、対ロシアを念頭に置いているとプーチンは見ていた。

日本側は、プーチンの発言の真意を測りかねていた。ロシア側はMD網に対する安全保障上の懸念をこれまでも表明していたが、日本が配備を計画する地上イージスでは、北朝鮮や中国の中距離ミサイルは落とせても、「ロシアが配備している大陸間弾道ミサイルを迎撃するのは不可能」(日本政府関係者)とされていた。

「ロシア側に『何がダメなのか』と聞くと、『中国が嫌がるからだ』と言っている。ロシアにとって実際の脅威ではない」。日本側外交筋は、取材班の記者にこう語っていた。日本側関係者への取材では、ロシアの主張は交渉の駆け引きの一環であり、まともに受け止める必要はないという空気が強かった。

一方、ロシアでは軍事関係者を中心に、地上イージスは巡航ミサイルの発射装置に簡単に転用できるとして、警戒する声が強まっていた。米国がMD計画の一環として16年5月、東欧ルーマニアに配備した地上イージスの運用を始めたことがきっかけだった。

ルーマニアへの配備はミサイル・核開発を進めるイランの脅威が理由とされてきた。ただ、米国やロシア、中国など6カ国とイランの間では15年7月、核開発を大幅に制限する合意が成立していた。「もはや脅威はない」と主張するロシアは、イランとの合意後に米国がルーマニアでMD計画を進めたことに不信感を強めた。

「米国は北朝鮮とイランによるミサイルの脅威への対抗を口実に、ロシアの弾道ミサイルを破壊する戦略システムを展開させている」。17年6月15日、東京のロシア大使館で開かれた講演会。大使館公使のビリチェフスキーは、日本のメディアや専門家を前に、米国のMD計画を厳しく批判し、日本が配備しないよう強く求めた。大使館がこうした講演会を開くのは極めて異例だった。

ロシアの安全保障上の懸念を理由に、日本への要求を強めるプーチン。背景には米ロ関係の悪化もあった。1月に米大統領に就任したトランプは対ロ融和に動くかに見えたが、4月には中東シリアのアサド政権が化学兵器で市民を殺傷したとして、ミサイル攻撃を決断。アサド政権の後ろ盾となってきたロシアとの関係改善の機運は消し飛んだ。7月にはトランプとプーチンの初の直接会談が実現したが、米議会はトランプのロシアへの融和的な言動に強く反発。対ロ制裁の動きが加速する結果となり、米ロ関係は「過去最悪」と呼ばれるようになった。

欧州主要国の首脳が、予測不能なトランプとのつき合い方に苦慮する中、安倍は「蜜月」とも呼ばれる関係を築いていた。「首相はトランプともプーチンとも率直に話ができる。橋渡し役ができれば、国際社会での存在感が高まり、米ロ双方に恩が売れる」。安倍周辺からは、そんな楽観的な声が漏れていた。

遠い自由往来

プーチンが来日し、安倍と北方領土墓参の拡充で合意した首脳会談から約8カ月後の17年8月、元島民やその家族らの墓参団46人が国後島を訪問した。一行は7～10日の日程で、7年ぶりに上陸が認められた太平洋側のラシコマンベツ、植内《うえんない》、植沖《うえおき》の地を踏み、先祖らに祈りをささげた。

「長い間待ち望んだ肉親の墓参を実現でき、この雄大な自然の中で生活していた当時を思い返すと万感胸に迫る。再びこの地を訪れる日まで、どうぞ安らかにお休みください」。墓参団長を務めた桜庭常司（91）は、生まれ故郷の植内での慰霊祭で声を振るわせた。

ラシコマンベツでは、戦前に日本人が造った露天風呂を今もロシア人が使っており、植内出身で根室在住の影井健之輔（81）は「小学校の遠足で来た」と懐かしんだ。植沖には、かつて根室市と国後島、択捉島を結んだ旧千島電信回線（海底ケーブル）用とみられる木製の電柱2本が残っていた。

元島民やその親族が先祖の墓参りに訪れる北方領土墓参は日ソ両政府間の合意に基づき、1964年に始まった。北方四島は「固有の領土」だと主張する日本と、自国領だと主張するロシアが双方の法的立場を害さないよう、ビザやパスポートは使わず、日本政府が発行する証明書などを活用する「ビザなし渡航」の枠組みで実施される。墓参団の訪問は年3回程度で、根室発着のチャーター船で行われているが、普段はロシア人島民が立ち入らない場所にある墓地も多く、その行程は平均年齢がこの時で82歳を超えていた元島民には過酷なものだった。

この時の墓参では、チャーター船から小型艇に乗り換え、まずラシコマンベツの砂浜に上陸した。そこから墓地がある丘までは約2キロ。舗装された道路はなく、団員は長靴姿で黙々と波打ち際を歩いた。息子に手を引かれる人、つえを頼りにする人…。風がなく日陰もない道で、体力が奪われる。

「あー、こわい（疲れた）」。40分歩いて墓標が立つ丘に到着すると、墓参団で最高齢の92歳だった作田喜代志は、血の気が引いたような顔でへたり込んだ。同行の医師が支えても立てない。3時間半の滞在を終えると、数人が足の張り、めまいを訴え、2カ所目に訪れた植内は5人が上陸を断念した。

四島にある日本人墓地52カ所のうち多くは近くに桟橋がなく、小型艇に乗り換えて砂浜に上陸する。岩場には着岸できず、墓地まで数キロ歩くことは珍しくない。小型艇での島への上陸は高波や強風の時は危険なため、この時に訪れた植内などは14年、15年に2年連続で上陸を断念した場所だった。

16年12月の安倍とプーチンの会談後に出された「プレス向け声明」では、墓参に参加する元島民の高齢化を踏まえ、人道的見地から「手続きのさらなる簡素化を含む、あり得べき案を迅速に検討するよう指示した」と明記された。元島民からは、四島との往来拡大や負担軽減に期待の声が上がったが、ロシアが実効支配する島には数多くの制限が残っていた。

この時の墓参では波の状況に合わせ日程を少し組み替えたため、ロシア国境警備局から上陸許可が出るのに時間を要し、元島民は船上で気をもんだ。団長の桜庭は「体力的に今回が最後の墓参。一分一秒でも長く古里に立ち、記憶に焼き付けたいのに」といら立った。

植内などは国後島の中心地・古釜布から車で訪れたことがある場所だったこともあり、元島民には車移動を望む声が多かったが、実現しなかった。理由は明らかになってないが、ロシア側が近年、軍事上の理由で立ち入り制限区域を増やしていることが影響した可能性があった。

さらに元島民を落胆させたのは、北方領土墓参と同じビザなし渡航の枠組みで行われている「自由訪問」を巡るロシア側の対応だった。

元島民やその家族らが四島の故郷の集落などを訪れる自由訪問は、人道的見地から99年に始まった事業で、島にゆっくり滞在できると楽しみにしている元島民が多い。16年12月の首脳合意を受け、元

家族や同行者に助けられながら、国後島のラシコマンベツ墓地を目指す元島民
＝2017年8月8日（元島民提供）

島民らは自由訪問も訪問場所が広がることなどを期待したが、ロシア側は「合意は墓参を少し自由にするということで、自由訪問は関係ない」（政府関係者）と主張。17年5月の国後島への自由訪問では希望した場所への立ち入りが認められず、8月に予定していた歯舞群島水晶島への訪問は中止になった。

水晶島への自由訪問は前年も認められなかった。日本外務省は中止の理由を明らかにしなかったが、ロシア側が拒否したとみられる。訪問団長を務める予定だった水晶島出身の柏原栄（86）は「島との自由な往来を求めているのに、どんどん行動範囲が狭くなり、不信感ばかりが募る」と嘆いた。

ロシア国境警備局などは、ロシア法に基づかない特別な形で四島との往来を元島民らに認めるビザなし渡航に対する不満を強めていた。安倍―プーチンの首脳合意にもかかわらず、四島往来を巡るロシア側のかたくなな対応は繰り返されていくことになる。

色丹への特区指定

ロシア極東ウラジオストクでの日ロ首脳会談を2週間後に控えた17年8月23日。北方四島を事実上管轄するサハリン州の州都ユジノサハリンスクを訪れた首相メドベージェフは、自らが率いる与党「統一ロシア」の関係者との会合で、こう宣言した。

「私はきょう、新たにクリール諸島（千島列島と北方領土）に社会経済先行発展区をつくる決定に署名した」

先行発展区は、極東開発に力を入れるプーチン政権の看板政策だった。税金の優遇措置や規制緩和を可能にする特別な地域を設定し、国内外から投資を呼び込む狙いで15年に創設。ウラジオストクなど極東の中心地から順次導入され、北方四島は18カ所目の指定だった。

メドベージェフは、州知事コジェミャコらとの会合でも、特区の設置は漁業やインフラ整備など「サハリン州を発展させる原動力となる」と強調。ロシア極東発展省によると、色丹島の水産加工企業が特区を利用し、年内にも新工場や冷凍倉庫の建設を進める計画が進んでいた。

「投資家から申請があればロシアの法律によって、他の島でも特区の利用が可能になる」。同省の担当者は、ユジノサハリンスク支局長の取材に、北方領土での特区の利用拡大への期待を語った。

日ロ両首脳は約8カ月前の16年12月の会談で、ロシアが実効支配する北方四島での共同経済活動の検討開始で合意していた。日本側は日本の法的立場を害さない「特別な制度」の下での実現を目指していただけに、ロシア法に基づく特区制度の導入は看過できない問題だった。

「細かい議論ができていない段階で、ロシア側が一方的に特区指定をするのはあり得ない」。ロシア側との交渉に当たってきた日本外務省関係者は24日、取材班の記者にいらだちをあらわにした。メドベージェフの発言直前の17日には共同経済活動を巡り、モスクワで日ロの外務次官級協議が行われたが、ロシア側から特区についての言及はなかったという。

北方領土への特区指定は、極東開発を所管する副首相トルトネフが7月に言及し、日本側も全く想定していなかったわけではなかった。日本政府内では当初、「ロシア法に基づくことは認められないが、無税などが認められれば、共同経済活動はしやすくなる」（外務省幹部）と、特区に期待する声も出ていた。

ただ、問題は制度がロシア法に基づくことだけでなく、日本以外の第三国の企業まで対象に含まれていることだった。日本は自国の主権を主張する北方領土で、第三国の企業がロシア法に基づく形で経済活動を行うことを認めていない。特区制度によって、海外企業の進出が進めば、より返還が困難になる恐れがあった。

一方、極東発展相ガルシカは23日、日ロ間の共同経済活動の具体化協議を踏まえつつも「最終決定が出るまで島の生活を停滞させることはできない」とのコメントを発表。特区では「ロシアの投資家だけではなく、外国の投資家も同じ条件に基づいて自分のプロジェクトを実施することができる」とし、日本以外の国からの企業進出を歓迎する姿勢も強調した。

ロシア側には、18年3月に大統領選を控え、プーチン政権が地域振興に力を入れている姿勢を国内にアピールする思惑もあったとみられる。8月の内閣改造で外相を離れ、自民党政調会長に就いた岸田は24日のラジオ番組で、四島への特区創設について「一つ一つに一喜一憂して振り回されていては、いい結果につながらない」と述べ、冷静な対応が必要だと訴えた。

結局、日本政府は四島への特区創設に対して抗議は見送った。最大の理由は、安倍とプーチンの首脳会談を控え、関係悪化を懸念したからだった。

ロシアの対応に不信感を募らせつつ、官邸は通算19回目となる安倍とプーチンの会談に向け、共同経済活動の具体化で何らかの「成果」を示すよう、事務方に号令をかけ続けていた。

日本外務省は当初、「特別な制度」に関する協議の進展を目指したが、ロシアは具体的なプロジェクトを決めるのが先だと主張。結局、9月7日にウラジオストクで行われた首脳会談では《1》海産物の増養殖《2》温室野菜栽培《3》島の特性に応じたツアーの開発《4》風力発電の導入《5》ゴミの減容対策――の5分野を優先的に検討を進めることが発表された。

「四島で互恵的に協力できるようにしたい」。安倍は会談後の共同記者発表で進展をアピールしたが、実際に事業を行うには法的課題をクリアするだけでなく、採算性や実施場所など詰めるべき課題が山積していた。

トルトネフは会談後、記者団に2カ月以内に日本企業から四島での特区に対する提案がなければ「ロシアや世界中の投資家を探すだろう」と強調。ロシア法に基づいた特区の受け入れを日本側に迫った。

初の空路墓参

17年9月23日午後。ロシア・オーロラ航空のチャーター機が、北方領土の択捉島から国後島へと向かっていた。

乗っていたのは初の航空機による北方領土墓参に参加した日本人の元島民ら35人。好天に恵まれ、眼下には故郷の島々がよく見えた。択捉島での墓参りを無事に終え、帰途に就いた参加者から喜びの声が漏れていた午後2時50分ごろ、突然、機内に想定外のアナウンスが流れた。

「国後島の天候が悪い。着陸できなければユジノサハリンスクに向かう」

墓参団は、この日の早朝に北海道東部の中標津空港を出発。国後島を経由して択捉島を訪れ、再び国後島を経由して夕方に中標津空港に戻る予定だった。それが国後島の空港周辺が濃霧で着陸できないため、サハリン州の州都ユジノサハリンスクに向かうという説明だった。

アナウンスは英語だったため、同行した日本外務省の職員が通訳すると、「え、ユジノサハリンスク?」「なぜ中標津じゃないのか」と、困惑の声が相次いだ。外務省職員も事前に知らされておらず、予想もしなかった事態だった。航空機の運航はロシアの航空会社に委ねられており、日本側にはどうしようもなかった。

北方領土への空路墓参は、16年12月の日ロ首脳会談で、墓参の手続きの緩和で合意したことを受け、日本側が提案。当時は公表されなかったが、北海道新聞は17年元旦の朝刊で「北方墓参　空路を検討」の見出しで独自記事を掲載した。チャーター船で行ってきた四島との往来に航空機を活用することで移動時間を短縮し、高齢化が進む元島民の負担を軽減する――。日本政府はこう意義を説明していたが、「国民の目に見える成果」をアピールしたい官邸の思惑が強く働いていた。

官邸は2000年に政府のチャーター機が中標津空港と国後島を往復した前例を踏まえ、早期実現は可能と考えていたが、実際の調整は容易ではなかった。まずロシアが実効支配する北方四島と、北海道本島の空港を直接結ぶ航空路線は設定されておらず、両国の法的立場を害さない形で航空機が往復できる飛行ルートを工夫する必要があった。さらにチャーター船の時と同様にビザなし渡航の枠組みで実施するとしても、出入域手続きを島の空港で行う体制をロシア側に整えてもらう必要があった。

官邸は当初、4月下旬の日ロ首脳会談前の実施を目指したが、ロシア側との調整が難航し断念。6月の実施で合意したものの、出発当日の朝に国後島の濃霧が理由で中止になった。改めてロシア側と協議をやり直し、ようやく9月に実現にこぎつけた。

懸案だった飛行ルートは、国際民間航空機関（ＩＣＡＯ）が定めた既存の航空路をつなぎ合わせ、ロシア法ではなく、あくまで国際ルールに従ったと説明できる形で飛行するルートを設定。中標津—国後間は直行すれば片道１００キロ弱、30分程度の距離だったが、四島上空を含むロシアの管制空域に入るには知床半島北側にある通過点を通らなければならず、飛行距離は片道約４３０キロ、１時間弱かかった。

総勢68人の空路墓参団は、まず国後島のメンデレーエフ空港で全員が入域手続きを実施。その後、二手に分かれ、半数が国後島に残り、35人が空路で択捉島に向かった。帰りは、再び国後島で全員が出域手続きを行う必要があった。

このため国後島に着陸できなければ、墓参団は中標津空港に戻ることができない。択捉島に引き返しても宿泊施設が限られるため、ロシア側は約４００キロ離れたサハリン本島のユジノサハリンスクに向かう判断をしたとみられた。

問題は、ビザなし渡航は北方領土を訪問するための枠組みで、日本人がサハリン本島を訪問する場合はパスポートやビザが必要になることだった。日本政府は墓参団を乗せた航空機がユジノサハリンスクに向かったことをすぐに公表せず、ロシア側との調整に追われていた。

取材班は異変を察知し、ユジノサハリンスク支局に連絡。支局長がすぐ空港に向かって飛行機を待ち受けた。墓参団がユジノサハリンスクに到着したのは現地時間の午後6時半。一行は国後島での入域手続きで使った書類を提示しただけで、空港を出てホテルで1泊することが特例で認められた。ただ団員はパスポートを持っていないため、ホテルから出歩かないよう、現地の日本総領事館員から強くくぎを刺された。

日本側は空路墓参の実施に当たり、元島民の負担を軽減するため、当初は島で宿泊する日程をロシア側に提案していた。参加予定者に事前に配られた文書にも「1泊する」と書かれていたが、ロシア側との調整がつかず、出発約1週間前になって日帰りで行うことが発表された。想定外のトラブルが起きたことで、期せずして国後島に残っていた墓参団員33人は、島内の宿泊施設で1泊を過ごすことになった。

1日遅れで中標津空港に戻った元島民からは、「強行日程でつらかった」などと不満も漏れたが、「船より早くて良かった」と歓迎する声が上がった。「今後の墓参の方向を切り開いたという観点から有意義だ」。官房長官の菅は25日の記者会見で成果を強調したが、ロシア側は空路墓参は首脳合意を受けた「特例」であり、今後も継続するかどうかは交渉次第との立場を崩さなかった。

大統領選後に照準

自民、公明両党が大勝し、憲法改正の国会発議に必要な3分の2の議席を維持した17年10月22日の衆院選から約1カ月。安倍は大手商社幹部に自ら電話をかけた。

「来年3月以降に向けて準備をお願いしたい」

プーチンが来日した16年12月以降、官邸関係者が幾度も目にしてきた首相の「電話攻勢」。ロシアへの経済協力の拡大を経済界に求めるものだった。

「来年3月」とは、18年3月に予定されるロシア大統領選を指していた。安倍はプーチンが通算4選を果たし、政権基盤をさらに強固なものにすれば、北方領土問題で政治的決断ができる環境が整うと期待。日ロ交渉進展の好機とみて、さらなる関係強化に前のめり姿勢を強めていた。

「1強」体制を維持した安倍は、来秋の党総裁選での3選も視野に入れていた。実現すれば、歴代最長政権となる21年9月までの首相在任が可能になる。大統領再選後のプーチンの任期は24年までで、日本政府筋は「両首脳がじっくり交渉に取り組む環境が整ってきた」と期待した。

「総選挙での圧勝にお祝いを申し上げる。これにより、われわれの全ての計画が実現できると期待している」

17年11月10日、ベトナム中部ダナンで開催中のAPEC首脳会議に合わせて行われた日ロ首脳会談。プーチンは冒頭、安倍にこう語りかけた。安倍は「またウラジーミルと一緒に仕事ができる」と応じ、平和条約締結に向けて日ロ関係を前進させる意向を表明した。

日ロ両政府は18年を「日ロ交流年」に位置付け、文化行事などを盛大に行うことに合意しており、安倍は5月下旬にモスクワで開かれる交流年の開幕式に出席する方向で調整していた。5月上旬には大統領就任式が行われる予定で、その直後に訪ロすることで、プーチンに関係強化の意思をアピールする思惑もあった。

両首脳は会談で、政府間で検討が続く北方四島での共同経済活動に関し、来春に向けて海産物の増養殖など5分野の事業候補の検討を加速させることで一致。事業の具体化と、日本企業関係者らの四島との往来を可能にするための渡航方法に関する新たな法的枠組みを議論する二つの作業部会を年内に開くことも合意した。

安倍は会談後、17年9月に初めて行われた航空機を使った北方四島への元島民の墓参について「今回限りではなく、来年も継続していくことで一致した」と、記者団に説明。さまざまな協力が進んでいることを強調した。

「プーチンは会談の冒頭、われわれの『全ての計画』が実現できると言った。あの発言は大きい」。

安倍は会談後、周囲にこう語り、プーチンが平和条約の締結に前向きだと受け止めていた。

一方、プーチンは会談翌日の記者会見で、平和条約問題に関して、改めて日米安全保障条約への懸念などを語った上で、交渉について「この仕事は1年以上かかるかもしれない」と発言。安倍との温度差もうかがわせたが、日本外務省の交渉筋は「『数年以上』ではなく『1年以上』と言ったのは、日本側にうまく期待を持たせている」と分析した。

政府は10月下旬、北方四島への2回目の官民調査団を派遣。観光ツアーや海産物養殖など5項目の優先事業の具体化を急いでいたが、ロシア側との溝は埋まってなかった。現地調査に参加した道内企業幹部は「資材をどう運び、税金はどう払うのか。法制度の枠組みが見えないままでは投資できない」と、取材班の記者にぼやいた。取材班は事業の具体化には、まだまだ時間がかかると受け止めていた。

ところが、読売新聞は11月19日、「北方領、イチゴ温室栽培へ」と報道。政府が検討する共同経済活動の「温室野菜栽培」の一つとして、「温室の建設や栽培方法などに関する技術を日本側が提供し、ロシア政府や地元住民の協力を得て事業を進める」などと伝えた。

イチゴ栽培は、2回目の現地調査に参加した北海道の企業から出されたアイデアで、サハリン州の関係者も関心を示していた。ただ、この時点では、ロシア外務省をはじめ関係省庁との調整は一切できておらず、実現性は不透明だった。「政府内で一生懸命言っている人がいるのだろう」。日本外務省筋は、「進展」をアピールしたい官邸のリークだと冷ややかに語った。

12月6日、プーチンは西部ニジニーノブゴロドでの自動車工場従業員との会合で、大統領選への出馬を表明。支持率は8割を超えており、圧倒的な票差での勝利は確実な情勢だった。

「プーチンは、安倍としか平和条約交渉はやれないと思っている。大統領選後に本格的に進めていく」。安倍側近は周囲に、領土問題の進展に自信を見せた。

ただ、ロシア政府関係者はモスクワ支局長に、きっぱりと言い切った。

「大統領選の前も後も、大統領が領土問題で譲歩することはあり得ない」

薄れる「神通力」

東京から北東に約2700キロ。辺境の地にそびえ立つ3基の風車が、冷たい風を受けてゆっくりと回っていた。

17年11月下旬。ユジノサハリンスク支局長は、カムチャツカ半島中部にある港町ウスチカムチャツク村に入った。支局のあるサハリン州の州都から同半島の中心都市ペトロパブロフスクカムチャツキーまで飛行機で約3時間半。さらにバスで約740キロの距離を12時間かけて移動する長旅だった。

村には15年末に日本企業がロシアに設置した初の風力発電施設があった。高さ41・5メートル。断熱性を高め、羽根に雪が付着しない寒冷地仕様で、氷点下40度の厳しい環境にも対応できる。

「ここは風況もよく、年間通して順調に動いていますよ」。地元電力会社の担当者は、日本製の品質の良さを高く評価した。村には以前導入されたフランス製の風車も1基あったが、故障が多くてほとんど動いていなかった。

人口約4千人の村は、隣町と140キロも離れた「陸の孤島」。ロ

日本製の風車 3 基が立ち並ぶウスチカムチャツク。中央奥がフランス製の風車
＝2017 年 11 月 29 日（小型無人機使用）

シアの広域送電網にはつながっておらず、村の電力は旧ソ連時代のディーゼル発電でまかなっていたが、極東ハバロフスク地方から鉄道とタンカーで運ばれてくる燃料代は、財政的に大きな負担だった。風力による発電量は年約６％程度だが、稼働開始２年弱で５２００万円相当の燃料を節約できたという。

風車は新エネルギー・産業技術総合開発機構（ＮＥＤＯ）が寒冷地での実証実験を目的に、総事業費12億円をかけて、三井物産や駒井ハルテック（東京）などに設置を委託した。完成後は地元政府に引き渡され、ロシア国営電力大手ルスギドロ傘下の企業が運営していた。同社関係者は「日本人は働き蜂。外が氷点下30度の日も休まず組み立て作業を進めてくれた。いい友人関係ができたよ」と日本企業の印象を語った。

村はサケ・マス漁業が唯一の産業で、日露戦争後にはロシアから漁業権を獲得した日本の缶詰工場も操業した。人口は20年前の3分の1にまで減少したが、漁期の夏場はロシア各地から数千人の出稼ぎ労働者が村に複数ある水産加工場に集まり、電力需要は冬の4倍に増える。

老朽化したディーゼル発電機を補完し、再生可能エネルギーの導入を可能にした日本製風車のおかげで、各加工場は自家発電機を使わなくても十分に稼働できるようになった。風車が生み出す電力はボイラーにも使用され、温められた水は各家庭の集中暖房にも送られている。

「何もなかった平地にあれほど大きな施設ができたことは村の一大イベント。シベリアに住む友人に『日本の風車ができた』と言っても、誰も信じてくれなかった」。村長パベル・コシュカリョフは日本との共同事業を歓迎した。

風車の支柱には地元の子供たちが感謝を込めて描いた風車の絵が張られていた。「日本の協力は大歓迎。風車がもっと増えてほしい」。村で暮らす看護師の女性は笑顔で語った。

安倍は16年5月の首脳会談で、日ロ平和条約の締結に向けた環境整備としてプーチンに「8項目の経済協力プラン」を提案。従来の大規模なエネルギー分野の協力だけでなく、省エネ、医療、都市環境整備など、日本の技術力が生かせる幅広い分野が盛り込まれたのが特徴だった。ウスチカムチャツクの風車の計画は、安倍の提案前から動いていたが、「規模が小さくてもロシアの国民生活に身近で、日本の協力が目に見えやすい」(官邸筋)という8項目プランのコンセプトを先取りしたものだった。

だが、プランの具体化に向け、日ロ企業間で事業の検討開始に合意しても、採算性などが見込めず、宙に浮くケースが相次いでいた。「8項目プランは民間に相談せず、政府が勝手につくったものだ」。ある大手商社の幹部は、事業化が進まない背景について冷ややかに語った。

プランは首脳会談に向け、官邸が各省庁に対し、経済協力案件の提出を指示。官邸と外務省がプーチンの関心の高そうな分野をリサーチして8項目にまとめ、各省が上げた案件を当てはめて作った、まさに「机上の計画」だった。

16年12月のプーチン来日前には8項目に沿って具体的な案件をひねり出すよう、安倍側近らが関係省庁に繰り返し号令。「経産省幹部がロシアに関連しそうな企業をリストアップし、『実現性はいいから、とにかく計画をつくってほしい』と頭を下げに行っていた」。官邸関係者は当時の内情を明かした。

その後も首脳や閣僚級の会談が行われるたびに、経産省は企業側に進捗《しんちょく》状況の報告を求めたが、企業はなかなか動かなかった。大手商社幹部は「プランに書かれているものには対等な協力と言うより援助に近く、ビジネスとして成立しそうもないものも多い」と不満を漏らした。

ロシアへの経済協力は、日本にとって「数少ない交渉カード」の一つ。「8項目プランの神通力が効いている間に、領土問題を前進させたい」。官邸筋は取材班にこう話していたが、その効果は既に薄れつつあった。

地元置き去り

根室湾の向こうに北方領土の国後島を望む根室市穂香《ほにおい》にある北海道立北方四島交流センター（ニ・ホ・ロ）。17年12月1日、玄関に領土返還を訴える1枚の看板が設置された。「四島」と「返還」の文字の間に「強」の1字がはめ込まれたデザインで、センターの職員がその年にふさわしい漢字を選ぶのが恒例だった。

プーチンの来日直前に設置された16年の看板の漢字は、日ロ交渉進展の願いを込めた「展」だった。それから1年。「強」には「日本が強い意志と外交力を持ってほしい」（根室市長の長谷川）という根室の思いが反映されていたが、背景には安倍とプーチンが16年12月に合意した北方四島での共同経済活動の検討が進む一方、領土交渉に前進が見られないことへのいら立ちがあった。

同じ日、東京・日比谷野外音楽堂では「北方領土返還要求中央アピール行動」が行われていた。16年はプーチン来日直前という事情を考慮し、北方領土を「返せ」と叫ぶのは控え、「首脳会談を成功させよう」という表現に変更したが、この年は従来通り「北方領土を返せ」とシュプレヒコールを上げてデモ行進した。

「返還要求運動の火を消すことなくまい進したい」。歯舞群島勇留島出身の鈴木宏治（75）は出発式で、沖縄北方担当相の江崎鉄磨らを前にこう決意表明したが、取材班の記者に複雑な胸の内を語った。「政府が領土返還を前面に出さない中で、元島民は『島を返せ』と声高に叫んでいいのだろうか」

長谷川らは行進後、官邸で安倍と面会した。安倍は元島民らの北方領土墓参のさらなる負担軽減に取り組んでいく考えを強調。「共同経済活動によってロシアの方々の日本に対する理解が高まっていく。理解を深める中において、この問題を解決していきたい」と述べたが、「領土返還」には触れなかった。

根室管内の自治体や経済界は、領土交渉が停滞する中、隣接する北方四島との経済交流や自由往来を認めるよう以前から国に求めてきた。共同経済活動によって「四島の玄関口の地位を取り戻し、地域経済再生につなげたい」と望みをかける声は少なくなかった。

しかし、17年11月中旬、北海道庁が根室市内で開いた共同経済活動に関するセミナーは、重苦しい空気に包まれた。ロシアが実効支配する北方領土で経済活動を行うには島への渡航枠組みや法制度の整備が必要だが、外務省職員からは具体的な説明がなく、参加者から不満や疑問の声が噴出。根室管内標津町の漁業者、椎久《しいく》五郎（70）は「島と自由に行き来できないのに事業ができるのか」と声を上げた。

椎久の兄は1980年代に旧ソ連サハリン州の漁業公団と、国後島沖でニジマスの改良種の養殖を計画したが、外務省の中止勧告などで断念。失敗を間近で見てきただけに「国同士できちんとした枠組みを作らないと何もできない」との思いがあった。

サンマなどの不漁にあえぐ根室市内の水産加工約50社・団体でつくる根室水産協会は、地元業界が共同経済活動に関与する方策を探るため、9月に市などと専門グループを設置。だが国の動きが見えず、会合は1回も開けていなかった。ある水産加工業者は「共同経済活動への期待はしぼみつつある」と打ち明けた。

9月に初めて実現した航空機を使った北方領土墓参を巡っても、国と地元の間ではすれ違いが起きていた。

政府関係者によると、日本外務省は当初、空路墓参を17年1～2月に実施することを検討。16年12月の首脳会談の成果を早期にアピールする思惑があったが、島は真冬は雪に覆われている。北方領土の現状を全く把握していない構想だったが、外務省幹部は「除雪車を出せばできるだろう」と言い放ったという。

元島民でつくる千島連盟の関係者からも冬期の実施は困難との声が出され、計画は先送りされたが、ある政府関係者は取材班の記者に「外務省は官邸に早くやれと言われて、やっているだけ。元島民のことなんて全然考えていない」と不満をぶちまけた。

「長門合意はこの1年で大きく前進しました」。安倍は12月19日の講演で、約1年前に自らの地元・山口県長門で行ったプーチンとの会談の「成果」を改めて強調した。空路墓参を来年以降も継続することなどをアピールしたが、返還の道筋は一向に見えていなかった。

元島民は高齢化しており、島が返っても移り住む人はいない。彼らが求めているのは、島にいつでも自由に行けるようになることだ——。官邸内ではいつしか、島の「返還」と「自由な往来」を区別するような論調が強まっていた。

根室在住で千島連盟副理事長の河田弘登志（83）は「島が返還されての自由往来がわれわれの願い。『単に自由に行き来できればいい』と混同してもらっては困る」と憤った。

政府には強い外交を願うものの、地元や元島民の思いは置き去りにされるのではないか。その懸念はさらに強まっていく。

安保を巡る攻防

「米軍が望めばどこにでも（基地を）置けるということでは全くない。当然、日本の同意が必要だ」

年が明けた18年2月14日の衆院予算委員会。安倍は、ロシアが日本に北方領土を引き渡した場合、日米安全保障条約に基づき、島に米軍基地が建設される可能性を問われ、語気を強めて反論した。

日米安保条約は5条で、米国の対日防衛義務を定め、その対象は「日本国の施政下にある領域」と規定。6条では、米軍による日本国内の「施設および区域」の使用を認めている。仮に北方領土が返還され、日本の施政権が及ぶようになれば、安保条約上は米軍が島々で活動することが可能となり、軍事施設も建設できる。

ただ、個々の施設・区域の使用は、在日米軍の権利などを定めた日米地位協定で、両政府が合同委員会で協議してそれぞれ協定を結ぶことになっており、形式上、米国が一方的に決めることはできない。安倍の発言は、こうした仕組みを説明したにすぎなかったが、声を荒らげざるを得なかったのは、ロシアがこの問題に強い懸念を繰り返し表明していたからだ。

日ロ両政府は一切公表していないが、双方の関係者によると、安倍とプーチンは複数の首脳会談で、日米安保条約を巡る激しいやりとりを繰り広げてきた。

「安保条約と地位協定を読むと、米国は日本国内のどこにでも基地をつくれる」。プーチンがある会談でこう疑問を呈し、ロシアが納得できる説明を求めたのに対し、安倍は安保条約と地位協定の英訳も持参し、基地をつくるには日本の同意が必要だと強調した。しかし、プーチンは「秘密の議定書があることも知っている」と安倍に迫った。

プーチンの言う「秘密の議定書」は、「日米地位協定の考え方」という日本外務省の機密文書のことだった。文書は、地位協定の各項目の日本政府としての解釈などをまとめた、いわば外務官僚の「裏マニュアル」で、1973年に作成され、83年に増補版が作られていた。増補版を沖縄の地元紙・琉球新報が2004年に独自入手し、存在が明らかになった。

文書では、米軍の施設・区域の使用に日本政府の同意が必要とされていることの解釈について、地域の特殊事情などにより、米軍への提供が現実的に困難な事情が存在しない限り、「米側の提供要求に同意しないことは安保条約において予想されていないと考えるべきである」と明記されていた。

さらに北方領土問題に関しても「例えば北方領土の返還の条件として『返還後の北方領土には施設・区域を設けない』との法的義務をあらかじめ一般的に日本側が負うようなことをソ連側と約(束)することは、安保条約・地位協定上問題がある」と書かれていた。

プーチンはこの文書を念頭に「日本が『米国と協議する』とか『日本の同意なしに基地は造れない』と言っても、米国の要求に同意しないことなどあり得ない」と会談の中で指摘。戦後、日米同盟を外交・安全保障の基軸とする日本には、米国の意向に反した決断はできないとみていた。

これに対し安倍は、もし米国が北方領土に基地を造ると言ってきても認めない考えを伝達。ロシア側が強い懸念を示していた、米国製の地上配備型迎撃ミサイルシステム「イージス・アショア」の日本への配備については、米国ではなく日本が独自に運用するシステムだと理解を求めたが、プーチンの不信感は拭えなかった。

政府高官レベルの協議でも、神経戦が続いていた。両政府は、日本側の提案で国家安全保障局長の谷内正太郎と、プーチンの最側近、安全保障会議書記パトルシェフとの間の対話枠組みを14年に創設。外務、防衛両省の関係者らも出席して、安全保障問題を巡って年数回程度の対話を重ねていたが、ロシア側はさまざまな要求を突きつけていた。

この枠組みの協議の中身も、首脳会談と同様ほとんど公表されていないが、日本側関係者によると、ロシア側は地上イージス配備に懸念を示すとともに、代わりにロシア製の地対空ミサイルS400を日本が導入することまで求めた。

両国間では、相手国に対する安全保障分野の懸念事項をまとめたリストも示しあっていたという。日本外務省関係者は「ロシアが北方領土や千島列島に軍事基地を造るのを止めろとか、中国に変な武器を売るなとか、いろいろ伝えていた」と明かす。ただ、ロシア側は米国と歩調を合わせる日本への警戒感を緩めず、議論は平行線が続いた。

日米安保問題を巡り、埋まらない溝。ロシア政府関係者は、取材班の記者に「日本側からは言葉の上での話はあるが、法的拘束力のある話は出てこない。安倍首相が約束しても、例えば次の首相が石破（茂）さんになったら約束は守られないかもしれない」と語った。

口約束ではなく、明確な確約を求めるロシアの姿勢の根底には、冷戦期の苦い経験がある。

旧ソ連末期、大統領ゴルバチョフは欧米との非公式会談で、米軍を中心とするNATOの東方拡大は行わないとの確約を得たつもりだったが、その後、NATOは東欧や旧ソ連構成国のバルト3国などへ拡大。口頭の「約束」は守られず、ロシアは「欧米に裏切られた」と考えていた。

プーチンは、17年に公開された米国の映画監督オリバー・ストーンのドキュメンタリー映画のインタビューで、このエピソードを取りあげ、冷ややかに言い放っている。

「ゴルバチョフは書面にしなかった。政治ではすべて書面に残すべきだ。彼は話しただけで十分だと判断したんだ。甘かったね」

日ロ交渉筋によると、ロシア側は平和条約交渉を進めていくための事実上の前提条件として、安保上の懸念を解消するための文書による保証を日本に求めていた。しかし、日米安保条約に絡む島の「非軍事化」などを明文化するためには、正式に米国の同意を得ることが不可欠となる。米ロ対立のはざまで翻弄され続けてきた日ロ交渉のハードルが、さらに高くなるのは確実だった。

優先5項目

辛辣《しんらつ》だった。18年3月5日に配信されたロシア国営タス通信のインタビュー記事。極東開発を所管する副首相トルトネフは、日ロ間で検討が続く北方四島での共同経済活動について、日本側への不満をあけすけに語った。

「経済の実例としては何も出てきていない。率直に言えば、日本にはさまざまな意見があると私は完全に確信している。国としての何か統一的な決定をまとめることはできないようだ」

半年前の17年9月、安倍はロシア極東ウラジオストクでのプーチンとの会談で、共同経済活動について《1》海産物の増養殖《2》温室野菜栽培《3》島の特性に応じた観光ツアー開発《4》風力発電の導入《5》ごみの減容対策――の5項目を優先的に取り組む事業に決定。これを踏まえ、日本政府は10月下旬には通算2回目となる北方四島への官民調査団を派遣したが、事業の具体化は思うように進んでいなかった。

トルトネフは首脳会談直後の記者会見で、日本との協議に2カ月以内に進展がなければ、第三国も含めて投資家を探すと一方的に主張していた。その言葉通り、18年に入ると実際に日本抜きで開発を進める動きが出始めていた。

1月12日にはタス通信が、ごみの削減対策を巡り、北方領土を事実上管轄するサハリン州が日本との共同経済活動ではなく、ロシア独自の技術で進めることを検討していると報道。サハリン州関係者は、日本側がロシア側の提案に関心を示さなかったためだと指摘した。

3日後の15日には、ロシア政府系通信大手ロステレコム社長オセエフスキーがプーチンと面会し、択捉、国後、色丹の各島で高速インターネットの利用を可能にするため、サハリン本島との間に海底光ファイバーケーブルを敷設する作業を年内に終える方針だと表明した。ケーブルの敷設作業を受注していたのは中国の通信大手、華為技術（ファーウェイ）だった。

5項目の優先事業のうち、根室など北方領土に隣接する地域の関係者が最も注目していたのは「海産物の増養殖」だった。漁獲量が減り続ける中、豊かな水産資源に恵まれた四島との協力は地域再生の活路になるとの期待があった。

日本政府が17年10月に四島に派遣した官民調査団には、根室管内から全8漁協の幹部らが参加。漁場や加工場を視察した根室市の歯舞漁協組合長の小倉啓一は「択捉島でシロザケのふ化場や湾を見た。島の水産資源の将来性に無限の可能性を感じた」と手応えを語った。

日本政府内には当初、海での養殖は陸上での事業に比べて規制などが少なく、法的なハードルは低いとの見方があった。日本側交渉筋によると、ロシア側からは養殖を行うための具体的な候補地もいくつか示されていた。

しかし具体的な協議に入ると、その場所には既にロシアの漁業会社の漁業権が設定されていたり、自然保護区域だったりするなど、ロシア側の内部調整の不足が相次ぎ発覚。養殖する魚種に関する日ロ間の調整も難航していた。

5項目のうち「温室野菜栽培」と「風力発電の導入」についても、イチゴなどの栽培品種や風車の建設に適した場所などを巡る協議は行われていたが、人口の少ない四島での採算性を疑問視する声や、事業で使う資材や機器を四島にどうやって運び込むかも課題だった。ロシア法に基づく通関手続きではなく、双方の法的立場を害さない「特別な制度」が必要だった。

こうした状況の中、日本側が、最も実現性が高いとみていたのは「観光ツアー開発」だった。北

共同経済活動の具体化に向け、国後島を視察する日本の官民調査団＝2017年10月27日（国後島民提供）

方領土に新たな施設を建設したり、事業所に日本人が常駐したりする必要がある他の事業に比べ、短期間、島を訪れるだけの観光ツアーは早期に事業化できるとの期待感があった。

ロシア側も、豊かな自然を持つ四島の観光開発に力を入れ始めており、「日本人がホテルに泊まったり、食事をしたりすればロシアにもメリットがある」（交渉筋）と前向きだった。

ただ、最大の問題は、日本人観光客が四島を訪れるための新たな渡航枠組みが必要なことだった。日本政府は１９８９年の閣議了解で、ロシアが実効支配する北方領土への渡航自粛を国民に要請している。四島への渡航は、元島民や返還運動関係者らがパスポートやビザを使わず、日本の法的立場を害さない特別な枠組みで訪れる「ビザなし渡航」が例外的に認められているが、観光客やビジネス客の訪問は想定していなかった。

日本政府は、現在のビザなし渡航の対象者を拡充する形で観光ツアーの実現を模索していたが、ロシア側は元島民らのビザなし渡航の枠組みは経済活動に使うことはできないと主張。北海道とサハリン州間で短期ビザを相互に免除する新たな制度を導入し、四島への渡航にも活用するべきだと主張していた。

日本側は、四島をサハリン州の一部として扱うことを前提としたロシア側の提案を受け入れるわけにはいかなかった。だが、ロシア側は「これはプーチン大統領の意向だ」として譲らず、水面下の攻防が激化していた。

地域間ビザ免除

18年5月中旬、モスクワ支局長はロシア北極圏最大の都市ムルマンスクから西へ向かっていた。低木と岩の間に雪が残る原野の一本道を車で3時間ほど走ると、ノルウェーとの国境検問所に着いた。次々に訪れるロシアナンバーの車の目的地は、大半が約10キロ先にあるノルウェー北部の小都市キルケネスだ。

キルケネスへ向かうにはまずロシア側で出国審査を受け、約300メートル先にあるノルウェー側の検問所で、パスポートやビザを提示して入国審査を受ける。日本人が来るのが珍しいこともあって手続きには計30分ほどかかったが、ロシア人の審査はわずか数分。短時間で国境を通過できたのは、12年5月に両国の国境隣接地域を対象としたビザ免除制度が導入されたためだ。

検問所まで約30キロのロシア側の町ニキリから月数回キルケネスに行くというロシア人の女性は「日帰りの買い物が多いけど、ビザが要らなくなり、サッカーや音楽などの地域間交流も進んだ。両国の住民が互いの国の祝日を一緒に祝うこともあり、地域全体の発展を考えるようになった」と制度を歓迎した。

ロシアからの車が列を作るノルウェー北部キルケネス近郊の国境検問所
＝2018年5月16日（小林宏彰撮影）

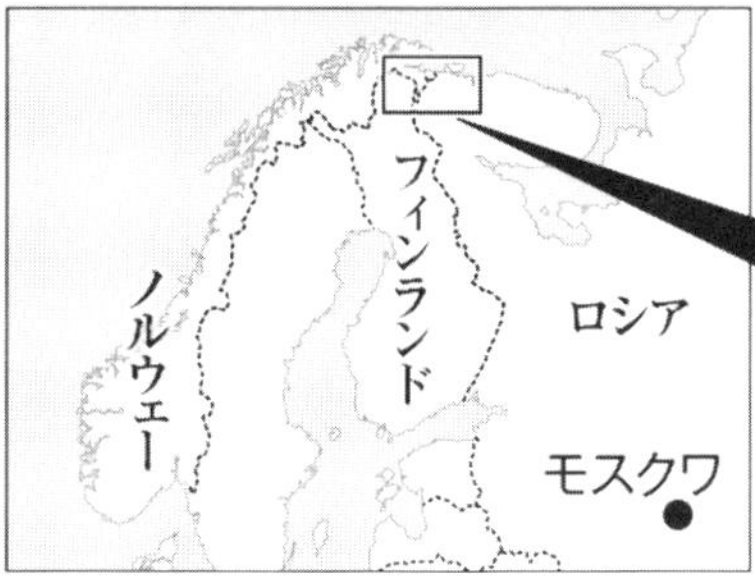

モスクワ支局長が取材に訪れた理由は、ロシア側がノルウェーとの国境隣接地域の前例を踏まえ、北海道とサハリン州を対象とした地域間のビザ免除制度の導入を求めていたからだった。日ロ間の人的交流や経済交流を拡大する狙いがあり、プーチンが16年12月に来日した際に安倍に提案したものだった。

ロシアとノルウェーのビザ免除制度は、国境から原則30キロ圏内に3年以上住んでいる住民が対象だ。ムルマンスクとキルケネスにある両国の総領事館で申請し、カード型の国境通行許可証（ノルウェー人はパスポートに貼付）を取得すれば、3年間は何度でも国境を通過できる。申請時に20ユーロ（約2600円）の手数料がかかるが、未成年や大学生、60歳以上は無料。観光ビザだと有効期限が最大30日以内で、取得時に宿泊先や旅行会社の証明書の提出が必要なことに比べ、費用や手間はかなり軽減されている。

特徴は、訪問先が双方の対象地域内に限定されていることだ。連続滞在日数も15日と定められており、違反した場合は許可が取り消され、再取得できなくなる。ロシア側は、日ロ間でもこうした規定を設ければ、日本側が懸念する治安の悪化にはつながらないと主張していた。

ただ、北海道とサハリン州間のビザ免除制度を巡る最大の障壁は、日ロ双方が自らの主権下にあると主張する北方四島の扱いだった。

ロシア側は「自国民を区別することはできない」として、サハリン州が事実上管轄する北方四島も含めたビザ免除制度の導入を主張。四島で共同経済活動を行う日本の企業関係者や観光客の訪問のほか、元島民らがより自由に島を訪れることができるようになると説明していた。

ロシアは、バルト3国のラトビアとも地域間のビザ免除制度を導入していた。12～16年にはロシアの飛び地カリーニングラード州とポーランドの隣接地域でも実施した経験があり、ロシア政府筋は双方の合計の人口が６００万人近い北海道とサハリン州の間でも「問題なく導入できる」と取材班の記者に強調した。プーチンの直々の提案を実現するため、ロシア外務省は「ビザ免除を受け入れないなら、共同経済活動は実施できない」と日本側に繰り返し迫っていた。

日本側は、北海道とサハリン州間でビザ免除制度を導入する場合でも、北方四島への渡航は別の枠組みとする方針を崩さなかった。ロシアの主張を受け入れれば、四島がサハリン州の一部だと日本側が認めたことになりかねない上、ビザ免除は「領土交渉のカードの一つ」（外交筋）として、外務省に慎重論が強かった。

課題は、四島の主権問題だけではなかった。ビザ免除制度で北海道に入ったロシア人が本州以南に移動した場合、外国人がパスポートのチェックを受ける機会が少ない日本国内では追跡できず、不法滞在につながる懸念があった。警察庁や法務省には旧共産圏の盟主だったソ連の継承国ロシアとの往来拡大への警戒感も強く、関係筋は「上層部には反ソ反共でやってきた土壌がある。監視対象だったロシア人へのビザを免除することは絶対に認めたがらない」と、取材班の記者に明かした。

車で気軽に国境を越えられるロシア―ノルウェー間と異なり、海に隔てられた北海道とサハリン州間で、人的交流や経済効果がどこまで拡大するかも見通せなかった。人口５００万人を超える北海道に対し、サハリン州は10分の1の約50万人。訪日外国人客（インバウンド）の増加が続く北海道にとって、サハリン州からの経済的恩恵は限定的との見方も根強かった。

共同経済活動を早期に実現させたい安倍側近は「ビザ免除をやればいい」と周囲に語り、インバウンド拡大の旗を振っていた官房長官の菅も、関係省庁に検討を指示していた。だが、共同経済活動の実現が平和条約締結につながるかも見通せない中、さまざまな慎重論を強引に抑え込んでまで、地域間ビザ免除制度を進める空気は広がっていなかった。

「地域間ビザ免除の課題は」

強まる愛国意識

サハリン州南部のアニワ湾に面したプリゴロドノエ。18年4月下旬、日本の大手商社も参画する石油ガス開発「サハリン2」の液化天然ガス（ＬＮＧ）工場から、全長２９０メートルの巨大タンカーが日本に向け出港した。

09年に稼働した工場の年間生産量は約1千万トン。このうち7割が日本向けで、日本の国内需要の1割を占める。北海道ガス（札幌）が海外から調達しているＬＮＧの約7割がサハリン産で、札幌に近い石狩湾新港にあるＬＮＧ基地まで2日で届く近さは「安定供給の大きなメリット」（同社）だった。

サハリン州政府の年間予算は約1千億ルーブル（約１７７０億円）で、極東のハバロフスク地方やウラジオストク市がある沿海地方に匹敵する。その大部分が石油ガス関連の税収だ。豊かなエネルギーマネーは、同州が事実上管轄する北方四島の開発財源にも充てられてきた。州はロシア政府が策定した「クリール諸島（北方領土と千島列島）社会経済発展計画」を柱に開発を進めており、18年は島々の開発に28億7千万ルーブル（約56億3千万円）を投じる予定だった。

「ユジノクリーリスク（古釜布）に住んでいる約７５００人にとって、この道は非常に重要だ」。5月15日、国後島のメンデレーエフ空港と島の中心地の古釜布をつなぐ主要道路の舗装工事を視察したサハリン州知事コジェミヤコは、現場作業員らを前に州予算を追加投入し、完成を早める方針を表明した。

着々と進む島の「ロシア化」は、日本との領土問題に影を落とす。さらに解決を難しくしているのが、北方四島だけでなく州全体のロシア住民の愛国意識の高まりだった。

ユジノサハリンスク市内の勝利広場に立つ対日戦勝記念の博物館「パベーダ」（左）とロシア正教会の大聖堂＝2018年5月9日（則定隆史撮影）

5月9日、州都ユジノサハリンスクでは、旧ソ連の対ドイツ戦勝73周年を祝う記念式典が開かれた。街の中心部にある勝利広場には、千人以上の兵士と1万2千人の市民が集まった。

この日はロシア各地で同様の式典が行われたが、サハリン州には1945年8月9日の旧ソ連による対日参戦を経験した退役軍人が多い。コジェミヤコは演説で対日戦争の結果、「サハリン南部とクリール諸島が解放された」と強調。「祖国への献身に心から感謝したい。現在、若い世代があなたたちを見習い、地域の愛国心は高まっている」と、退役軍人らをたたえた。

愛国教育に力を入れるプーチン政権は、戦後70年の節目の2015年に第2次世界大戦の勝利を盛んに宣伝した。対日参戦は、当時まだ有効だった日ソ中立条約を無視して行われたが、千島列島などを日本の軍国主義支配から解放した「偉大な歴史」として語られた。

古い戦車が置かれていたユジノサハリンスクの勝利広場には16年以降、対日戦勝を記念する博物館「パベーダ（勝利）」や、古代から現代までのロシア史を紹介する博物館「マヤ・イストーリア（私の歴史）」が相次いで完成し、多くの人が集まる観光名所に一変した。

パベーダには北方領土を含む千島列島への上陸作戦に関する資料に加え、日ソ両軍が激戦を繰り広げた千島列島北部の「シュムシュ島（占守島）の戦い」を再現した実寸大の模型も展示された。ロシア観光局が発表した「全国で印象深い戦争博物館」のトップ5にも選ばれ、取材に訪れたユジノサハリンスク支局長に対し、副館長エレーナ・サベリエワは「歴史を通じた愛国教育は役割の一つ。生徒たちの社会科見学も後を絶たない」と力を込めた。

サハリン国立総合大学助教授セルゲイ・プロコペンコは「州民の多くは日本に良い印象を持っているが、領土問題が日ロ関係の発展を妨げている」と指摘した。18年4月に約２７０人の学生を対象に実施した意識調査では「日本は法的根拠に基づいてクリール諸島の一部を要求していると思うか」という質問に対し、9割近くが「思わない」と回答したという。

勝利広場には16年、極東で最大級の高さ約70メートルのロシア正教会の大聖堂も建てられていた。ロシア正教会は旧ソ連の共産党政権下では弾圧を受けたが、プーチン政権下では手厚い庇護《ひご》を受けていた。

プーチンがロシア正教会を重視する背景には、国民の約7割が信者とされるだけではなく、伝統的な価値観を重んじる、愛国的な教義にあるとみられていた。宗教学者セルゲイ・フィラトフは「正教会の教義は、旧ソ連時代のイデオロギーに代わり、大国ロシアを統合する理論として、政権にとって極めて都合がいい。正教会側も権力への接近を勢力拡大に利用している」と取材に語った。

連載
「変貌サハリン」

09年からロシア正教会トップに君臨する総主教キリルは、12年の大統領選前後に起きた大規模な反プーチンデモを「悪魔にとりつかれた行動」と批判。ウクライナ危機を巡る欧米との対立が続く中、プーチンの擁護を続けてきた。

北方領土の歯舞群島・秋勇留《あきゆり》島にも14年、正教会の十字架が設置されていた。宗教と一体になったプーチン政権の愛国キャンペーンは、領土返還をより難しくしていた。

中ロの軍事協力

18年9月11日。ロシア極東地域にかつてない規模のロシア軍が集結していた。

大規模軍事演習「ボストーク（東方）２０１８」。10年から4年ごとに極東とシベリアで行われてきた演習だったが、この年の参加人員は前回14年の約3倍の約30万人に上り、航空機は千機以上、戦車や装甲車など3万6千台が参加した。国防相ショイグは１９８１年に旧ソ連が東欧諸国などと行った「ザーパト（西方）81」以来の大演習になると宣伝していた。

日本をはじめ周辺国が注目したのは、規模の大きさに加え、中国の人民解放軍が初参加したことだった。中国軍は東シベリアでの演習に兵士約３２００人、車両９００台、航空機30機を派遣。中国国防省は「安全保障上の脅威に共同対処する能力を一段と強化する」と発表した。

演習初日の11日は、安倍とプーチンが出席を予定していた極東ウラジオストクでの東方経済フォーラムの開幕と重なっていた。日本側が懸念していた北方領土での演習は見送られ、政府内からは「ロシアが一定の配慮をした」と安堵の声も漏れたが、防衛相の小野寺五典は同日の記者会見で「中国が初めて参加するということを踏まえて、引き続き重大な関心を持って注視していきたい」と警戒感をあらわにした。

中ロの連携を促したのは、米国の動きだった。トランプ米政権は18年1月に発表した国家防衛戦略で、ロシアと中国を米主導の国際秩序に挑む「競争相手」と位置付けた。ロシアによるウクライナ南部クリミア半島の併合以降、米ロ関係は急速に悪化し、米中間では貿易問題などを巡る覇権争いが激化していた。中ロ両国が、対米けん制で歩調を合わせるのは必然だった。

戦略的パートナーシップを結ぶロシアと中国だが、ロシアは約4千キロの国境を接し、圧倒的な人口差と経済力のある中国からの圧力が強まることに潜在的な脅威を感じていた。

「極東の人口は極端に少なく、中国の人口や経済力のパワーにのまれかねない。あまり中国が強くなりすぎることには警戒感がある」

中国を刺激するのを避けるため、ロシア側がこうした脅威を公の場で口にすることはほとんどないが、ロシア政府関係者の1人は取材班の記者にこう漏らしていた。

演習ボストークも、元々は米国だけでなく、中国をけん制する狙いがあるとされていたが、中ロ両国は段階的に軍事面の結びつきを強めていた。16年9月には中国がベトナムなどと島々の領有権を争う南シナ海にロシアが艦隊を派遣し、合同演習を実施。17年7月には、NATOとロシアとの間で緊張関係が続くバルト海でロシア軍が行った演習に初めて中国が艦船を派遣した。

中ロ両国は表面上、対等な協力関係を強調していたが、日本外交筋が神経をとがらせていたのは、両国の力関係が中国優位の様相を強めていたことだ。特に注視していたのは軍事技術面での協力だった。

ロシアは過去に中国に売却した軍事技術がコピーされ、第三国に販売される事態が起きたため、中国への新型兵器の輸出には慎重な姿勢を続けていた。しかし、15年に地対空ミサイル「S400」、

16年には戦闘機「スホイ35」と、いずれも当時、最新鋭だったロシア製兵器を供給することで合意。ロシアが欧米からの軍事部品の調達が困難となり、中国への依存を強めた結果、その見返りとして最新兵器を提供する構図ができつつあることを意味していた。

中国は領有権を主張する沖縄県・尖閣諸島問題では日本と対立してきたが、北方領土問題を巡っては、東西冷戦時代、旧ソ連に返還を求める日本の立場を支持していた。プーチン政権に近いロシア外交問題評議会会長アンドレイ・コルトノフは、17年6月の北海道新聞のインタビューで「尖閣問題でロシアは片方を支持しないだろう。中国は長い間、ソ連に対する日本の領土要求を支持してきた歴史があり、私たちはそれを覚えている」とはっきりと語った。

だが、ロシアにとって中国が自らの軍事技術を維持するために欠かせないパートナーとなったことで、こうした状況も変化する恐れがあった。ロシアの著名な軍事評論家パベル・フェイエンガウエルはインタビューに対し、ロシアはクリミア併合前には欧米などから軍事技術に必要な年間約10億ドル（約1100億円）相当の電子部品を調達していたが、対ロシア制裁で輸入が困難になったと説明。「中国には代わりになる技術があり、中国にどんどん軍事技術の依存が強まっている。だからロシアはより密接な外交問題での打ち合わせを中国から求められている」と明かした。

中国、ロシア双方と隣接する日本にとって、中ロ両国が軍事面で連携を強めることは安全保障上の脅威にほかならない。防衛省のシンクタンク防衛研究所の関係者は、危機感を漏らした。「ロシアが中国に寄りすぎて一緒に反日になるというのは、日本にとって悪夢に近い」

窮余の工程表

「もう会談するだけの時期は終わっている。プーチンにその気がないのか、大統領の意思が末端まで行き届いていないのかを見極めないといけない」

安倍とプーチンによる通算22回目の首脳会談を約2週間後に控えた18年8月末、日本政府高官は記者団に険しい表情で語った。

絶大な権力を持つプーチンと個人的な信頼関係を構築し、ロシア国内で反対が強い北方領土の返還につなげる戦略を思い描いた安倍。そのための「重要な1歩」として、16年12月の首脳会談で歴代政権が慎重だった北方四島での共同経済活動の検討開始に踏み切ったが、その具体化作業は不透明感を強めていた。

日ロ両国は8月16~20日に日本企業が参加する3回目の官民調査団を北方四島に派遣予定だったが、悪天候を理由に中止に追い込まれた。極東ウラジオストクでの首脳会談に向けた「成果」を作りたかった日本側の目算は外れた。

調査が天候に左右されたのは事実だった。波風が高く、日本側の調査団を乗せたチャーター船は当初の予定から半日遅れで根室港を出港。ロシア側も政府高官らがモスクワからサハリン州の州都ユジノサハリンスクまで来ていたが、航空機の欠航で国後島にたどり着けなかった。

「ロシア側の飛行機が15日から3日連続でキャンセルになった。日本側も荒天で国後島に上陸できなかった」。調査を中止して根室港に戻った日本外務省幹部は18日、日ロ双方のやむを得ない事情による結果だと強調した。

ただ、航空機は18日には運航を再開したが、ロシア側は17日の欠航が確定した時点で調査の中止を早々に日本側に通告。期間を短縮してでも調査を実施したかった日本外務省幹部は「日程が残っているのに、ロシア側は何を考えているのか」と不信感をあらわにした。

日ロの認識のずれは、調査のあり方を巡っても生じていた。日本側は国後島でのイチゴの温室栽培の候補地などを決定し、ウラジオストクでの首脳会談後に発表する算段を描いていた。

しかし、ロシア側が求めていた「事業者の選定」は思うように進まず、事業の具体化に必要な経済関係者らの四島との渡航枠組みも協議は難航。「実利」を重視するロシア側からは「もう日本側が調査に来ても意味がない」との声が漏れ、択捉島では調査を拒否する動きも出ていた。

ロシア側には、共同経済活動自体への反発も広がっていた。発端は、7月に北方領土問題等解決促進特別措置法（北特法）が改正され、共同経済活動に関する条項が盛り込まれたことだった。改正は、根室管内1市4町の地域振興などに使われる100億円の北方領土隣接地域振興等基金の取り崩しなどを可能にする国内対策が主眼だったが、ロシア側は北特法に北方領土が「わが国固有の領土」と明記されていることを重視。ロシア外務省は共同経済活動の「深刻な障害になる」と反発した。

ロシア政府関係者は、取材班の記者に「法改正によって、日本は共同経済活動は島の返還のために行うものだという立場を明確にした」と一方的に主張。「共同経済活動は、あくまで困難な問題の解決に必要な雰囲気を醸成するためのものだったはずだ。『島の返還のため』なのであれば、ロシアの国会で共同経済活動は認められなくなる」といら立っていた。

日ロ両国の認識の溝を埋められないまま、安倍はプーチン政権が主催する東方経済フォーラムに3年連続で出席するため、ウラジオストクを訪問した。フォーラム開幕前日の9月10日に行われた日ロ首脳会談では、共同経済活動について、優先的に検討することで合意していた「海産物の増養殖」や「温室栽培」など5項目の具体化に向けた工程表（ロードマップ）で合意したと発表された。

工程表は、5分野それぞれについて作成された。日本政府関係者は海産物の増養殖ではウニを含めた複数魚種を対象とすることを確認し、温室栽培では栽培するイチゴの品種を特定したなどと成果を強調したが、いずれも詳細は公表されず、目標とする時期も不明確だった。

工程表のアイデアは目に見える成果が打ち出せない中、日本側が5月に行われた前回の首脳会談以降、ロシア側と水面下で調整していた「窮余の策」だった。ただ四島への現地視察でさえ思うように実施できない中、事業化の具体的な時期や内容を示せるはずはなかった。

「日ロ協力の姿は確実に変化した。私たちの手で必ずや（領土問題に）終止符を打つ」

それでも安倍は会談後の共同記者発表で、プーチンとともに問題を解決する決意を改めて宣言した。直後の20日には自民党総裁選の投開票を控えていた。安倍が勝利し、21年9月までの首相続投が可能になることが有力視されていたが、戦後70年以上解決できなかった北方領土問題に道筋をつけるための残り時間は、着実に減り続けていた。

追い込まれた果て

18年9月17日、自民党元幹事長の石破茂は東京・銀座の三越銀座店前で、語気を強めた。「友情や経済的利益で北方領土を明け渡すほどロシアは甘くない。私たちは日本国の主権や領土を守るために、一切妥協のない交渉をロシアとしていく」

20日投開票の自民党総裁選で安倍に一騎打ちを挑む石破は、安倍がプーチンとの関係構築を重視し、融和的な対ロ外交を進めてきたことを強く批判した。

12年9月の総裁選で安倍に敗れ、同年12月に誕生した第2次安倍政権下で幹事長に就いた石破。13

年9月に根室を視察に訪れた際には元島民らとの懇談で、北方領土問題について「安倍政権の間に前進させ、めどを付けていかなければならない」と述べ、安倍の対ロ外交を後押ししていく考えを示していた。

しかし、地方創生相を経て16年8月の内閣改造で政府や党の要職を離れて以降、石破は政権への批判的な姿勢を強め、安倍の最大の政敵になっていた。総裁選で経済政策や安倍の政治姿勢の是非などが争点として注目される中、石破は安倍が進めてきた対ロ外交も繰り返しやり玉に挙げていた。火を付けたのは、直前に飛び出したプーチンの発言だった。

総裁選の告示から5日後の9月12日、プーチンはロシア極東ウラジオストクでの東方経済フォーラムの全体会合で、同席していた安倍を前に、年末までに「前提条件なし」での平和条約締結を唐突に提案。北方領土問題解決の棚上げを意味しているとして、政府・与党内では反発や困惑の声が広がっていた。

総裁選で石破を支持する議員が集まった13日の会合でも、「日本の立場を無視した発言だ」「あの場で反論すべきだった」などと、プーチンの提案と安倍の対応への反発が相次いだ。

安倍と石破がそろって出演した17日夜のテレビ番組で、石破は日ロ交渉が「振り出しに戻った」と断じ、「2島はおろか全く返ってこない」と安倍への批判を展開した。

一方、安倍はプーチンとの間で「相当なやりとりをしている」と反論。北方領土で暮らすロシア人島民らに日本への帰属変更について理解してもらう環境整備として、日ロの共同経済活動を進めていると強調し、「簡単ではない中で全力を尽くしていきたい」と訴えた。

結局、20日の投開票では、国会議員票と党員・党友による地方票合わせて7割弱を得た安倍が連続3選を決めた。石破は地方票では45%の支持を集めて善戦したものの、議員票で大差をつけられて敗北した。

安倍は20日夜のテレビ番組で、年末までという期限を明示して平和条約締結を提案したプーチンの発言を「非常に、積極的に、平和条約と向き合っていく意思が示された」と前向きに評価。交渉の進展に改めて意欲を示した。

だが、領土問題の解決を先送りした平和条約の締結は、日本としては当然、受け入れられない。条約締結の「重要な1歩」とした共同経済活動も検討開始から2年近くたっていたが、日本の法的立場を害さない「特別な制度」を巡る協議は進展せず、事実上行き詰まっていた。

さらに安倍に追い打ちを掛けたのは、自らの対ロ外交を後押ししてくれると期待していた米大統領トランプの動きだった。

トランプは10月20日、米ロの中距離核戦力（ＩＮＦ）廃棄条約を破棄する方針を表明。ロシアは、日本への配備が計画されていた米国製の地上配備型迎撃システム「イージス・アショア」が、同条約が禁じる巡航ミサイルの発射台として転用される恐れがあると批判しており、日本への風当たりも強まるのは必至だった。

「ＩＮＦ廃棄条約が破棄されれば、領土問題は動かなくなる。今しかない」。安倍側近の一人は11月上旬、取材班の記者に焦りをにじませた。

そして11月14日。安倍はシンガポールでのプーチンとの会談で、１９５６年の日ソ共同宣言を交渉の基礎に位置づけ、事実上の2島返還へと歴史的な転換に踏み切った。

「米ロ指導者の今の組み合わせは、北方領土問題解決の唯一の機会だ」。シンガポール会談後、安倍はこのタイミングで勝負をかけた理由を周囲にこう語った。だが、ロシアが日ロ交渉進展の「前提条件」として、文書での保証を求めていた北方領土の非軍事化について、トランプ政権から了解を得るための協議も「全然できていなかった」（政府高官）。プーチンから譲歩は引き出せず、交渉はすぐに行き詰まった。

14年3月のロシアによるウクライナ南部クリミア半島の併合後も、ロシアとの関係維持に腐心し、共同経済活動や8項目の経済協力プランなどのカードを切り続けた安倍。時間切れが迫る中、追い込まれた末に決断した「四島返還断念」という切り札も、ロシアには響かなかった。

第5章

歴史的転換
語らぬまま退場

時計の針がどれくらい戻ったか分からないね

ここはわれわれの土地だ

善隣友好条約を結んだら、領土問題も棚上げされて、おしまい

展望が開けない

ロシア領土の割譲禁止を憲法で定めた

2022年6月9日、東京・港区の在日ロシア大使館で、12日の「ロシアの日」を前に開かれた記念行事。1990年に新生ロシアが国家主権を宣言したことにちなんだ祝日の行事で、以前は日本の閣僚らも参加してきたが、3年ぶりに対面形式での開催となった会場に、政府要人の姿はなかった。

コロナ禍でオンライン開催となった前年の行事には、元首相となっていた安倍晋三がビデオメッセージで登場。「日ロ関係の発展に尽力していきたい」。ロシア大統領プーチンとの通算27回の首脳会談を振り返り、「心と心」「人と人」がつながる交流を続けていく決意を語っていた。

しかし、ウクライナ侵攻を受け、ロシアは対ロ制裁を発動した日本を「非友好国」に指定し、平和条約締結交渉の継続を拒否した。

駐日大使ガルージンは9日の記念行事でのあいさつで、日ロ関係にはなお大きな可能性があるとしつつ、米国と協調する日本政府を厳しく批判した。長年、文化交流に取り組んできた日本人関係者は「今こそ対話が必要だが、政府間でその雰囲気が失われている」と肩を落とした。

「時計の針がどれくらい戻ったか分からないね」。ウクライナ侵攻後、安倍は日ロ関係について周囲にこう漏らした。ただ、安倍が首相だった3年前から、日本外交は隣国ロシアにどう向き合うべきか、その方針を見失っていた。

遠のくレガシー

参院選から一夜明けた19年7月22日。国会周辺の人影はまばらだったが、北海道新聞を含めた与党担当の記者たちが集まった自民党本部には冷めやらぬ熱気が漂っていた。

自民党は参院選で改選前議席から9議席減らしたが、公明党と合わせて安倍が勝敗ラインとした「非改選議席を含めた与党で過半数（123議席）」は確保していた。自民党総裁として記者会見に臨んだ安倍は、拳を握りしめながら語った。

「この選挙では憲法改正も大きな争点となった。少なくとも議論は行うべきだというのが国民の審判だ。野党はこの民意を正面から受け止めていただきたい」

日本維新の会などを加えた憲法改正に前向きな勢力の議席は3分の2を割り込んだものの、安倍は改憲議論の加速を訴えて勝利したと強調した。掲げてきた20年の改正憲法施行を目指す目標に関しても「その思いに変わりはない」と語った。

憲法改正は、安倍が第1次政権から目指してきた宿願だ。実現は厳しい状況に追い込まれつつあったが、安倍は柔軟に野党との協議に臨む考えを繰り返し強調。政治的レガシー（遺産）として、諦めない姿勢をアピールした。

だが、改憲とともに「悲願」だったはずの北方領土問題について問われた安倍は、歯切れが悪かった。

「70年以上解決されていない問題だ。さまざまな難しい課題があり、大きな難しい問題だが、少しでも前進されるべく努力を重ねていきたい」

これまで北方領土問題について「必ずや終止符を打つ」と繰り返し、在任中の解決への意欲を強く訴えてきた安倍。しかし、この日の会見だけでなく、参院選の全国遊説でも対ロ外交には、ほとんど言及しなかった。

北方領土を抱える北海道内での遊説でも、街頭演説を行った4カ所全てで米大統領トランプとの蜜月ぶりは強調した一方、日ロの平和条約問題に触れたのは2カ所のみ。それも「全力で取り組んでいく」などと述べただけで、具体論には踏み込まなかった。

安倍は18年11月のシンガポールでの日ロ首脳会談で、平和条約締結後に歯舞群島と色丹島を日本に引き渡すことを明記した1956年の日ソ共同宣言を交渉の基礎に位置付け、事実上の2島返還方針に転換した。プーチンがG20大阪サミットに合わせて来日した19年6月末の大阪での首脳会談の際に平和条約締結で「大筋合意」することを模索したが、交渉は進展しないまま行き詰まった。

日ロ関係に詳しい日本人専門家の一人は「ロシアが強硬姿勢を崩さない限り、2島返還という選択は避けては通れない道だった。たとえ2島でもロシアは応じないということを確認したという意味では、安倍政権の判断には意味があったかもしれない」と淡々と語った。

「四島返還を主張し、最終的に2島で妥協するというアプローチはもう取れなくなった」。日本側交渉筋は、安倍が日ソ共同宣言を平和条約交渉の基礎に位置付けたことで、四島返還路線には後戻りはできなくなったと指摘した。

プーチンは歯舞、色丹の2島なら条件次第で日本に引き渡すかもしれない――。そんな期待の声は、官邸だけでなく外務省内にも少なからずあった。元外務省高官によると、プーチンは首相時代の09年に訪日した際、日本政府関係者との会談の中で、日本への歯舞、色丹2島の引き渡しを明記した日ソ共同宣言の9項に触れ、こう語ったという。

「9項には平和条約締結後に2島を引き渡すと書いてある。だから交渉のテーマは、引き渡すのは何なのか、その条件を話し合うことだ」

プーチンが言う「引き渡す」対象に、島の主権が含まれているのかは判然としないものの、この元高官は「(プーチンが)その後も2島の話を積極的にするから、引き渡すことは本気なのだと思った」と振り返った。

「まだ2年ある」。安倍政権の対ロ外交を支えてきた閣僚の一人は取材班の記者に、安倍の党総裁任期が21年9月まで残されていることから、対ロ外交のレガシーづくりを諦めたわけではないと語った。

しかし「四島返還断念」という、日本にとってはこれ以上はできない譲歩が不発に終わり、官邸は対ロ外交の針路を見失っていた。安倍側近の一人は「ロシアはあらゆることが縦割りだった。プーチンはロシアの51%株主だが、一存では決められないこともある」と、プーチン頼みの戦略の行き詰まりを認めた。

安倍は9月上旬に極東ウラジオストクで開かれる東方経済フォーラムに4年連続で出席することが決まっていた。対ロ戦略の立て直しもままならない日本側の戸惑いを見透かすように、ロシア側は北方四島の実効支配をさらに強めていく。

内政重視

安倍とプーチンの通算27回目となる首脳会談を半日後に控えた19年9月5日未明、日本政府関係者は、ロシア国営テレビの映像に衝撃を受けていた。

画面に映し出されていたのは、北方領土・色丹島の穴澗(クラボザボツコエ)に新たに完成したロシア企業の水産加工場の稼働式に、首脳会談が行われるウラジオストクからテレビ中継で参加していたプーチンの姿だった。

「成功を祈ります。これは素晴らしい。いい給料の仕事となり、極東において新しい雇用の場が生まれることを確信している」

プーチンは計画が順調に進んでいることを歓迎し、関係者を祝福した。

加工場は、択捉島を拠点とする北方四島で最大の水産企業「ギドロストロイ」が約100億円をかけて建設した。延べ床面積7750平方メートルで「ロシア最大規模の水産工場」とされる。年中無休で主に近海で取れるサバ、マイワシ、カレイなどを加工し、昼夜2交代制で各80～90人が働く。人口約3千人の色丹島にとって、雇用の場としてもインパクトが大きかった。

何より日本側関係者がショックを受けたのは、プーチンがこのタイミングで、1956年の日ソ共同宣言で平和条約締結後に日本に引き渡すことが明記された色丹島の開発を進める姿勢を鮮明にしたことだった。

日ロ首脳は18年11月の首脳会談で、日ソ共同宣言を基礎に交渉を進めることで合意した。具体的な進展はなかったものの、19年6月の首脳会談でもこの合意を改めて確認していた。安倍との会談を直後に控える中、あえてプーチン自身が色丹島の実効支配を誇示することは、日本側にとっては挑発的な行為だった。

約1カ月前の8月2日には首相メドベージェフが、日本政府の中止要請を無視し、4年ぶりに通算4回目の北方領土訪問を強行していた。極東開発を所管する副首相トルトネフを伴い、択捉島に約5時間滞在した。

現地で取材したユジノサハリンスク支局のロシア人助手の目の前で、メドベージェフは日本メーカーの四輪駆動車を自ら運転し、島内を視察。その後、記者団に対し、以前に訪れた際にはバラック

択捉島内の視察で日本メーカーの四輪駆動車を自ら運転する首相メドベージェフ＝2019年8月2日（マリヤ・プロコフィエワ撮影）

や貧しい生活が見られたとした上で「今はアスファルト道路があり、新しい家や学校、近代的な企業が建設されている」と開発が進んでいることを歓迎した。

記者団から日本政府の抗議について問われると、メドベージェフは「ここはわれわれの土地だ」と強調。「反発が多いほど、ロシア政府の代表者がここに来る理由は増える。私たちは当然続ける」と言い放った。帰り際、ヤースヌイ空港では18年に配備された戦闘機スホイ35のパイロットと面会し「この場所は私たちに重要だ。（任務の）成功を祈っている」と激励した。

日ロ交渉が行き詰まる中、北方四島の実効支配を誇示する姿勢をさらに強めるロシア。背景にあるとみられたのが、9月8日に予定されていたロシアの統一地方選だった。

統一地方選では四島を事実上管轄するサハリン州を含む16の連邦構成主体の知事・首長選のほか、50以上の州・市議選などが予定されていた。これまでは政権与党「統一ロシア」系の候補が多くで勝利してきたが、反政権ムードの高まりを受け、同党の支持率は7月には過去最低の28％まで下落。ロシア主要紙は、サハリン州を含む3～5の連邦構成主体で政権が推す候補が過半数を得票できず、決選投票にもつれ込む可能性があると報じていた。

統一ロシアの党首でもあるメドベージェフの択捉島訪問や、プーチンの色丹島の水産加工場の式典への参加は、ロシアが対日関係より、内政を重視していることを如実に物語っていた。

日本政府は、メドベージェフが15年に択捉島を訪れた際には、当時の外相岸田文雄が駐日ロシア大使アファナシエフを外務省に呼んで「択捉島は日本固有の領土であり、訪問は日本の立場と相いれない」と抗議したが、今回は欧州局長の正木靖が電話で伝達した。外相の河野太郎の談話でも「固有の領土」などの表現は使わなかった。安倍のウラジオストク訪問に影響するのを避けるためだったが、ロシア側は「抗議ではなく、単なる不満の表明」と意に介さなかった。

9月5日午後。ウラジオストクで予定通り行われた首脳会談の冒頭、安倍は「ウラジオストクで4年連続、君と会えることを大変うれしく思う」と呼び掛け、引き続き幅広い分野で協力を進める考えを強調した。ロシア側の挑発的な行為には一切触れなかった。

民主党政権で外相を務めた衆院議員岡田克也は同日夕、プーチンが色丹島の水産加工場の式典に参加したことについて「日本の主権の重大な侵害」と記者団に強調し、こう皮肉った。

「会談の直前にやられるとは安倍さんも随分、軽く見られたと思うし、本来、会談に出るべきではなかった。にもかかわらず領土問題を議論するというのは、実際には何も動いていないということだろうね」

最後の会談

安倍とプーチンの通算27回目の首脳会談は19年9月5日、ウラジオストクで午後1時すぎに始まった。恒例となっていたロシア政府主催の東方経済フォーラムに合わせた会談で、北海道新聞はモスクワ支局長と首相官邸担当の記者が現地入りし、取材にあたっていた。

会談が行われた極東連邦大は、橋を支える2本の塔の間が1104メートルもある世界最長の斜張橋（連絡橋）でつながれたルースキー島にあり、ウラジオストクの市街地からは車で30分弱。大学の校舎や学生寮は、12年のアジア太平洋経済協力会議（APEC）首脳会議に合わせて建設された国際会議場や宿舎を再活用したもので、フォーラム中はイベント会場やメディア関係者らのホテルとして使われていた。

モスクワ支局長は16年から4年連続で、ウラジオストクでの日ロ首脳会談を取材してきたが、今回は過去2回とは異なり、会談後の両首脳の共同記者発表が予定されていなかった。日本政府が「四島返還」から「2島返還」へとかじを切った18年11月のシンガポールでの会談後のように、安倍が単独で日本メディアの取材に応じて「成果」をアピールする機会もなく、交渉の行き詰まり感は誰の目にも明らかだった。

実際、この日の会談は約1時間半行われ、このうち約20分間は両首脳が通訳のみを交えて一対一で議論したが、領土問題で具体的な進展はなく、10月に北方四島での日ロ共同経済活動の試験事業として、日本人を対象にした初の国後、択捉両島への「観光ツアー」を行うことなどを確認したにとどまった。

首脳会談後に行われた東方経済フォーラムの全体会合でも、日ロ間の温度差が際立った。

プーチンのほか、インド首相モディら各国の出席者を前に演説した安倍は、自らが提唱した8項目の日ロ経済協力プランの進展を強調。さらなる関係強化に向けて、日本を訪れるロシア人の経済関係者や学生らへのビザの発給要件の緩和に取り組む考えをアピールした。

「日本人とロシア人は、労働の喜びを分かち合い、若者同士は屈託のない笑いを共にする中で、歴史上初めて、夢を一緒に見る力を、そしてその習慣を、はぐくみあっているではありませんか」

さらに安倍はプーチンに時折、目をやりながらこう呼びかけ、演説を締めくくった。

「平和条約の締結という歴史的使命がある。未来を生きる人々を、これ以上、もう待たせてはならない。ゴールまで、ウラジーミル、2人の力で、駆けて、駆け、駆け抜けようではありませんか」。

インターネット上では「まるでポエムだ」と冷ややかな反応が広がった。

プーチンは安倍の肩を抱いて歓迎したが、和やかなムードは続かなかった。全体会合を取り仕切るロシア人司会者は、北方領土のロシア企業の関係者に対し、日本政府がビザの発給を認めていないとして対応に疑問を投げかけた。ロシアにさらなる関係強化の必要性を訴えた安倍への皮肉が込められていた。

安倍は「そうした問題を乗り越えていく必要がある。未来を見つめながら議論を進めている」と釈明に追われた。しかし、続いて発言したプーチンも、ロシアが日本人の元島民の北方領土墓参の拡充などに取り組んできたことを念頭に「(ロシア側は)人道的配慮に基づいて歩み寄っている」と主張。ロシアが併合したウクライナ南部クリミア半島に住んでいるロシア人に対するビザ発給を日本政府が認めていないことも持ち出し、こう不満をにじませた。

「私たちは日本を信じて、信頼している。とても善良な人たちで、善良な気持ちだからだ。しかしながら、いくつもの問題がある」

この日の首脳会談で、両首脳は11月に南米チリで開かれるＡＰＥＣ首脳会議に合わせて再会談することで合意していた。ウラジオストクから帰国した安倍は、9月11日の内閣改造に合わせ、対ロ外交の体制を見直した。

平和条約交渉の責任者となる外相には河野太郎に代えて、日米通商交渉を取りまとめた経済再生担当相の茂木敏充を起用した。安倍政権の対ロ外交の中心的役割を果たしてきた首相秘書官の今井尚哉は首相補佐官との兼務とし、元外務次官の谷内正太郎が務めてきた国家安全保障局長には、内閣情報官の北村滋を抜てきした。今井も北村も、安倍の2島返還路線を支えてきた側近中の側近で、刷新感はなかった。

「困難な課題だからといって、見送ることは首相の責任放棄だ。私とプーチン大統領は領土問題を次の世代に先送りすることなく、自らの手で必ずや終止符を打つという強い意志を共有することができた」

安倍は内閣改造後の記者会見で、ロシアとの平和条約締結を目指す考えを改めて表明した。首相在任中の安倍とプーチンの直接会談がもう二度と実現しないことになるとは、この時は誰も想像していなかった。

初の観光ツアー

雲一つない秋晴れだが、吹き付ける海風は冷たかった。19年10月29日、北海道東部、根室半島のオホーツク海側に位置する根室港。北方四島への初の日本人観光ツアーの一行が、チャーター船「えとぴりか」に乗り込んだ。

一行は観光客33人と、政府関係者や通訳を合わせた計44人。東京都練馬区から参加した60代の男性は「北方領土は、わが国の領土にもかかわらず足を踏み入れられなかった。そこに一般のツアーで行けるというのは、本当に大変なことだ」と期待を膨らませた。

北方領土での「観光」は、安倍とプーチンが北方四島での共同経済活動の検討開始で合意した16年12月から検討分野の一つに位置付けられており、このツアーは事業化に向けた「試験事業」として行

古釜布近郊にある、ロシア人島民の間で「鬼の指」と呼ばれるろうそく岩を観光する日本人ツアー客＝2019年10月30日（北海道新聞助手エフゲニー・シャバショフ撮影）

われた。

懸案だった日本人観光客らの四島への渡航枠組みについては、日ロ両政府の法的立場を害さない形で行うことで合意している従来の「ビザなし渡航」の枠組みが使われることになった。ビザなし渡航の日本側参加者は元島民や返還運動関係者、専門家、メディア関係者などに限られており、ロシア側は「観光やビジネス目的の利用は想定していない」と難色を示していたが、今回限りの「特例措置」として受け入れた。

観光ツアーは東京の旅行会社「ワールド航空サービス」が主催し、「まだ見ぬ北方の島へ　国後と択捉の旅」と名付けられた。7泊8日の日程だったが、北方領土訪問と北海道東部の観光を組み合わせた内容だった。参加者一行は10月27日に中標津空港（根室管内中標津町）から道内入りし、29日まで国後島を一望できる同管内羅臼町の展望塔や歯舞群島を望む根室市の納沙布岬などを見学。30、31の両日に国後島、11月1、2両日に択捉島を訪問し、3日に根室港に戻る旅程で、料金は約33万円に設定された。

ただ、政府間合意に基づくビザなし渡航の枠組みで実施されるこのツアーは、通常のツアー旅行とは異なる多くの制約を抱えていた。

島との往来に使われたチャーター船「えとぴりか」は長年、元島民らのビザなし渡航に活用されてきたが、個室はほぼない。船内や国後島の宿泊施設「友好の家」は1室6～8人の男女別共用で、ツアーのパンフレットには「合宿生活のようになる」と注意書きが記された。

現地での混乱やトラブルを防ぐため、参加者は旅行会社が旅に慣れた常連客に絞って公募した。島内で事故や事件が発生した場合、日ロどちらの法律で対処するのかという主権問題に直結する事態が発生するため、宿泊施設から出歩くなどの個人行動は禁止。島で日本の携帯電話を使うと、ロシアの電波を利用した形になるため、日本政府は使用を認めなかった。

観光目的のツアーとしては、時期も季節外れだった。気候的には、四島への渡航は5月から10月初旬が望ましかったが、この時期は元島民らのビザなし渡航の予定がすでに入っており、えとぴりかを観光ツアーに使うことはできなかった。さらに当初予定した10月9～16日の日程がロシア側の都合で3週間延期され、11月にかかる肌寒い時期の実施になってしまった。

日本人記者の同行は認められなかったため、北海道新聞は国後島にユジノサハリンスク支局のロシア人助手を派遣し、ツアーの様子を取材した。30日午前に国後島に上陸した一行は、ロシア国境警備局による入域手続きを受けた後、古釜布（ユジノクリーリスク）近郊で「鬼の指」と呼ばれるろうそく岩や博物館などを見学。午後は日本人墓地や約50キロ離れた泊山へ悪路専用のバスで向かった。31日は溶岩が冷えて固まった柱状の岩が海岸沿いに連なる島中部の景勝地「材木岩」などを訪問した。

ところが1日早朝には択捉島に上陸したものの、天候悪化で沖合に停泊しているチャーター船に戻る小型船が安全に運航できなくなる恐れがあるとして、急きょツアーを中断。日程を１日切り上げ、根室港に引き返した。結局、択捉島滞在はわずか2時間に終わった。

「すぐに戻らないと、島から出られなくなる可能性があった。滞在を続けて事故が起きても問題になる」。外務省幹部は日程を短縮した理由について、こう説明した。初の観光ツアーでわずかでもロシア側とトラブルが生じることは避けたいのが、日本政府の本音だった。

「手つかずの自然を見ることができて感動した」「国後島から知床を見て感動した。何度でも行きたい」。帰港したツアー客からは継続を求める声が相次いだが、70代の参加者は「入域手続きや団体行動を強いられて、息苦しかった。もう行きたくない」と本音を漏らした。

観光客らの新たな渡航枠組みを巡る議論は難航しており、観光ツアーの本格実施は見通せていなかった。それでも日本政府はツアーの「成功」をてこに、11月のチリでのＡＰＥＣ首脳会議の際に日ロ首脳会談を行い、共同経済活動の具体化を加速させるシナリオを描いていた。しかし、チリ国内の情勢悪化を受け、ＡＰＥＣ首脳会議は中止され、通算28回目になるはずだった安倍とプーチンの会談の機会は失われた。

領土棚上げ

旧ソ連時代の１９５３年に建築されたロシア外務省の庁舎は、スターリン様式と呼ばれる重厚なたたずまいの27階建ての建物で、モスクワを代表する摩天楼の一つだ。

２０１９年12月18日夜、外相ラブロフは、外相就任後初めてモスクワを訪れた茂木を夕食会に招待した。用意した場所は、高さ２２８メートルのロシア外務省の庁舎が目の前に見えるホテルの最上階

写真でたどる
四島観光ツアー

にある展望レストラン「サハリン」。両外相は少人数で約3時間、平和条約や経済協力、国際情勢にわたって議論を交わした。翌日に控えた外相会談の「事実上の第1ラウンド」だった。

前日の17日にはサハリン州が事実上管轄する北方領土歯舞群島周辺で「安全操業」をしていた根室の漁船5隻が、ロシア国境警備局に国後島へと連行されていた。日ロの管轄権に触れない形で実施される安全操業で、日本漁船がロシア側に連行されることは許し難い事態だった。

「このタイミングでサハリン州産の海産物が名物のレストランを指名してきたロシア側の招待に応じれば、日本の外相が『四島はロシア領だ』と認めに行くようなものだ」。日本政府関係者にはそんな懸念の声もあったが、茂木はラブロフの誘いを受け入れた。

9月11日の内閣改造で外相に就任した茂木がラブロフとの会談に臨むのは同月の米ニューヨーク、11月の名古屋に続いて3回目だった。過去2回が国際会議に合わせた短時間の協議だったのに対し、今回は平和条約交渉の責任者として初めての本格的な会談。北海道新聞を含む多くの日本メディアが東京から記者を同行させたが、茂木とラブロフの夕食会の場所は公表されなかった。

「早めにラブロフ外相と会ってみてほしい」。安倍は内閣改造当日、官邸での写真撮影の合間に茂木にこう指示していた。安倍は経済再生担当相として日米貿易協定などの通商交渉をまとめた茂木を「トランプ大統領から『タフネゴシエーター』と評された」と周囲に語るなど、その交渉手腕を高く評価していた。モスクワに出発する直前にはひそかにプーチンへの親書を託した。

ただ、ラブロフは04年から外相を務め、これまでに対峙《たいじ》した日本の外相は、茂木が12人目だった。強硬な原則論者で知られ、安倍周辺からは「ラブロフは岩盤だ。どう攻略していいかわからない」との声も漏れていた。

9月のウラジオストクでの安倍とプーチンの会談から約1週間後、ラブロフはロシアのネットメディアのインタビューで、日ロ両首脳が平和条約交渉の基礎とした1956年の日ソ共同宣言には《1》平和条約を締結する《2》国境問題の解決方法を探る――という「手順が明確に書かれている」と強調した上で、こう主張した。

「1956年から多くの時間が経過していることが重要なポイントだ。終戦後に調印される単なる平和条約ではなく、ロシアと日本のさらなる発展の指針となる文書を締結する必要がある」

日本の基本的な立場は、まず北方領土問題を解決した上でロシアとの平和条約締結するというものだ。これに対し、ラブロフは領土問題を棚上げし、幅広い善隣友好関係の発展に向けた条約の締結が必要だと訴えていた。

ロシア側の主張の背景には「北方領土問題が解決すれば、日本はロシアへの関心を失う」(政府関係者)という懸念があった。

あるロシア政府筋は、モスクワ支局長にこう漏らした。

「日本は先に平和条約を結んだら領土は戻らないと考え、逆にロシアは島を返したら日ロ関係はそれ以上発展しないと疑っている。そうした互いの不信感を克服するためにも、中間的な役割を果たす善隣友好条約が必要だ」

茂木、ラブロフのモスクワでの会談は前日の夕食会も含めて計8時間に及んだ。茂木は会談後、記者団に「基本的な立場の違いを埋めていく方策についてお互いが知恵を出し合いながら、今後も協議を進めていく」と説明。関係者によると、ラブロフは茂木との別れ際、「ケミストリー(相性)が合うから頑張ろう」と声をかけたという。

一方のラブロフは会談後の記者発表で、平和条約締結の目標達成には「ただ一つの方法しかないことを(日本側に)示した」と説明。ロシア政府関係者は「ラブロフは会談で日ロ関係の幅広い関係発展の基礎になる新たな条約締結の必要性を指摘した」と明かした。

「安倍首相は、任期中に何か残そうとして中間条約みたいなものを結びかねない。善隣友好条約を結んだら、領土問題は永遠に棚上げされて、おしまいだ」。日ロ外交に精通した外務省関係者は、安倍官邸が再びロシア側に譲歩しかねないと懸念していた。

「北方領土の日」の安倍の演説が、その疑念をさらに膨らませることになる。

広がる臆測

それは強烈な発言だった。20年1月24日、前年9月に国家安全保障局長を退任した谷内はBS番組で、日ロの平和条約交渉について「展望が開けない。事務レベルでいろいろ議論はしているが、何らかの前進を見るために他にやることがあるのかというと、ない」と言い切った。

外務省事務方トップの外務次官を経て、安倍政権で外交・安全保障戦略の中枢を担った谷内。すでに一線を退いたとはいえ、安倍がなお進展に意欲を示す対ロ交渉の行き詰まりを公の場で認めるのは、異例の展開だった。

谷内は、ロシア側の要求は《1》北方領土が第2次大戦の結果、ロシア領になったと日本が認める《2》全ての外国軍隊の日本からの撤退《3》無条件の平和条約締結――の大きく分けて3点だと説明。ロシアの主張は「領土とか何も書いていない平和条約を結び、その上で領土問題をやろうという2段階論だ」とし、「われわれの言葉で言うと『ノンスターター(成功の可能性のない計画)』だ。これじゃ動けない」と切り捨てた。

谷内は元々、対ロ交渉について柔軟な立場だった。13年4月の帯広市内での講演では「四島から1

ミリたりとも譲らないと言って交渉しようとする限り、ロシアは本格的交渉に乗ってこないし、島は返ってこない」と明言。麻生太郎政権で、政府代表を務めた09年には、毎日新聞のインタビューで「3・5島返還」に言及したとして、波紋を広げたこともある。

だが、安倍政権下で国家安保局長に就任して以降は、対米関係などを重視し、ロシアに融和的な首相秘書官の今井らと対立。安倍とプーチンが16年12月に検討開始で合意した北方四島での共同経済活動にも慎重で、安倍が2島返還路線へとかじを切った18年11月のシンガポールでの首脳会談に向けた意思決定には深く関わっていなかった。谷内はBS番組で、安倍が力を注いできた日ロ交渉の現状について「僕としても心苦しく思っている」と語った。

公の場で日ロ交渉の行き詰まりをなぜ認めたのか。谷内は「安倍さんではなく、ロシアが悪いと言いたかっただけだ」と周囲に釈明していた。

ただ、谷内は外務省関係者らに「総理は今井しか信じていない」と不満を漏らしていた。こうした情報をキャッチしていた取材班の記者たちは、BS番組での谷内の発言の背景には、安倍が一部の側近の意見しか聞き入れず、展望のない対ロ交渉をこのまま進めていくことへの懸念があったとみていた。

谷内発言の8日前。安倍側近の一人で、谷内の後任の国家安保局長に就いた前内閣情報官の北村は、モスクワでプーチンと約40分間会談した。プーチンが日本の安保局長との個別会談に応じたのは初めてで、異例の対応だった。

プーチンは5月9日にモスクワで開く対ドイツ戦勝75周年記念式典への出席を安倍に要請していた。日本側は回答を保留してきたが、北村が式典出席に前向きな安倍の意向を伝えたのではとささやかれていた。

こうした状況が続く中、2月7日の「北方領土の日」の安倍の演説に「異変」が起きる。

「領土問題の解決と、平和条約締結の実現という目標にむかってひたすらに進んでまいります」。安倍は東京・国立劇場で開かれた北方領土返還要求全国大会で、こうあいさつした。

安倍はこれまで一貫して《1》まず領土問題を解決《2》その後、平和条約を結ぶ——という、日本政府の原則的立場を国内外に発信してきた。ところが、この日の演説では「領土問題の解決」と「平和条約締結」を並列にし、二つの目標の実現を別々に目指すとも取れる表現になっていた。領土問題を棚上げし、善隣友好条約の締結を求めるロシア側に歩み寄ったようにも見えた。

「言いぶりが変わったことに特に大きな意味はない」「善隣条約なんてあり得ない話だ」。官邸や外務省関係者は取材班の記者たちにこう強調したが、北方領土返還運動に関する重要なイベントの場で、事前に用意された原稿に基づいた演説だっただけに、ロシアへの譲歩のシグナルではないかとの臆測が広がった。

外務省OBの一人は「公式のあいさつは内外へのメッセージになる。領土問題と平和条約を切り離すような物言いには、特別な意図を感じざるを得ない」と警戒感をあらわにした。

安倍の自民党総裁任期が満了する21年9月まで、残り1年半余り。「大きな目標を達成できない状況なら、一歩進んだことを示す文書として、善隣条約を考えるのは悪くないだろう」。ロシア政府関係者は、取材班の記者にこう語った。日本側交渉筋からも「安倍政権の間に島が返らなくても、その後につながる何かは作らなければならない」との声が漏れ始めていた。

安倍はレガシーを残すため、北方領土問題の解決を棚上げし、ロシアとの善隣友好条約の締結を目指すかもしれない——。取材班がその可能性も視野に入れ始めたころ、ロシア政府内では、予想もしなかった動きが進んでいた。

憲法改正

20年2月13日、モスクワ郊外ノボオガリョボにある大統領公邸で、ロシアの俳優ウラジーミル・マシコフはプーチンに「創造的な提案がある」とおもむろに切り出した。ロシアの憲法改正に向け、数十人の有識者を集めた作業部会の最中だった。

「外国のマスコミには、プーチン大統領の地位が他の人に移ったら、ロシア国境近くの地域で、『機会の窓』が開くという一部の外国の政治学者の言葉が出ている。それはクリール諸島（千島列島と北方領土）を取り戻す機会のことであり、ある者はクリミアを要求し、ある者はカリーニングラードさえ見据えている」

クリール諸島と、ロシアが併合したウクライナ南部クリミア半島、ポーランドとリトアニアに挟まれたロシア最西端の飛び地のカリーニングラードは、いずれもロシアにとって安全保障戦略上の重要拠点だ。マシコフは続けた。

「私はロシア領土の割譲禁止を憲法で定めた方がいいと思う。返すことはだめで、この問題について交渉することさえできない。それは鉄筋コンクリート（のように強固なもの）だ」

それまでのロシア憲法でも、領土の保全や不可侵性の確保は規定されていた。領土割譲の禁止を条項に盛り込むことで、それをより明確にし、交渉さえ禁じるという厳しい提案だった。

プーチンは提案に笑みを浮かべると、こう語った。「いくつかの問題についてパートナーと交渉しているが、アイデアは気に入った。法律家に指示し、適切に策定するよう依頼しよう」

プーチン発言を聞いたモスクワ支局長は、耳を疑った。領土の割譲禁止が憲法に明記されれば、北方領土交渉がより困難になるのは確実だった。安倍とプーチンが交渉の基礎とした日ソ共同宣言に日本への引き渡しが明記されている歯舞群島と色丹島の2島返還でさえ、反対論が強まるのは必至だった。

伏線はあった。2週間前の1月30日、北方四島を事実上管轄するサハリン州の州都ユジノサハリンスクで開かれた憲法改正に関する地方公聴会。作業部会の有識者に対し、住民組織の代表者は日本の北方領土返還要求を念頭に、憲法改正によって「国境を守り、歴史が塗り替えられることを防ぐ」よう求めていた。

サハリン州は隣接する北海道と1998年に友好・経済協力に関する提携を結んでおり、地道な交流が続いていたが、北方領土の日本への返還には反対論が大勢だった。日本への強硬意見は珍しいことではなく、取材班は今回も実現性は薄いとみて深刻に受け止めていなかった。

しかし、プーチンが検討を明言したことで、状況は一変した。作業部会のやりとりは全て公開されており、マシコフと政権側が入念に調整した上での提案だったことは明らかだった。

日本政府にも衝撃が広がった。「日ソ共同宣言が意味をなさなくなる」。安倍周辺は戸惑いを隠さなかった。日本政府高官は「不愉快だ」と吐き捨てるように言った。

だが、官房長官の菅義偉は、記者会見で憲法改正の動きについて「注視している」と述べるにとどめ、表立った批判を避けた。日本が反発すれば、ロシアの愛国的な声をより刺激する恐れがある上、プーチンと安倍の関係に影響する恐れがあったからだった。

「憲法改正はロシアの内政問題。日本が口を出すのはおかしいでしょ」。安倍側近は記者団にそう強調した。プーチンが日ソ共同宣言の有効性を一貫して認めてきたことから、改憲しても「領土交渉が終わるわけではない」（官邸筋）との楽観論も出ていた。

こうした見方をさらに強めたのは、プーチンが「隣国との国境画定作業」は割譲禁止条項の対象から除外する考えを示したことだった。

2月26日、プーチンは改憲に向けた作業部会で「ロシア領土の割譲に関する行為と、そうした行為のアピールは認めない」とする条文案を示した有識者に対し、「完全に同意する」と明言。一方で「唯一の問題は、外務省が国境画定の作業を行う妨げとならない文案を見つけることだ。私たちは多くの国々、特に旧ソ連諸国との作業が進行中だ」と述べた。

ロシアは北方四島の領有は「第2次大戦の結果」だと一方的に主張しているが、平和条約を締結していない日本との間の国境が、2国間で法的に画定していないことは認めていた。日本側には、プーチンの発言は北方領土交渉を念頭に置いたものだとの見方が広がり、一部メディアは「日本に配慮した」とまで伝えた。

しかし、ロシア政府関係者は取材班の記者に、国境画定作業が禁止対象から除外されたのは「(旧ソ連諸国などとの)国境を山や川で決めている場所があり、地形の変化に応じた調整が必要なためだ」と説明。日本への配慮ではないとして、険しい表情でこう語った。

「憲法改正の議論を受け、大統領府からは何の指示も出ていない。ただ、ロシア世論は領土問題に厳しくなる。これまで通り日本との交渉は続けるが、非常に難しくなる」

対ドイツ戦勝式典

19年12月に中国武漢市で初確認された新型コロナウイルスは瞬く間に世界中に広がり、国際オリンピック委員会(IOC)は20年3月24日、同年夏の東京五輪・パラリンピックを1年延期すると発表した。その翌日、安倍の側近は記者団にこう漏らした。

「五輪も1年延期するんだから、戦勝記念式典も延期してくれたらいいんだけどな」

戦勝記念式典とは、ロシアが5月9日の対ドイツ戦勝記念日に行う式典を指していた。第2次世界大戦で旧ソ連がナチス・ドイツを打ち破ったことを祝う毎年の恒例行事で、モスクワをはじめ全土で軍事パレードなどが行われる。

プーチンは戦後75周年の節目となる20年を「記憶と栄光の年」と位置づけ、旧ソ連が戦勝国として果たした役割を国際社会にアピールしようとしていた。モスクワの「赤の広場」で開く大規模な式典には各国首脳を招待しており、安倍に送った新年のメッセージでも「会えればうれしい」と訪ロを強く期待するコメントが盛り込まれていた。

日本外務省は、安倍の式典参加に消極的だった。幹部の一人は「日本は敗戦国だ。小泉首相が行った時にもいろいろと議論があった」と、取材班の記者に語った。

ロシアの戦勝記念式典には、戦後60周年の05年に当時の首相小泉純一郎が出席した。安倍の参加は戦後70年の15年にも政府内で検討されたが見送られていた。ロシア側が北方四島領有は「第2次大戦の結果」との主張を強める中、旧ソ連の「戦勝国」としての功績を祝う式典に日本の首脳が出席すれば、ロシアの一方的な歴史認識を日本が受け入れたと内外に受け止められかねない恐れがあったからだった。

だが20年の年明け早々、取材班の記者は、日ロ関係筋から「安倍総理は（戦勝式典に）行くつもりだ」と耳打ちされた。19年11月のチリでのＡＰＥＣ首脳会議が中止になったことで、安倍とプーチンの首脳会談は20年9月のウラジオストクでの東方経済フォーラムまで丸1年実施できない可能性があった。停滞する平和条約交渉進展の糸口を探るため、安倍はプーチン政権が重視する5月の戦勝式典への出席を前向きに検討していた。

コロナ禍で6月に延期された対ドイツ戦勝記念日の式典後、モスクワ中心部を行進する新型大陸間弾道ミサイル「ヤルス」＝2020年6月24日（小林宏彰撮影）

ところが新型コロナはロシアでも急拡大し、3月に入るとプーチン政権は外国人の入国禁止などの検疫対策を強化。日本でも感染者数の増加に歯止めがかからず、政府は緊急事態宣言の発令も視野に入れ始めていた。

ロシア側では平和条約交渉を担当してきた外務次官モルグロフが、ロシア政府の新型コロナ対策本部のメンバーとなったこともあり、日ロ交渉は事務レベル協議も見通しが立たなくなった。日ロ両政府は、外相ラブロフが3月23日に訪日し、外相会談を行うことを内々では申し合わせていたが、これも延期された。

さらにロシアでは4月22日に「領土の割譲禁止」の条項を盛り込む憲法改正案の是非を問う国民投票が予定されていた。その直後の5月に安倍が訪ロすれば、日本国内の世論や保守層の批判を浴びる可能性もあり、官邸内で安倍の訪ロを積極的に検討する声は聞かれなくなった。

結局、プーチンはコロナ禍を理由に戦勝式典と改憲案の国民投票の延期を発表し、安倍の訪ロは幻に終わった。

安倍は5月7日、プーチンと電話で約30分間会談した。日本側は平和条約交渉の継続を確認したと発表したが、ロシア大統領府はコロナ対策や経済分野の協力に触れただけだった。領土の割譲禁止の条項を憲法に盛り込む動きが浮上して以降、両首脳の対話は初めてだったが、ロシア側交渉筋は「日本側から憲法の話はほとんど出なかった」と明かした。

そして7月1日。4月から延期されていた憲法改正案の是非を問う国民投票がロシア全土で行われ、8割近い国民が賛成票を投じた。

国民投票から一夜明けた2日、北方領土の国後島古釜布の中心部の広場に新たな記念碑が設置された。縦90センチ、横1・2メートルのプレートには、憲法の領土割譲禁止条項や北方四島を含むロシア全土の地図が刻まれていた。プーチンは3日のテレビ会議で、領土割譲禁止の条項を「国民の期待と完全に一致した」と評価し、国後島にできた記念碑を念頭にこうたたえた。

「この話題が特に重要なわが領土の住民が、改正は鉄筋コンクリート（のように強固なもの）であるべきだという提案を踏まえて、コンクリートの記念碑を設置した」

改正憲法では、隣国との国境画定交渉は、領土の割譲禁止の条項の対象外とすることが明記されていたが、国後島の記念碑はこの例外規定には一言も触れていなかった。

「首脳間で交渉の継続は確認している」。日本政府関係者は、改憲後も日ロ交渉は続くと取材班に強調した。ただ領土の割譲禁止の条項が追加されたことが、歯舞、色丹2島の日本への引き渡しを明記した日ソ共同宣言の履行に影響を与えるのかなどについて、ロシア側と突っ込んだ対話は、ほぼできていなかった。

突然の幕切れ

20年8月28日。取材班の記者が羽田空港から、日本航空の臨時便でコロナ禍が続くモスクワへ飛び立った。東京で官邸や外務省の取材を担当し、9月からモスクワ支局長に就くことが決まっていた。

安倍が自民党総裁の任期満了を迎える21年9月まで、残り約1年。自らの手で北方領土問題に「終止符を打つ」と訴え続けてきた安倍と、プーチンによる日ロ交渉の「ゴール」はどこになるのか。それを見極めることが、モスクワ支局長としての最大のミッションになるはずだった。

ところが、待っていたのは想定外の展開だった。モスクワ時間の正午ごろ、郊外のシェレメチェボ空港に到着した記者が支局に電話を入れると、先輩支局長から返ってきたのは思いがけない言葉だった。

「安倍首相が辞めたぞ」

慌ててスマートフォンをチェックすると、安倍の辞任表明会見の映像が流れていた。

「国民のみなさまの負託に自信を持って応えられる状態でなくなった以上、総理大臣の地位にあり続けるべきではないと判断した」

憲政史上最長の7年8カ月に及んだ安倍の対ロ外交は、あっけなく突然の幕切れを迎えた。

辞任会見は、首相官邸で約1時間にわたって行われた。安倍は1次政権の末期に悪化した持病の潰瘍性大腸炎が再発したことを明かし、任期途中での辞任を国民に謝罪した。北朝鮮の拉致問題については「この手で解決できなかったことは痛恨の極み」と述べ、「ロシアとの平和条約、また憲法改正、志半ばで職を去ることは断腸の思いだ」と言葉をつないだ。

記者との質疑では、宿願の北方領土問題や拉致問題について「残念ながらそれぞれ課題が残った」

とだけ述べ、「次の新たな強力な体制で取り組んでいただくことを期待している」と話した。元首相としてロシア外交などに関わる意欲についても「今までの経験も生かしながら、議員としてできることがあれば取り組んでいきたい」と述べるにとどめた。

約7年8カ月間、2800日余りにわたり、対ロ外交に膨大な政治エネルギーを注いできた安倍。しかし、領土交渉はすでに行き詰まり、プーチンとの対面での会談も19年9月を最後に1年近く遠ざかっていた。思うように交渉が進まなかった無念さからか、会見では北方領土問題について言葉少なだった。

3日後の8月31日、安倍は官邸でプーチンと最後の電話会談を行った。日本外交筋によると、ロシア大統領府は安倍の辞任表明を受け、すぐさま日本側に電話会談を打診してきた。「対ロ外交に積極的だった安倍首相がいなくなる影響を心配したのだろう」。モスクワの日本大使館幹部は、ロシア側の意図を推し量った。

プーチンは会談で「建設的に対話を重ねてきた信頼できるパートナーであり、これまでの協力に感謝する」と安倍をねぎらい、安倍は通算27回の首脳会談で交渉を重

辞意を表明し、時折厳しい表情を見せる安倍＝2020年8月28日、首相官邸（藤井泰生撮影）

ねてきた北方領土問題を解決する重要性を強調した。「ウラジーミル、スパシーバ（ありがとう）」「ありがとう、シンゾウ」。最後は両首脳が互いの言語で謝意を伝え、約20分間の会談を終えた。

会談後、日本政府高官は記者団に「2人の間の合意も踏まえて平和条約交渉を継続することを確認した」と説明した。18年11月のシンガポールでの首脳会談で、日ソ共同宣言を平和条約交渉の基礎に位置づけたことは、次期政権にも引き継がれるとの認識を示した。

「安倍晋三首相が手にした『成果』は、『今のロシアは2島さえ引き渡す意思はない』（外交筋）ことが明らかになったという厳しい現実だった。約7年8カ月の交渉を振り返ると、在任中の解決という目標実現に焦り、『プーチン大統領は2島は返す』という楽観論を信じて突き進んだ、『1強』政権の危うさが浮かび上がる」。取材班は9月6日付の朝刊に安倍政権の対ロ外交を検証する長文記事を掲載し、こう総括した。

北方領土の元島民の平均年齢はこの時点で85歳を超えており、歴代のどの首相よりも問題解決に強い意欲を示した安倍に望みを託した人も少なくなかった。それだけに落胆も大きかった。

択捉島出身の岩崎忠明（86）は「必ず終止符を打つと言っていたのに約束を守らず、全く無責任だ」と憤った。国後島出身の大塚誠之助（85）は、安倍の対ロ外交には「期待とともに、安易な妥協への懸念があった」と複雑な思いを打ち明けた。

安倍は国内の反発を警戒し、四島返還から2島返還へと交渉の軸を転換して以降も「日本政府の基本的立場は変わっていない」と繰り返した。辞任会見でも方針転換については一切説明せず、最後まで国民や元島民と向き合う姿勢を欠いた。森喜朗政権以降、10年以上の停滞期を経て、安倍とプーチンが取り組んだ北方領土交渉は、日本外交に「日本は四島を断念した」（ロシア政府筋）という「負の遺産（レガシー）」を残して、幕を閉じた。

［コラム］ 隣国の実像、伝え続ける

プーチン政権がウクライナでの「特別軍事作戦」を開始して半年が経とうとしていた2022年8月中旬。夏の陽気に包まれたロシア南部のリゾート地ソチは、海水浴を楽しむ観光客であふれ、ロシア側から見た黒海は穏やかだった。普段なら何気ない日常の光景。だが、同じ黒海に面する隣国ウクライナで戦闘が続いている現実を思い浮かべずにはいられなかった。

大統領公邸があるソチは、ロシアで初の冬季五輪が行われた14年2月に当時の安倍晋三首相とプーチン大統領の会談が行われた。その約2年後の16年5月にも両氏が再会談し、日ロ外交にとっても象徴的な場所だ。

16年の訪問時には安倍氏が「8項目の経済協力プラン」を提案。同年7月からサハリン州ユジノサハリンスク支局に駐在した私は、ヤクーツクの温室栽培やウラジオストクのリバビリテーションセンターなど、同プランに沿ってロシア極東の各地で進んだプロジェクトの現場を取材し、日本の技術力を歓迎する地元の声を聞くたびにロシアとの友好が育まれていく可能性を感じた。

だが、あれから6年――。「軍事作戦」をきっかけに、両国関係はこうした記憶をかき消すかのように一変した。ロシアは日本を「非友好国」に指定し、かつてロシア側から求めていた北方四島での共同経済活動の具体化に向けた協議からも離脱すると表明した。日ロ外交の土台が次々と崩れていく現実が待っているとは、2度目のロシア勤務となるモスクワ支局に着任した2年前は想像もできなかった。

「制裁対象になったロシアの大統領が平和条約を交渉するなんておかしな話だ」。政治対話が止まった今、ロシア側の取材を通して聞こえてくるのは日本への厳しい視線だ。本書の第6章ではウクライナ情勢の悪化に翻弄されていく日ロ関係を詳細に描いた。今後の北方領土問題に重くのしかかるだろう「激動の時期」を、記録として残しておきたかった。

22年9月末、プーチン氏は帝政ロシア時代からの「歴史的領土」と位置づけるウクライナ東・南部4州の併合を一方的に宣言。「軍事作戦」の正当性を強調し続ける政権にとって、領土、主権、愛国心は国民に団結を呼びかけ、強固な支持基盤を維持する上でますます欠かせない価値観になった。ロシアでは20年に発効した改正憲法で「領土の割譲禁止」が明記され、いったん併合した地域を手放すことはより困難になった。ウクライナ側が4州を「ロシア領」と認めることが停戦の前提条件だとして譲らないプーチン政権の姿勢は、ロシアの北方領土領有を「第2次世界大戦の結果」と認めるよう日本に繰り返し要求してきた主張と似通う。

「軍事作戦」が始まって以降、ロシア各地と日本を結ぶ直行便の運航は停止され、ロシアメディアではロシア事業の停止や撤退を決めた日本企業に関するニュースに注目が集まった。北海道をはじめとする日本との地域間交流も途絶え、日ロ間に生じた壁はかつてなく高い。

「冬の時代」がいつまで続くのかは分からない。それでもロシアはこれからも日本の隣国であり続け、アジア太平洋地域の安全保障環境に影響力を持つ世界の大国である事実は変わらない。ロシアはどこへ向かうのか。人々は何を思いながら暮らしているのか。今だからこそ、ロシアの実像を伝えていくことが大切だと改めて実感している。

北海道新聞モスクワ駐在　**則定隆史**

第6章

ウクライナ侵攻
途絶えた対話

もう日ロの経済協力なんて言えない時代になってしまった

冷戦期はもっと単純だったが、今は全く違う

命ある限り、何があっても、返還運動をやめるわけにはいかない

断じて許されない戦争犯罪だ

遠い欧州の出来事ではなく、そこにある危機だ

軍事進攻はクリミア併合と次元が違う

「ロシアの憲法に従い、軍は同胞を守るために作戦を開始した」。2022年3月下旬、大統領プーチンと同じ旧ソ連の国家保安委員会（KGB）出身で最側近の安全保障会議書記パトルシェフは、会談で向き合った他国の政府高官に対し、ウクライナへの侵攻という国際法を無視した暴挙について、ロシア憲法の要請に基づく必要な行動だったと強弁した。

プーチンの提案からわずか半年余りで大幅な条文の見直しが行われ、2年前の20年7月4日に発効したロシアの改正憲法。北方領土問題との関係から「領土の割譲禁止」の条項が明記されたことや、プーチンの大統領5選が可能になったことが注目されてきたが、数多くの愛国主義的な条項も追加されていた。

その一つが、パトルシェフが侵攻の根拠に挙げた第69条の「国外に居住する同胞の権利行使、利益保護の保障」だ。旧ソ連圏のロシア語を話す人々を念頭に置いており、プーチンが「大量虐殺」の犠牲になったと主張するウクライナ東部のロシア系住民も含まれる。

「憲法は、ロシア領土の不可分性を損ねる行為を禁じている。日本の北方領土返還要求運動は侵略的な行為だ」。ロシア政府筋は取材班の記者に、日本の対ロ制裁への対抗措置として22年5月に、千島歯舞諸島居住者連盟理事長の脇紀美夫（81）ら日本人63人を入国禁止とした理由についても、憲法を絡めて説明した。

憲法という大義名分を振りかざし、暴論を押し通すロシア。プーチン体制のさらなる継続に道を開いた改憲は、ロシアと国際社会の溝をさらに広げていく。

改憲の波紋

北方領土問題に「終止符を打つ」と訴えてきた首相安倍晋三の突然の退陣から5カ月ほどが過ぎた2021年2月14日。プーチンは国営テレビの番組で、こう言い切った。

「日本との関係を発展させたいと思っているが、ロシア憲法に矛盾することは何もしない」

改正憲法と日ロ関係を絡めたプーチンの発言が公の場で伝えられたのは、この時が初めてだった。発言は10日に行われたロシアメディア幹部との非公開の会合の中で語ったもので、プーチンの1週間の動静を伝える中で取り上げられた。国民へのプロパガンダ（政治宣伝）的な意味合いが強い国営テレビの番組で、わざわざこの発言を放送した背景に、対外的に発信したい政権の意図があるのは明白だった。

「憲法に矛盾すること」とは、何を指しているのか。プーチンは明らかにしなかったが、ロシア側では20年7月に発効した改正憲法に盛り込まれた「領土の割譲禁止」の条項と北方領土問題を絡めた発言が、目立ち始めていた。

前首相メドベージェフは2月1日、ロシアメディアのインタビューで改憲を踏まえ「（政権には）領土の主権の引き渡しについて交渉する権利がない」と指摘。駐日大使ガルージンも10日の国営放送で、改憲によって島の主権問題での譲歩は困難になったとの認識を示していた。

外務省情報局長のザハロワは18日、さらに踏み込んだ。日本との平和条約締結のために「クリール諸島（千島列島と北方領土）を引き渡す必要があるのか」という国営メディアの質問に対し、「このテーマについて、どんな形であれ議論することは禁止されている。なぜなら憲法があり、憲法に全て明記されているからだ」と言い切った。

安倍とプーチンは18年11月のシンガポールでの会談で、平和条約締結後に歯舞、色丹2島を日本に引き渡すことを明記した1956年の日ソ共同宣言を基礎として、領土交渉を加速することで合意した。安倍政権の官房長官から後継首相に就いた菅義偉も20年9月のプーチンとの電話会談で交渉の継続を確認しており、ロシア側の主張は受け入れがたいものだった。

改正憲法には、隣国との国境画定交渉は「割譲禁止」条項の対象から除外することが明記されている。これを踏まえ、日本政府内では改憲による日ロ交渉への影響は限定的との見方が強かったが、ロシア側の一連の発言は「北方領土の日本への引き渡しは違憲であり、実現は困難だ」という、プーチン政権の公式的な見解を日本側に突き付けてきたようにも見えた。

しかし、官房長官の加藤勝信は21年2月15日の記者会見で、菅とプーチンはシンガポールでの首脳合意を確認しており、日ロ交渉は継続されるとの認識を強調。日本政府はロシア側への抗議なども行わなかった。

「国民に愛国的な姿勢を示すことが狙いだろう」。官邸関係者は、プーチンらの発言は国内向けだとみていた。いつものロシアの揺さぶりだ——。取材班は日本政府関係者への取材を重ねたが、改憲が領土交渉に与える影響を懸念する声はほとんど聞こえてこなかった。

このころ、国際情勢は大きく変化し始めていた。

「米国に肩を並べようとする野心を持った中国や、米国の民主主義を傷つけようとするロシアに立ち向かう」。1月に米大統領に就任したバイデンは2月4日、米国務省で行った初の外交政策に関する演説で、中国とロシアを名指しで批判。ロシアへの融和姿勢が目立った前大統領トランプとの違いを鮮明にしていた。

人権問題を重視するバイデン政権は、プーチン政権が1月にロシアの反体制派指導者ナワリヌイを拘束したことを厳しく指弾した。日本を含む先進7カ国（G7）外相は、1月27日にロシアを非難する共同声明を発表していた。

ロシアは日本の対ロ関係への関心が低下し、米国との協調を強めることを警戒していた。「大統領の発言が、G7外相声明の後に出たことは偶然ではないだろう」。ロシア外交筋は、プーチンが対日関係と憲法を絡めて発言した背景について、取材班の記者にこう漏らした。

一方、米国の対ロ政策の転換を受け、ウクライナでは東部ドンバス地域（ドネツク、ルガンスク両州）で親ロシア派勢力との戦闘を続けてきたゼレンスキー政権が、バイデン政権と連携してロシアに対抗する姿勢を強めていた。

「ドンバスを放棄することはない」

ウクライナの動きをけん制するように、プーチンは対日関係に言及した2月14日の国営テレビの番組で、こう断言した。さらにプーチンは24日、ロシア連邦保安局（FSB）の会議で「われわれはロシアを封じ込めようとする政策に直面している。最終的にはロシアを弱体化させ、支配下に置くことが目的だ」と述べ、欧米を強く批判した。

改正憲法にうたわれた「領土」と「同胞」を守り抜く決意と、その根底にある欧米への根強い不信感。FSBでの演説のちょうど1年後、プーチンがドンバス地域のロシア系住民の保護を名目に掲げ、ウクライナへの全面侵攻に踏み切るとは、国際社会は想像していなかった。

しぼむ対ロ外交

異様な光景だった。21年2月7日の「北方領土の日」。ほぼ人のいないホールの壇上に、菅の映像

コロナ禍で一般参加者を入れずに開催された北方領土返還要求全国大会。菅は来場せず、ビデオメッセージが上映された＝2021年2月7日、東京都渋谷区（藤井泰生撮影）

が映し出されていた。

東京の渋谷公会堂で開かれた北方領土返還要求全国大会。例年は全国の元島民や返還運動関係者ら約1500人が参加するが、新型コロナウイルスの影響で初めて無観客で開催された。会場内には実行委員会の関係者や数人の来賓しかおらず、空席だらけの客席の背面には北方四島に自生する花の写真が貼られていた。

行政改革担当相を兼務する沖縄北方担当相の河野太郎はオンライン中継で参加したが、菅と外相の茂木敏充は事前録画したビデオメッセージが上映された。大会の様子が動画投稿サイト「ユーチューブ」で配信されたこともあり、例年は会場に詰めかける首相の番記者らメディア関係者もまばらだった。

大会は、北方領土返還運動に取り組む全国の関係者にとって、1年で最大の行事であり、返還実現への決意を再確認する重要な機会だ。81年に「北方領土の日」が閣議了解で設定されて以来、毎年開催されてきたが、首相が出席しなかったのは06年の小泉純一郎以来だった。関係者によると、実行委メンバーでもある内閣府は官邸に菅の出席を打診していたが、2月7日は当初、コロナ対策で東京などに発令されていた緊急事態宣言の最終日に当たり、多忙になる可能性があるとして断られたという。

しかし、菅は2日の時点で、10都府県の緊急事態宣言を3月7日まで延長することを発表済みだった。首相の1日の行動を報じる「首相動静」によると、菅は大会で自身のビデオメッセージが流れていた時間帯、東京・赤坂の議員宿舎で過ごしていた。結果的に、来賓席には立憲民主党代表の枝野幸男、国民民主党代表の玉木雄一郎、日本維新の会参院議員の鈴木宗男ら野党関係者が顔をそろえた一方、政府要人が1人も出席しない異例の大会となった。

「どうして首相が出てこられなかったのか分からない」。北方領土返還運動の重要性を世論に訴えるため、コロナ禍の中での大会の開催に奔走した実行委員の1人は、菅政権の北方領土問題に対する関心の低さを嘆いた。

ビデオメッセージの内容にも、菅の煮え切らない姿勢がにじんでいた。菅は前年9月の首相就任直後にプーチンと電話会談を行い、「平和条約締結問題を含む対話を継続することで一致した」と強調。その上で「私の内閣でも2018年のシンガポールでの首脳会談のやりとりはしっかりと引き継いでおり、これまでの両国間の諸合意を踏まえて今後も着実に交渉を進めていく」と語った。

北方領土交渉について、安倍前政権の路線継承を訴えてきた菅。この日のメッセージでも、安倍が1956年の日ソ共同宣言を交渉の基礎に位置付け、四島返還から2島返還を軸とした交渉に転換したシンガポールでの日ロ首脳会談には言及したが、言い回しは微妙だった。安倍が1年前の大会で「シンガポールで合意した1956年宣言を基礎として交渉を加速させる」と明言したのに対し、菅は宣言には直接触れず、シンガポールでの「合意」ではなく「やりとり」を引き継ぐと発言した。

さらに菅が、今後の日ロ交渉を「これまでの両国間の諸合意」を踏まえて進める考えを示したことも、あえて日ソ共同宣言にしか触れてこなかった安倍のスタンスとは異なっていた。菅は1月の国会で、「諸合意」には「四島の帰属問題」の解決をうたった93年の東京宣言も含まれると説明しており、安倍が進めた2島返還路線を修正するかのようなそぶりも見せていた。

その一方で、菅はビデオメッセージで「四島の帰属」という文言は使わず、「領土問題を解決して平和条約を締結する」という政府の原則的立場にさえ触れなかった。会場で菅のメッセージを聞いた元島民の1人は、取材班の記者に険しい表情で語った。

「菅首相のロシア外交に対する姿勢は本当に見えない。安倍さんの路線を引き継いだと言うけど、何を引き継いだのか。やる気があるのかどうかも分からない」

官房長官として長く安倍政権の屋台骨を支えた菅だったが、外交分野は安倍自身が主導してきたこともあり、深く関わってきたとは言いがたかった。特に対ロ外交は、経済産業省出身の首相補佐官今井尚哉や、警察庁出身の国家安全保障局長北村滋ら安倍の側近たちの関与が強まるにつれ、菅は距離を置いてきたとされる。

首相就任後、不妊治療の保険適用の拡大や携帯電話料金の引き下げなどの「看板政策」を矢継ぎ早に打ち出し、共同通信社の世論調査では菅内閣の支持率は一時7割近くまで達した。しかし、コロナ対応が後手に回ったことなどが強い批判を浴び、2月には4割を切っていた。

「菅首相には電話ではなく、対面で確認したい問題がある」。ロシア政府関係者は2月半ば、取材班の記者にこう漏らした。菅は、本当に安倍路線を継承しているのか――。ロシア側もいら立ちと疑念を募らせていたが、菅はコロナ禍で訪米もできない状態が続いており、対ロ関係の優先度は明らかに低下していた。

米新政権発足

「ウクライナのものを取り戻すため、世界を結束させる。クリミアはウクライナだ」

ロシアによるクリミア半島の併合から7年を迎えようとしていた21年3月16日、ウクライナ大統領ゼレンスキーはツイッターで各国首脳に「クリミア・プラットフォーム」への協力を呼びかけた。

プーチンが14年3月18日に併合を一方的に宣言したクリミア。ロシア政府はインフラ開発に巨額の予算を投じ、18年5月にはクリミアとロシア本土を結ぶ全長約19キロの巨大な橋も開通。「ロシア化」が着々と進んでいた。

プラットフォームは、ゼレンスキーが外交によるクリミア「奪還」を目指し、創設を提唱した新たな枠組みだった。賛同国を集めた初の国際会議を首都キーウ（キエフ）で21年8月に開く方針を発表しており、G7や欧州連合（EU）などを取り込むことによってロシアへの圧力を強めたいと考えていた。

19年5月に41歳で大統領に就任したゼレンスキーは、元コメディー俳優という異色の経歴を持つ。高校教師が思いがけず大統領に転身するテレビドラマの主演で人気を集め、ドラマのタイトルと同名の新党「国民の奉仕者」を結成して大統領選に出馬。注目度と知名度の高さを生かし、70％超の得票率で初当選した。

大統領就任当初は、ウクライナ東部で続く政府軍と親ロシア派武装勢力との紛争解決を優先課題に掲げ、親ロ派の後ろ盾のロシアとの対話を重視してきた。19年12月には仲介国のフランス、ドイツを加えた4カ国首脳会議を3年ぶりに実現し、プーチンとの個別会談も行った。

ただ、親ロ派支配地域の自治権などを巡るロシアとの溝は埋まらず、次第にEUや北大西洋条約機構（NATO）加盟を目指す親欧米路線へと傾斜。21年2月には国内のロシア系テレビ局を閉鎖し、「テロ資金提供」を理由にプーチンと親交が深い親ロシア派野党の指導者の資産を凍結するなど対決姿勢を強めていた。

ゼレンスキーがロシアに対して強気の姿勢を打ち出した背景には、1月に誕生したバイデン米政権の存在があった。

「クリミア併合を認めない。ロシアの侵略的行動に対し、ウクライナとともに立ち向かう」

オバマ政権時代に副大統領としてウクライナ問題を担当したバイデンは2月26日に発表した声明で、ロシアを厳しく非難した。米国防総省は3月1日にウクライナへの1億2500万ドル（約138億円）の軍事支援を発表。プーチン政権への融和姿勢が目立ち、ウクライナへの関心も乏しかった前大統領トランプの対ロ政策を大きく見直す姿勢を鮮明にしていた。

バイデンは1月下旬に大統領就任後初めて行ったプーチンとの電話会談で、米ロ間の唯一の核軍縮条約である新戦略兵器削減条約（新START）の5年延長で原則合意した。2月5日に条約の期限切れが迫る中、ぎりぎりで決定的な対立は回避したものの、ロシアの人権問題などを巡って、批判的な主張を強めていた。

バイデン政権は3月上旬、ロシア政府が反体制派指導者ナワリヌイの毒殺未遂事件に関与したと断定し、ロシア政府関係者7人に制裁を科した。さらにバイデンは17日の米メディアのインタビューで「プーチンを人殺しだと思うか」と問われ、「そう思う」と明言。ロシアは駐米大使を召還し、両国関係の亀裂は深まった。

こうした中、ウクライナ東部では、政府軍と親ロ派武装勢力による戦闘が再び激化していた。ウクライナ軍の総司令官が3月30日、ロシア軍が国境付近やクリミアに部隊を集結させていると明らかにし、緊張は一気に高まった。

バイデンは4月2日、ゼレンスキーと電話で会談し、ウクライナの主権と領土保全に対する「揺るぎない支援」を約束。ロシア側は軍の行動は領土の防衛が目的であり、「他国への脅威ではない」（大統領報道官ペスコフ）と主張した。

「ウクライナが挑発的な行動で、前線の状況を意図的に悪化させている」。プーチンは8日、ドイツ首相メルケルとの電話会談でこう述べ、ウクライナ側が、ロシアと独仏を含む4カ国首脳が和平の道筋を定めた「ミンスク合意」に沿って、親ロ派勢力と直接対話する必要性を指摘。ウクライナの主権を無視した一方的なクリミア併合や親ロ派勢力への軍事支援などロシア側の行動は棚に上げ、クリミア奪還を掲げるゼレンスキー政権にこそ問題があると厳しく批判した。

ウクライナを巡る緊張の高まりもあり、日本政府内では「米ロ関係が短期的に改善する要素は見られない」（外務省幹部）として、菅とプーチンの対話を急ぐ機運は乏しかった。両政府内では3月に札幌で日ロ地域交流年の開会式を開く計画があったが、コロナ禍などを理由に日本側が延期。ロシア側も外相ラブロフが3月下旬、コロナ禍発生以降、初のアジア歴訪で中韓両国を訪れたが、訪日は見送った。

バイデン政権との関係構築を最優先課題とした菅政権は、3月中旬に日米の外務・防衛担当閣僚による安全保障協議委員会（2プラス2）を東京で開催。首相就任後初となる菅の訪米に向けた準備を急いでいた。

訪米前の電話会談

バイデンとの初の直接会談を2日後に控えた21年4月14日、菅はその前準備となるもう一つの首脳会談に臨んでいた。ゼレンスキーとの初の電話会談だった。

「日本はG7とも連携し、ウクライナの改革努力を一貫して支援していく」。日本外務省の発表によると、菅は会談でウクライナは自由、民主主義、法の支配といった基本的価値を共有する重要なパートナーだと説明した。ウクライナ東部で政権側とロシアが支援する親ロ派勢力との紛争が続いていることを踏まえ、「ウクライナの主権および領土の一体性を一貫して支持している」との日本の立場を伝えた。

ロシア軍は3月後半から、ウクライナとの国境付近に部隊を集結させていた。日本を含むG7外相は4月12日、共同声明で「ロシア軍による大規模な軍備増強の継続を深く懸念する」として、ロシアに挑発行為の中止を要請。電話会談はこうした情勢も踏まえ、ゼレンスキー側が求めてきたものだった。

「首相の日程がなかなかタイトで入りにくかったが、進言してこのタイミングで実現した」。外務省幹部は記者団にこう説明した。日米首脳会談の直前に行ったのは、米国とともにウクライナを支援する姿勢をバイデンにアピールする狙いがあった。

だが、電話会談後の発表にはウクライナ側との温度差もにじんでいた。

「ウクライナの領土保全に対する日本の支援に感謝する。G7、特に主要パートナーの一つである日本のサポートは非常に重要だ」。ゼレンスキーは会談直後、ツイッターにこう投稿し、菅との対話を評価した。

さらにロシアが併合したクリミア半島の外交による奪還に向け、8月に首都キーウで開催を予定している国際的な枠組み「クリミア・プラットフォーム」に菅を招待したと説明。ウクライナ大統領府の公式発表にも、両首脳がプラットフォーム開催について意見を交わし、ゼレンスキーが菅を招待したことが明記された。

一方、日本側は発表で、クリミア・プラットフォームについては一切言及しなかった。クリミアが自国領になったとみなすロシアは、ゼレンスキーが国際社会を巻き込み、クリミアを取り戻そうとする動きを活発化させたことを強く批判していた。日本政府としては、ロシアを過度に刺激することは避けたかった。

プーチンとの対面での首脳会談は安倍政権下の19年9月以降、途絶えていた。秋までに衆院選を控える中、新型コロナ対応や東京五輪開催などの内政課題が山積みの菅にとって、対ロ外交の優先度は低かった。それでも官邸や外務省は、日ロの「対話の窓」が閉じてしまわないようには気を使っていた。

「バイデンからロシアに対する厳しい政策を促されても、首相が簡単に相づちを打ってはいけない」。菅の訪米を控え、官邸筋は取材班の記者に、こう強調した。

1月の大統領就任以降、ロシアに厳しく臨む姿勢を鮮明にしていたバイデンは日米首脳会談3日前の4月13日、プーチンと電話会談し、ウクライナ国境付近でのロシア軍の増強に懸念を伝達。さらに15日にはロシアのサイバー攻撃や前年の米大統領選への介入活動に対する報復として、関与した企業などの資産凍結を含む経済制裁を発表した。「このタイミングでの対ロ制裁発動は、日本への踏み絵だ」。日本外務省関係者は、日米首脳会談でバイデンが対ロ制裁への同調を菅に求めてくることを懸念していた。

だが結果的に、ワシントンのホワイトハウスで行われた16日の日米首脳会談で、ロシア対応が主要議題になることはなかった。

日本語版で6ページにわたる共同声明では、中国が軍事的圧力を強める「台湾問題」が52年ぶりに明記され、香港と新疆ウイグル自治区の人権状況への深刻な懸念も盛り込まれた。北朝鮮の核開発問題への対応など、日米同盟を基軸としたさまざまな連携強化がうたわれたが、ロシアにもウクライナにも触れていなかった。

会談後の共同記者会見でも両首脳はロシアに言及せず、日本政府高官は「会談でも、ロシアの話は少ししか出なかった」と明かした。

関係筋によると、菅に先だって訪米した国家安全保障局長の北村は2日、大統領補佐官サリバンと会談し、ロシアとの北方領土問題を抱える日本の立場を伝達していた。菅とゼレンスキーの電話会談やG7外相声明で、日本がウクライナ支持で欧米と歩調を合わせたこともあり、米国側も対中連携に力点を置いたとみられた。

北方領土交渉は行き詰まっていたが、中国の軍事的台頭などの国際情勢の変化に対応するためにも、米国一辺倒ではなく、隣国ロシアとの関係維持は重要性を増していた。「冷戦期はもっと単純だったが、今は全く違う」。外務省幹部は日米首脳会談後、日本外交のかじ取りの難しさを記者団に語った。

二つの衝撃

21年5月下旬、国境の海に二つの衝撃が走った。26日午前6時ごろ、濃霧に包まれた紋別市沖で、オホーツク海で操業中だった紋別漁協所属の毛ガニ漁船「第8北幸丸《ほっこうまる》」＝9・7トン＝とロシア・サハリン州籍のカニ運搬船「アムール」＝662トン＝が衝突し、北幸丸の機関長ら3人が死亡した。転覆した北幸丸の船底には、アムールが左舷側から衝突した時にできたとみられる大きな損傷が残っていた。

紋別海保などによると、アムールのレーダーは正常に作動していたが、乗組員たちは適切な監視を怠り、衝突直前まで北幸丸に気づかなかったという。事故から12日後の6月7日、同海保は業務上過失致死と業務上過失往来危険の疑いで、衝突時にアムールの航海当直責任者だった3等航海士を逮捕した。

もう一つの衝撃は、北幸丸の事故2日後の5月28日午前10時ごろ、紋別市から150キロほど離れた稚内市にある日本本土最北端の宗谷岬沖で発生した。岬の東方50～60キロの海域で操業していた稚内機船漁協所属の底引き網漁船「第172栄宝丸」＝160トン＝がロシアの警備艇に拿捕され、船と乗組員14人がサハリン州南部のコルサコフ（大泊）港まで連行された。

「信号弾のようなものを撃たれて停船を求められている」「停船した。催涙弾を撃ち込まれた」――。緊迫した通報を最後に、栄宝丸からの連絡は途絶えていた。一報を受け、ユジノサハリンスク支局長はコルサコフへ車を飛ばした。港までは約40分。高台から港内を見渡すと、栄宝丸は関係者以外は立ち入り禁止の埠頭《ふとう》に係留され、国境警備局の職員らしきロシア人たちが慌ただしく出入りしていた。

「日ロの中間ラインは越えてない。僚船のレーダーで確認した」。栄宝丸が所属する稚内機船漁協組合長の風無《かぜなし》成一は28日、越境操業の可能性を記者団に強く否定した。しかし、サハリン州の国境警備局は同日、栄宝丸はロシアの排他的経済水域（EEZ）内で違法操業していたため、拿捕したと発

ロシア国境警備局に連行され、コルサコフ港に係留される第172栄宝丸（手前）
＝2021年5月28日（仁科裕章撮影）

表。停船命令に従わずに逃走し、警備艇に衝突する恐れがあったため、警告射撃を行ったと説明した。

日本政府は事実関係の確認に追われたが、衛星通信漁船管理システム（ＶＭＳ）に記録された航跡や、水産庁が漁協を通じて行った僚船からの聞き取り結果などを踏まえ、栄宝丸は拿捕された当時、日本のＥＥＺ内で操業していたと判断。6月2日に外交ルートを通じてロシア側に抗議した。官房長官の加藤は翌3日の記者会見で「乗組員および船体の即時釈放を要求している」と語気を強めた。

それではロシアの国境警備局は、何の根拠もなく栄宝丸を拿捕したのか。問題を複雑化させた背景には、日ロ間に平和条約がなく、国境が画定していないため、双方が主張するＥＥＺの境界が曖昧だったことがあった。

そもそもサハリン南端と宗谷岬の間は約40キロしか離れておらず、沿岸から２００カイリ（約３７０キロ）のＥＥＺを日ロ両国がともに確保することは不可能だ。このため日本側は、サハリンとの地理的な中間ラインを日本のＥＥＺの境界と見なしてきたが、日本外交筋は「日ロ間で正式に合意した境界線ではなく、双方の解釈が異なることはあり得る」と語った。日ロそれぞれが想定している中間ラインの具体的な位置も公表されておらず、漁業者はロシア側が主張するラインを知らないうちに越境し、拿捕されるリスクを常に抱えているのが実情だった。

最終的にロシア国境警備局は8日、ロシアのＥＥＺ内で漁業規則に違反して操業したとして、栄宝丸に罰金６００万ルーブル（約９００万円）を科したと発表。栄宝丸は10日、拿捕から14日ぶりに解放され、11日に稚内港に戻った。

この間、関係者には日ロ関係の現状を物語るような「うわさ」がまことしやかに飛び交っていた。「紋別沖の衝突事故でロシア船が拘束されたので、ロシアは稚内沖で日本漁船を拿捕した」――。紋別沖の衝突事故と稚内の拿捕を巡る一連の対応は、ロシアによる「人質外交」の結果だと報じたテレビ局もあった。

ロシア側の拿捕に何らかの隠された意図があったのかどうか、真実はわからない。ただ紋別沖の北幸丸の衝突事故について、ロシアは「客観的で公平な捜査」は求めてきたが、事故の責任を否定するような動きはなかった。稚内沖での栄宝丸の拿捕は「ロシア法と国際法の規則に厳密に従って行われた」と繰り返し、「政治問題化すべきではない」と訴えていた。しかし、日本側には当初から「ロシアは衝突したロシア船が解放されない限り、拿捕した日本の乗組員を放さないぐらいのことはやりかねない」（北海道東部の漁業者）との不信感が広がっていた。

安倍とプーチンが通算27回の首脳会談を重ね、幅広い分野での交流や信頼の醸成に取り組んできた日ロ関係。しかし、戦後未解決のままの北方領土問題を抱える両国の国民の間には、目には見えない心理的な壁が存在していることが浮き彫りになった出来事だった。

プーチン論文

「両国間には首脳レベルの議論が必要な多くの課題が山積している。実りのある会談になることを期待している」

21年6月16日、スイス・ジュネーブのレマン湖畔に立つ18世紀の邸宅「ラ・グランジュ」。プーチンは、バイデンとの初の首脳会談でこう切り出し、米ロ首脳が対話を続ける重要性を強調した。バイデンも「やはり直接会う方がいい」と応じた。

1月に大統領に就任したバイデンは、前大統領トランプが「尊敬している」と称賛したプーチンを「人殺し」とみなし、4月にはサイバー攻撃や米大統領選への介入を理由にロシアへの経済制裁を発動。ロシアも報復措置として米国を「非友好国」に指定し、米ロ関係は「冷戦後最悪」の水準にまで悪化していた。

首脳会談は、バイデンが4月の電話会談の際に提案し、英国でG7サミット、ベルギーでのNATO首脳会議に続く一連の初外遊の締めくくりとして設定された。バイデンは外遊中にロシアへの警戒心が強いポーランドやバルト3国の首脳らとも相次ぎ会談して連携を確認し、プーチンをけん制した。

それでもバイデンがプーチンとの直接会談に臨んだ背景には、米ロ間の中距離核戦力（INF）廃棄条約失効などで深刻化する軍備管理などの分野で、ロシアと安定的な関係を維持したい思惑があった。「最も重大な競争相手」と位置づけた中国への対応に集中するためだった。

一方、東欧のNATO加盟国へのミサイル防衛（MD）システム配備などを警戒するロシアも、力の均衡に不可欠な軍備管理を巡る協議に米国を引きずり出したいと考えていた。国防相ショイグは4月下旬、バイデンの首脳会談の提案に呼応するようにウクライナ国境付近で増強させていた部隊に撤収を指示。会談に向けた「地ならし」との見方が広がった。

米ロ首脳会談は、外相のみを同席させた少人数会合、補佐官なども交えた拡大会合を合わせて約3時間半行われた。両首脳は核軍縮などを話し合う高官級の「戦略的安定対話」の創設で合意し、「核戦争に勝者はなく、決して行われてはならない」との原則を確認した共同声明を発表。帰国させていた両国の大使を復帰させることも一致した。

会談後、個別に行われた記者会見で、バイデンは「米国がロシアと向き合うための明確な基盤を確立した。今後も作業は続く」と成果を訴えた。プーチンも「敵対的な雰囲気はなく、対話は建設的だった」と評価した。

ただ、米側が提起したロシアの人権問題やサイバー攻撃を巡る立場の隔たりは埋まらなかった。焦点の一つだったウクライナ東部で続く同国政府軍と親ロシア派武装勢力の紛争解決に向けた具体的な進展もなかった。

「ウクライナへの脅迫をやめるのか」。会見で米メディアからこう問われたプーチンは、ウクライナ側が東部の和平プロセスを定めた「ミンスク合意」を履行していないことが問題だという従来の主張を繰り返した。ウクライナ側は、ロシアが親ロ派武装勢力への軍事支援を続けていることが原因だと批判していたが、プーチンは「ウクライナ側にその用意があれば間違いなく、その道を歩んでいく」と述べ、ロシア側から歩み寄る姿勢は一切見せなかった。

14年に併合したクリミア半島を「ロシア固有の領土」と呼び、ロシア系住民が多いことを理由に東部への介入も正当化してきたプーチン。ウクライナへの執着と一方的な主張はエスカレートしていた。

米ロ首脳会談から約1カ月後の7月12日、プーチンは「ロシア人とウクライナ人の歴史的一体性」と題した論文を大統領府のホームページで発表。「ウクライナの真の主権は、ロシアとのパートナー関係によってこそ可能になる」と主張した。

ロシアとウクライナは、共に9世紀ごろに成立した欧州の大国「キエフ・ルーシ公国」にルーツがあるとされる。論文はこうした歴史を根拠に両国民を「一つの民族」と訴え、「われわれの精神的、人間的、文化的な結びつきは何世紀にもわたって形成された」と主張。「今日のウクライナはソ連時代に、歴史的なロシアを犠牲にして作り上げられた」と決めつけた。

プーチンは翌13日、国営放送で論文について「数カ月前から考えていた」と説明。「ウクライナにはロシアとの関係修復を望む人が何百万人もいる」と持論を展開した。論文はロシア語だけでなく、ウクライナ語でも発表された。

ゼレンスキーは13日の記者会見で「ロシアの態度は『カインとアベル』の関係を思わせる」と述べ、兄が弟を殺した旧約聖書の物語になぞらえて論文に反論。ウクライナ世論にもプーチン論文への反発が広がった。

ウクライナがロシアから離れていくことは、歴史的にも許されるものではない――。論文で浮き彫りになったプーチンの一方的な歴史観は、結果的に7カ月後のウクライナ侵攻への「布石」となっていく。

首相の択捉訪問

コロナ禍で史上初めて1年延期された東京五輪が開幕した21年7月23日、無観客の開会式が始まって間もない日本時間午後8時半ごろ、ロシアメディアで一斉に速報が流れた。

プーチンが首相ミシュスチンに北方四島の視察を指示——。ロシア首相の北方領土訪問は19年8月のメドベージェフ以来だったが、プーチン自らが公の場で首相に四島訪問を指示したことは過去に例がなかった。

メドベージェフは大統領と首相時代を通じて計4回、北方領土を訪れている。いずれもプーチンとの事前調整があったのは確実だったが、表向きはメドベージェフが独自の判断で行った体裁を取り繕ってきた。ロシア政府要人の四島訪問を認めない日本政府に対し、メドベージェフは対日強硬派だが、プーチンは融和的だという印象を与える狙いがあったとされる。

しかしプーチンは今回、政権の重要政策を協議する安全保障会議の場で、極東出張を予定していたミシュスチンに対し、いくつかの地域では住宅や医療施設の修繕が必要であり、「クリール諸島（北方領土と千島列島）の状況に特別な注意を払うようお願いする」と強調した。

さらにプーチンは、日ロ両国が北方四島で検討している共同経済活動を念頭に「ロシアは日本と協力し、経済活動の参加者に必要な条件を整えるために長い間作業している」と指摘。その上で、ミシュスチンが対日協力について「非常にいい提案を持っている」として、「現場の状況を把握した上で提案をまとめ、必ず実現していくと期待している」と語った。

日本政府がコロナ禍の五輪開催にようやくこぎ着けたこのタイミングで、プーチンがミシュスチンに四島の視察を指示した背景には、9月の下院選で与党「統一ロシア」の苦戦も予想される中、政権が地方の経済発展に取り組む姿勢をアピールする狙いがあった。同時に前首相の安倍に比べ、対ロ関係への積極姿勢が見えない菅の出方を見極める思惑も透けた。

実はミシュスチンの極東訪問は、ロシアメディアが20日に先んじて報じ、四島に立ち寄る可能性も浮上していた。日本政府は公にしなかったが、外務省を通じてロシア側に四島訪問を避けるよう既に申し入れていた。ロシア政府関係者によると、駐日大使ガルージンと別件で面会した経済分野担当の外務審議官鈴木浩も、ミシュスチンの四島訪問を見送るよう要請。訪問が想定される日程が「平和の祭典」である東京五輪と重なっていることにも懸念を示したという。

ただ日本側の反応は一様ではなかった。四島視察を指示した際、プーチンが日ロの共同経済活動に言及したことから「ロシア側は議論を進めようとしているのではないか」（官邸筋）との見方も出ていた。安倍は16年12月のプーチンとの会談で、共同経済活動の検討開始で合意したが、具体化協議は行き詰まっていた。ミシュスチンの「いい提案」とは何なのか。「共同経済活動は日本側から提案した。ロシア側から何か案が出てきたら無視はできない」。閣僚の一人は取材班の記者に漏らした。

問題はその中身だった。ミシュスチンは26日午前、政府専用機で択捉島入りすると、クリール諸島への投資拡大に向け、法人税や固定資産税などの大規模な免税措置を検討していることを表明。「日本や欧米の投資家にとって、ここでの仕事をつくるよい解決策になる」と述べた。

ミシュスチンは択捉島の水産関係者との懇談で、プーチンとクリール諸島に国外からの投資を呼び込む政策を協議してきたと説明し、近くとりまとめる提案は「前例のないものになる」と強調した。日本を含む外国企業の四島進出に対し、必要な機器などを島内に持ち込む際の関税を無料にする構想も示した。

ただ四島での共同経済活動に向け、日本は自国の法的立場を害さない「特別な制度」での実施を目指してきた。ロシア法を前提とする免税制度を受け入れれば、四島を実効支配するロシア側の立場を追認することになりかねない。ロシア政府は17年に税金の優遇や規制緩和を可能にする「社会経済先行発展区」を色丹島に導入していたが、今回の免税制度はそれをさらに大規模にした構想だった。

外相の茂木は26日、「日本の一貫した立場と相いれず、日本国民の感情を傷つけるもので極めて遺憾」と談話を発表。外務次官の森健良は、ガルージンを外務省に呼んで抗議した。

しかし、今回のミシュスチンの訪問は、プーチンの直々の指示で行われただけに今後、日本にも免税制度の受け入れを強く迫ってくることが予想された。官房長官の加藤は27日の記者会見で、共同経済活動について「わが国の法的立場を害さないことを前提として進めてきている」と繰り返し強調。免税制度については「詳細を把握していないので、予断をもって答えるのは差し控えたい」と明確な回答を避けた。

ロシアの提案を拒否すれば、安倍が日ロ平和条約締結への「重要な一歩」と位置付けた共同経済活動は完全に頓挫しかねない――。曖昧な態度を続ける日本側に対し、ロシアはさらに歴史問題で揺さぶりを強めていく。

機密文書公開

「ロシアメディアに変な記事が出ている」。東京五輪が閉幕した21年8月8日、取材班の記者たちは、国営ロシア通信が配信した1本の記事に目をとめた。

ロシア連邦保安局（ＦＳＢ）が初めて、日本がソ連との戦争を準備していた証拠の機密扱いを解除した――。こんな書き出しで始まる記事は、戦時中の日本の関東軍の資料や幹部の証言を元に、日本がソ連に対する「軍事行動の計画を練り、破壊工作を行った」と指摘する内容で、機密文書の写真も掲載されていた。

翌日の8月9日は76年前、第2次世界大戦末期に旧ソ連が当時まだ有効だった日ソ中立条約を無視して対日参戦した日に当たる。記事は日本の方が先に中立条約を破り、対ソ参戦を画策していたと一方的に主張するものだった。

ロシア通信はその後、27日までに機密文書を引用した10本以上の記事を立て続けに配信。「戦略的に重要なソ連の鉄道、通信回線、飛行場へのテロを組織した」「ソ連に対する生物兵器の使用を計画した」。いずれも旧ソ連の対日参戦は帝国主義日本の攻撃への対抗措置だったことを強く印象づけ、大戦末期の日本への侵攻は正当なものだったとアピールするプロパガンダ（政治宣伝）を狙ったのは明らかだった。

取材班は以前から、プーチン政権が第2次大戦に関し、ロシアに都合の良い歴史認識を正当化し、国際社会に押しつけようとする動きを強めていることに注目していた。

プーチンは前年6月、戦後75年に合わせて発表した論文で、1939年の独ソ不可侵条約がナチス・ドイツのポーランド侵攻を許し、第2次大戦の引き金になったとする欧州各国の指摘を「歴史修正主義」だと批判。ソ連に開戦の責任はなく、あるのは41年に始まった独ソ戦でナチスを壊滅させた「決定的な貢献だ」と強調し、戦勝国の立場を誇示した。

21年2月には、第2次大戦中にナチス・ドイツのホロコースト（ユダヤ人大量虐殺）から多数を救った日本の外交官杉原千畝に関し、外相茂木がリトアニア外相と共同でイスラエルの新聞に寄稿した記事が標的になった。「多くの欧州諸国がナチスやソ連に占領されていたのと同様に、リトアニアはソ連に占領された」などと記述した部分が「ソ連とナチス・ドイツを同列に扱った」（ロシア外交筋）と問題視された。愛国主義を強めるプーチン政権は、日本の歴史認識にも神経をとがらせていた。

「わが国への領土要求の根拠を持たない日本は歴史を改ざんする道を歩んでいる」

4月上旬、ロシア軍事歴史協会がモスクワで開いた対日関係をテーマにした円卓会議。協会長を務める大統領補佐官メディンスキーはこう述べ、北方領土を「固有の領土」と明記した日本の高校教科書を批判した。日本政府が教科書検定の結果を公表してから8日後の発言で、現場で取材したモスクワ支局長は「ロシアの強硬姿勢が想像以上に強まっている」と感じた。

ロシア外務省の情報局長ザハロワは8月20日、東京で15日に開かれた全国戦没者追悼式について異例の声明を発表し「南クリール（北方領土）を不法占拠したとして、ソ連とロシアに根拠のない批判を続けている」と反発した。

「コメントするのは生産的ではない」。官房長官の加藤は27日の記者会見で、歴史認識を巡って対日批判を強めるロシアの動きに表だった反応を避けたが、日本政府関係者はいらだちを隠さなかった。「中立条約に反したのはソ連であり、これこそ歴史の曲解だ。最近のロシア側の対日発言は攻撃的すぎる」

ロシア下院選を2週間後に控えた9月6日には極東ハバロフスクで、1949年に旧ソ連が日本軍の戦争責任を追及した「ハバロフスク裁判」をテーマにした政府系の学術フォーラムが開かれた。メッセージを寄せたプーチンは「大戦の出来事をゆがめようとする試みに効果的に対抗するために極めて重要だ」と強調した。

北方領土を事実上管轄するサハリン州では「旧ソ連軍が日本の軍国主義から島々を解放した」との歴史観が固定化している。ロシア政府筋は取材班の記者に対し、ハバロフスクでのフォーラムは「日本の領土返還要求に不安を感じ、政府に歴史的立場の発信強化を求める極東住民の多くの声に応えるキャンペーンだった」と明かした。

日ロ間に横たわる歴史認識の溝。対日戦勝を都合よく利用するプーチン政権に対し、支持率低迷で政権基盤が揺らいでいた菅には、安倍政権下で行き詰まった北方領土交渉を立て直す時間と政治的エネルギーは残っていなかった。

在任1年、菅退陣

日ロ関係の停滞を象徴していた。

21年9月2日、ウラジオストクで開幕した東方経済フォーラム。新型コロナウイルスの感染拡大の影響で2年ぶりの開催となったプーチン肝いりの国際会議に、日本の首相の姿はなかった。

プーチンが重点政策に掲げる極東開発を後押しするため、15年に始まったフォーラム。前首相の安倍は開催2年目の16年から19年まで4年連続で出席し、自ら提案した8項目の日ロ経済協力プランの進展をアピールしてきた。

感染拡大防止のため、この年も現地入りした他国首脳はいなかったものの、モンゴルやカザフスタンの大統領はフォーラムのイベントにオンラインで参加。中国国家主席の習近平やインド首相モディはビデオメッセージを寄せたが、菅はそれさえしなかった。

発足1年となる菅政権下で、プーチンとの対面会談は一度も実現していなかった。「8月上旬ぐらいまでは官邸内でも話題に上り、首相周辺からはフォーラム出席を勧める声もあった」。官邸筋は取材班の記者にこう明かした。ただ日本政府はロシア側から正式な招待が来ていないことも理由に挙げ、欠席した。

安倍は16年のフォーラムでの演説で、毎年の訪問をプーチンに「約束」していた。大統領報道官ペスコフは2日、記者団に「フォーラムは各国の首脳に開かれたものだ」と述べ、「日本が今後も参加することを期待する」と語った。安倍路線の継承を掲げてきた菅が参加を見送ったことへの皮肉が込められていた。

北海道新聞はモスクワ支局長を現地に派遣したが、日本メディアの姿も以前に比べ、まばらだった。「数年前のような日本の存在感はなくなってしまった」。会場を訪れた日本の経済関係者は肩を落とした。

フォーラムでは、ロシア政府がクリール諸島（千島列島と北方領土）に導入方針を示していた大規模な免税制度の概要が発表される見通しで、日ロ関係者は注目していた。しかし、菅はこの時、それどころではなかった。

菅はコロナ下での東京五輪は大きな混乱なく乗り切ったものの、低迷する内閣支持率は上向かなかった。自らのお膝元で行われた8月22日の横浜市長選では、側近だった前国家公安委員長の小此木八郎が野党系候補に惨敗。秋の衆院選や9月29日の党総裁選を控える中、自民党内では「菅降ろし」の動きが強まり、窮地に立たされていた。

「ロシアとの平和条約問題については、次の世代に先送りせずに終止符を打つ。そうした決意で総理は取り組んできた。領土問題を解決し、平和条約を締結するとの方針に、私自身も一緒になって取り組んできたので、この方針については変わりない」

1年前の9月2日。官房長官だった菅は、安倍後継を決める自民党総裁選の出馬会見でこう力強く語ったが、首相就任後は内政課題に追われ、対ロ外交で目立った動きはほとんどないままだった。

3日午前。菅は党の臨時役員会で「新型コロナウイルス対策に専念したい」と述べ、総裁選に出馬せず、退陣する意向を表明した。結局、プーチンとの対話は、首相就任直後の前年9月に行った電話会談一回きりで終わった。

対ロ交渉方針もはっきりしないまま、1年で退場した菅。ただ、官邸筋は取材班の記者に、菅は安倍の2島返還路線を継承しており、「日ロ交渉に限って言えば、安倍政権と菅政権に違いはなかった」と主張した。安倍とも相談し、交渉を進展させるタイミングを計っていたといい、菅の親書を託して安倍をロシアに派遣する構想もあったという。

一方、ロシア政府関係者は「菅政権はロシアに対してどう思っているのか、説明がないまま終わった」と、記者に冷ややかに語った。コロナ禍とはいえ、政治対話が実現しなかったのは、菅政権の消極姿勢にあるとみていた。

「ロシアは平和条約に関する対話を一度も拒否したことがない。私は日本の前首相とこのような作業を、例の50年代の文書に基づいて進める用意があると合意した」

3日午後、東方経済フォーラムの全体会合で演説したプーチンは、安倍と1956年の日ソ共同宣言を交渉の基礎に位置付けたことに言及したが、菅には一切触れなかった。

プーチンは演説で「共同経済活動を生み出すため、適当な状況をつくることはわれわれの義務だ」と述べ、北方四島に新たに導入する免税制度は、日本との共同経済活動にも適用する考えを表明。しかしロシア法を前提にした制度だとの認識も強調し、日本政府が目指してきた二国間条約などの「特別な制度」による実施は、事実上困難になりつつあった。

「日本のパートナーたちは、絶えず立場を変えてきた」。プーチンは演説の中で、過去の平和条約交渉での日本側の対応への不信感を口にした。「ポスト菅」は、ロシアとどう向き合うつもりなのか——。自民党内で始まった菅後継を巡るレースに、ロシアは警戒感を強めていく。

自民党総裁選

「当時の外相だった河野はシンガポール合意の当事者だ。岸田と高市は安倍路線を継承するだろう。誰が首相になっても、今までの対ロシアの交渉方針は変えられない」

21年9月半ば、安倍政権以降の対ロ外交に深く関わってきた日本維新の会参院議員の鈴木は周囲にこう漏らした。行政改革担当相の河野太郎、前政調会長の岸田文雄、前総務相の高市早苗、幹事長代行の野田聖子。辞任を表明した首相菅の後任を選ぶ29日投開票の自民党総裁選には4人が立候補していた。

当初、10月に予定される衆院選の「選挙の顔」として有力候補になるとみられたのは、ワクチン担当相を兼務し、国民的な知名度が高い河野だった。安倍が18年のプーチンとのシンガポールでの会談で、日ソ共同宣言を交渉の基礎に位置付け、歯舞群島と色丹島の2島返還路線に方針転換した時の外相で、その後の交渉責任者を務めた。

しかし、ロシアとの交渉は行き詰まり、対面での首脳会談も2年余り途絶えていた。取材班は、次期首相候補が安倍路線をどう総括し、領土交渉に臨むつもりなのか知りたかった。

9月10日の河野の出馬会見。与党担当の記者は、安倍の2島返還路線の評価や自らの交渉方針をただしたが、河野の歯切れは悪かった。

「安倍内閣や菅内閣の方針について申し上げるのは避ける」。河野はこうかわすと、「日ロ間で領土問題を解決し、平和条約を締結していくというのは非常に重要なことだと思う」と述べただけだった。

改革派として知られ、「変人」「一匹おおかみ」とも評されてきた河野だが、この日は持論の「脱原発」も封印するなど、安全運転の回答が目立った。踏み込んだ発言で、党内の反発を招くのを警戒していた。

安倍は衆院選後に党内最大派閥の細田派を引き継ぐことが確実視され、総裁選でも安倍の動向が勝敗を大きく左右するとみられていた。ほかの候補者も安倍の方針に反するようなことは言わず、曖昧な発言にとどめるだろう――。取材班はそうみていたが、予想は裏切られることになる。

13日、衆議院第1議員会館で開かれた岸田の総裁選公約に関する記者会見。出馬表明が最も早かった岸田は、注目を集めるために政策分野ごとに公約の発表会見を開いていた。この日が第3弾の「外交・安全保障政策」だった。

岸田は冒頭、安倍政権下で戦後最長の4年7カ月外相を務めた実績を強調し、中国に対して毅然と臨むことや、米国との連携重視、被爆地広島選出の議員として核軍縮に取り組むことなどをアピールした。「民主主義を守り抜く」など、外交安全保障の「三つの覚悟」と題したフリップまで用意し、入念な準備がうかがえた。

北方領土問題について触れたのは冒頭発言の最後だった。岸田は「領土問題の解決なくして平和条約の締結なし」という政府の基本方針を語った上で、こう続けた。

「北方四島での共同経済活動の具体化など全面返還のための多角的アプローチに取り組む」

「全面返還」――。聞き慣れない表現だった。四島全ての返還を目指すようにも聞こえたが、安倍政権の外相だった岸田が安倍の2島返還路線を否定するようなことを言うだろうか――。半信半疑だった記者は質疑で、安倍路線への評価と岸田自身の交渉方針を問いただした。

岸田は安倍の対ロ交渉を「トップ同士の信頼関係に基づいた大きな努力で議論を進めようという動きが生じた」と評価し、「外交の一貫性としても延長していかなければいけない」と主張した。しかし、その一方で「北方四島の返還に向けて努力を続けている際に、現地に住んでいるロシアの方々との関係が問題になる」と説明。四島返還を目指す考えを明言した。

岸田は当たり前のように答えたが、安倍はシンガポール会談以降、かたくなに「四島返還」には触れておらず、踏み込んだ発言だった。北海道新聞は、翌日の朝刊で「四島返還に努力」と見出しを付けて発言を報道したが、他のメディアにはほとんど載らなかった。

安倍の対ロ外交を評価する一方、四島返還を目指すとはどういうことなのか。取材班は戸惑ったが、その後の取材で岸田が「日ソ共同宣言に基づく交渉は2島先行返還だ。安倍さんだって、残る2島を諦めるなんて言っていないだろう」と周囲に漏らしていたことが分かった。

安倍は後の北海道新聞のインタビューで自ら認めたように、シンガポール会談で四島返還から2島返還へとかじを切った。しかし、「事実誤認」は、岸田だけではなかった。

総裁選で安倍が後ろ盾となった高市も、取材班の記者のインタビューに対し「日本政府の方針が、2島だけに大転換したとは聞いてない」と発言。2島返還後に国後、択捉両島の交渉を続けることはありえるとの認識を示した。

世論の反発を懸念し、安倍は公の場では「日本政府の立場は変わっていない」と取り繕ってきた。そのツケは、自民党内でさえ安倍路線の本質が理解されていない状況を生み出していた。

岸田政権発足

21年9月29日、東京都内のホテルで行われた首相菅の後継を決める自民党総裁選。新総裁に選ばれた前政調会長の岸田は、両院議員総会で力強く語った。

「岸田文雄の特技は人の話をしっかり聞くことだ。皆さんと一緒に開かれた自民党、明るい日本の未来を目指して努力をする覚悟だ」

4人が争った総裁選。国会議員票と全国の党員・党友票で争われた1回目の投票は、知名度が高い行政改革担当相の河野が優位とみられていたが、256票を得た岸田が河野に1票差でトップに立った。議員票の比重が大きい上位2人の決選投票では、岸田が80票以上の差をつけ、新総裁の座をつかんだ。

総裁選最終盤で岸田の勝利を決めたのは、安倍の力だった。最大派閥・細田派の実質トップだった安倍は、政治信条が近い前総務相の高市を支援していたが、投開票の2日前に岸田陣営幹部と面会し、決選投票になれば高市陣営が岸田に投票する意向を示唆。この情報が党内に広がったこともあり、1回目の投票から想定より多くの議員票が岸田に流れた。

安倍は自らの政権で河野を外相や防衛相に抜てきしてきたが、安倍に批判的な元幹事長石破茂が河野への支援を表明していたことに加え、かつて「脱原発」など自民の党方針と異なる主

自民党の新総裁に選出され、手を上げて拍手に応える岸田
＝2021年9月29日、東京都港区（富田茂樹撮影）

張をしてきた河野が総裁になった場合、自身の政治的影響力が低下する可能性もあるとみて警戒していた。「河野さんの票を切り崩した」。安倍は総裁選後、周囲に満足げに語った。

岸田が「聞く力」を強調したのは、安倍や菅の政権運営が強権的だとの世論の批判を受けたことを意識したものだった。だが、永田町では冷ややかにささやかれていた。

「岸田さんの『聞く力』は、安倍さんの言うことを聞くという意味だろう」

首相となった岸田が、ロシアにどう向き合っていくのか――。取材班は、第2次安倍政権下で約4年7カ月、外相を務めた岸田の言動に注目していた。

外相時代、経産省出身の官僚が主導した官邸の対ロ融和外交に対し、周囲に何度も不満を漏らしていた岸田。17年8月に外相を離れ、安倍が日ソ共同宣言を交渉の基礎に位置付け、2島返還路線に転換した18年11月のシンガポールでの日ロ首脳会談の内実は知らされていなかった。総裁選では四島返還を目指す考えにも言及し、安倍との路線の違いをにじませていた。

岸田の対ロ姿勢をロシア側も注視していた。

「岸田さんはロシアに厳しい発言をしてきた日本の政治家の1人だ。どれほど安倍路線を継承しているのか疑問がある」。ロシア政府関係者は9月半ば、取材班の記者にこう語った。

岸田は政調会長時代、月刊誌への寄稿の中で、「(日本は)ロシアや北朝鮮とも対峙しなければならない」などと主張。在日ロシア大使館は、首相候補だった岸田のこうした言動を細かくチェックしていた。ロシア国営タス通信は、総裁選で勝利した岸田について「米国との戦略的同盟や日本の防衛力強化を提唱している」との人物評を紹介。ロシア側は、岸田を米国寄りの姿勢が強い政治家とみて警戒していた。

岸田の首相就任から3日後の10月7日に行われた日ロ首脳電話会談。日本側関係者によると、プーチンは「外相を長く経験し、日ロのことを知っている首相と一緒にやっていくのが楽しみだ」と岸田に語りかけ、安倍政権の路線を引き継ぐことを暗に求めた。

一方の岸田は電話会談後、日ロ平和条約交渉について「18年のシンガポール合意を含め、これまでの両国間の諸合意を踏まえてしっかりと取り組むことを確認した」と記者団に説明。シンガポール合意は過去の合意の一つだとの認識を示し、それをロシア側が受け入れたかのように語った。

だが、ロシア政府筋は取材班の記者に「大統領は具体的な回答はしていない」と強調。岸田が記者団に対し、安倍がシンガポール会談で交渉の基礎に位置付けた日ソ共同宣言に直接言及しなかったことにも注目していた。

さらに岸田が8日の衆参両院の所信表明演説で「領土問題の解決なくして平和条約の締結はない」と日本政府の基本的な立場を語ったことにも、ロシア側は「最後通告だ」(外務省情報局長ザハロワ)と反発した。「領土問題を解決して平和条約を締結」というのは、安倍も繰り返してきた説明で、岸田は言い回しを少し強めたにすぎない。ただ、ロシア政府筋は「領土問題と平和条約をより強く結びつけた」と記者に主張。日本外務省が影響力を強め、安倍路線を軌道修正しようとしていると疑念を深めていた。

岸田は10月14日に衆院を解散。選挙戦が続く中、中国とロシアの海軍艦艇10隻が18日に津軽海峡、23日に鹿児島県の大隅海峡を通過した。防衛省によると、中ロが艦隊を組んで日本列島をほぼ一周したのは初めてのことだった。

「中ロの艦隊が国の回りで訓練を行っている。みなさんの命、生活を守れる政党はどこなのか」。選挙戦終盤、岸田は街頭演説で中ロの脅威を強調し、支持を呼びかけた。

互いに不信感を強める日ロ。そのころウクライナでは緊張が一気に高まっていた。

ウクライナ緊迫化

衆院選公示2日後の21年10月21日、選挙取材の応援に駆り出されていた取材班の外務省担当記者は、ロシア情勢に詳しい日本側関係筋から、注意を促された。「ウクライナがまた不安定な情勢になっているようだ」

ウクライナ東部で14年から続く政府軍と親ロシア派武装勢力の紛争。21年春には親ロ派勢力の後ろ盾となるロシア軍が国境付近に集結し、緊張が高まったが、4月下旬には撤収したと伝えられていた。その後も散発的な戦闘は続いていたが、取材班はこの時点ではウクライナ情勢が大きく変化したとは認識していなかった。

21日には、ロシア南部ソチでプーチンと国内外の有識者との会合「バルダイ会議」が開かれていた。プーチンは約3時間半にわたって30人近くの質問に答え続けたが、ウクライナについては、直前の19日に首都キーウを訪問した米国防長官オースティンが、NATOへの加盟を支持した発言に関する質問が出たぐらいだった。

「ロシアにとって本当に脅威だ」。プーチンは欧米によるウクライナへの軍事支援に懸念を示したが、特に目新しい発言ではなかった。

この日、プーチンは対日関係について、4日の岸田政権発足後、公の場で初めて言及した。平和条約締結問題を含む対日外交について「日ロ関係を新しいレベルに引き上げるための一連の作業を今後も続けていきたい」と述べ、岸田については「経験豊富な人物で、日ロ関係をよく理解している」と語った。モスクワ支局長はこの発言を短く記事にした。

だが、その5日後、情勢は緊迫化していく。

「総司令官の命令で『バイラクタル』が使用された」。26日、ウクライナ軍はトルコから購入した攻撃型無人機（ドローン）バイラクタルを初めて実戦投入し、親ロ派陣営の大砲1基を破壊したと発表。軍参謀本部はフェイスブックで、上空から攻撃する映像も公開した。

ウクライナ軍は、ドローン攻撃は親ロ派勢力の砲撃でウクライナ軍兵士2人が死傷したため、「敵に停戦を強制することが目的」だったと説明。しかしロシア側は即座に猛反発し、ウクライナに対する軍事的圧力を一気に強めた。

「ロシア軍増強の懸念が再燃している」。米紙ワシントン・ポストは30日、欧米当局者の話や衛星写真の分析を元に、9月中旬にベラルーシとの大規模な合同軍事演習を終えたロシア軍が本来の基地に戻らず、ウクライナ国境付近にとどまっていると報道。親ロ派地域に対するドローン攻撃も背景に、東部紛争が「新たな段階に入った」と指摘した。

これに対し、大統領報道官ペスコフは11月2日、衛星写真はウクライナではなくベラルーシ国境付近だと記者団に主張。米側の報道は「質が低く、コメントに値しない」と一蹴したが、ウクライナ国防省は同日、ロシアがクリミア半島や東部の国境付近に「総勢9万人の軍を集結させている」と発表し、報道を事実上追認した。

ロシア外務省の情報局長ザハロワは翌3日の記者会見で、軍の集結は「フェイクだ」と改めて否定した。しかし、ロシア国内では南部や西部で大量の戦車などを輸送する軍の車列や貨物列車を撮影したとされる動画が交流サイト（ＳＮＳ）で出回り始めていた。

プーチンは、ロシアへの対抗姿勢を鮮明にするウクライナにいらだちを強めていた。

約2カ月前の8月23日、ゼレンスキーがキーウで初開催したクリミア奪還を目指す国際会議「クリミア・プラットフォーム」には、46カ国の代表が参加。ロシアを過度に刺激することは避けたい日本を含むG７の首脳は出席しなかったが、プーチン政権は「反ロシアの非友好的な動き」と不快感を隠さなかった。

10月11日には、安全保障会議副議長で前首相のメドベージェフが「ウクライナの現指導部との接触がなぜ無意味なのか」と題する論文をロシア紙に寄稿。ゼレンスキー政権は「狂信的な民族主義勢力に仕え始めた」との極論を一方的に主張し、ウクライナはロシアの封じ込めを狙う「米国の支配下にある」と決めつけた。「ロシアと互恵的な関係構築を目指す指導者の出現を待つべきだ」とも指摘し、ウクライナの政権交代が必要との認識も示した。

「世界に類を見ない兵器がわが国で生まれた。実験は終了間近だ」。プーチンは11月３日、ソチでロシア軍幹部らを前にこう宣言し、海上発射型の極超音速巡航ミサイル「ツィルコン」を22年から海軍に配備すると発表した。ツィルコンはマッハ９（音速の9倍）で千キロ以上離れた標的を狙えるとされ、プーチンは「潜在的な脅威に効果的に対抗できる」と強調。ウクライナを支援する欧米への強烈なけん制だった。

徐々に高まる軍事的な緊張。しかし、取材班を含めた大多数のメディアでは、ロシアの動きはウクライナのＮＡＴＯ加盟阻止に向けたけん制との見方がなお支配的だった。

安倍とのせめぎ合い

首相となった岸田が初めて臨んだ衆院選は21年10月31日に投開票され、自民、公明両党は国会を安定的に運営できる絶対安定多数（２６１議席）を維持した。ただ安倍、菅両政権のコロナ対策の混乱や森友・加計学園問題など安倍長期政権の「負の遺産」への逆風は強く、自民党幹部や現職閣僚が相次ぎ敗北した。

衆院選は安倍が18年11月のシンガポールでの日ロ首脳会談で、北方領土交渉を四島返還から2島返還路線に転換以降初めてだった。しかし、その後の交渉の停滞を受け、選挙応援で10月22日に道内入りした岸田は「ロシア外交は難しい」としか述べず、28日に来道した安倍も北方領土問題には一言も触れなかった。

「政治は北方領土問題を忘れてしまったのか」。選挙中、北方領土の元島民らでつくる千島連盟理事長の脇は、取材班の記者にこう漏らした。岸田政権は、北方領土問題に本気で取り組むのか――。元島民たちが異口同音に語った懸念は衆院選後、対ロ交渉方針で曖昧な姿勢を続ける岸田と、自身の路線継承を迫る安倍のせめぎ合いという形で表面化した。

11月10日に発足した第2次内閣で、岸田は自民党幹事長に起用した茂木の後任の外相に、元文部科学相の林芳正を充てた。林は、岸田が率いる党の派閥「岸田派（宏池会）」の実力者で、同じ山口県を地盤とする安倍とは距離がある。外交分野で「岸田カラー」を打ち出す布石の人事との見方も出ていた。

新内閣発足に伴う10日夜の記者会見で、岸田は自身の経済政策「新しい資本主義」の実現や新型コロナウイルス対策に取り組むことを強調したが、北方領土問題には触れず、「中国やロシアとの関係では主張すべきは主張し、毅然とした外交を進めていく」と述べただけだった。

岸田は16日、会見で指名しなかった報道各社の質問に書面で答えた。「首相の北方領土問題への言及はかなり少ない印象だ。難しい問題だとみて、優先順位を低くみていないか」。こう質問した北海道新聞への回答は淡泊だった。

「日ロ関係を重視する姿勢に変わりはない。幅広い分野で日ロ関係全体を国益に資するよう発展させていく」

安倍がシンガポール会談で、歯舞、色丹2島を引き渡すとした日ソ共同宣言を交渉の基礎に位置付けたことへの評価については「シンガポールでの合意を含め、これまでの両国間の諸合意を踏まえてしっかりと取り組む」と回答。これまでと同様、日ソ共同宣言には直接触れなかった。

林も11日に行った外相就任後初の会見で、過去の「諸合意」を踏まえて日ロ交渉を進めると説明。日ソ共同宣言に基づいて事実上の2島返還方針に転換した安倍路線との距離感をにじませた。

日ソ共同宣言にあえて言及せず、過去の「諸合意」の一つとの認識を繰り返す岸田政権に対し、ロシアが警戒心を強め始めていることは、安倍の耳にも届いていた。

「もう読んでいると思いますが、改めて読んでください」。安倍は30日、官邸で岸田と約20分間会談し、シンガポール合意の内容を改めて説明。プーチンとの非公式のやりとりも含めた記録を精読するよう強く求めた。

シンガポール会談後もロシアは強硬姿勢を崩さなかったが、安倍や周辺は、岸田がこの合意を覆せば、プーチンとの関係が悪化し、交渉はより困難になると確信していた。安倍は17日にも衆院議員会館の自身の事務所を訪れた岸田と約30分間会談し、日ロ関係などについて意見交換していたが、その後も路線継承に曖昧な態度を取り続ける岸田にいら立っていた。

安倍は、2島返還路線が持論の日本維新の会参院議員の鈴木が29日に東京都内で開いたパーティーでも、日ソ共同宣言は日本と旧ソ連の両国国会が批准した唯一の文書であるとして「ここをしっかり確保することが大切だ」と強調。元首相の森喜朗も「岸田さんは（安倍政権の）外相をやっていたから安倍さんの気持ちはよく分かっていると思う」とけん制していた。

しかし、岸田は安倍との会談翌日の12月1日、官邸を訪れた根室管内1市4町の首長との面会で

「シンガポール合意を含めた、今日までの両国間の諸合意に基づき、しっかりとこの問題に取り組む」と従来の発言を繰り返した。

自民党最大派閥の領袖《りょうしゅう》として首相退陣後も影響力を維持する安倍と、岸田派と源流を同じくする麻生派や谷垣グループを再結集する「大宏池会」構想を探る岸田。対ロ交渉方針を巡るせめぎ合いの背景には「政治家同士の主導権争い」（官邸筋）も絡み合っていた。

ロシアは、永田町の動向を注視していた。林と外相ラブロフは11月25日に電話会談を行い、早期の直接会談の実施を確認したが、ラブロフは前任の茂木との間で12月に行うことで内々で合意していた訪日を先送りした。

「外相も交代し、もう少し日本の対ロ方針を見極める時間が必要だと判断した」。ロシア政府筋は、冷ややかに語った。

侵攻計画

「ロシアが2022年早々にも大規模なウクライナ侵攻を計画している」「計画には、推計17万5千人の兵士からなる大隊100隊の広域行動が含まれる」――。

21年12月3日、米紙ワシントン・ポスト（電子版）にセンセーショナルな記事が載った。米情報機関が作成した報告書や匿名の米当局者の話に基づく記事で、ロシア軍がウクライナ国境付近の4カ所に集結し、新たに戦車も配備されたと伝えていた。

これでは「侵攻」ではなく「全面戦争」ではないか――。取材班は、バイデン米政権がメディアを介し、本来は最高機密であるはずのロシア軍の動向を世界に発信し続けていることの真意を測りかねていた。

ロシア軍が国境付近に部隊を集結させていることは既に周知の事実だったが、米国はどこまでロシアの動きを正確につかんでいるのか。ロシアはどこまで本気なのか。バイデンとプーチンのオンラインでの首脳会談を7日に控え、米ロの情報戦は激化していた。

バイデン政権は、ロシアがウクライナ東部でロシア系住民が迫害されているというストーリーを作り上げ、報復を口実に軍事侵攻を正当化することを警戒していた。ロシアが侵攻した場合、同盟国と共に大規模な経済制裁に踏み切ると訴え、ロシアに自制を求めていた。

一方、ロシアは米国が主導する軍事同盟NATOにウクライナが加盟することは「レッドラインを超える」と主張していた。

旧ソ連を構成していた15カ国のうち、エストニア、ラトビア、リトアニアのバルト3国は04年にNATOに加盟。ウクライナ、ジョージア、モルドバでは親欧米政権が誕生し、「ロシア離れ」は着実に進んでいた。

プーチンは11月末、ウクライナにミサイルが配備されれば「7～10分でモスクワに到着する。極超音速ミサイルなら5分だ」と危機感を強調。12月1日には、NATOがこれ以上東方に拡大しないことを文書で確約するよう米側に提案する考えを示した。

7日の米ロオンライン首脳会談は2時間に及んだものの、大方の予想取り、議論は平行線に終わった。「米国は（ロシアがクリミア半島を併合した）2014年には取らなかった措置をとる用意がある」。バイデンは、ロシア軍がウクライナ国境付近に集結していることに「深い懸念」を表明し、侵攻した場合には前例のない経済制裁や軍事支援を行うと改めて警告した。

これに対し、プーチンは、ウクライナ周辺の黒海などで米軍の活動が活発化していることを念頭に

「ロシアの国境付近で軍事力を増強しているのはＮＡＴＯであり、責任転嫁すべきではない」と反論。米国に対し、ウクライナのＮＡＴＯ加盟を認めず、ロシア近隣諸国への兵器配備を行わないことを保証するよう求めたが、米側は「どの国と付き合うかは自由だ」（大統領補佐官サリバン）と対立姿勢を崩さなかった。

ロシアの要求は矢継ぎ早だった。外務省は17日、ＮＡＴＯ加盟国に向けて「ロシアの安全の保証」に関する要求リストを公表。ＮＡＴＯの東方不拡大にとどまらず、旧ソ連圏での米軍基地建設の禁止、ロシアとＮＡＴＯが互いの領域に到達可能な陸上発射型の中短距離ミサイルを配備しないことなど、一方的な主張が並んだ。

「ＮＡＴＯは１９９０年代に１ミリも東に動かさないと約束したにもかかわらず、５回も東方に拡大した」。プーチンは23日にモスクワで行った年末恒例の記者会見でも欧米を批判。「ボールは向こう側にある」と受け入れを強く迫った。

会見２日後の25日は、米国と戦後世界の覇権を争う超大国として君臨した旧ソ連の崩壊から30年の節目だった。２０００年の大統領初当選から20年以上も実権を握り、20年の改憲で最長36年まで大統領の座にとどまることが可能になったプーチンが、西側との「緩衝地帯」を失うことになるウクライナのＮＡＴＯ加盟を是が非でも阻止するつもりなのは間違いなかった。

しかし、ウクライナ東部のドンバス地域（ドネツク、ルガンスク両州）で同国政府軍と親ロシア派勢力との武力紛争が続いている限り、ウクライナのＮＡＴＯ加盟は事実上困難だった。全面侵攻し、ロシアが自ら世界から孤立する道を選ぶことは「合理的な選択」としてあり得ないというのが多くの専門家の見方でもあった。

「ロシアが侵攻するなら奇襲だろうが、ここまで部隊配置が明らかになっている以上は難しい」。12

月下旬、防衛省関係者は取材班の記者にこう語った。

年の瀬が迫った30日、プーチンとバイデンはウクライナ情勢を巡り、電話で再び約50分間会談した。バイデンは、ロシアが侵攻すれば大規模な経済制裁を行うと改めて警告。プーチンは「米ロ関係を完全に決裂させる恐れがある」と反論し、両者の溝は埋まらなかった。

欧州安全保障を巡るロシアの提案を真剣に議論するつもりはあるのか。消極姿勢を続ける欧米に、プーチンは対決姿勢を強めていた。

安倍インタビューの波紋

「北方四島は『日本固有の領土』で、親の代から四島の返還要求運動を続けてきた。それをいきなり『2島』に変えてしまうのは、複雑な気分だ」。21年12月26日、北方領土・歯舞群島勇留《ゆり》島出身の角鹿泰司《つのかやすじ》（84）＝根室市＝は北海道新聞根室支局の記者に戸惑い気味に話した。

北海道新聞が朝刊1面トップで、安倍の単独インタビューを掲載したこの日、道内の元島民には驚きと反発が広がった。

「外交において100点を狙って0点になるならば、何の意味もない」と話し、2島返還路線への転換は、ロシアと合意できる可能性を探った結果だったと説明した安倍。角鹿は「まず1島でも2島でも返ってこないと、次につながらない。安倍さんの方針転換はすごい切り札だと感じたこともあった」と振り返りつつ、「2島の返還は、あくまで四島返還への足がかりであるべきだ」と語った。

国後島出身の古林貞夫（83）＝同＝も「ロシアが強硬姿勢を続ける中、まず2島返還を交渉の軸にしたことは理解できないわけではない。ただ、国後島と択捉島の交渉も続けるのが前提だ。政府には四島全ての返還交渉を続けてほしい」と求めた。

26日の朝刊にはインタビューを担当した元モスクワ支局長の解説記事のほか、約6千字のインタビューの詳報や日ロ双方の識者4人の談話なども掲載した。解説記事では「日本が『2島』まで歩み寄っても、プーチン大統領の政治決断は引き出せず、ロシア側は領土問題を棚上げする姿勢を強めた」と、シンガポール合意後の経緯を説明。その上で「安倍氏が重ねた譲歩は、日本の交渉戦略に重くのしかかる」とし、今後の北方領土交渉で日本が再び四島返還を求めることが困難になったことを改めて指摘した。

波紋は、永田町にも広がった。官房長官の松野博一は27日の記者会見で、安倍のインタビューでの発言について「コメントすることは差し控える」と前置きした上で「平和条約交渉の対象は四島の帰属の問題であるというのが日本側の一貫した立場だ」と強調。今後の日ロ交渉については「シンガポールでの合意を含め、両国の諸合意を踏まえ、しっかり取り組んでいく」と説明した。岸田の国会答弁などと同様に「日ソ共同宣言」には直接言及せず、シンガポール合意も「諸合意」の一つとの立場をにじませる一方、岸田政権が四島返還を目指すのかについても明言しなかった。

年明けの22年1月4日、安倍の対ロ外交を側面支援してきた日本維新の会参院議員の鈴木は根室市主催の新年交礼会で、各界の関係者約160人を前に熱弁を振るった。

「安倍総理のインタビューは、表に出せるぎりぎりの話だ。プーチンさんとは、もう1歩も2歩も踏み込んだ話をして言質も取っている。あれしか解決の方法はない」。鈴木は、安倍の発言が路線継承に曖昧な姿勢を続ける岸田と、岸田への懐疑心を強めるロシアへのメッセージになるとみていた。

一方、ロシア政府筋は「元首相の立場になって、かなり自由に話した印象だ。内容はとても興味深かったが、岸田政権の対ロ交渉方針にどれだけ効果があるのかはわからない」と冷静に受け止めていた。日本外務省幹部は「あそこまで話していいのかと驚いた。日本は2島返還だと公に言ってしまったら、ロシアに対して弱い立場になりかねない」と懸念を口にした。

1月17日、第208回通常国会が召集され、岸田は首相就任後初の施政方針演説を行った。ここでも岸田は「18年以降の首脳間のやりとりを引き継いで、粘り強く交渉を続ける」と述べ、日ソ共同宣言だけをことさら強調してきた安倍との温度差が色濃くにじんだ。

「インタビュー記事には、岸田総理にしっかり引き継いだと書いてある。総理も2島のみ返還ですか」。26日の衆院予算委員会では、立憲民主党の江田憲司が北海道新聞の記事を基に、岸田の対ロ外交方針を追及した。

江田は、安倍が進めた北方領土交渉を「50点を狙って0点にした。外交上の大失態だ」と厳しく批判。岸田にも明確な説明を迫った。

岸田はシンガポール会談では「重要な合意が行われた」とし、その内容は「安倍総理からしっかり聞いている」と説明した。ただ、インタビューでの発言は「(安倍から)直接うかがっていない」と述べ、「正式に合意された内容をしっかり尊重しながら、今後の交渉を続けていきたい」と曖昧な答弁に終始した。

同じく立憲の道下大樹もシンガポール合意に関し、安倍や菅から引き継ぐよう求められたのかをただしたが、岸田は「政府の方針として一貫して引き継いでいる」とだけ答弁。岸田政権の対ロ交渉方針が「2島」か「四島」かについては明らかにしなかった。

米ロ協議不調

道内の新型コロナウイルスの新規感染者が初めて千人を超えた22年1月19日。衆院で始まった岸田の施政方針演説に対する代表質問は、全国で猛威を振るい始めた新たな変異株「オミクロン株」への対応など内政課題についての論戦が中心となった。

一方、国際社会の関心は、新型コロナからウクライナ問題へと急速にシフトしていた。19日午後（日本時間20日未明）、大統領就任から1年を前に記者会見したバイデンは、ウクライナ国境付近に軍を集結させているロシアの脅威について問われ、こう踏み込んだ。

「推測だが（ロシアは）侵攻するだろう」

欧州安全保障を巡り、ウクライナのNATO加盟を認めないよう、法的な文書による保証を米国に要求したロシア。欧米側は緊張緩和に向け、10日に米ロ高官による戦略的安定対話、12日にNATO・ロシア理事会、13日に欧州安保協力機構（OSCE）会合を立て続けに開催してロシアとの協議を続けてきたが、いずれも不調に終わっていた。

バイデンは会見で、ロシアがウクライナに侵攻するという推測の具体的な根拠は示さなかったものの、侵攻の決定権を持つプーチンは「何かしなければならないはずだ」と指摘した。ロシアは「本格的な戦争は求めていない」とも述べ、米国やNATOを「試すつもりだ」との見方を示した。

バイデンの会見以降、米国はウクライナ対応を巡り、日本への働きかけを強めた。

安全保障問題担当の大統領補佐官サリバンは20日、国家安全保障局長の秋葉剛男と電話で会談した。ホワイトハウスは会談後、ロシアがウクライナに侵攻した場合、日米両国が「強力な反応を示すために団結する重要性」で一致したと発表した。

日本政府高官は、会談では「ウクライナ情勢が緊迫しているという厳しい現状認識が伝えられた」と記者団に説明。「サリバンからは対ロ制裁への参加までは求められなかった」としたが、バイデンはウクライナ侵攻に踏み切った場合、大規模な対ロ制裁を発動すると繰り返しロシアに警告しており、欧州各国だけでなく、日本にも同調を迫ってくるのは明らかだった。

「ロシアが侵攻できる態勢を整えたのは間違いない」。外務省幹部は21日昼、取材班の記者にこう言い切った。対ロ制裁についても「避けて通れないだろう」と漏らし、ロシアを刺激するような発言を控えてきた日本政府内の雰囲気は変わりつつあった。

変化が鮮明になったのは、岸田とバイデンがテレビ会議形式で会談した21日夜だった。会談後、岸田は記者団に「(ロシアの)いかなる攻撃に対しても強い行動を取ることについて、両国や他の同盟国、パートナーとの緊密な連携を継続していく」と表明。強力な対ロ制裁も含め、米国と連携していく考えを強くにじませた。

14年にロシアがクリミア半島を併合した際、当時の安倍政権は北方領土交渉への影響を懸念し、欧米よりも緩い内容の対ロ制裁にとどめた。

安倍周辺には「日本は北方領土問題を抱えており、欧米と全く同じ対応をとる必要はない」との声もあったが、25日の自民党外交部会では「軍事侵攻は、クリミア編入とは次元が違う」「前回と同じ対応でいいとはならない」など、対ロ圧力の強化を求める意見が噴出。バイデンがこの日、プーチン個人への制裁も辞さない姿勢を示したことで、日本政府に毅然とした対応を求める声はさらに強まった。

ロシアへの風当たりが厳しさを増す中、日ロ両政府は29日、札幌市白石区の札幌コンベンションセンターで「日ロ地域・姉妹都市交流年」の開会式を開催した。交流年は、安倍政権下の19年に地域レベルの関係強化を目的に20～21年の実施が決まったが、コロナ禍の影響で20年5月に予定していた開会式は延期されていた。

両政府は開催期間を22年末まで1年延長し、開会式の時期を探ってきたが、結果的にウクライナ情勢が緊迫する中での開催となり、日本外務省幹部は「時期的に最悪だ。2年前にできればよかった」と取材班の記者にぼやいた。

開会式は当初、両国の閣僚や経済関係者らが参加する大規模な式典が想定されていたが、コロナ禍を理由に、閣僚らはオンライン参加となるなど規模を大幅に縮小しての開催となった。外相の林は「交流年が日ロ関係のさらなる発展につながることを祈念する」とあいさつ。経済発展相のレシェトニコフも「ロシアの80の州や地方が日本との経済交流を支持している」とのメッセージを寄せたが、全国ニュースでは話題にもならなかった。

「難しい状況の時こそ、交流を続ける意味がある」。日ロの文化交流を長年後押ししてきた日本側関係者は、記者にこう強調した。日本政府内でも「何があっても、ロシアとはコミュニケーションはとり続けないといけない」（外務省幹部）として、ロシアへの強硬姿勢を強める米国への過度な同調には慎重な声もあった。

しかし、ロシアは日米の共闘に対抗するかのように中国への接近を強めていた。

北京五輪

夏の東京五輪閉幕から約半年後の22年2月4日夜、中国・北京で開幕した第24回冬季五輪。北京市の国家体育場（通称「鳥の巣」）で開かれた盛大な開会式に、日本や欧米主要国の政府代表の姿はなかった。

中国国家主席の習近平が政権の威信をかけて開いた北京大会には、感染対策で厳戒態勢が敷かれる中、91カ国・地域から約2900人の選手が参加した。しかし、米国は中国政府による新疆ウイグル自治区や香港での人権侵害などを理由に、政府代表らの派遣を見送る「外交ボイコット」を表明。欧州主要国なども追随し、日本も閣僚や政府関係者を送らなかった。

「これほど何もなく北京五輪を迎えると思っていなかった」。日本外務省幹部は4日、取材班の記者に複雑な表情で語った。

五輪の開会式は、政治対話の重要な機会にもなってきた。08年の北京夏季五輪では当時の首相福田康夫が開会式に出席し、国家主席の胡錦濤との会談に臨んだ。14年にロシア南部ソチで開かれた冬季五輪の開会式には、ロシアの人権問題を理由に欧米主要国が政府要人の派遣を見送る中、当時の首相安倍が出席し、プーチンと会談した。

22年は日本と中国の国交正常化50年の節目に当たり、北京五輪は日中の関係改善に向けた好機になる可能性もあった。しかし、自民党内の対中強硬派は外交ボイコットを強く主張。欧米主要国が政府関係者を派遣しない方針を次々表明する中、安倍も21年12月下旬には岸田に「1日でも早い対応がいい」と派遣見送りを求めた。岸田政権は12月24日、参院議員で東京五輪・パラリンピック組織委員会会長の橋本聖子ら3人の派遣にとどめると発表した。

開会式には、中国との経済協力などを重視する20カ国以上の外国要人が出席した。なかでも習が最高の待遇でもてなしたのは、プーチンだった。ウクライナ情勢が緊迫化する中、ロシアと「蜜月」関係を築いてきた中国の対応に世界中の視線が注がれていた。

「われわれの2国間関係は友情と戦略的パートナーシップの精神の下、前向きに発展し、前例のない水準に達した」

開会式直前の4日午後に北京入りしたプーチンは、中国政府が国賓との会談に使う釣魚台迎賓館で向き合った習に、こう呼びかけた。

両首脳の対面による会談は19年11月以来、約2年3カ月ぶりだった。新型コロナウイルスの感染拡大を受け、習は20年1月を最後に外遊を控えていたが、この日はマスクを着けずに記念撮影に納まり、プーチンとの親密さをアピールした。

習は会談冒頭、前年の中ロの貿易額が過去最高の1400億ドル（約16兆円）以上に達したことを歓迎した。プーチンはロシア極東から中国に年間100億立方メートルの天然ガスを供給する新たな契約を締結する考えを表明し、さらなる関係強化をアピールした。

中国は天然ガス供給などでロシアとの協力を強める一方、11年にはウクライナとも戦略パートナーシップ協定を締結していた。習が提唱した巨大経済圏構想「一帯一路」で提携する友好国でもあり、中国初の空母「遼寧」はウクライナから旧ソ連製空母を購入し改修したものだ。こうした背景から、欧米側には習がプーチンに対し、ウクライナを巡る軍事的な緊張緩和を促すことを期待する声もあった。

しかし両首脳は会談後に発表した共同声明で、中ロ両国が一致して「NATOのさらなる拡大に反対する」と強調。ロシアはウクライナをNATOに加盟させない確約を欧米に求めており、中国はこうしたロシアの主張を支持する立場を鮮明にした。

一方、声明は「台湾は切り離せない中国の一部」であり、ロシアは「いかなる形の台湾の独立にも反対する」とも明記。中国の海洋進出を警戒する日米両国が共有する「自由で開かれたインド太平洋戦略」や、米英豪の安全保障枠組み（AUKUS）への「深刻な懸念」も表明され、中ロ両国が連携

首脳会談に臨む習近平（右）とプーチン＝2022年2月4日、北京（ロシア大統領府ホームページより）

して欧米の圧力に対抗する姿勢を強く打ち出した。

モスクワ支局長は、共同声明の中に「第2次世界大戦の歴史を否定、歪曲、改ざんしようとする試みに対抗する」という一文が改めて盛り込まれたことにも注目していた。

会談から7日後の2月11日、中国外務省副報道局長の趙立堅は記者会見で、中国メディアから北方領土問題への立場を問われ、「世界の反ファシズム戦争の勝利の結果は確実に尊重され、守られるべきだ」と述べた。これまで中国政府は北方領土問題には比較的、曖昧な姿勢をとってきたが、北方四島の領有は軍国主義日本に勝利した「大戦の結果」だと主張するプーチン政権の論理を追認する物言いだった。

結束を深め、対日けん制を強める中ロ両国。特に北方領土の歴史認識を巡る共闘は「日本にとって嫌な展開」（日本外務省幹部）だった。一方、中ロとの対立姿勢を強める米国は、北方領土とウクライナの問題を絡め合わせる論理を持ち出し、厳しい対ロ制裁に同調するよう日本への圧力を強めていた。

米大使の圧力

「高齢になられる元島民の方々の思いをしっかりと胸に刻み、取り組みを進めていく」

「北方領土の日」の22年2月7日、東京・千代田区の国立劇場で開かれた北方領土返還要求全国大会。首相就任後初めて出席した岸田は演説をこう締めくくり、衆院予算委員会への出席を理由に足早に会場を後にした。

コロナ禍の影響で昨年に続いて無観客開催となった大会は東京、根室、釧路、佐賀、奈良の5会場をオンラインで結んで行われた。岸田の滞在時間はわずか10分で、各地の元島民や返還運動関係者らが語った北方四島への思いを会場内で聞くことはなかった。

岸田は演説冒頭、2日前に急逝した千島連盟根室支部長の宮谷内亮一への哀悼の意を表明。コロナ禍で中断が続く北方四島とのビザなし渡航事業は「可能な限り早期に再開したい」と意欲を語った。ただ、肝心の北方領土交渉を巡っては「これまでの諸合意を踏まえ、2018年以降の首脳間のやりとりを引き継ぎ、粘り強く交渉を進める」と説明。安倍は18年11月のシンガポールでの日ロ首脳会談で、日ソ共同宣言に基づく歯舞群島と色丹島の2島返還路線へとかじを切ったが、岸田はこの日も日ソ共同宣言には直接言及しなかった。

一方、岸田は、安倍や菅と同じく日本政府の基本的な立場だった「四島の帰属問題を解決」との表現も使わなかった。岸田は、安倍路線を継承するのか、それとも四島返還を目指すのか。大会関係者の1人は取材班の記者に、「すぐ帰ったし、あいさつは紋切り型。首相の思いは見えなかった」と嘆いた。

緊迫化するウクライナ情勢を巡っても、岸田はなお曖昧な姿勢を続けていた。

1月下旬のバイデンとのテレビ会談後、ロシアによる「いかなる攻撃に対しても強い行動を取る」と述べ、対ロ制裁を示唆した岸田。しかし、2月7日の衆院予算委では「G7をはじめとする国際社会との連携を大事にしながら、適切に判断する」との表現にとどめ、欧米と共に厳しい対ロ制裁に踏み切るかは明言しなかった。

自民党内では対ロ強硬論が強まっていたが、岸田の周囲ではロシアを過度に刺激し、北方領土問題を含めた政治対話が一切できなくなる事態は避けるべきだという意見が出ていた。岸田は3日、首相官邸で日本維新の会参院議員の鈴木と面会した際にも「ロシアに間違った受け止めをされることは避けたい」と語った。

安倍は「日本には日本の国益がある」として、対ロ制裁の発動では欧米と足並みをそろえつつ、制裁の内容は慎重に検討するべきだとの認識を周囲に漏らしていた。岸田周辺は7日、対ロ制裁について米国側と協議していることを認めた上で「米国には、できるだけ厳しくしないでほしいと言っている」と明かした。

衆院は8日の本会議で、ウクライナ情勢の緊張緩和を求める決議を与野党の賛成多数で採択したが、ロシアの名指しは避けた。自民党政調会長の高市は8日の記者会見で「決議文を読めばどの国を指しているのかは明らかだ」と語ったものの、ロシアに配慮した結果だった。

一方、ロシアによるウクライナへの軍事侵攻に強い警戒感を抱く米国は、ロシアへの対応に曖昧さを残す日本への圧力を強めていた。

「北方領土、クリミア、そしてウクライナ東部にいたるまで、侵略者が誰なのかは明らかだ」

駐日米大使エマニュエルは7日の北方領土の日に合わせて自身のツイッターに動画を投稿。「米国は北方領土問題で日本を支持している」と明言した上で、北方領土と、ロシアが14年に併合したクリミアなどを並列し、プーチン政権を厳しく批判した。

エマニュエルは、ロシアが他国の主権を軽視するのは「北方領土に限ったことではない」と強調。あえて北方領土とウクライナを絡めた発言には、ロシアが軍事侵攻に踏み切った場合、日本が北方領土問題を理由に妥協的な対応を取らないようにくぎを刺す意図が透けて見えた。

1月下旬に着任したエマニュエルは、駐日ロシア大使ガルージンが2月2日の記者会見で日本の対ロ制裁をけん制した発言に対し「日本を威嚇したタイミングはこれ以上ないほど悪い。次の月曜日は『北方領土の日』であるという自覚を欠いたものだ」とツイッターで批判。「共有する価値観と原則のために米国は日本と（岸田）首相を支持する」とも投稿し、暗にウクライナ問題での一致した対応を日本に求めていた。

「日本側の立場への支持を表明したものとして歓迎している」。官房長官の松野は8日の記者会見で、エマニュエルの投稿をこう評価した。ただ日本外務省内には、多くのロシア国民が支持しているクリミア併合と北方領土問題を同列に扱うことには、ロシア世論の反日感情を強めかねないとの懸念もあった。外務省幹部は、相次ぐエマニュエルの発信の評価について記者団に問われると、こう漏らした。

「答えにくい。まあ、歓迎としか言えない」

ちぐはぐな対応

ウクライナ情勢を巡る欧米とロシアの情報戦が激化する中、ロシアからの「けん制球」が日本に投げつけられた。「北方領土の日」の22年2月7日、ロシアの民間テレビＮＴＶ（エヌテーベー）は、日本が北方四島ビザなし渡航などを利用してロシアの機密情報を違法に収集しているという番組を放送した。

番組では、元島民や家族らが古里を訪れる自由訪問事業で色丹島に同行した通訳の日本人女性が、ロシア連邦保安局（ＦＳＢ）に拘束され、取り調べを受ける様子などが映し出された。女性はその後、釈放され、他の訪問団員と共に根室港に戻ったが、ＮＴＶは女性が島の発展に関する機密情報を隠し持っていたと一方的に報じた。極東ウラジオストクで日本人記者がＦＳＢに路上で拘束される映像なども放映した。

ポイントは、これらがいずれも19年の出来事だったことだった。通訳の女性について、ロシア当局は当時、日本人参加者に違反行為があったとは発表していたが、具体的な内容は明らかにしていなかった。記者の拘束はロシアメディアが20年1月に報じていたが、拘束時の生々しい映像が公開されたのは初めてだった。

ロシア当局がＮＴＶを通じ、北方領土の日にあえてこうした情報を公開した背景には、日本の領土返還要求運動が不当だとロシア世論に印象付ける思惑に加え、ウクライナ情勢を巡り、欧米と連携して対ロ制裁を検討している日本をけん制する狙いがあったのは明らかだった。

ウクライナを巡る状況は、緊迫化の一途をたどっていた。ウクライナ国境付近に10万人規模の部隊を集結しているとされたロシア軍は、10日にはウクライナの北隣のベラルーシで本格的な合同軍事演習を開始していた。

「いつ侵攻が始まってもおかしくない。（北京）五輪期間中の可能性もある」。米大統領補佐官（国家安全保障担当）のサリバンは11日の記者会見でこう述べ、ウクライナ在住の米国人に「48時間以内の退避」を呼びかけた。12日には米国務省が在ウクライナ米大使館の職員の大半に退避を命令。数日中にロシアがウクライナ侵攻に踏み切るとの観測が急速に強まった。

バイデンとプーチンは12日、電話会談した。米ロ両政府によると、バイデンはロシアが侵攻した場合、同盟国と共に「迅速で厳しい制裁」を科すと重ねて警告した。一方、プーチンはＮＡＴＯの東方拡大などのロシアの懸念に対し、米政府から「実質的な回答」が得られていないと不満を表明。両首脳は対話の継続では一致したものの、米ロの主張の溝は埋まらなかった。

「プーチンは攻撃を決断した」「週明けにも侵攻が始まる」――。米メディアを中心に「侵攻は不可避」との見方が強まる中、外相ラブロフは14日、プーチンに欧米との対話の継続を進言した。「（欧米と）合意に達する可能性があるのか。それとも終わりのない交渉に引き込もうとしているのか」とただしたプーチンに、ラブロフは「常に（合意の）チャンスはある」と答えたが、歩み寄りの気配は乏しかった。

日本政府は14日、国家安全保障会議（ＮＳＣ）を官邸で開き、ウクライナ対応を協議。岸田はその後の自民党役員会で、ロシアが侵攻した場合の対応について「制裁の具体的内容を米国や欧州主要国と調整している」と説明した。北方領土問題を含む平和条約交渉への影響を警戒し、厳しい対ロ制裁には慎重だった岸田だったが、日本外務省が約１５０人のウクライナ在住の日本人に早期退避を呼びかける中、欧米と協調していく姿勢を強めた。

翌15日夜、岸田はウクライナ大統領ゼレンスキーと初の電話会談を行い、「ウクライナの主権と領土の一体性を一貫して支持している」との立場を表明。1億ドル規模の円借款を供与する方針も伝え、ゼレンスキーは「日本の強い支援に感謝する」とツイッターに投稿した。

一方、15日にはこうした状況下では「異例」の会議も開かれていた。「貿易経済に関する日ロ政府間委員会」の議長間会合。共同議長を務める外相の林と、ロシア経済発展相のレシュトニコフがオンラインで会談し、日ロの経済協力について議論を交わした。政府間委員会は、安倍政権下では領土交渉進展に向けた環境整備の一環に位置付けられてきたが、ウクライナ情勢を巡る対ロ制裁を検討する中での開催は、ちぐはぐな印象は否めなかった。

ロシア側は菅、岸田両政権に対しても、政府間委員会の早期開催を求め、外相ラブロフの訪日の前に実現を求めていた。日本側としても、コロナ禍の影響もあり先送りが続いていたラブロフの訪日受け入れに向け、いつまでも先延ばしできない事情があった。

日本外務省は会合後、林が会談で、日本は「重大な懸念」を持ってウクライナ情勢を注視しており「主権・領土一体性の原則の下、緊張を緩和し、外交的解決を追求するよう求める」という政府の立場を伝えたと発表。外務省関係者は「言うべきことは言った」と強調した。

ところが、翌16日の自民党外交部会では「この時期に開催する必要があったのか」などと批判が噴出。外務省は「日ロの外交チャンネルを閉ざすべきではないと判断した」などと説明したが、「ロシアと経済協力を議論したということ自体が間違ったメッセージになる」「G7の団結を乱す行為だ」などと厳しい声が相次いだ。

アジアへの波及懸念

「主戦場はヨーロッパだが、力による現状変更を許すことになれば、アジアにも影響が及ぶことは十分考えておかなければならない」。22年2月17日、岸田は自らが率いる自民党の派閥「宏池会」の例会で、ウクライナ情勢についてこう述べ、緊張緩和に向けた外交努力を続ける考えを強調した。

ウクライナ国境付近に軍を集結させたロシアに対し、欧米の首脳はプーチンとの会談を重ねつつ、侵攻した場合は厳しい対ロ制裁に踏み切る方針を相次ぎ表明。日本政府は欧米と協調し、ウクライナに積極的に関与していく姿勢をより強く示す必要に迫られていた。

ただ、この時点でも政府・与党内では、本格的な軍事衝突には懐疑的な見方が強かった。「ロシアは侵攻しない。メリットがない」。長く日本の対ロ外交に関与してきた政府関係者は17日、取材班の記者にこう断言した。

ウクライナ東部で政府軍と親ロシア派勢力の武力紛争が続く限り、NATOがウクライナの加盟を認めることは、ほぼありえない。自民党幹部は「ウクライナがNATOに加盟しないと宣言し、プーチンの顔を立ててやれば、ロシア軍は撤退するんじゃないか」と記者団に語った。欧米の制裁覚悟でロシアが侵攻に踏み切る可能性は低いとみていた。

日本が厳しい制裁方針を打ち出した挙げ句、ロシアが侵攻しなければ、日ロ関係は悪化し、北方領土問題は一層停滞する。一方、曖昧な対応を続ければ、欧米の不信を招く。「岸田さんも日本の立場を頭に入れながら、米ロ双方とうまくやる緻密な外交をしないといけないね」。安倍は17日、周囲にこう漏らした。

岸田はこの日の夜、前年10月の首相就任後、2度目となるプーチンとの電話会談を行った。時間は25分。欧米の首脳にはかなり後れを取ったが、日本側からの呼びかけで行われた。

「ウクライナ情勢について重大な懸念を持って注視している。力による一方的な現状変更ではなく、外交交渉により関係国にとって受け入れられる解決方法を追求すべきだ」。岸田はプーチンにこう伝え、平和的解決に向けた外交努力を求めた。日本政府によると、日ロの平和条約交渉を含めた対話の継続も確認した。

会談後、岸田は官邸で記者団から対ロ制裁についてのやりとりの有無を問われ、「それぞれの考え方について意見交換した。具体的な内容は控えたい」と語った。しかし日本政府高官は、会談の中で「制裁の話は出なかった」と説明。日本側が言及を避けたのは明らかだった。

一方、ロシア大統領府は会談後、ウクライナの緊張緩和には、同国東部の和平の道筋を定めた「ミンスク合意」をウクライナ側が履行する必要があるというロシアの立場を詳しく説明したと発表。日ロ関係については、平和条約問題には直接触れず、貿易・経済分野などを「建設的に発展させることを確認した」とした。

岸田周辺は、電話会談は「首相の強い意向だった」と記者団に説明したが、関係筋によると、強く進言したのは国家安全保障局長の秋葉だった。「軍を直接動かせるプーチンに対し、欧州だけでなく、日本も強い関心を持っていることを伝えられたことは大きい」。日本外務省幹部は、会談の意義をこう強調し「ロシアも日本との経済関係を崩したくはないはずだ。そうした意図も伝わってほしい」と期待した。

政府への風当たりは強まっていた。立憲民主党の元外相玄葉光一郎は18日の衆院予算委員会で、安倍政権下の14年にロシアがクリミア半島を併合した際、日本政府の対応は実効性の乏しい「形ばかりの制裁だった」と批判。岸田が当時の外相だったことも指摘し、ロシアが侵攻した場合の対応方針を明確に説明するよう迫った。

岸田は「当時と今の国際情勢は随分変化している」などと述べ、14年よりも厳しい制裁が必要になるとの認識をにじませたが、最後まで「国際社会と連携し、適切な判断をしていかなければならない」との答弁を繰り返した。

北方領土交渉の行き詰まりを受け、自民党内では、14年のようにロシアに配慮する必要はないとの強硬論が勢いづいていた。「遠い欧州の出来事ではなく、そこにある危機だ。日本周辺で力による現状変更が起きる可能性もある」。自民党政調会長の高市は18日夜のインターネット番組で、日本が欧米と共に毅然とした対応を取らなければ、中国による台湾有事や沖縄県・尖閣諸島を巡る軍事的挑発を活発化させるなど、アジアに波及しかねないとの懸念を表明。厳しい制裁を明言しない岸田の対応に不満を漏らした。

バイデンは18日、ロシア軍のウクライナ侵攻について「（プーチンが）決断したと確信している」と表明。G7外相は19日の声明で、ウクライナに侵攻すれば「ロシア経済に前例のない打撃を与える幅広い経済・金融制裁を確実に科す」と改めて警告した。

しかし、プーチンは20日の北京冬季五輪の閉幕を待っていたかのように、軍事侵攻への動きを一気に加速させていく。

公開された安保会議

プーチンが10～15分後に臨時の安全保障会議を招集する――。北京冬季五輪が閉幕した翌日の22年2月21日午前11時半ごろ。ロシアメディアが一斉に報じた大統領報道官ペスコフの発言に、ウクライナ情勢を注視してきた世界中の関係者が固唾《かたず》をのんだ。

安全保障会議は、ロシアの主要閣僚と治安機関のトップらで構成され、プーチンが議長を務める。ペスコフは議題には触れなかったが、欧米がロシアの軍事侵攻への警戒を一段と強める中、プーチンが国家の安全保障政策に関する最高意思決定機関を緊急招集した理由がウクライナ対応なのは明らかだった。

バイデン米政権は20日、ロシア軍が侵攻しなければ、24日に米ロ外相会談を行った上で、バイデンとプーチンが会談することで原則的に合意したと発表。ペスコフも21日、首脳会談の可能性は「排除しない」と述べていた。このタイミングで安保会議を開催し、プーチンは何を打ち出すのか――。取材班は身構えたが、結果はなかなか公表されなかった。

安保会議は通常は非公開で、新型コロナウイルスの感染拡大後はオンライン形式で実施されていた。会議後に短い議事概要や写真が大統領府のホームページで発表されるのが通例だったが、この日はペスコフの発言から5時間が過ぎても、何も動きがなかった。

「異変」が起きたのは、モスクワ支局長がウクライナ情勢をまとめた朝刊用の記事を出稿した後の午後5時（日本時間午後11時）ごろ。国営テレビの映像が唐突に切り替わり、安保会議の様子が放送され始めた。

白い壁と高い天井が印象的な大統領府（クレムリン）のホールにぽつんと置かれた机と椅子に座るプーチン。首相ミシュスチン、国防相ショイグ、外相ラブロフ、安全保障会議書記パトルシェフ、同会議副議長メドベージェフ、連邦保安局（FSB）長官ボルトニコフ、対外情報局長官ナルイシキン、上下両院議長らが数メートル離れた場所に並べられた椅子に腰掛け、神妙な面持ちで様子をうかがっていた。プーチンと政権幹部が執務室の長机を囲む形で行われてきたコロナ禍前の安保会議とは明らかに様子が違う。

モスクワ支局長が異例の光景に驚いていると、プーチンはこう切り出した。「私たちはドンバスの現状を話し合うために集まった」

ウクライナ東部ドンバス地方ではこの日、親ロシア派武装勢力が実効支配する、二つの「人民共和国」のトップが、プーチンに独立国家としての承認を求める声明を発表。両共和国の住民がロシア南部への集団避難を進めるなど、情勢はめまぐるしく動いていた。

異例の形で内容が公開されたロシア安全保障会議。手前がプーチン
＝2022年2月21日、クレムリン（ロシア大統領府ホームページより）

プーチンは東部紛争の和平手続きを定めた「ミンスク合意」について「ウクライナに履行する意思がないのは明らかだ」と一方的に主張。安保会議の出席者13人を1人ずつ発言台に立たせ、独立承認への意見を求めていった。ウクライナ東部地域の独立を承認することは、ロシア自身がミンスク合意を崩壊させ、外交による紛争解決の道を放棄することを意味していた。

賛成意見が相次ぐ中、側近のナルイシキンが米国にウクライナを説得する「最後のチャンス」を与えるよう進言すると、プーチンはいら立った表情で言葉を遮り、「交渉プロセスの開始を提案するのか、あるいは共和国の主権を認めるのか、はっきり言いなさい」と叱責《しっせき》。慌てたナルイシキンが両共和国の「ロシア編入」を支持すると答えると、プーチンは「そんな話はしていない。独立を認めるかだ」とまくし立てた。結論ありきの会議は約1時間半も放送され、「皇帝プーチン」は絶大な権力を誇示した。

「今日中に決定が下されるだろう」。プーチンは安保会議の場では結論を出さず、その日の夜に約1時間の国民へのテレビ演説を行い、両共和国の独立を一方的に承認すると表明した。双方と軍事支援を含む「友好協力と相互援助に関する条約」に署名し、平和維持を名目に両共和国へのロシア軍の派遣を国防省に指示した。

ロシア上院は22日、ロシア軍の国外への派兵を間髪入れずに承認。プーチンは同日の記者会見で「すぐに軍を送るとは言っていない」と派兵時期の明言を避けたが、バイデンはホワイトハウスでの演説で「侵攻の始まりだ」とロシアを厳しく非難した。

日本政府は23日、両共和国に対する関係者のビザ発給停止や、日本国内でロシア政府による国債などの新規発行を禁止する第1弾の制裁を発表。緊張感は高まっていたが、外務省関係者は取材班の記者に「東部の独立承認は想定の範囲内だ」と語った。

「ロシアも、ウクライナの奥深くまではいかないだろう。どこで折り合いをつけるかだ」。安倍も、周囲に大規模な侵攻にはならないとの認識を示していた。

だが、23日夜、プーチンは極めて近い新興財閥（オリガルヒ）の1人に自ら電話をかけ、こう通告した。「悪いがあなたの海外の銀行口座は全て使えなくなる」。欧米の大規模な制裁を覚悟の上で、ロシアが全面侵攻に踏み切る瞬間が目前に迫っていた。

プーチンの演説

22年2月24日午前11時。首相官邸で始まった定例の官房長官松野の記者会見は冒頭から、緊迫するウクライナ情勢に関する質問が相次いだ。

ウクライナ東部ドンバス地域の一部を支配する親ロシア派トップは日本時間の同日朝、ウクライナ軍による攻撃が続いているとして、プーチンに軍事支援を要請。「ロシア系住民の保護」という、プーチン政権が主張する侵攻の口実が、着々と整えられていた。

松野はロシアの一連の動きを非難し、「事態が悪化する場合には、G7をはじめとする国際社会と連携し、さらなる措置を取るべく速やかに取り組む」と説明。ロシアが侵攻に踏み切れば、日本政府が前日の23日に発表した親ロ派地域の関係者への資産凍結などに加え、追加の制裁を行う考えを表明した。

米メディアは23日、バイデン政権がウクライナ政府に対し、48時間以内のロシア軍の侵攻を警告したと報じていた。

「実際にそうなるかは分からないが、注視している」。日本政府高官は24日朝、硬い表情で語った。

元モスクワ支局長で、東京報道センターの日ロ担当の部次長（デスク）は、朝からインターネットでロシアの国営テレビを見続けていた。モスクワと日本の時差はマイナス6時間。モスクワが朝を迎える日本時間の昼過ぎまで、現在のモスクワ支局長の代わりにニュースをチェックするためだった。

官房長官会見が終わり、大きな動きがないまま午前中が過ぎるかと思われた午前11時半。国営テレビにプーチンの映像が突然、映し出された。モスクワはまだ午前5時半という異例の時間。「親愛なるロシア国民の皆さま」と語り始めたプーチンは、鋭い目つきと厳しい口調で、14年以降、ウクライナ政府に対する軍事支援を続けてきた欧米が、ロシアの「レッドライン（許容できない一線）」を越えたと一方的な批判を展開し、語気を強めて宣言した。

「特別軍事作戦の実施を決定した。その目的は8年間、ウクライナの政権による虐待や大量虐殺にさらされてきた人々を守ることだ」

約28分間のテレビ演説。プーチンは終始、軍事作戦の正当性を強調した。「ロシアと自国民を守るためには、この手段しか残されていない。ドンバスの共和国はロシアに助けを求めており、迅速な行動を取る必要がある」

プーチンの言葉通り、ロシア軍の動きは速かった。演説から約10分後、インタファクス通信が「ウクライナ東部で爆発音」と速報。米ＣＮＮテレビは、ウクライナ内務省当局者がロシアによる侵攻が始まったと述べたと伝えた。

本当に始まってしまった――。東京からプーチンが侵攻を宣言したとの連絡を受け、飛び起きたモスクワ支局長はすぐに記事の執筆に取りかかっていた。夕刊の締め切りまで、残り約1時間。「ウクライナ侵攻開始／ロ大統領／軍事作戦を表明」。1面トップに記事を突っ込んだ。

バイデンは即座に声明を発表し、プーチンが「破滅的な人命の損失をもたらす戦争を選んだ」と批判。同盟国や友好国と結束して、断固とした対応を取ると警告した。

プーチンの演説は、ウクライナ情勢を巡って米ニューヨークで開かれていた国連安全保障理事会の緊急会合と、ほぼ同時刻に行われた。事務総長グテレスは会合後、記者団に「私の国連総長としての任期中で最も悲しい瞬間だ。今世紀最悪の戦争になり得る」と嘆いた。

「われわれの計画にはウクライナの領土を占領することは含まれていない」

プーチンは演説の中でこう明言したが、ウクライナのゼレンスキー政権がネオナチ勢力などを支援してきたと決めつけ、「非軍事化」や「非ナチス化」を目指す考えに言及した。軍事侵攻の目的がこれまで主張してきた、ウクライナ東部のロシア系住民の保護だけにはとどまらない可能性を示したものだった。

日本ではこの日、新年度予算案を巡る審議が参院予算委員会で行われていた。岸田は午後1時からの審議再開を前に急きょ官邸で記者団のぶら下がり取材に応じ「まずは情報の収集、そして事態の把握に全力で取り組む。情勢は緊迫しており、G7をはじめとする国際社会と連携しながら取り組んでいく」と語った。

「首都キーウで砲撃音」「南部オデッサで爆発」——。日本政府は、ロシア軍が本格的な侵攻に踏み切る場合でも、まずは親ロ派勢力が支配する東部地域に入り、段階的に進軍する展開になるとみていたが、次々と流れてくる速報は、ロシア軍が複数の地域から全面侵攻していることを示していた。

「想定より早い」。政府高官は24日午後、取材班の記者に漏らした。

8年前にウクライナ南部クリミア半島を併合した際、住民投票で賛成派が多数を占めたとして正当性を主張してきたプーチン。公然とウクライナの主権と領土の一体性を侵害する全面侵攻は、戦後の国際秩序への挑戦に他ならなかった。

非難の嵐

ロシアがウクライナに侵攻した2月24日、岸田は外交・安全保障の重要案件を協議するＮＳＣの閣僚会合を緊急開催し、外相、防衛相、官房長官らに情報収集の徹底とウクライナ在留邦人の安全確保に努めるよう指示した。

「ロシアによる侵攻は、力による一方的な現状変更を認めないとの国際秩序の根幹を揺るがすものだ。ロシアを強く非難するとともに、米国をはじめとする国際社会と連携し、迅速に対処していく」。会合後、岸田は官邸で記者団に強調したが、初動の鈍さは否めなかった。

ＮＳＣ閣僚会合が開かれたのは、プーチンの「特別軍事作戦」開始の宣言から約3時間後の午後3時だった。侵攻に関する速報が世界中を飛び交う中、岸田は午後1時から予定されていた参院予算委員会に出席。質疑に立った立憲民主党の蓮舫が「かなり緊迫した状況だ。ＮＳＣを今すぐ開くべきではないか」と提案し、予算委は一時休憩となったが、政府側には様子見ムードも漂っていた。

岸田はＮＳＣ後も対ロ制裁については明言を避けた。ただ、ロシアが親ロ派勢力が占拠しているウクライナ東部にとどまらず、全面侵攻に踏み切ったことで、米国や欧州各国が強力な経済制裁を発動するのは確実だった。14年3月にロシアがクリミア半島を併合した際、当時の安倍政権は北方領土交渉への影響を懸念し、欧米に比べて緩い制裁にとどめたが、今回は様相が違った。

自民党は午後4時半から、緊急に設置したウクライナ問題に関する対策本部を開催。党幹事長の茂木は「国際社会と連携し、迅速かつより厳格な制裁措置を含め、わが国の国益に資する形でしっかり対応してほしい」と述べ、ロシアに厳しい姿勢で臨むよう政府に求めた。

安倍も午後5時からの別の党会合で自らウクライナ情勢について切り出し、「戦後、私たちが作ってきた国際秩序に対する深刻な挑戦であり、断じて許すわけにはいかない」とロシアを厳しく批判。「岸田総理を中心としてしっかりと対応しながら、国家意思を示していくことが求められている」と強調した。

「明らかな国際法違反だ。今回の侵攻を強く非難する」。午後7時すぎ、外相の林は駐日ロシア大使のガルージンを外務省に呼び出して抗議し、ロシア軍の早期撤収を求めた。

しかし、ガルージンは「侵攻は起きていない。いま起きているのは特別な軍事作戦だ」と反論。林との面会後、記者団にも「侵略や侵攻ではない」と繰り返し、ウクライナ東部のロシア系住民を虐殺から保護し、ＮＡＴＯの東方拡大の脅威からロシアを守る「自衛のための軍事作戦」だと強調した。

いつもの流ちょうな日本語は使わず、同行させた通訳を介したロシア語でのやりとりだった。

その1時間後、元外相の河野はBSフジの番組で、侵攻は「ロシアだけに責任がある犠牲と苦しみだ。かつてのナチスが隣国に侵攻したのと同様のことをやっている」と厳しく批判。「日ロの平和条約交渉は、安倍総理がイニシアチブを取られ、私も参加したことがあるが、おそらく仕切り直しにせざるを得ない」と踏み込んだ。

夜になるにつれ、侵攻の規模の大きさが明らかになった。ロシア軍はウクライナの首都キーウや各地を空爆し、ロシア国防省は11空港を含む74の地上施設を破壊したと発表。ロシア軍はクリミア半島の北隣のヘルソン州内の一部を掌握し、ソ連時代の1986年に爆発事故を起こした北部のチェルノブイリ原発周辺でも戦闘が発生していた。世界中のSNSが、現地から止めどなく投稿され続ける破壊された市街地やミサイル攻撃で赤く染まった夜空などの映像であふれた。

欧米主要国は一斉に批判を強めた。英首相ジョンソンはテレビ演説で「プーチン氏の野蛮な賭けは失敗に終わらせなければならない」と断言。ドイツ首相のショルツは「ウクライナには恐怖の日、欧州には暗黒の日だ」と語った。

G7は日本時間午後11時すぎから首脳会合をオンラインで開催し、「ロシア連邦による大規模な軍事的侵略に驚愕《きょうがく》し、これを非難する」とした共同声明を発表。プーチンの決定は国連憲章違反だと断じ、厳しい経済・金融制裁の実施を宣言した。

G7首脳会合後の25日午前0時40分、岸田は「G7としての強い連帯を確認した」と記者団に説明。「欧米と足並みをそろえ、速やかにさらに厳しい措置を取るべく取り組んでいく」と述べ、追加制裁を発動する方針を表明した。14年のクリミア併合時の日本の対応の甘さへの批判を踏まえ、欧米との協調をアピールすることに腐心していた。

一方、バイデンはホワイトハウスで演説し、プーチンを「侵略者だ」と激しい言葉で非難。プーチン個人への制裁も選択肢だと述べた。日本は、どこまで踏み込むのか。岸田はさらなる決断を迫られていた。

対ロ関係見直し

ロシアのウクライナ侵攻開始から一夜明けた2月25日。岸田は午前8時すぎから官邸で記者会見に臨んだ。G7首脳のオンライン会談後に行った未明のぶら下がり会見から、わずか7時間余り。朝一番で正式な会見を開いたのは、日本が夜の間に米国とEUが具体的な制裁内容などを発表したからだった。

岸田は、ロシアの侵攻は「国際秩序の根幹を揺るがす行為で断じて許容できず、厳しく非難する」と、改めて非難。対ロ制裁に《1》ロシアの個人・団体への資産凍結・ビザ発給停止《2》金融機関対象の資産凍結《3》半導体など汎用品の輸出規制――を追加すると表明した。

14年にロシアがクリミア半島を併合した際、当時の安倍政権は対ロ制裁を欧米に比べて緩やかな内容にとどめただけでなく、発動のタイミングも2週間から数カ月後だった。だが、プーチン政権が誰の目にも明らかな国際法違反である全面侵攻という暴挙に踏み切ったことで、複数の首相周辺は「G7と結束することに尽きる」と強調していた。

岸田の会見には、その姿勢が鮮明に現れていた。岸田は「G7をはじめとする国際社会と緊密に連携して」という言い回しを9回も使い、欧米との協調をアピールした。

ただ、岸田の会見とほぼ同時刻に開かれた自民党の外交部会などの合同会議では、政府の対ロ姿勢が曖昧だとして不満の声が相次いだ。

外交部会長の佐藤正久は冒頭、日ロ両政府が具体化作業を続けてきた北方四島での共同経済活動を批判。「片方で強い制裁をやると言いながら、片方で経済協力を続けていたらG7、あるいは西側諸国が日本の言うことを十分信用しない」と述べ、政府に見直しを迫った。

外交調査会長の衛藤征士郎は、経済産業相の萩生田光一が「ロシア経済分野協力担当相」を兼務していることを問題視した。

記者団に対し、プーチンへの制裁発動などを発表する岸田＝2022年2月27日夜、首相公邸（代表撮影）

いずれも北方領土交渉の環境整備として、安倍が14年のクリミア危機後に決定したものだったが、これまで自民党内から異論が出たことはほとんどなかった。安倍の退陣から1年5カ月が経過し、ロシアの侵攻に国際社会や世論の批判が強まる中、党内の対ロ強硬論は先鋭化していた。

岸田は会見で、北方領土問題への影響について「領土交渉や、共同経済活動があるが、影響について予断することは控える」と言葉を濁した。だが、風当たりはさらに強まっていく。

25日午後に開かれた与党の政策責任者の会合後、自民党政調会長の高市と、公明党政調会長の竹内譲は、共同経済活動や北方領土交渉は停止すべきだと記者団に主張。その後の参院予算委員会で、岸田は「北方領土問題、あるいは平和条約問題について論じることは控えなければならない」と、朝の会見よりも踏み込んだ。

26日にはロシア軍の一部が首都キーウに侵入したと伝えられ、首都陥落の恐れが出ていた。米欧主要国は同日、国際決済ネットワーク「国際銀行間通信協会（SWIFT）」から特定のロシアの銀行を排除することを発表。14年のクリミア併合の時には見送った強力な制裁だった。

さらに米、英、カナダの各国政府とEUは、プーチンや外相ラブロフに資産凍結などの制裁を科すことも決めた。国家元首を対象にした制裁は異例だったが、日本もG7の一員として対応が迫られていた。

欧米との協調を重視していた岸田だったが、プーチンとの関係を完全に断ち切れば、将来の北方領土交渉の再開はより困難になる。外務省内でも、プーチン個人に対する制裁には一部に慎重論があった。

26日午後4時半、岸田は首相公邸に、国家安全保障局長の秋葉や外務次官の森をはじめ、外務、防衛、財務の各省や資源エネルギー庁の幹部を召集し対応を協議。出席者の1人によると、最も議論になったのはプーチンに対する制裁の是非だった。1時間以上、岸田の前で議論が行われたが結論が出ず、この日は持ち越しになった。

関係筋によると、プーチンへの制裁を強硬に主張したのは、対ロ外交の経験が長い外務省欧州局長の宇山秀樹だった。14年のロシアによるクリミア併合時、安倍政権下で外務省ロシア課長として対ロ政策の実務を担った宇山は、当時の官邸が主導した政府の対ロ融和姿勢に忸怩《じくじ》たる思いを抱いていたとされる。宇山は「主権国家を侵略したプーチンとの間で、島を返せという交渉ができるわけがない」と周囲に語り、厳しい姿勢で臨むべきだと訴えていた。

プーチンと27回の首脳会談を重ねた安倍の対ロ外交への批判が強まる中、安倍は27日朝のテレビ番組で北方四島での共同経済活動などについて「現実問題として事務的に協議できる状況には、もちろん今はないと思う」と認めた。ただ、「今後どうやって交渉を再開するかは、現実の政治として考えていく必要がある。その中でいかに足並みをそろえていくかだ」とも述べ、対話の糸口を残すべきとの考えを示していた。

27日は日曜日だったが、首相公邸には朝から政府高官や外務省幹部らが集まり対応を協議。午後5時には官房長官の松野、官房副長官の木原誠二ら政府高官のほか、外務次官の森や宇山ら10人以上が集まった。約1時間の協議の末、この場で最終的に対ロ制裁の内容が決まった。

午後8時すぎ、公邸前で記者団の取材に応じた岸田は険しい表情で、ＳＷＩＦＴからのロシア排除やプーチン個人の日本国内の資産を凍結する制裁を発動する方針を表明。「暴挙には高い代償を伴うことを示す。国際社会はロシアの侵略により、ロシアとの関係をこれまで通りにしていくことは、もはやできない」と宣言した。

プーチンとの個人的な信頼関係をてこに領土交渉の進展を目指した安倍路線の転換。岸田にしては珍しいはっきりとした物言いだった。岸田は後に国会でこの時の判断について「ロシア政策の基本を大転換する。これは外交における一大決断であったと思っている」と強調した。

ただ、それは欧米からの圧力や与党内の強硬論に外堀を埋められた中での「決断」だった。自民党関係者は取材班の記者に冷ややかに語った。

「もともと岸田政権下で、日ロ交渉が動く気配はなかった。制裁で配慮する理由もなかったのだろう」

譲れぬ権益

「熱くなった頭で断交しろというのは簡単だが、1カ月後には違う局面になっているかもしれない。対話の窓口まで閉ざしてしまうことは、本当の意味での国益にはならない」。ロシアとウクライナの1回目の停戦交渉が予定されていた2月28日、外交問題に詳しい自民党議員の1人は、取材班の記者に危機感をにじませた。

この日も国会では、対ロ強硬論が渦巻いていた。参院予算委員会では、自民党議員が政府に対し、岸田が27日夜に表明したプーチンの資産凍結を含む制裁措置の速やかな発動を要求。自民党の外交部会では、EUにならってロシア航空機の領空通過の禁止を求める意見も出た。与野党は「ロシア軍による侵略」を非難する決議案を、3月1日の衆院本会議に提出することでも合意した。

「制裁を弱くしたって、北方領土問題は解決しなかった」「今回の侵攻は次元が違う。クリミアの時も本当は厳しくすべきだった」。自民党内では14年にロシアがクリミア半島を併合した際、安倍政権が欧米に比べて実効性の乏しい制裁にとどめたことへの批判が公然と語られるようになっていた。

「今までロシアに何の興味も持たなかった人たちが一気に騒ぎ出している」。外務省内には冷ややかな受け止めもあったが、欧米との協調を重視する外務省上層部は、ロシアに厳しい姿勢で臨むよう官邸に進言していた。

外相の林は3月1日の衆院本会議で、安倍が16年にロシアに提案した医療やエネルギー開発などの「8項目の経済協力プラン」について「新たな経済分野の協力を進めていく状況にはない」と述べ、見直す考えを表明。だが、日本がすでに大規模な投資を進めてきた経済協力を巡っては、難しい判断を迫られていた。

「エネルギー安全保障の観点も含め、G7をはじめとする国際社会と連携しつつ適切に対応していきたい」。1日午後の定例記者会見で、英石油大手シェルがロシア極東サハリン州の石油・天然ガス開発事業「サハリン2」からの撤退方針を表明した影響を問われた官房長官の松野は、日本政府としての対応を慎重に検討する姿勢を強調した。

サハリン2は、ロシア政府系のガスプロムが約50%、シェルが約27・5%、三井物産と三菱商事がそれぞれ12・5%、10%の比率で参画。09年から液化天然ガス(LNG)を出荷しており、日本のLNG輸入量全体の約9%を占める重要な事業だった。

ウクライナ侵攻を受け、シェルの最高経営責任者(CEO)ベン・ファン・ブールデンは「ウクライナで人命が失われることにショックを受けている」との声明を発表。サハリン2をはじめ複数のロシアでの事業から撤退する方針を明らかにした。日本政府が欧米と協調して対ロ制裁を発動する中、三井と三菱の対応に注目が集まっていた。

サハリン2は、日本がエネルギーの中東依存脱却などを目指して取り組んできた事業だ。松野は会見で「現時点で日本のエネルギーの輸入に支障はない」と説明したが、資源が乏しい日本にとっては重要な権益で、代替先から調達が必要になれば国内のエネルギー価格の高騰は必至だった。外務省幹部は1日夜、記者団に「他国が引いたから、日本も引きましょうということではない」と明言した。

ただ、米国などはロシア経済への締め付けを強めるため、エネルギー分野の制裁にも踏み込む構えを見せていた。世界中で反ロシアの空気が強まる中、SNSなどでは三井や三菱に対し「金もうけしか考えていない」などの批判的な投稿も目立ち始めていた。

日本の参画企業の関係者の1人は、取材班の記者にサハリン2が日本のエネルギーの安定供給にいかに貢献してきたかを力説しつつ、こう懸念を漏らした。「政府が外圧に耐えられなくなったら、三井、三菱も撤退しろと言ってくるかもしれない」

ロシアが実効支配する北方領土と隣接する北海道東部地域では、日ロ間の取り決めで長年行われてきた漁業協力への影響を懸念する声も強まっていた。

日ロの漁業協力は、双方の200カイリ水域内でのサケ・マス漁と地先沖合漁業、北方領土・貝殻島周辺のコンブ漁、北方四島周辺水域での安全操業の四つの枠組みがある。日本の200カイリ内のサケ・マス漁の操業条件を決める政府間交渉は例年3月に始まるが、農水相の金子原二郎は1日の会見で「現時点でどうなるか答えることは難しい」と明言を避けた。

「侵攻を続けるロシアが、操業条件を決める交渉の席に着くのか」。根室市内の漁業関係者は根室支局の記者に懸念を語った。日ロの漁業協力はソ連時代から続いてきたものもあり、地域経済には欠かせない存在だが、交渉が妥結してもロシア側に協力金などを支払うことが国内外で批判を受ける恐れもあり、日本政府は対応に苦慮していた。

原点回帰

ロシアのウクライナへの侵攻開始から12日目の3月7日。岸田は参院予算委員会で「北方領土は『固有の領土』か」と野党議員に問われ、こう語った。

「固有の領土か、主権を有する領土か。用語を使い分けた記憶はないが、いずれにせよ、わが国の固有の領土だ」

日本政府は従来、北方領土は他国の領土になったことがない「固有の領土」だと主張。「第2次大戦の結果」だとして実効支配を正当化するロシアに対し、日ソ中立条約を無視して侵攻したソ連と、その継承国ロシアによる「法的根拠のない占拠」だとして返還を求めてきた。

しかし、18年11月の日ロ首脳会談で、安倍が2島返還路線に転換して以降、「固有の領土」という表現を封印し、「主権を有する島々」と呼んできた。長く返還運動のスローガンだった表現を使わないことで、ロシア側を刺激しないという配慮だった。

「意味は同じ。特に深読みしなくてもいい」「何も変わってない」。首相周辺は口々に語ったが、岸田は前年10月の参院本会議で、野党側が四島は「日本固有の領土」だと明言するよう求めた際には、かたくなに「主権を有する島々だ」と答えていた。

「領土交渉に配慮してロシアに気をつかう段階はとうにすぎた」。外務省幹部は、取材班の記者に、岸田の発言の意図をこう解説した。別の幹部は「領土交渉も進まないし、強い姿勢を見せることで、党内を押さえつけられると思ったのだろう」と漏らした。

ロシア側も、欧米と協調して対ロ制裁を続ける日本への批判を強めていた。

ロシア国営タス通信によると、外務省情報局長のザハロワは3日、日本政府の北方領土返還要求について「そのような選択を永遠に忘れるよう勧告する」と挑発。7日には大統領令に基づき、対ロ制裁を発動した国を「非友好国」に指定し、米国、英国、EU加盟国のほか、日本、カナダ、オーストラリア、シンガポール、台湾などが対象となった。事実上の「敵国」認定をされたことで、ロシア側で一層の対日感情の悪化につながることが懸念された。

9日にはプーチンがクリール諸島（北方領土と千島列島）に、大規模な免税制度を導入する法律に署名。日本政府は第三国も対象にした同制度の導入に反発していたが、ロシア下院が当初23年1月の制度開始を予定していた法案に修正を加え、前倒しで即座に発効された。

エスカレートする日ロの対立。「76年間、北方領土問題に翻弄され、北方領土を追われた元島民が多く暮らす地域として、日々の報道に心を痛めている」。領土返還運動の原点の地であり、北方四島との交流の玄関口にもなってきた根室市長の石垣雅敏は10日の根室市議会で、苦しい思いを語った。

岸田は国会で「平和条約交渉の展望を申し上げる状況にない」と繰り返していた。石垣は「(現状では)日ロ間の政治対話を前進させることは難しいと考えている」と理解を示しつつ、「一日も早く事態が収束し、平和条約交渉が再開されることを望む」と願った。

岸田はさらにロシア批判を強めていく。16日の記者会見では、ロシアのウクライナ侵攻を「今回の暴挙は歴史に刻むべき非道な行為」と糾弾した。非難としては「最上級の強さ」(外務省幹部)だった。

岸田は17日の参院予算委で野党議員から「安倍内閣の対ロシア大盤振る舞い外交方針が、プーチン大統領を助長させた」と追及を受けると、反論せずにこう語った。

「結果として、北方領土問題を解決して平和条約を締結する目標は達することができていない。残念ながらわれわれの努力は結果につながっていないということだ」

この日の参院予算委で、岸田はロシアの北方領土領有について「法的根拠がない占拠であり、不法占拠されている」と明言した。首相が国会で「不法占拠」という表現を使ったのは、09年5月の麻生太郎以来。ロシアの反発を避けるため、民主党政権で「法的根拠のない占拠」と言い換え、その後も政府要人の国会答弁などで使用することを避けてきたが、原則的な立場への回帰をより鮮明にした。

関係者によると、岸田が不法占拠の表現に言及することは、国会答弁の前に、安倍も了承していた。「積み重ねてきたことが、吹っ飛んでしまった。こうなってしまっては北方四島とのビザなし交流も厳しい。元島民のみなさんはがっくりきていると思うけど仕方ないね」。3月半ば、安倍は周囲にこう漏らしていた。安倍に近い閣僚経験者は「もう北方領土は返ってこない」と、取材班の記者に投げやりに語った。

安倍路線を転換し、原点回帰の動きを強める日本。ロシアは黙っていなかった。

一方的な表明

ロシアのウクライナ侵攻から1カ月が経過しようとしていた3月21日。モスクワ支局長はロシア、ウクライナ両国の公式発表や主要メディアをチェックし、ウクライナ南東部の要衝マリウポリなどで激化する戦況を追い続けていた。朝から100本超のニュースに目を通し、午後6時すぎにロシア外務省のホームページを改めて確認すると、新たな声明が発表されていた。「日本政府の決定に対する対抗措置について」。慌ててクリックし、画面に映し出された内容にがくぜんとした。

「現状では平和条約に関する日本との交渉を続けるつもりはない」

対ロ制裁を科した日本への対抗措置として、平和条約交渉の継続を拒否するという一方的な表明。声明には「(ロシアに)公然と非友好的な立場を取り、わが国の利益に損害をもたらそうとする国と、2国間関係に関する基本文書の調印を協議することは不可能だ」とも記されていた。

さらに北方四島ビザなし渡航のうち、日本人と四島のロシア人島民が相互往来するビザなし交流と、北方領土の元島民らが古里を訪れる自由訪問を停止すると宣言。四島での日ロ共同経済活動の協議から離脱することも表明し、一連の決定は「互恵的な協力や善隣関係の発展より、反ロシアの道を意図的に選んだ日本にすべての責任がある」と結論づけていた。

声明は外交ルートなどで事前の通告はなく、日本時間では22日午前0時すぎの突然の公表だった。朝刊の締め切りまで30分余り。モスクワ支局長は急いで東京の担当デスクに連絡し、1面トップに記事を掲載した。

ロシアは14年にクリミア半島を併合した際、日本の対ロ制裁への対抗措置として、特定の個人の入国禁止措置などを講じたが、平和条約交渉や四島交流は拒否しなかった。今回、より強硬な態度を鮮明にしたのは、岸田政権が欧米と足並みをそろえ、プーチン個人やロシア中央銀行を制裁対象にしたことを「ロシアを脅かす敵対的な行動」（ロシア外交筋）と判断したからだった。

一連の対抗措置は、最終的に大統領が直轄する安全保障会議で承認された。同会議の副議長メドベージェフは22日、自身のSNSに「クリール諸島（北方領土と千島列島）の運命において、この決定は歴史的に正当だ」と首相時代の19年8月に北方領土を訪れた際の写真を添えて投稿し、ロシア外務省の声明で領土問題は事実上決着したとの認識を示した。

「今回の事態はすべてロシアによるウクライナ侵略に起因しており、日ロ関係に転嫁しようとする対応は極めて不当で、断じて受け入れることができない」。岸田は22日午前の参院予算委員会でこう述べ、改めてロシアを非難。夕方には外務次官の森が駐日ロシア大使ガルージンを外務省に呼び、厳重抗議した。

四島での共同経済活動は16年に来日したプーチンと安倍が検討開始で合意し、日ロ両政府は5年以上、協議を続けてきた。ロシア側の一方的な離脱表明を受け、外務省幹部は「無礼千万。プーチンと話をすることはもう難しい」と取材班の記者に憤ってみせたが、岸田政権のロシアへの厳しい対応を考えれば予想された反応ではあった。

「今はG7と歩調を合わせることが国益にかなうと岸田さんは判断した。ロシアのこういう対応はある程度想定していたんじゃないか」。安倍は周囲にこう語った。

岸田側近は「制裁をしている時に平和条約交渉なんてやるわけがない。そんなの一つもニュースに

日本の国会議員に向け、オンラインで演説するゼレンスキー
＝2022 年 2 月 23 日午後、衆院第 1 議員会館（写真提供：共同通信社）

ならない」と記者団に言い放ったが、高齢化が進む北方領土の元島民には衝撃だった。特に1992年の開始から30年を迎えるビザなし交流は、コロナ禍で20、21年は中止になっており、「今年こそ再開したい」との希望が強かっただけに落胆は大きかった。

ロシアは、人道目的で行われてきた元島民の北方領土墓参は停止しなかったが、官邸関係者は「限りなく停止に近い状況になるかもしれない」と語った。あえて墓参だけを除外したロシア側の発表には、日本側の対応次第という状況をつくり、事業停止の責任を日本側に負わせようとする意図も透けて見えた。

侵攻1カ月の節目を翌日に控えた23日、国会の衆院第1議員会館でウクライナ大統領ゼレンスキーのオンライン演説が行われた。海外の国家元首がオンラインで国会演説を行うのは日本の憲政史上初めてで、岸田や外相の林ら衆参両院の議員約500人が集まった。

「ウクライナへの侵略の津波を止めるためにロシアとの貿易を禁止しなければならない」。約12分にわたった演説で、ゼレンスキーは東日本大震災を連想させるフレーズも盛り込み、日本に対ロ制裁の継続を求めた。

岸田は同日夜、ベルギーで開かれるG7首脳会合への出発を前に、ゼレンスキーの演説に感銘を受けたと記者団に語り、こう強調した。

「日本はウクライナと共にある」

激化する対立

3月24日。ロシアのウクライナ侵攻から1カ月となったこの日、NATO本部があるベルギーのブリュッセルでNATO、EU、G7の首脳会合が相次ぎ開催された。

岸田は首相就任後、初の対面形式でのG7首脳会合に参加し、ウクライナに保健・医療や食料などの分野で1億ドル（約120億円）の追加支援を行うと表明した。滞在時間はわずか10時間半。一時はオンラインでの参加も検討されたが、バイデンら各国首脳との直接対話を重視した岸田自身が主導した訪問だった。

G7は首脳声明で、ウクライナ侵攻を「ロシアの不法な侵略およびプーチン大統領の選択により始められた戦争」と断じ、民間人や病院・学校などへの攻撃を非難。化学・生物・核兵器の使用に関するあらゆる威嚇を許さない姿勢を表明し、中国を「抜け穴」としたロシアの制裁逃れを阻止する対策の強化も確認した。

「G7が主導して国際社会の秩序を守り抜くという強い決意を確認する大変有意義な会合となった」。岸田は24日、帰国前にブリュッセル郊外の空軍基地で記者団に成果を強調した。ロシアは21日に日本の対ロ制裁への対抗措置として、平和条約交渉の拒否を一方的に通告してきたが、岸田は「ひるむことなく、今後とも断固とした対応を取る」と宣言。対ロ制裁の対象拡大や、貿易上の優遇措置「最恵国待遇」を撤回する関税暫定措置法改正案の国会提出を急ぐ方針などを表明した。

「もう日ロの経済協力なんて言えない時代になってしまった」。モスクワ駐在の日本企業関係者は、取材班の記者にこう嘆いた。日本政府は29日、600万円超の高級車などのぜいたく品19品目のロシアへの禁輸も決定。プーチンを資金面で支える新興財閥「オリガルヒ」への圧力強化が狙いだった。日ロ経済界にはウクライナ情勢を見極めつつ、段階的な関係再開を探る声もあった。しかし対立はさらに激化していく。決定打となったのは4月3日、ウクライナ当局が首都キーウ近郊のブチャなどで民間人410人の遺体が見つかったと公表したことだった。

G7は7日に発表した首脳声明で「ロシア軍による恐るべき残虐行為」と強く非難。「プーチン大統領と加担者にとっての戦争の代償をさらに高める」とし、石炭輸入の禁止や段階的廃止を含めたロシア産燃料への依存を速やかに低減するための計画を進めると明記した。

国内への影響の大きさからエネルギー分野の制裁発動には慎重だった岸田政権も、欧米に背中を押される形でアクセルを踏み込んだ。

「断じて許されない戦争犯罪だ。ロシアによる非道な行為の責任を厳しく問うていかなければならない」。岸田は8日の記者会見でこう述べ、ロシアからの石炭の輸入禁止を発表。ロシア外交官ら8人の国外追放にも踏み切った。

日本の石炭輸入量のうち、ロシア産は主に発電用燃料に使う一般炭の13％、製鉄などに使う原料炭の8%を占めていたが、政府は電力、鉄鋼業界から「今冬はロシア産石炭がなくても乗り切れる」との感触を得て、制裁を決断した。

欧州などで石油や天然ガスも含めた「脱ロシア」の動きが強まれば、燃料価格などが高騰し、国民生活に影響が出るリスクがあったが、岸田は世論の反発は少ないと読んでいた。「ウクライナ侵攻への国民の関心は予想以上に高く、厳しい対ロ制裁がことごとく支持されている。欧米と足並みをそろえてロシアに厳しく対処していれば、夏の参院選は間違いなく勝てる」。官邸筋は、岸田の胸中をこう代弁した。

岸田政権のこうしたスタンスは、日本外務省が4月22日に公表した22年版の「外交青書」にも色濃く反映された。青書は、北方領土について「日本が主権を有する島々であり、日本固有の領土であるが、現在ロシアに不法占拠されている」と記載。「不法占拠」の表現は03年版以来19年ぶり、「日本固有の領土」は11年版以来11年ぶりの復活だった。対ロ融和姿勢が目立った安倍政権の路線を転換し、領土と主権に関する日本の原則的な立場を明確にするべきだという判断が働いたのは明らかだった。

一方のロシアも、日本への反発を強めていた。

「一部の専門家によると、ロシアは北海道に全ての権利を有している」。政権に近い左派野党「公正ロシア」党首ミロノフは4月1日、党の公式サイトでこうした見解を唐突に表明。具体的な根拠は示さず、日本の北方領土返還運動は歴史修正主義的な行動だとけん制した。

ロシア外務省は27日、日本への対抗措置として日本人外交官8人に国外退去を求め、5月4日には岸田と閣僚7人を含む計63人の日本人の入国を無期限に禁止すると発表。対象には元島民らでつくる千島連盟理事長の脇ら返還運動関係者も多数含まれた。外務省は声明で「岸田政権はロシアを誹謗《ひぼう》中傷する容認しがたい発言で、前例のない反ロシアキャンペーンを展開している」と一方的に批判した。

相次ぐ制裁と対抗措置の応酬。日ロ関係は、悪化し続ける負の連鎖に陥っていた。

シンガポール合意消失

22年6月1日、衆院予算委員会。新型コロナウイルス対策の白いマスク越しだったが、岸田ははっきりとした口調で言い切った。

「1956年の日ソ共同宣言は（歯舞群島と色丹島の）2島の扱いについて明らかにしているが、残り2島、これを決して諦めたものではないと思っている。引き続き、その2島についても帰属の問題を明らかにしていく。こうした基本的な方針であると承知をしている」

安倍が、18年11月のシンガポールでのプーチンとの首脳会談で、平和条約交渉の基礎に位置付けた日ソ共同宣言。安倍は、同宣言で平和条約締結後の日本への引き渡しが明記されている歯舞、色丹の2島の返還を実現し、残る国後、択捉両島では共同経済活動や自由な往来を目指す方針へと転換した。21年12月の北海道新聞のインタビューでは、現実的な「到達点」として、四島から2島へとかじを切ったことを認めていた。

しかし、岸田は予算委で「シンガポール合意をもって大きく日ロ交渉の基本が変わったとは私は認識していない」と断言。質問に立った立憲民主党の元首相野田佳彦は「シンガポール合意は結果が出なかったどころか、負の遺産として残ってしまう」と追及したが、岸田は自身が外相を務めた安倍政権を含め、日本政府は四島返還を目指してきたとの認識を強調した。

日ソ共同宣言に明記された歯舞、色丹の2島に加え、一切言及がない国後、択捉両島の返還も目指す考えを明言した岸田。それは安倍路線からの完全脱却というだけではなく、シンガポール合意そのものの消失を意味していた。

ウクライナ侵攻後、対ロ制裁を発動した日本を「非友好国」に指定し、3月下旬には平和条約交渉の継続拒否を通告してきたロシア。これに対し、日本側では「プーチン政権の間は交渉は困難」（官邸筋）との見方が拡大していた。日本政府は従来、日ソ中立条約を無視した旧ソ連による四島の占拠は「法的根拠がない」と訴え、継承国ロシアに四島全ての返還を求めてきた。政府・与党内には、どうせ交渉さえできないなら、日本が四島返還の原則論に回帰しても実害はないという空気が強まっていた。

「岸田さん、そんなことまで言ったのか」。岸田の答弁内容を聞いた安倍は、取材班の記者にいらだちを隠さなかった。

「四島と言って、四島が返ってくるなら、みんな言うんだよ。返ってこないどころか、これから『引っかかるもの』がなくなってしまう」

日ソ共同宣言は、両国の国会で批准された唯一の法的文書だ。シンガポール合意を転換すれば「日ロ関係は100％後退する」と断言していた安倍は、将来的な日ロ交渉の糸口さえ失われかねないと懸念していた。

「岸田首相は『安倍路線を引き継ぐ』と言いながら、ウクライナ侵攻前から距離を置いてきた。シンガポール合意を『凍結』し、将来の交渉の出発点にできないか模索してきたが、岸田政権に引き継ぐ意思がない以上、もうどうしようもない」。安倍政権の対ロ外交を下支えしてきた政府関係者は、口惜しそうに言った。

「ウクライナ侵攻で『ロシアは誰の言うことも聞かない。北方領土返還は無理だ』と諦めた人が、元島民や後継者にもいるのだろう」。元島民らでつくる千島連盟根室支部長代行の角鹿は、北海道新聞が5月下旬に実施した世論調査の結果にため息をついた。

調査では、最適と考える北方領土問題の解決策として、歯舞と色丹を先に返還し、国後、択捉両島は継続協議とする「2島先行返還」が39％で最多だった。「四島返還」は22％。19年の前回調査と全体的な傾向は同じで、ウクライナ侵攻後も四島返還への回帰は限定的だった。

一方、日ロ関係については「非常に悪い」「悪い」と答えた人の合計は80％に達し、16年9月の前回調査から倍増。呼応するように、北方領土問題に「大いに関心がある」と答えた人は全道で39％から27％へと12ポイントも減少した。

「ロシアが経済的に困窮しない限り、島はもう戻らない」（標津町、50代男性）、「四島返還が望ましいが、もう諦めている」（中標津町、80歳以上の男性）――。北方領土を間近に望む根室管内の住人に意見を聞いた自由回答欄には、失望と嘆きの声があふれていた。

千島連盟理事長の脇は2日、官邸で岸田と面会し、四島内に共同慰霊碑を含む「墓地公園」を整備するよう要望した。2年前に北海道庁が慰霊碑の検討を表明した際は、元島民には「墓地を集約したら、そこしか行けなくなる」との懸念が強かったが、方針を転換した。

「コロナ禍で北方領土墓参が止まり、ウクライナ侵攻で再開も見通せなくなった。このままでは返還運動自体がしぼんでしまう危機感があった」。角鹿は、慰霊碑を要望した経緯をこう説明した。旧ソ連崩壊後、30年余りにわたってロシアと積み上げてきた日ロ交渉の成果はことごとく崩れ、元島民たちは閉塞《へいそく》感にさいなまれていた。

見えぬ「終止符」

参院選を2日後に控えた22年7月8日午前11時31分。憲政史上最長の政権を担い、ロシアとの北方領土問題の解決を目指した政治家が凶弾に倒れた。元首相、安倍晋三。67歳。奈良市内で応援演説中に手製の銃で襲われるという、誰もが予想だにしない事態だった。

「北方領土で住民投票をやれば、住んでいるロシア人はみんな日本への返還に反対する。ロシアの大統領が民主的な指導者だったら、島は100％返ってこない。だから、私とプーチンにしかできないんだ」

プーチンと信頼関係を構築し、強いリーダー同士の政治決着を模索した安倍は、生前こう語っていた。しかし皮肉にも「独裁者」プーチンはウクライナ侵攻へと突き進み、日ロ関係は平和条約締結交渉の再開さえ見通せない状況まで悪化した。

「日ロ両国の善隣関係の発展に尽くした傑出した政治家の命が奪われた」。安倍の死去が伝えられた約1時間半後、プーチンは安倍の母洋子と妻昭恵に弔電を送り「輝かしい記憶は、彼を知る全ての人の心に永遠に残るだろう」と悼んだ。

「今は無理だが、いつか日ロの政治対話が復活する時は、安倍さんが糸口になるはずだ」。周囲にはそんな声もあったが、ロシアのウクライナ侵攻前から、領土交渉は完全に行き詰まっていた。

「私はその場で詰めた。プーチンとは相当な合意が実はある」。安倍は生前、2島返還路線にかじを切った18年11月のシンガポール合意について、ごく一部の関係者にこう明かしていた。

その言葉は真実だったのか。安倍が全てを語る機会は、永遠に失われた。

銃撃事件が起きた現場近くの献花台に飾られた安倍の遺影＝2022年7月15日、奈良市（小林宏彰撮影）

安倍が銃撃され死亡した事件から1週間となった7月15日。取材班の記者は、現場となった奈良市の近鉄大和西大寺駅前にいた。

事件発生時と同じ午前11時半すぎ。気温28度。一瞬、ぱらぱらと小雨が降る中、現場近くに設置された献花台には花束を抱えた人が長い列を作り、安倍の写真に静かに手を合わせた。「日本を背負ってくれて、ありがとうございました」「日本のために全力を尽くしてくれた」――。献花台には、安倍へのメッセージカードや千羽鶴も置かれていた。

特定秘密保護法や集団的自衛権の行使を認めた安全保障関連法など国論を二分する政策を推し進めてきた安倍。1強政治のおごりや政治とカネ問題などへの批判の声は、事件の衝撃の大きさにかき消されていた。

「（米大統領だった）トランプさんといい関係を築いたし、日本の外交・政治に大きな影響を与えた首相だったのは間違いない」。京都市内から献花に訪れたという自営業男性（68）は安倍の業績を振り返り、最後に小さな声で、こう付け加えた。「でも、ロシアには、だまされましたな」

北方領土問題に「終止符を打つ」と訴え、プーチンと通算27回の首脳会談を重ねた安倍。18年11月のシンガポールでの会談では日ソ共同宣言を交渉の基礎に位置付け、四島返還から歯舞群島と色丹島の2島返還を軸とした交渉へかじを切った。その後の交渉は行き詰まり、安倍は「日本は四島を断念した」という「負の遺産」を残して退陣した。それでも21年12月の北海道新聞のインタビューで方針転換を認めたのは、膨大な政治的資源を投じ、正しいと信じて決断した政治家としての自負だと取材班は受け止めていた。

「ロシアが例え2島を日本に返したところで、共同経済活動はロシア側もできる権利を持ち続けることが一つの考え方だ」

安倍は生前、ごく一部の関係者にこんな考えも漏らしていた。戦後未解決の北方領土問題を決着させるには、国後、択捉両島の返還を断念するだけでなく、歯舞、色丹2島でもロシア側に特別な権利を認めざるを得ない。それがプーチンと通算27回の首脳会談を重ねた安倍の結論だった。

ロシアのウクライナ侵攻以降、プーチンとの個人的な信頼関係の構築に腐心してきた安倍の外交姿勢には、自民党内からも批判の声が上がっていた。ところが安倍が非業の死を遂げたことで、今度は「失敗」に終わった安倍の対ロ外交に触れることをタブー視するような空気が広がっていた。

「安倍元総理の思いを引き継ぎ、特に情熱を傾けてこられた拉致問題や憲法改正など、ご自身の手で果たすことができなかった難題に取り組んでまいります」。与党が圧勝した参院選翌日の11日、岸田は記者会見で、安倍の業績をたたえたが、北方領土問題には一言も言及しなかった。

01年3月、当時の首相森はロシア東部イルクーツクでプーチンと会談し、日ソ共同宣言に基づく歯舞、色丹の2島返還と、国後、択捉2島の帰属問題を別々に解決する「並行協議」（2島先行返還）

を提案。プーチンは同意したが交渉は進展せず、次の首相の小泉純一郎が四島一括返還を主張したことで日ロ関係は「冬の時代」が続いた。

そこから、シンガポール合意までおよそ17年。「次の日ロ交渉が再開されるのは15年、20年先かもしれない。最大の問題は歴史の証人である安倍元総理が亡くなり、シンガポール合意の内実を知る人が誰もいなくなってしまうことだ」。官邸筋はこう懸念した。

「ウクライナ侵攻後、北方領土の『ほ』の字も聞こえなくなった。日ロ交渉は少しずつ前に進んでいると信じてきたが、今は百八十度逆向きになってしまった」。千島連盟副理事長の河田弘登志（87）＝根室市＝は、深くため息をついた。

歯舞群島多楽島出身。戦後、ビザなし渡航で訪れた故郷の島は海岸が大きく浸食され、家があった場所は海に沈んでいた。日ロ関係はかつてなく悪化し、生きている間に再び島に行けるかは、もう分からなくなった。それでも「島はなくならない。命ある限り、何があっても、返還運動をやめるわけにはいかない」。自分に言い聞かせるように語った。

旧ソ連の軍人やその家族と3年間、色丹島で共に暮らした得能宏（88）＝同＝は、今も「語り部」として、演台に立つ。「たまたま色丹で生まれて、元島民になり、返還運動から逃れられないという宿命を背負った。でも、僕の島じゃない。みんなの島だ。日本の領土だ」。終戦時、1万7291人いた元島民は期待と絶望を繰り返し、22年6月末には5446人まで減った。「政治家はいつも『元島民が生きている間に』と言うが、もうしばらくしたら全員いなくなってしまう。その時、北方領土問題をどうするつもりなのか」

得能の重い問いかけに、政治はどう答えるのか。日ロ関係はどこへ向かうのか。北方領土を抱える地元紙の使命として、取材班はこれからも追い続ける。

「四島よ
私たちの願い」

安倍晋三元首相インタビュー詳報

２０２１年12月17日　衆議院第一議員会館

――北方領土問題の解決を含めたロシアとの平和条約締結は非常に難しい問題です。政治的エネルギーを注いだ理由は。

「日本を巡る安全保障環境や21世紀の外交安全保障上の最大の課題は、中国とどう向き合っていくかです。中国の経済成長は彼らがルールを守っていることを前提条件とすれば、日本にも世界にとってもプラスですが、中国は軍事費を30年間で40倍に増やすなど軍事的な拡張が続いています。日本は中国、ロシア両方と海を通じて国境を接しています。軍事的な懸念として、日本が南西の中国の動きに集中しなければいけない時に、ロシアとの関係を改善する必要があることが一つです」

「もう一つは日ロが領土問題を解決して平和条約を締結するには、ロシアが強い政権でなければできないと考えました。プーチン政権は非常に強力な政権です。領土問題を解決していくことの意義と意味はプーチン大統領が理解していると考え、日ロ関係を改善し、交渉する判断をしました」

――27回の首脳会談は、合計で約48時間、このうち通訳だけを入れた一対一は約9時間ありました。記憶に残っている会談は。

「一番記憶に残る会談は２０１８年11月のシンガポール会談と、その後の12月のアルゼンチンのブエノスアイレスでの会談です。もちろん16年12月に山口県・長門でプーチン大統領を迎えた時の合意も重要だったと思います」

「ロシアとの交渉は、かつては入り口論、出口論がありました。経済的な関係を発展させていくのは出口の段階、いわば領土問題を解決した時だという考え方です。ただ、ロシアがソ連と違って投票でリーダーが選ばれる国である以上、領土問題を解決することに対する、国民のある程度の支持がなければ難しい」

「日ロ関係を発展させることが、ロシアにとっていろんなメリットがあり、ロシアにとって進むべき方向だと理解してもらうために、経済関係を発展させ、日本の技術力を生かして極東の開発を進めていく。そして北方四島において日本人や日本企業が入っていくことで、四島がそれぞれ発展していくことを実感してもらうことが大切です」

「長門の会談でその方向に大きくかじを切りました。四島において共同経済活動をやっていくという大きな判断を行ったわけです」

「長門の会談では、元島民が書いた手紙を渡しました。あと四島にソ連軍が入ってきた時に、日本人とロシア人が一緒に暮らしていた時代の写真があって、その共存していた時の写真を見せました。プーチン氏も、おそらく初めて目にしたと思いますが、非常に興味深く一枚一枚見ていました」

――首相として任期中の領土問題解決を明言しました。高齢化が進む元島民には期待の声がありましたが、解決できませんでした。なぜうまくいかなかったと考えますか。

「ロシア人にとって四島を日本に返還することは、ほとんどの人が反対です。その状況を少しでも改善できるかどうかですが、残念ながら十分に改善するに至りませんでした」

「8項目の経済協力の提案などはそれなりに前進しました。あれはよく日本で誤解している人がいますが、政府開発援助（ODA）ではありません。日本企業はビジネスの視点で、利益がでないものはやりません。日本の技術を使って、日本の企業がビジネスとして成り立つものを行い、日本のさまざまな技術によってロシアも利益を得る。これはそれなりに進展をみせましたが、十分にロシア全体に知らしめるには至らなかったかもしれません」

――シンガポール会談で、なぜ日ソ共同宣言を交渉の基礎にしたのですか。

「日ソ共同宣言は両国の国会で批准した、いわば協定に近い存在と言ってもいいと思います。大きな合意点としてあったわけで、イルクーツク声明でプーチン氏も認めています。なので、ここにまずしっかりと立ち返る中で、問題を解決していく判断をしました。

――イルクーツク声明では日ソ共同宣言だけでなく、四島の帰属問題の解決をうたった東京宣言も確認しています。シンガポールで、イルクーツク声明の再確認はできなかったのでしょうか。

「時を積み重ねることは、現状が歴史を積み重ねていくことになります。四島には元島民のみなさんのお墓もあるが、ロシア人の墓もあり、代を重ねていくわけです。そこで年を重ねて、例えばあと25年たつと、歴史のかなたに消えていく危険性が出てくるわけです。だから、プーチン大統領が非常に大きな力を持っている時が、チャンスだと考えました」

「外交において100点を狙って0点になるならば、何の意味もありません。『100点を狙いました』というのは言っただけに等しい。たとえそれが歴史の正義であったとしてもです。であるならば到達点に、要するに合意に至れる、ロシア側が考慮する可能性のあるものを投げかける必要があると考えました」

――ただ、プーチン氏は日ソ共同宣言について、島の主権の扱いが書いていないなどと微妙な言い方を続けてきました。

「ただ、歯舞と色丹島の引き渡しについては宣言に書いてあります。国後、択捉については書いてありません」

――プーチン氏は、引き渡すのが主権なのか、施政権なのか漁業権なのかも分からない曖昧な言い方をしています。主権が引き渡されると認識していたのですか。

「私は当然そう考えています。そうでないと交渉はありえません」

――その確証は。

「これ以上は、会談のやりとりの中身に入ってくるので、申し上げることはできません」

――大事な合意であれば、文書に残す選択肢はなかったのでしょうか。

「詳細については言えませんが、あの段階ではこちらがロシア側に初めて考え方を伝えただけなので、とても紙にできなかった。考え方を伝え、プーチン氏がそれを理解し合意するかどうか、というものだったわけです」

――合意できる見通しはあったのでしょうか。

「これ以上は言えませんが、もちろんあそこで私は相当詰めて話をしています。その後のブエノスアイレスでの会談でも、プーチン氏はシンガポールで話したことについて、そのまま事務的に進めていくことは了解していたと思います。ただ、その後、ロシア内部での反対が強かった。19年1月にモスクワで首脳会談を行った時には、相当姿勢が後退してしまっていました。残念ながらプーチン氏といえども、そう簡単には決められないということだと思います」

――ロシア側は、北方四島の領有は「第2次大戦の結果」だと日本が認めるよう求めています。どのように乗り越えるつもりだったのですか。

「それは特にラブロフ外相が主張していたと思いますが、あれは彼らのレトリックの一つで、乗り越えられる可能性は十分あると思っていました。そこは外交当局同士の知恵の出し合いだと思います」

――シンガポール会談の直前には、米国の中距離核戦力（ＩＮＦ）廃棄条約破棄の動きがあり米ロ関係は不透明でした。翌年9月にはサハリン州知事選もあり、ロシアにとって領土問題で譲歩が難しい時期でした。なぜあのタイミングで日ソ共同宣言というカードを切ったのですか。

「タイミングはいろいろありますが、タイミングをみていて時を失うデメリットの方が大きいと考えました。安倍政権の残り任期も短くなっていたし、次の政権になればまた一からスタートになります。交渉する上において、相手も日本の政権の安定性と強度を見ています。プーチン氏と相当深い話もできる関係になったので、ここは大きなチャンスだと考えました」

「米ロ関係も簡単に改善するものではなく、事実、あれから今日まで全然改善していません。私はトランプ氏とは信頼関係がありました。オバマ政権は日ロ関係の改善を進めることに反対の姿勢でしたが、トランプ氏はロシアと平和条約交渉に向けて進めていくことに対して理解していると確信を持っていました。それもタイミングとしてあります」

「ロシア側が疑ったのは、日本の意思でロシアと関係改善できるのか。日本の意思を米国に主張できるのかということです。オバマ政権の時は、プーチン氏に『いま私がここに来て、あなたと話していること自体が、日本が日本の意思で判断できることを示している』と言ったことがあります」

――日ソ共同宣言を基礎にした交渉は、2島を返還し、残り2島は共同経済活動や自由に往来できることを目指していたのですか。

「それは交渉の中身の部分なので話すことはできませんが、共同経済活動は非常に意義があると思います。今の段階ではロシア人しか住んでいないわけですし、ロシア人しか住んでいない島を取り返すことの困難さがあります。だからせめてそこに、まず日本が経済的に関与していく。日本人がそこで経済活動をしている、住んでいる状況をつくることが、足がかりになると思います」

――共同経済活動は16年に検討が始まりましたが、今も実現していません。日本は「特別な制度」での実施を求めていますが、ロシア側はロシア法でと主張しています。出発点で溝は埋められなかったのですか。

「私とプーチン氏の間では合意できるのですが、役所同士の交渉は、非常に官僚主義になるわけです。非常に細かいところにこだわってなかなか進まない。だから首脳会談で、それを押し破って進めていくことの連続でした」

――16年5月の首脳会談で提案した「新しいアプローチ」は、共同経済活動のことを指すのですか。

「そうです。四島での共同経済活動と極東地域での8項目の経済協力の提案です」

――共同経済活動を提案した時点から、日ソ共同宣言を基礎に置いた交渉を念頭に置いていたのですか。

「16年にはまだそこまで判断していません。ただ、その考えが全くなかったわけではなく、ロシア側にどこかで打ち込む可能性は念頭にはありました」

――ロシア側は四島にロシア法に基づいた免税制度を導入する方針です。これは「特別な制度」での実施を求める日本の方針に反しています。

「そこは岸田政権がこれから交渉していくことですが、互いに知恵を出し合っていく姿勢が必要です。両方とも殻にこもらないことが重要だと思います」

――安倍政権の対ロ外交は官邸主導で、外務省のロシア外交の専門家を外す場面もありました。それが外交判断などに悪影響を与えたという指摘もあります。

「外したりはしていません。それに勝負した判断が良かったのかというが、では勝負の判断はいつなのかと言いたい。今でもないでしょうし、5年後なのか、10年後なのか。その時が来るのかどうか。先ほど言ったように25年たてば、日本人がいないまま、ロシア人が四島に住んで100年になります。その現状を変えられるかどうかです」

「役所には無謬《むびゅう》性があって、自分たちがやったことは間違っていない、先輩の言うことは聞かないといけないといって、変えられない。だから政治レベルで判断しないといけない。彼らが言っていることで成し遂げられるのかということです」

「米ソ冷戦構造の時代は、全部返せと言っていれば済みました。よく専門家が、タイミングがどうだったかという話をしますが、タイミングはいつなのかということです。批判するのは簡単です」

「シンガポール会談のタイミングは、米国にトランプ氏がいて、彼は私がプーチン氏と交渉することは非常に支持していましたし、それでなくては無理だと思いました。基本的に米国の大統領はロシアに厳しく、だから現在もバイデン政権でロシアとの関係は難しい。しかも今、ロシアがウクライナに侵攻すると言われている状況で、もっと厳しくなっているわけです」

――ロシアとの交渉で、北方四島の安全保障問題も出てきました。

「それはロシアにとってまさに大切な部分だからです。それを言い始めたというのは交渉が具体化しているということです。今までそんな具体的な交渉をしたことはないですから」

――島が返還されれば、非軍事化する方針をプーチン氏に伝えたと言われています。ロシアは文書などで確約を求めていますが、その考えはありましたか。

「交渉そのものの中身は話せません。ただ最終的な到達点で、まさに平和条約を締結して四島の問題が解決する時に、当然さまざまなことが文書化されると思います」

――非軍事化なども、米国の了承が得られると考えていたのですか。

「米国は基本的に日ロ関係を進めることに非常に慎重です。ただ、トランプ氏とは信頼関係があり、『晋三が進めることなら自分は了解だ』という立場でした」

——岸田文雄首相は（2021年9月の）自民党総裁選で「四島返還に向けて努力している」と発言し、日ソ共同宣言にも言及していません。路線が変わったのではないですか。

「領土問題を解決して平和条約を締結するというのが日本の一貫した立場で、それはわれわれも岸田政権も変わっていないと思います。岸田氏には『シンガポールとブエノスアイレスの会談のやりとりを示したレポートを読んで確認してください』と伝えました」

——日ソ共同宣言を基礎にした交渉も、解決できないまま行き詰まっています。交渉路線を見直すべきだという声もあります。

「路線を考え直せば、日ロ関係は100パーセント後退すると思います。日本は信用できない、また元の主張に戻ったのかということになりますよ。日本が強い主張をしたら何か変化があるというのは大きな勘違いです。いかに現実的に考えるかだと思います。ということであれば、ロシアが唯一、国会で承認し、プーチン氏も認めた日ソ共同宣言しかありません」

——2島返還で、元島民や国民の理解は得られますか。

「具体的な中身について申し上げることはできませんが、元島民の方々も、このまま交渉して、果たして年を経ていくことがいいのかということは分かっているのではないでしょうか」

北方領土に関わる主な歴史（肩書は当時）

1855年2月	日露通好条約に調印。国境線を択捉島とその北側のウルップ島（得撫島）の間に引くことを確認
75年5月	樺太・千島交換条約。樺太はロシア領、千島列島は日本領に
1905年9月	日露戦争終結でポーツマス条約。樺太南部を日本に割譲
45年2月	米英ソ首脳がヤルタ協定に署名。日本がソ連に樺太南部などを返還し、千島列島を引き渡すことを密約
8月	中立条約を無視したソ連が日本に侵攻。ポツダム宣言受諾後に北方四島占領を開始
51年9月	日本がサンフランシスコ平和条約に署名。千島列島や樺太南部を放棄
56年10月	日ソ共同宣言。鳩山一郎首相、ブルガーニン首相らが署名。日本とソ連は戦争状態を終結し、国交を回復した。平和条約締結後に色丹島と歯舞群島を日本に引き渡すことが明記された。国後、択捉両島には一切触れられていない
60年1月	日米安保条約改定。ソ連が反発し、歯舞、色丹の引き渡し条件として「日本からすべての外国軍隊の撤退」を要求
91年4月	ゴルバチョフ大統領が来日。海部俊樹首相との首脳会談で日ソ共同声明に署名し、領土問題の存在を公式文書で認める
12月	ソ連崩壊

92年3月	来日したコズイレフ外相が領土問題で非公式提案（クナーゼ提案）。東郷和彦・元外務省欧亜局長によると歯舞、色丹2島を引き渡す協定を結んだ後（実際の引き渡しは平和条約締結後）に残る2島の扱いも協議し、まとまれば平和条約を締結する内容
92年4月	北方四島ビザなし交流がスタート
93年10月	来日したエリツィン大統領が、細川護熙首相との首脳会談で東京宣言に署名。四島名を列挙した上で、帰属問題を解決し、平和条約を締結すると明記
97年11月	橋本龍太郎首相が訪ロ。エリツィン氏と2000年までに平和条約締結を目指す方針を確認（クラスノヤルスク合意）
98年4月	橋本氏が静岡県伊東市川奈での会談でエリツィン氏に秘密提案（川奈提案）。択捉島とその北側のウルップ島の間に国境を画定し、実際の返還時期は別途協議するとした
10月	北方四島周辺水域で日本漁船の安全操業がスタート
11月	小渕恵三首相が首相として25年ぶりに公式訪ロ。エリツィン氏が北方四島での共同経済活動の検討を提案
2001年3月	森喜朗首相がプーチン大統領と、「日ソ共同宣言」の有効性を確認したイルクーツク声明に署名。森氏は歯舞、色丹の返還条件と国後、択捉の帰属問題を協議する場を別々に設ける「並行協議」を提案
03年1月	小泉純一郎首相が公式訪ロ。プーチン氏と経済、防衛など幅広い分野の関係発展をうたった「日ロ行動計画」を発表

05年11月	プーチン氏が公式来日し、小泉首相と首脳会談。領土問題を含む共同文書は作成できず
08年7月	G8洞爺湖サミット。福田康夫首相とメドベージェフ大統領が北海道で初の日ロ首脳会談
10年11月	メドベージェフ氏が旧ソ連、ロシアを通じて国家元首で初めて北方領土（国後島）を訪問
12年3月	大統領選を控えたプーチン首相が、北方領土問題を「ヒキワケ」で解決する方針を表明
5月	プーチン氏が大統領に復帰
12月	衆院選で自公両党が圧勝し、政権を奪還。第2次安倍晋三政権が発足
13年4月	安倍首相が日本の首相として10年ぶりに公式訪ロし、プーチン氏と首脳会談。平和条約締結に向け「双方受け入れ可能な解決策」策定を目指すことを明記した日ロ共同声明を発表
11月	日ロ両政府が初の外務・防衛閣僚級協議（日ロ2プラス2）を開催
14年2月	安倍氏がロシア南部ソチでの冬季五輪に合わせて訪ロ。プーチン氏の14年秋の来日で合意
3月	ロシアがウクライナ南部クリミア半島を併合。欧米とともに日本も対ロ制裁を発動
11月	中国・北京で日ロ首脳会談。プーチン氏の来日を15年の「適切な時期」に延期

15年9月	日ロ外相会談で、ラブロフ外相が「国際約束」による北方四島での共同経済活動を極秘提案
16年5月	安倍、プーチン両首脳がソチで会談。安倍氏が北方領土問題を含む平和条約交渉について、双方に受け入れ可能な解決策の作成に向け、新たな発想に基づくアプローチで精力的に進めることや、極東開発など8項目の経済協力プランを提案
16年12月	プーチン氏が大統領として11年ぶりに公式来日。北方四島での共同経済活動の検討開始や北方領土墓参の拡充で一致
17年6月	共同経済活動の具体化に向け、北方領土への初の官民調査団を派遣
9月	航空機による初の北方領土墓参（空路墓参）
18年9月	プーチン氏が「前提条件なし」での平和条約の年内締結を提案。安倍氏は拒否
11月	安倍、プーチン両首脳がシンガポールで会談し、日ソ共同宣言を基礎に平和条約交渉を加速させることで合意。安倍氏は歴代政権が目指した四島返還から、歯舞と色丹2島の返還と、残る国後、択捉両島では共同経済活動や自由往来を目指す方針に転換
19年1月	モスクワで首脳会談。貿易額300億ドル、往来人口40万人を目指す目標を確認
6月	G20大阪サミットでプーチン氏来日。領土問題で進展なし
10月	北方領土への初の日本人観光ツアー
20年7月	「領土の割譲禁止」の条項が追加された改正ロシア憲法が発効

9月	安倍氏が退陣。菅義偉政権が誕生
10月	新型コロナ禍の影響で、四島ビザなし渡航が初の全面中止
21年10月	菅氏が退陣。岸田文雄政権が発足
22年2月	ロシアがウクライナに全面侵攻。日米欧は大規模な対ロ制裁を発動。岸田氏は日ロ関係の見直しを表明
3月	ロシアが日本の対ロ制裁への対抗措置として、北方領土問題を含む平和条約交渉を拒否。北方四島とのビザなし交流と自由訪問を停止し、共同経済活動を巡る協議からも離脱
9月	ロシアが、ビザなし交流と自由訪問に関する日ロ間の合意を破棄すると一方的に発表

あとがき

安倍政権の対ロシア外交を追った前作「消えた『四島返還』」を2021年9月に刊行してから1年余り。こんなに早く「完全版」を出版する機会がやってくるとは思ってもみなかった。

安倍晋三元首相が同年12月の北海道新聞の単独インタビューで、北方四島の返還から2島返還方針への転換を認めた2カ月後、ロシアのプーチン大統領はウクライナへの全面侵攻に踏み切った。その5カ月後、安倍氏は銃弾に倒れ、帰らぬ人となった。日ロ両国の間では領土交渉はおろか、政治対話も途絶え、戦後積み重ねてきた協力の糸も切れかかっている。日ロ関係を取り巻く情勢が一変し、互いの関心が薄れつつある中だからこそ、より詳細な「歴史の記録」を書き残さなくてはいけないと考えた。

本作は、前作の骨格は残しつつ、安倍氏へのインタビューなど、追加取材で得た情報を元に加筆修正し、再構成した。特に今回のウクライナ侵攻につながる14年のロシアによるウクライナ南部クリミア半島併合を巡る日本政府の対応を手厚く記した。

また、岸田文雄政権以降の動きを新たに書き下ろし、安倍、岸田両氏の対ロ外交路線を巡るせめぎ合い、ウクライナ侵攻に至る国際社会の動き、次々と失われた日ロ協力やそれに翻弄される北方領土の隣接地域の思いを、できる限り立体的に描くことを心がけた。

この記録をまとめることができたのは、第2次安倍政権以降の10年間、日ロ両国の数々の現場で取材を続けてきた50人以上の記者たちによる膨大な取材メモの蓄積があったからだ。前作の時点で約1万6千件あった取材メモは、本作を執筆するに当たって2万件を超えた。

北海道新聞の中に独立した「日ロ取材班」があるわけではない。ただ、記者同士が連携して情報を共有し、築いた人脈を引き継ぎながら、チーム取材のような形で日ロ関係を最前線で追い続けてきた。支えてくれた数々の仲間、取材に協力してくれた多くの関係者に心からお礼を申し上げたい。

隣国ウクライナを侵攻したロシアに、日本はどう向き合っていけばいいのか。将来どう関係を再構築していくのか。それを考えるためには、歴代政権で最も踏み込んだ交渉が行われた安倍政権の対ロ外交をしっかりと検証する必要があるのではないだろうか。取材班の記録が、今後の日ロ関係を考える一助になることを願わずにはいられない。

北海道新聞東京報道センター部次長　**渡辺玲男**（元モスクワ駐在）

執筆
渡辺玲男、小林宏彰、則定隆史
カバーデザイン
佐々木正男（佐々木デザイン事務所）

消えた「四島返還」完全版
安倍×プーチン　北方領土交渉の真相

発行日　2022年12月17日
編者　北海道新聞日ロ取材班
発行者　近藤　浩
発行所　北海道新聞社
〒060-8711　札幌市中央区大通西3丁目6
出版センター（編集）TEL 011-210-5742
（営業）TEL 011-210-5744

印刷・製本　株式会社アイワード
乱丁・落丁本は出版センター（営業）にご連絡くだされば、お取り換えいたします。
ISBN978-4-86721-085-7

択捉《えとろふ》島
太平洋
色丹《しこたん》島